Theodor Brandt
Basiswissen Kirchengeschichte

Kirchengeschichte ist die Geschichte Jesu Christi mit seiner Gemeinde. Es ist aber auch die Geschichte von Menschen, die Fehlentscheidungen treffen und in ihrem Handeln schuldig werden.

Aus dieser Spannung lebt das Buch von Theodor Brandt. Neben vielen Informationen über Personen und Strömungen der Kirchengeschichte zeigt es vor allem eins: Dass das Evangelium von Jesus Christus auch nach 2000 Jahren noch eine Kraft ist, die im wahrsten Sinne des Wortes Geschichte *macht.*

Theodor Brandt

Basiswissen Kirchengeschichte

Kirche im Wandel der Zeit

R. BROCKHAUS

RB*taschenbuch Bd. 729*

1. überarbeitete und ergänzte Taschenbuchauflage 1999

©1999 R. Brockhaus Verlag Wuppertal
Umschlag: Dietmar Reichert, Dormagen
Satz: Breklumer Druckerei Manfred Siegel KG
Druck u. Bindung: AIT Gruppen, Norwegen
ISBN 3-417-20729-0
Bestell-Nr. 220 729

INHALT

Einleitung

I.	Die kirchengeschichtliche Aufgabe	19
II.	Zur Geschichte der Kirchengeschichte	20
	1. Die Apostelgeschichte des Lukas als Quelle erster Ordnung – 1. Jahrhundert	20
	2. Eusebius von Cäsarea und das Zeitalter Konstantins (4. Jahrhundert)	21
	3. Matthias Flacius Illyricus, der Historiker der Reformation (16. Jahrhundert)	22
	4. Gottfried Arnold, Kirchengeschichte aus pietistischer Sicht (17./18. Jahrhundert)	23
	5. Ferdinand Christian Baur und Leopold von Ranke – das kritische Bild des 19. Jahrhunderts ...	24
III.	Die Gliederung der Kirchengeschichte	25
IV.	Israel und Jesus Christus, der Messias	26
	1. Pharisäer, Essener, Sadduzäer und die jüdischen Apokalyptiker	27
	2. Jesus Christus und das Volk Israel	31
	3. Jesu Auferstehung ist der Anfang einer neuen Weltzeit	33
V.	Das Zeitalter des Augustus	34
	1. Das Urteil der Historiker des 19. Jahrhunderts	34
	2. Das goldene Zeitalter Roms im Urteil der Zeitgenossen	35
	3. Die Weltanschauung der Griechen	37
	4. Östliches und westliches Denken in den Religionen	38

Teil I: Die frühe Kirche

1. Kapitel: Die Urgemeinde in Jerusalem 41
   1. Die Grundelemente des Gemeindelebens 41
   2. Der Missionsauftrag Jesu 43
   3. Der Kampf mit der Synagoge 44
2. Kapitel: Paulus 46
   1. Sein jüdisches und griechisches Erbe 46
   2. Sein Ringen um die Einheit des Leibes Christi . 48
   3. Christ und römischer Bürger in Freiheit und Gehorsam 50
   4. Rom als neue Basis für den Westen 52
3. Kapitel: Die Kirche im apostolischen Zeitalter (bis 64 n. Chr.) 53
   1. Gnadengaben im Dienst der Gemeinde 53
   2. Jesus reinigt und vereint seine Gemeinde an seinem Tisch 57
      a) Gemeindezucht 57
      b) Die Gemeindeversammlung 57
      c) Der Tag des Herrn und das Herrnmahl 58
   3. Die Gemeinde als Leib des Christus 60
4. Kapitel: Das Ende des apostolischen Zeitalters – die Gemeinde im Leiden 64-90 n. Chr. 61
   1. Tod des Petrus (64 n. Chr.) 61
   2. Tod des Paulus (64 n. Chr.) 62
   3. Der Brand Roms und die Christenverfolgung unter Nero (64 n. Chr.) 63
   4. Der Tod der Führer der Jerusalemer Gemeinde . . 63
   5. Titus erobert Jerusalem (70 n. Chr.) 65
   6. Johannes und die verwaisten Gemeinden der Provinz Asia 66
5. Kapitel: Die nachapostolische Zeit (90-140 n. Chr.) 69
   1. Die Ausbreitung des Evangeliums 69
   2. Zwischen Philosophie und Evangelium 70

   3. Ignatius von Antiochia († ca. 110) 73
   4. Das Amt in seiner Gemeindebedeutung 74
6. Kapitel: Die Gnosis – Mitte des 2. Jahrhunderts .. 76
   1. Der Versuch, die Offenbarung durch Denken zu erkennen 76
   2. Ist Sünde Schicksal? – Marcion (um 140) 77
   3. Die Aufhebung des Ärgernisses 78
   4. Geheime Sehnsucht 80
7. Kapitel: Das Werden der katholischen Kirche (140–200) 82
   1. Die apologetische Gegenwehr 82
   2. Die drei Mauern der Kirche: Glaubensregel, Schriftkanon und Bischofsamt 86
      a) Die Glaubensregel (regula fidei) 86
      b) Der biblische Kanon 88
      c) Das Amt – die apostolische Sukzession 90
   3. Der Streit um den Ostertermin 91
   4. Der Montanismus 92
   5. Zwischen Gesetz und Evangelium 94
8. Kapitel: Staat und Kirche (bis 250) 98
   1. Sinkende Autorität der Kaiser – verstärkter Synkretismus 98
   2. Die frühchristlichen Märtyrer 99
   3. Das Verhältnis der Christen zum Staat 101
   4. Die Verwaltung der Kirche 102
   5. Das Herrnmahl und die Buße 103
   6. Novatian 105
9. Kapitel: Die Kirche bis zu Diokletian (284–305) .. 106
   1. Clemens und Origenes 106
   2. Das Evangelium – eine glänzende Philosophie? .. 109
   3. Plotin und der Neuplatonismus 110
   4. Der Manichäismus 112
   5. Kaiser und Sonne als Weltreligion 113
   6. Der Ketzertaufstreit (255–257) 113

7. Die verwalteten Kirchen als Gefährdung des Staates 115
  8. Weitere Christenverfolgungen 116
  9. Das Geheimnis der Kirche im Leiden 117
10. Kapitel: Von Konstantin bis zu Theodosius – Von Nicäa bis Konstantinopel (306-381) 118
  1. Konstantins Motive zur Anerkennung der Kirche 118
  2. Das frühe Mönchtum 121
  3. Der Donatismus 121
  4. Die Arianer und das Konzil von Nicäa (325) .. 122
     a) Die Kernfrage 122
     b) Arius 123
     c) Athanasius 124
  5. Wesensgleichheit oder Wesenseinheit? 126
  6. Das Konzil von Konstantinopel (381) 127
11. Kapitel: Augustinus (354-430) 128
  1. Ambrosius von Mailand 128
  2. Die »Bekenntnisse« (»Confessiones«) 130
  3. Der Kampf gegen Mani und Pelagius 132
  4. Der Kampf mit den Donatisten 134
  5. Der »Gottesstaat« 134
  6. Die Prädestination 135
  7. Der neuplatonische Einfluss 136
  8. Der Einfluss auf die Kirchengeschichte 137
12. Kapitel: Die christologischen Kämpfe des 5. Jahrhunderts 138
  1. Die Kirche in der Hand des Staates 138
  2. Die Kirche im Osten 139
  3. Der Machtzuwachs der Kirche im Westen 140
  4. Der alte Streit: Wer war Jesus? 141
  5. Nestorius von Konstantinopel gegen Cyrill von Alexandria 144
  6. Das Konzil von Chalcedon (451) 146
  7. Der Riss zwischen Rom und Konstantinopel .. 147

Teil II: Das Mittelalter

13. Kapitel: Von Leo I. bis Gregor I., dem Großen
    (440-604) 150
    1. Die biblische Begründung des Papsttums 150
    2. Gregor I. – Jurist und Mönch 153
        a) Leben und Theologie 153
        b) Mission in England und Frankreich 156
        c) Der Einfluss Gregors 157
14. Kapitel: Die Christianisierung der Germanen
    (6.-8. Jahrhundert) 159
    1. Die Völkerwanderung 159
    2. Chlodwig und die Kirche der Franken 160
    3. Die Mission der iroschottischen Mönche 162
    4. Die angelsächsische Mission des Bonifatius ... 164
    5. Die Christianisierung der Slawen 167
15. Kapitel: Die Kirche unter Karl dem Großen (bis 814) 168
    1. Das Eindringen des Islam in Europa 168
    2. Die »Konstantinische Schenkung« 170
    3. Karl der Große 172
        a) Kaisertum und Papsttum 172
        b) Karl und die Sachsen 173
    4. Die karolingische Renaissance 175
    5. Karls Bildungspolitik 176
    6. Karls Kirchenpolitik 177
        a) Der adoptianische Streit (780-795) 177
        b) Der Streit um das »Filioque« 178
        c) Der Bilderstreit 178
16. Kapitel: Aufstieg und Verfall der Kirche im Zeitalter
    Nikolaus I. (9. Jahrhundert) 180
    1. Der Papst als Retter der Reichseinheit 180
    2. Die Pseudo-isidorischen Dekretalien 181
    3. Der schnelle Zerfall der päpstlichen Macht ... 184
    4. Mission und Kirchenlehre in der Krise 185

17. Kapitel: Die Reform von Cluny und die Sachsenkaiser (10./11. Jahrhundert) 188
   1. Cluny erneuert das Mönchtum 188
   2. Die Erneuerung der Kirche 190
   3. Papst und Kaiser ringen um die Vorherrschaft . 191
   4. Der Bruch mit der Ostkirche 196

18. Kapitel: Der Kampf zwischen Heinrich IV. und Gregor VII. 197
   1. Das Papstwahldekret 197
   2. Der Mailänder Kirchenstreit 198
   3. Canossa und die Folgen 201
   4. Das Wormser Konkordat 202

19. Kapitel: Der Kampf zwischen den Hohenstaufen und dem Papsttum (12. Jahrhundert) 204
   1. Die Kreuzzüge 204
      a) Die Vorgeschichte 204
      b) Begeisterung und Enttäuschung 205
      c) Die Eroberung Jerusalems 207
   2. Alexander III. contra Friedrich I. (Barbarossa) . 209
   3. Die großen Theologen des 12. Jahrhunderts .. 211
      a) Anselm von Canterbury 211
      b) Abaelard 212
      c) Bernhard von Clairvaux 212
   4. Der Kampf um die Weltherrschaft – Innozenz III. und Friedrich II. 215

20. Kapitel: Die Kirche der Armen und die neue Theologie (13./14. Jahrhundert) 218
   1. Katharer (Albigenser) und Waldenser 218
   2. Franz von Assisi 220
   3. Thomas von Aquin und Duns Scotus 222
   4. Die Mystiker 226
   5. Der Realismus der Sakramente 229

21. Kapitel: Vor der Wende der Zeit (14./15. Jahrhundert) 231
1. Ein Rückblick 231
2. In »babylonischer Gefangenschaft« 233
3. Der Angriff auf das päpstliche Recht 235
4. Frömmigkeitsbewegungen 236
5. John Wyclif 237
6. Hus und die Hussiten 239
7. Die Zeit der Konzile 240
8. Die Renaissance 241
9. Der deutsche Humanismus 243
10. Der Bußruf Savonarolas 244

Teil III: Reformation und Gegenreformation

22. Kapitel: Die politische Gesamtlage zu Beginn der Reformation 246
1. Die Reformation – kein politisches Unternehmen 246
2. Gottes bewahrende Macht in der Reformation 247
3. Die allgemeine Kritik an der römischen Kirche 248

23. Kapitel: Der junge Luther (1483-1525) 250
1. Bis zum Eintritt in das Erfurter Kloster (17.7.1505) 250
2. Der Abschluss der Studien und der Eintritt ins Kloster (1505-1508) 251
3. Erfurt – Rom – Wittenberg und das Turmerlebnis (1508-1513) 254
4. Vom »Gott der Philosophen« zum »Vater Jesu Christi« (1513-1516) 255
5. Der Thesenanschlag (1517) 257
6. Augsburg – Leipziger Disputation (1517-1519) 260
7. Begegnung mit Melanchthon und den Humanisten (1519-1521) 261
8. Der Bann gegen Luther 264

    9. Der Reichstag zu Worms 1521 265
   10. Die Übersetzung des Neuen Testamentes 266
24. Kapitel: Zwingli und Luther, die Humanisten und die Täufer 268
    1. Zwinglis Weg zur Reformation 268
    2. Die Zürcher Disputationen (1523) 270
    3. Karlstadt 271
    4. Gesetz und Evangelium bei Luther und Zwingli 273
    5. Die Schweizer politischen Bündnisse im Gefolge der Reformation 275
    6. Luthers Angriff gegen den Humanismus (Erasmus) und die »Schwärmer« 276
    7. Die deutschen Ritter und die Bauernkriege . . 277
    8. Luthers Stellung zur revolutionären Bewegung 278
    9. Die Katastrophe von Münster 279
   10. Der linke Flügel der Reformation 280
   11. Das Marburger Religionsgespräch (1529) und Zwinglis Tod 283
   12. Luthers Ehe 285
25. Kapitel: Das Bekenntnis der Kirche – die Zeit bis zum Augsburger Religionsfrieden 1555 286
    1. Die Notwendigkeit des Bekenntnisses 286
    2. Luthers Katechismus und das Augsburger Bekenntnis 287
       a) Die Verfassung der Kirche in der Bindung an die Obrigkeit 287
       b) Das Bekenntnis der evangelischen Fürsten und Städte in Speyer (1529) 288
       c) Die bedeutsamsten Bekenntnisse vor 1530 289
       d) Das Augsburger Bekenntnis 289
    3. Katholische und evangelische Bündnisse 291
    4. Kämpfe und Krisen 293
    5. Luthers Tod 296
    6. Augsburger Interim und Religionsfrieden (1555) 297

Inhalt

26. Kapitel: Johannes Calvin 299
    1. Calvins Werdegang 299
    2. Die Institutio Religionis Christianae 301
    3. Der Anfang in Genf (1536-1538) 302
    4. Ausweisung aus Genf (1538) – Jahre der Besinnung 303
    5. Die Kirchenordnung in Genf 304
    6. Michael Servet 305
    7. Calvins Abendmahlslehre 307
    8. Das Gesamtbild Calvins 307
27. Kapitel: Ignatius von Loyola und das Konzil von Trient (1545-1563) 308
    1. Evangelische Strömungen in Italien 309
    2. Ignatius von Loyola 310
    3. Das Konzil von Trient (1545-1563) 315
28. Kapitel: Die Kirchen des Westens im Kampf mit der Gegenreformation 319
    1. Englands Loslösung von Rom 319
    2. Schottland 320
    3. Der Freiheitskampf der Niederlande 321
    4. Frankreich im Konfessionskampf – die Bartholomäusnacht 323
    5. Politik und Reformation trennen sich 326
    6. Die Reformation in Nord- und Osteuropa 327
29. Kapitel: Die lutherische und reformierte Orthodoxie 328
    1. Im Streit um die Lehre Melanchthons 328
    2. Der Heidelberger Katechismus 330
    3. Konkordienformel und Konkordienbuch 331
    4. Der Kampf gegen den Arminianismus 332
30. Kapitel: Durch Religionskriege zur Toleranz 334
    1. Die Kirche im Dreißigjährigen Krieg 334
    2. Der Dreißigjährige Krieg und der Westfälische Friede (1618-1648) 335

3. Frankreich bis zur Aufhebung des Ediktes von Nantes (1685) 339
4. Der geistliche Aufbruch in der katholischen Kirche 341
5. England und Schottland 342
6. Oliver Cromwell (1599-1658) 343
7. Der Weg zur Aufklärung durch Descartes und Spinoza 348

Teil IV: Die neue Zeit

31. Kapitel: Der Pietismus 351
    1. Der reformierte Pietismus: Johannes Coccejus und Gerhard Tersteegen 352
    2. Der lutherische Pietismus 352
        a) Philipp Jakob Spener (1635-1705) 352
        b) August Hermann Francke (1663-1727) ... 355
        c) Nikolaus Ludwig Graf von Zinzendorf (1700-1760) 359
    3. Der schwäbische Pietismus – die »Stunde« ... 362
    4. Radikaler und schwärmerischer Pietismus 363
    5. Das Gesamtbild: Weite und Grenze des Pietismus 364
32. Kapitel: Die Aufklärung und ihre Überwindung .. 365
    1. Gottfried Wilhelm Leibniz (1646-1716) 365
    2. Das Naturrecht als Basis des gesamten Lebens . 367
    3. Jean-Jacques Rousseau 368
    4. David Hume, Immanuel Kant und Gotthold Ephraim Lessing 371
    5. Die moralische Religion als Befreiung vom Dogma der Kirche 373
    6. Der kategorische Imperativ 375
    7. Gottsched und Gellert 376
    8. Die Bibelkritik des Samuel Reimarus 376
    9. Toleranz als Erziehungsfaktor 377
    10. Friedrich II. und der Protestantismus 379

33. Kapitel: Die römisch-katholische Kirche im 18. Jahrhundert 380
   1. Mission in Asien durch den Jesuitenorden 380
   2. Die Ausweisung des Jesuitenordens 381
   3. Versuche des deutschen Episkopats, sich von der Kurie zu lösen 382
   4. Das Toleranzpatent Josephs II. 383
   5. Die katholische Kirche im Kampf mit der Revolution 384
   6. Napoleons Verhältnis zur Kirche 386
34. Kapitel: Der Idealismus 387
   1. Hamann und Herder in Auseinandersetzung mit Kant 387
     a) Johann Georg Hamann 388
     b) Johann Gottfried Herder 390
   2. Schiller und Goethe 391
   3. Schleiermacher 394
   4. Fichte, Hegel und Schelling 397
     a) Johann Gottlieb Fichte (1762-1814) 298
     b) Georg Friedrich Wilhelm Hegel (1770-1831) 399
     c) Friedrich Wilhelm Joseph Schelling (1775-1854) 400
35. Kapitel: Die Erweckung im 18. und 19. Jahrhundert 402
   1. Der Methodismus als Erweckungsbewegung .. 402
   2. Die Erweckung in Deutschland 404
36. Kapitel: Restauration und Union 407
   1. Kritik an der Erweckung 407
   2. Union nach königlichem Willen 409
   3. Die lutherische Gegenwehr 410
   4. Lutherische Freikirche und rheinisch-westfälische Synodal- und Presbyterialordnung 411
37. Kapitel: Die Innere Mission 412
   1. Johannes Falk und Johann Hinrich Wichern .. 412

2. Der Wittenberger Kirchentag 1848 414
3. Diakonie als umfassende Hilfe 415
4. Friedrich von Bodelschwingh d. Ä. 418

38. Kapitel: Die römische Kirche im 19. und 20. Jahrhundert 418
    1. Staat und Kirche 418
    2. England und Italien 420
    3. Erwachen im Kirchenvolk 421
    4. Neue Dogmen 421
        a) Das Mariendogma 421
        b) Der Syllabus 422
        c) Das Dogma von der Unfehlbarkeit des Papstes 422
    5. Der Kulturkampf in Preußen und das neue Verhältnis zwischen Staat und Kirche 423
    6. Die römisch-katholische Kirche im 20. Jahrhundert 425
        a) Soziale Verantwortung 425
        b) Dogma von der leiblichen Himmelfahrt der Maria 425
        c) Trennung von Staat und Kirche in Frankreich 426
    7. Johannes XXIII. und das zweite Vatikanum (1962-1965) 426

39. Kapitel: Die evangelische Theologie seit Schleiermacher 429
    1. Rothe, Feuerbach, Strauß und Marx 429
        a) Richard Rothe: Die Kirche geht im Staat auf . 429
        b) Ludwig Feuerbach: Christentum ist Illusion . 430
        c) David Friedrich Strauß: Jesus ist nur mythisch zu deuten 430
        d) Karl Marx: Die Änderung der Verhältnisse schaffen den neuen Geist 430
    2. Von Baur bis Troeltsch 431
    3. Die konfessionelle, biblische und dialektische Theologie 434

Inhalt

40. Kapitel: Die Kirche im Kampf mit dem Nationalsozialismus 437
    1. Die deutsch-christliche Kirche im 19. Jahrhundert 437
    2. Der Kirchenkampf (1933-1945) 438
    3. Die Kirche nach 1945 443
    4. Die Leuenberger Konkordie 444
41. Kapitel: Die Gemeinschaftsbewegung im 20. Jahrhundert 445
    1. Die Gemeinschaftsbewegung bis 1945 445
    2. Die Entwicklung der Gemeinschaftsbewegung nach dem Zweiten Weltkrieg 447
42. Kapitel: Die Evangelischen Freikirchen in Europa und Amerika 450
    1. Mennoniten 450
    2. Methodisten 452
    3. Freie evangelische Gemeinden 452
    4. Baptisten 453
    5. Die »Christliche Versammlung« und die Brüderbewegung 455
    6. Die Pfingstbewegung 457
    7. Der Auftrag der Freikirchen 459
    8. Die Kirche in Nordamerika 460
    9. Die charismatische Bewegung 461
    10. Das Entstehen unabhängiger Gemeinden ... 462
43. Kapitel: Die Ökumene 463
    1. Die Evangelische Allianz 463
    2. Ökumenische Sammlungen in Jugendbünden . 465
    3. Weltbünde der Kirchen 466
    4. Die Lima-Dokumente 468
44. Kapitel: Kirche unter dem Kreuz 469
    1. Armenien 470
    2. Russlands Kirche unter politischem Druck ... 470
    3. Die Verfolgung der Freikirchen in der Sowjetunion und ihre Situation in den GUS-Staaten . 471

4. Christenverfolgung in islamischen Ländern ... 473
45. Kapitel: Kirchliche Veränderungen nach der Wende
von 1989 473

Schluss 475

Weiterführende Literatur zur Kirchengeschichte 476

Namenverzeichnis 481

Einleitung

I. Die kirchengeschichtliche Aufgabe

Die Kirchengeschichte hat es grundlegend mit der Zeit zwischen dem ersten und zweiten Kommen Jesu Christi zu tun. Darum glaubt sie nicht an die Größe des Menschen und darum verzweifelt sie auch nicht an seiner Kleinheit und Ohnmacht. Sie verlässt sich auch nicht auf die Erkenntnis unserer begrenzten Vernunftkraft, denn sie steht vor dem Geheimnis des verborgenen und nur in Christus offenbaren Gottes. Damit ist ihr aber kein Schlüssel gegeben, die Ereignisse einfach ablesen zu können und aus der Geschichte eine Offenbarung zu machen – »wie unbegreiflich sind seine Gerichte und unerforschlich seine Wege« (Röm 11,33)! Aber sie hat zu zeigen, wie sich die einzelnen Zeiten zur Offenbarung Gottes in Christus verhalten haben, ob sie ihr Raum gaben im Gehorsam des Glaubens oder ihr in eigenem Willen widerstrebten.

Von außen her gesehen ist die Kirchengeschichte nach Goethes bekanntem Wort »ein Mischmasch von Irrtum und Gewalt«. Nirgends geht es menschlicher, um nicht zu sagen: unmenschlich-dämonischer zu als in ihr. Denn nirgends wird die Sünde des Menschen offenbarer als dort, wo unter dem Deckmantel des Glaubens und seiner Gewissheit Fanatismus und Gewalt des Menschen ihr Werk treiben, wo Irrlehre der Fluch der Heuchelei und Selbstsucht sich auswirken. Dass sich Gott eine solche Geschichte gefallen lässt, ist das unbegreifliche Faktum. Es wird uns zur immer neuen Anfechtung und kann nur an einer einzigen Stelle überwunden werden: dort, wo die Anfechtung am größten ist – am Ärgernis des Kreuzes Christi.

> *» Will mir die Geschichte seit 18 Jahrhunderten so christuslos bedünken – das alles ist doch in der Ordnung. In allem Geschehen soll der Sämann nicht zu spüren, sollen die Dinge des Reiches nicht von den Ordnungen des irdischen Geschehens ausgenommen sein. Auch an sein Reich sollen wir glauben. «*   Martin Kähler (1912)

II. Zur Geschichte der Kirchengeschichte

1. Die Apostelgeschichte des Lukas als Quelle erster Ordnung – 1. Jahrhundert

Als die Sendung des Paulus sich ihrem Ende zuneigte, schrieb Lukas die Apostelgeschichte. Von Jerusalem bis Rom – so stellt Lukas den Weg des Evangeliums dar. Er bezeugt ihn als den Siegeszug des Christus, der den engen Rahmen Israels durchbricht und über Samaria und Syrien hinaus in die griechisch-römische Welt eindringt – »bis an das Ende der Erde« (1,8). Lukas ist sich bewusst, an einem Wendepunkt zu sein, als er seinen Bericht mit Paulus in Rom beendet, wo der Apostel »von dem Herrn Jesus Christus mit allem Freimut ungehindert« lehren kann (28,31).

Auch wenn heutzutage manche seine Glaubwürdigkeit anzweifeln: Man hat Lukas als hervorragende Geschichtsquelle schätzen gelernt. Seine Treue in der Sammlung von Berichten anderer (Lk 1,1-4), seine Augenzeugenschaft in den so genannten Wir-Stücken[1] und seine Fähigkeit, den Stoff in einigen wenigen, aber charakteristischen Bildern zu konzentrieren, sichern ihm für immer einen Ehrenplatz unter den Historikern. Unmit-

---

[1] Textabschnitte, aus denen deutlich wird, dass Lukas selbst Teilnehmer des Geschehens war: Apg 16,10-17; 20,5-16; 21,1-18; 27,1-28,18

telbar in der Nähe der Ereignisse hat er mit aller Wahrscheinlichkeit zu Beginn der sechziger Jahre »die Taten der Apostel« niedergeschrieben. In den beiden Hauptteilen des Buches (Kap. 1-12; 13-28) geht es um den Dienst des Petrus und des Paulus.

2. Eusebius von Cäsarea und das Zeitalter Konstantins (4. Jahrhundert)

Fast drei Jahrhunderte vergehen, bis *Eusebius von Cäsarea* (ca. 263-339) in zehn Büchern das Werk schreibt, das ihm den Ehrennamen »Vater der Kirchengeschichte« eintrug. Wiederum ist es ein Wendepunkt größten Ausmaßes, der Geschichte verstehen lehrt, weil sie unmittelbar erlebt wird. Als Augenzeuge beschreibt Eusebius die Christenverfolgungen unter Diokletian und seinen Nachfolgern und dann den ungeheuren Umschwung durch Konstantin, als das Römische Reich seinen Frieden mit der Kirche schloss. In diesem Augenblick erkannte der bald darauf zum Bischof von Cäsarea gewählte Historiker den großen Zusammenhang der Jahrhunderte, den Siegeszug des Evangeliums Jesu Christi und mit ihm der Christenheit.

Er sammelte – und das ist der nicht zu unterschätzende Wert seiner Arbeit – die wichtigsten Quellenstücke der Vergangenheit, um den Aufbau der Gemeinden, die Abwehr der Irrlehrer, den Dienst der Bischöfe auch denen deutlich vor Augen zu führen, die sich gegenüber der Größe und Einheit der Kirche noch ablehnend verhielten.

Aus heutiger Sicht betrachtet, muss man sagen: Eusebius sah verklärend in der Person des Kaisers *Konstantin* das Geschenk der göttlichen Vorsehung und fand für ihn ein mit den geschichtlichen Tatsachen nicht übereinstimmendes, überschwängliches Lob. Mit ihm saß er auf dem Konzil von Nicäa (325) im Anbruch einer neuen Zeit. Die Kirche des Eusebius ist nicht mehr wie die des Lukas eine Kirche des Glaubens und der Buße, sondern *die* sichtbare Gnadenanstalt, die rein und unverletzt ihren Weg weitergeht, auch wenn Irrlehrer kommen und Verfolgungen ihre Existenz bedrohen. Seine Kirchengeschichte hat die apologetische Aufgabe, vor Freund und Feind den Erweis zu bringen, dass Christus seine Gemeinde nicht im Stich lässt.

In den nun folgenden 1200 Jahren gibt es keinen Historiker vom Rang des Eusebius. Als die Ostkirche immer mehr den Zusammenhang mit Rom verlor, als die Germanen in das Römische Reich einbrachen, blieb das »ewige Rom« die Säule mitten in einer zerfallenden Welt. Dieses Bewusstsein, Trägerin einer ungeheuren und ständig wachsenden Geschichte zu sein, hemmte die Erkenntnis, dass auch einer katholischen Kirche nicht die eigene Unfehlbarkeit, sondern allein die Buße das Auge für die Geschichte erschließen kann. Man meinte, die Kirche sei im Grunde unveränderlich und zeige gerade darin ihre göttliche Legitimation; die Weltreiche unterlägen dem Gesetz von Blüte und Zerfall, der »Gottesstaat« aber sei das Reich, das triumphiert.

3. *Matthias Flacius Illyricus, der Historiker der Reformation (16. Jahrhundert)*

Erst die Reformation eröffnet neu den Blick für die Geschichte der Kirche. War man sich bewusst, das Evangelium neu gefunden zu haben, dann konnte die lange Entwicklung von 1500 Jahren im Grunde nur ein einziger Abfall sein. Doch blieb man nicht bei solch einseitiger Sicht stehen. *Matthias Flacius Illyricus* (1520-1575), ein Schüler Luthers, erkannte zugleich den großen und ununterbrochenen Zusammenhang der wahren Gemeinde und ihrer Zeugen. Er sah in der Geschichte nicht nur das Gericht, sondern ebenso stark die Übermacht der Gnade, die es nicht an Glaubenden hat fehlen lassen.

In einem eigentümlichen Spannungsverhältnis stand damit die evangelische Kirche der Kirche Roms gegenüber. Sie wusste sich auf demselben Grund der Apostel und Propheten, da Jesus Christus der Eckstein ist, und war doch zugleich die schärfste Gegnerin der alten Kirche. In solcher Lage aber wuchs der Blick für das Wesen der Geschichte, trat das Einzelne in den Zusammenhang des Ganzen und musste sich zugleich dem leitenden Gesichtspunkt einordnen. In der Arbeit der *Magdeburger Zenturien*, wie Flacius sein Werk betitelt, kam kein kleinlicher Geist ans Licht. Flacius und seine Freunde erkannten, wenn sie vom Glauben aus die Eigenart der Kirche beurteilten, dass Kirchen- und Weltgeschichte eng zusammenhängen und doch voneinander unterschieden sind.

4. *Gottfried Arnold, Kirchengeschichte aus pietistischer Sicht (17./18. Jahrhundert)*

Zu dieser Erkenntnis hat der Pietismus und namentlich *Gottfried Arnolds »Kirchen- und Ketzerhistorie«* von 1699 nichts durchaus Neues hinzufügen können. Erschüttert war ein für alle Mal der Glaube, in der sichtbaren Kirche eine unfehlbare Größe bewundern zu müssen. Alles Heilige und Unheilige in der Geschichte wird damit der Wirklichkeit nicht entzogen, in der allein wir die frei machende Wahrheit zu erkennen vermögen. Hier liegt *Gottfried Arnolds* (1666-1714) bedeutsamer Beitrag zur Erkenntnis der Wahrheit. Im Übrigen hat Arnold in starker Einseitigkeit die bisherige Betrachtung der Kirchengeschichte umgekehrt und im Ketzer öfter den Glaubenden, den Wiedergeborenen, zu zeigen versucht, als es den Tatsachen entspricht.

5. Ferdinand Christian Baur und Leopold von Ranke – das kritische Bild des 19. Jahrhunderts

Das 18. und 19. Jahrhundert haben besonders durch die Arbeit des Rationalismus der quellenmäßigen Einordnung der Kirchengeschichte in den allgemeinen geschichtlichen Fluss gedient. Die Methoden der allgemeinen Geschichtsforschung, wie sie von *Ferdinand Christian Baur* (1792-1860) und *Leopold von Ranke* (1795-1886) zum beherrschenden Prinzip erhoben wurden, bestimmten immer mehr das Bild der Kirchengeschichte und ließen die Eigenart, die Andersartigkeit ihres Wesens mehr und mehr in den Hintergrund treten. Stand die Kirchengeschichte des Mittelalters im Bann der Dogmatik, so brach nun die Herrschaft der Philosophie oder Ideologie ein, welche die Beobachtung der »heiligen Geschichte« verkürzten.

In dieser Spannung stehen wir noch heute. Wir können Kirchen- und Weltgeschichte nicht trennen. Sie gehören unlösbar zusammen bis in die Methoden hinein, mit denen wir die Tatbestände zu erfassen versuchen. Sie befinden sich im gleichen Raum und vollziehen sich an entscheidender Stelle an den gleichen Menschen. Und dennoch müssen wir sie gleichzeitig und immer wieder trennen, um die ganz anderen, von Gott her kommenden Ziele zu verstehen. Denn es handelt sich um das Reich Gottes, um eine eschatologische Größe, die sich innerhalb der sichtbaren Kirche in der ständigen Auseinandersetzung befindet mit allem, was in der Kirche und um sie herum Welt ist. Darum heißt die letzte Fragestellung an jede Zeit, ob sie vom Glauben an Christus, den Gekreuzigten, aus zu einer lebendigen Enderwartung gelangt.

III. Die Gliederung der Kirchengeschichte

Alles Geschichtliche ist zeitlich, irdisch, weltlich. So ist auch die Kirchengeschichte eng verflochten mit der Weltgeschichte. Das zeigt die Abgrenzung der einzelnen kirchengeschichtlichen Epochen.

Die Tatsache, dass wir es in der *Kirchengeschichte des Altertums* mit der griechisch-römischen Welt um das Mittelmeer herum zu tun haben, verlangt die Kenntnis der politischen und kulturellen Umwelt, damit wir nicht falsche Schlüsse ziehen und ungerechte Urteile fällen.

Das Gleiche gilt für die *Kirche des Mittelalters*. Dabei müssen wir uns entscheiden, ob wir das 7. und 8. Jahrhundert schon in die neue germanische Geschichte einbeziehen dürfen, oder ob sie noch als Ausläufer der spätrömischen Entwicklung zu sehen sind. Von der Kirchengeschichte her kann diese Frage deshalb nicht entschieden werden, weil kein Ereignis von überragender Bedeutung den unwiderlegbaren Akzent gibt. Den Beginn der angelsächsischen Mission unter Papst Gregor I. um 600 wird man nicht geringer einschätzen dürfen als etwa das Kirchenregiment Karls des Großen um 800. Den Ausschlag mag aber bilden, dass sich mit Gregors Missionsarbeit fast gleichzeitig der Anfang und Vormarsch des Islam verbindet und damit der Zusammenbruch der Kirchen des Ostens und Südens (Kleinasien, Jerusalem, Nordafrika). Jedenfalls ist der Schwerpunkt vom Mittelmeer weg in den Raum nördlich der Alpen gelegt.

Damit ist aber noch ein anderes Moment gegeben. Hat die Kirche des Altertums bis zu Kaiser Konstantin einen harten Existenzkampf gegen den römischen Staat (und auch weiterhin gegen den griechischen Geist) zu führen gehabt, so tritt sie jetzt im Mittelalter die Herrschaft über die »jungen Völker« Nord- und Mitteleuropas an.

Über die nächste Grenze, die zur *Neuzeit* hin, sollte von evangelischer Sicht her eigentlich keine Uneinigkeit herrschen. Gleichwohl hat Ernst Troeltsch der Reformation diese Stellung streitig zu machen versucht, sei es, dass seiner Auffassung nach die Neuzeit mit dem Humanismus und der Renaissance oder aber mit der Aufklärung beginnen soll. Allerdings kann man das Grundanliegen von Troeltsch verstehen, wenn man mit der Aufklärung den Geist im Anbruch sieht, der sich gegen jede kirchliche Bevormundung auflehnt. Reformation und Gegenreformation sind so gesehen in ihrer engen Verklammerung mit dem Staat tatsächlich dem Mittelalter näher.

Dennoch entsteht dadurch ein einseitig soziologisches und damit vom Standpunkt der Kirche aus völlig schiefes Bild, ist doch in der Reformation diejenige Kirche aus den Quellen des Evangeliums neu geboren, die wie einst in den ersten Jahrhunderten den Anstürmen des Zeitgeistes in der Kraft des Geistes begegnet. So verstanden hat aber die Reformation nicht nur ihre eigene Sprache innerhalb der Kirchengeschichte geschaffen, sondern sie ist auch innerhalb der Neuzeit und ihrer ganz anders gerichteten Geistesart letzten Endes die bestimmende Geistesmacht, die den menschlichen Geist in seiner Endlichkeit nicht ruhen lässt. Immer wieder stellt sie die Frage nach seiner Gebundenheit und Freiheit. Urchristentum und Reformation lassen sich nicht nur zeitlich begrenzen; sie wirken wie jedes lebendige Christuszeugnis in der Kraft des Evangeliums auf einer anderen Ebene in unvergänglicher Kraft weiter.

IV. Israel und Jesus Christus, der Messias

Zur Zeit Jesu arbeiteten gewaltige Mächte am Untergang der jüdischen Theokratie. Die Juden in Jerusalem waren sich der Gefahr bewusst. Diesmal waren es jedoch nicht nur politische

Kräfte, sondern Mächte des Geistes, unheimliche Gewalten von kaum zu fassender Dämonie. Auch das war für die Juden nichts Neues. In der Geschichte der letzten tausend Jahre waren sie oft ähnlichen Angriffen ausgesetzt gewesen. Warum aber hielt der Tempel diesmal nicht Stand?

Die Front war viel größer als Jerusalems Umkreis. Sie umspannte das Riesennetz der Synagogen in der weiten Diaspora, in Babylon, Kleinasien, Griechenland, Italien und Ägypten. Überall drohte der Hellenismus den Glauben der Väter zu zersetzen. Namentlich Alexandria stand in dieser Gefahr. Dort vereinigte sich griechisch-orientalisches Denken in breitem Strom mit der jüdischen Theologie.

1. Pharisäer, Essener, Sadduzäer und die jüdischen Apokalyptiker

In Jerusalem kämpfte der *Pharisäismus* seinen verzweifelten Kampf um die Reinheit des Gottesdienstes. Wir sind von der Verkündigung her an das Bild des heuchlerischen und ehrsüchtigen Pharisäers gewöhnt, und je griechischer unser Auge bestimmt ist, umso eher neigen wir zu einer derartigen Sichtweise. Es darf als eine Frucht der Lebensarbeit Adolf Schlatters bezeichnet werden, dass dieses einseitige Bild mehr und mehr hinterfragt wird.

Im Pharisäismus stehen sich prophetische Züge und eine kasuistisch ausgeprägte Gesetzlichkeit gegenüber. Todesmutig, im Sinn der Makkabäer des zweiten vorchristlichen Jahrhunderts, hielt diese fanatisch religiöse Partei der Pharisäer das Ziel der kommenden Gottesherrschaft hoch. Der religiösen und nationalen Freiheit Israels im neu zu erkämpfenden Reich Gottes galt jegliche Anspannung. Teilhaber zu sein an der Totenauferstehung und an dem unerhörten Aufschwung dieses neuen Israel erschien wahrlich eines ganzen Einsatzes wert. Über dem Leben eines Schriftgelehrten wie Jochanan ben Zakkai (1. Jahrhundert n. Chr.) liegt beides: die rastlose und ihres Erfolges immer ungewisse Arbeit am Gesetz, die niemals zum Abschluss gelangt, und gleichzeitig der sehnsüchtige Blick auf die Verheißung Gottes, die nicht trügen kann.

Warum kam es zum Zusammenstoß zwischen diesen Hoffenden und Christus, dem Erfüller? Dem Bußruf des Jesus von Nazareth konnte sich der Gesetzestreue weithin anschließen. Auch gegenüber dem Wunder hatte man kein grundsätzliches Bedenken. Aber der Anspruch Jesu, jetzt und hier in dieser Welt der *Messias* zu sein, der sogar Sünden vergibt, erschien unverzeihlich. Wenn Jesus lediglich die *Messiasidee* hätte *darstellen* wollen, hätten die Pharisäer das wohl noch gelten lassen, aber dass er sie konkret auf sich bezogen hat, musste vom Judentum als untragbar abgelehnt werden.

Der tiefste Grund der Ablehnung: Pharisäer und Schriftgelehrte haben die alttestamentliche Prophetie zum Bestandteil des Gesetzes gemacht, über das man vollkommen zu verfügen meinte. Die Spannung zwischen Gesetz und Prophetie war somit erlahmt. Und nun kommt es zur Auseinandersetzung: Der Herr des Gesetzes begegnet den »Monopolisten« des Gesetzes. Hier geht es – nicht anders als in der Auseinandersetzung mit der griechischen Kultur – um Tod und Leben. Das haben die Vertreter der Pharisäer im Zusammenstoß mit Jesus unüberhörbar gemacht. »Den Juden ein Ärgernis«[2] – dieses Wort drückt die Lage deutlich aus, in die Jesus seine Nachfolger vor Israels Augen versetzte.

Den radikalen Flügel des Pharisäismus stellen die *Zeloten,* »die Eiferer«, dar. Sie stehen in starkem Gegensatz zur römischen Herrschaft und suchen sie mit allen Mitteln – bis zum Mord – zu schädigen. Umso erstaunlicher ist es, dass Jesus einen

---

[2] 1Kor 1,23

ihrer Führer zu seinem Jünger machte: Simon, den Zeloten (Lk 6,15).

Neben den Pharisäern traten die *Essener* in Erscheinung, Mönche, die streng asketisch lebten, an die Totenauferstehung glaubten und das Ende der Zeit erwarteten. Ein Teil dieser Gruppe siedelte sich im Wüstenkloster Qumran an.

Neben dem Pharisäismus regieren als Aristokratie besonderer Art die *Sadduzäer*, die Inhaber des hohenpriesterlichen Amtes. Sie erscheinen in den Evangelien moderner, weltoffener, milder und Jesus gegenüber zugänglicher. Doch kann man mit gewissem Recht sagen, dass diese Gruppe ihre jüdischen Wurzeln – und damit auch den Messiasglauben – verlassen und sich hellenistischem Gedankengut geöffnet hat. Sie lehnen die Auferstehung ab – und damit Israels Hoffnung. Ihr Widerstand gegen Jesus ist nicht geringer als der der Pharisäer. Jesus verkündigte ihnen den unmittelbar in das Leben eingreifenden Gott der Väter. In den Kreisen der Sadduzäer war aber eine Art Deismus[3] zu Hause, der Gott nicht so nahe und wirksam glaubt. Jedes Handeln in der Gottesgewissheit musste deshalb diesen Skeptikern als Schwärmerei erscheinen. Es gibt auch für diese vorsichtigen Diplomaten nur den Ausweg des Kaiphas: »Es ist besser, ein Mensch sterbe für das Volk, als dass das ganze Volk verderbe« (Joh 11,50). Der Konflikt mit Rom erschien ihnen darum katastrophaler als der Verlust des prophetischen Erbes.

Auch noch in anderer Weise gewann der Hellenismus an Einfluss. *Philo*[4] deutete das Alte Testament um, weil ihn von der Philosophie des Plato her ein starker Dualismus beherrschte. Alles, was Leib und Natur überhaupt, und alles, was Geschichte im Besonderen ist, gehört demnach der Materie an, dem vergänglichen Stoff, und hat deshalb kein unmittelbares Verhältnis

---

[3] Deismus: Ansicht, die Gott zwar als Schöpfer, aber nicht als Lenker der Welt begreift und jede übernatürliche Offenbarung ablehnt.
[4] 25 v. bis 40 n. Chr.

zu Gott. Einer solchen Theologie musste darum der Glaube an das Fleisch gewordene Wort Gottes fragwürdig erscheinen. Auch das geschichtsgebundene Denken der Juden erfährt bei Philo eine radikale Wendung ins Platonisierend-Verallgemeinernde.

Elementarer als im kunstvollen System Philos redet das Gesicht der Zeit in den *jüdischen Apokalypsen* und namentlich im 4. Esra. Hier wird um das Problem des Schicksals und namentlich des Leidens gerungen. Hier haben Menschen das Wort, die weder mit den religiösen Parteien noch mit der Philosophie Alexandrias zu einer letzten Antwort auf die Fragen der politischen und heilsgeschichtlichen Gestaltung gelangen können. Ähnlich wie bei Jeremia hören wir den Ton der Buße, aber mehr noch den der Verzweiflung.

»Ach, Adam, was hast du getan! Als du sündigtest, kam dein Fall nicht nur auf dich, sondern auch auf uns, deine Nachkommen.« – *»Was hilft es uns, dass uns die Ewigkeit versprochen ist, wenn wir Werke des Todes getan haben?«*[5]

Sind solche Stimmen dem Evangelium nicht näher, weil sie aus einem »geängsteten Geist« kommen? Man wird auch hier nur vorsichtig urteilen können. Die Verzweiflung kann ein ebenso starkes Bollwerk gegen das Evangelium sein wie die vermeintliche Sicherheit.

Wer die zahlreichen Festbesucher in Jerusalem sah und den frommen Aufmarsch der Priester, Schriftgelehrten und Parteien, musste im Blick auf den Tempel und seinen Kultus denken, wie die Jünger Jesu dachten: »Was für Steine und was für Bauten« sind das.[6] Die Weissagung Jesu von dem völligen Zerfall der heiligen Stätte steht genau so steil diesem naiven Staunen gegenüber wie die Botschaft der Propheten des Alten Testaments, als

---

[5] 4. Esra 7,118f aus der Zeit um 100 n.Chr.
[6] Mk 13,1f

sie das Ende des ersten Tempels verkündigten. Dem Massenbetrieb gegenüber gab es nur wenige Stille im Lande, die im Zug der alttestamentlichen Weissagung wie ein Simeon und eine Hanna auf den Messias warteten. Insgesamt glaubte man – in der griechisch-römischen Welt politisch, in Israel religiös – auf einem Gipfelpunkt zu stehen.

2. Jesus Christus und das Volk Israel

Kann Jesus, der Christus, innerhalb einer Kirchengeschichte »behandelt« werden? Jesus lässt sich nicht in eine Biographie zwingen.[7] Das hat nach Martin Kählers Schrift »Der so genannte historische Jesus und der geschichtlich biblische Christus« (1892) auch Albert Schweitzer in seiner »Geschichte der Leben Jesu Forschung« sehen müssen. Versuche, ihn aus dem griechischen Umfeld und dessen mythologischem Denken zu erklären, sind restlos unbefriedigend geblieben und treffen den Kern nicht. Näher an der Person Jesu ist allemal der, der ihn vom Wurzelboden des Judentums her verstehen will. Doch auch hier stellt sich die Frage: Woher hat Jesus sein ausgeprägtes Sendungsbewusstsein (»Ich aber sage euch«)?

Dieses Sendungsbewusstsein steht nicht frei in geheimnisvoller Einsamkeit, sondern in der festen Verbindung mit der Gottesgewissheit Jesu. Als der ganz an den Vater Gebundene hat er die Freiheit, der gesamten religiösen Welt seines Volkes gegenüberzutreten. Der Erfüller des Gesetzes ist zugleich der völlig souveräne Herr dieses Gesetzes. In dieser ungeheuren Spannung offenbart sich das göttliche Geheimnis Jesu.

Jesus weiß sich seinem Volk in ganzer Treue verbunden. Wer lebte so wie er in der Geschichte der Offenbarung von Abraham

---

[7] Das hat auch *Albert Schweitzer* in seiner »Geschichte der Leben-Jesu-Forschung« gezeigt, 1926

an? Wer hat in der Ansage vom kommenden Weltgericht wie von der rettenden Gnade mit solcher Klarheit auf die Propheten des Alten Bundes hingewiesen? Sein Wächterruf geht an das Israel seiner Tage dicht vor der Zerstörung Jerusalems und seines Tempels.

Und doch ist Jesus von der zum Gesetz gewordenen Frömmigkeit seines Volkes getrennt. Im Kultus sieht er die Veräußerlichung, die zur Heuchelei führt. Die Verengung des Lebens durch die Sabbat- und Reinigungsvorschriften hebt er auf. Die Abgrenzung des auserwählten Volkes kommt mit der weltweiten Sendung seiner Jünger in Konflikt.

Aber der Gegensatz ist noch tiefer. Wohl glaubt der Pharisäer an die Auferstehung der Toten und an den Messias, der die neue Welt in Herrlichkeit bringen wird. Aber dass hier und jetzt einer vor ihnen steht, der das Bekenntnis annimmt: »Du bist der Christus, der Sohn Gottes« (Mt 26,63), das musste als Lästerung mit dem Tode bestraft werden. Sein Kreuz ist das Urteil der Frömmsten seines Volkes. Es ist aber nicht nur das Gericht über seine jüdischen und heidnischen Richter. Er selbst hat es als Sühnopfer für die ganze Welt bekannt und mit seiner Auferstehung besiegelt. Vor den Augen der Menschen ist sein Lebensausgang nichts als Niederlage, Ende einer enthusiastischen Geschichte, Auflösung der Jüngerschaft. Anders hat auch *Tacitus* (um 50 n. Chr.) in der bekannten Stelle seiner »Annalen« den Tod Jesu nicht aufgefasst.[8] Aber dass »der für den Augenblick unterdrückte verderbliche Aberglaube« wieder aufbrach und sich sogar in der Hauptstadt verbreitete, »wo alles Scheußliche und Schändliche von überallher zusammenströmt und Anklang findet«, das eben ist für Tacitus das Ärgerliche und eigentlich Unbegreifliche.

---

[8] Tacitus, Annalen XV, 44

3. Jesu Auferstehung ist der Anfang einer neuen Weltzeit

Jesus ist nicht mit Benennungen wie »Reformator«, »Apokalyptiker« oder gar »Revolutionär« zu fassen. Er zerbricht jede Kategorie, jeden Versuch der Einordnung und erweist eben darin seine göttliche Macht, sein Herrsein. Er lässt sich nicht festlegen. Begriffe wie »national« oder »übernational«, »asketische Ethik«, »Weltfremdheit« oder »Weltveränderer« greifen viel zu kurz. Nach jedem Versuch, Jesus durch Einordnung einzugrenzen, bricht er von einer ganz anderen Seite in unser Leben ein, setzt unser Denken in eine neue Bewegung. Immer dort, wo man – gläubig oder ungläubig, beruhigt oder überlegen – mit ihm fertig zu sein meint, tritt Jesus als ewige Unruhe, als die unüberhörbare Frage in die Geschichte der Menschen und der Völker ein.

Er ist wirklich auferstanden. Die Berichte über seine Auferstehung sind keine Hilfskonstruktion als notwendige Voraussetzung für die Kirchengeschichte. Nein, seine Auferstehung ist das Aufbrechen einer neuen Weltzeit, das immer nahe Geheimnis auf dem Wege einer zweitausendjährigen Geschichte, in der nicht nur sein Kreuz, sondern auch sein Leben in stetig neuer Weise offenbar wird. Seine Herrschaft wurde mit seinem Tode nicht Vergangenheit, sondern sie ist ständige Gegenwart und wiederum abschließende Zukunft. Denn sein Reich ist er selbst, der Herr seiner Geschichte und das lebendige Haupt seiner Gemeinde.

V. Das Zeitalter des Augustus

1. Das Urteil der Historiker des 19. Jahrhunderts

Antike Philosophen (z.B. Seneca), Politiker (Cicero) und Schriftsteller (Josephus) haben über die Ereignisse und die Wesensmerkmale ihrer Zeit nachgedacht. Was sie über den Charakter ihrer Gegenwart, besonders im ersten Jahrhundert n. Chr. geäußert haben, ist von den Historikern des 19. Jahrhunderts in der Auseinandersetzung mit dem Aufbruch der Kirche Christi beurteilt worden. *Theodor Mommsen* (1817-1903), sah im Römischen Reich – die Glanzzeit des Julius Cäsar ausgenommen – eine dauernde Stagnation, einen Sumpf, der in seiner eigenen Fäulnis verkam. Ganz anders urteilt der Historiker *Alfred von Domaszewski*.[9] Für ihn stellt die mit Augustus beginnende Epoche einen Höhepunkt in der Entwicklung der antiken Menschheit dar. Politisch und kulturell erwächst vor seinem Auge ein eindrucksvolles Bild. Griechenlands Glanz in Kunst und Wissenschaft vereint sich mit Roms gewaltiger Staatslenkung zu titanischer Größe. Wäre die »dunkle Wolke« aus dem Orient nicht gekommen, »jene Mahnung zur Flucht aus dem Dasein in die übersinnliche Welt« – die Wurzeln der antiken Kultur wären nicht zerstört worden. Uns dorthin »zurückzuführen zur heiteren Daseinsfreude der Antike« sei Kants und Goethes Beruf gewesen.

Diese Schätzung der Antike im Zusammenhang mit dem deutschen Idealismus entspricht im Großen und Ganzen dem, was auch *Ludwig Friedländer* (1824-1909) in seinen »Darstellungen aus der Sittengeschichte Roms in der Zeit von Augustus bis zum Ausgang der Antonine« gegeben hat. Die Schatten auf

---

[9] A. von Domaszewski, Geschichte der römischen Kaiser, Leipzig 1909

sittlichem und sozialem Gebiet werden hier durchaus nicht verschwiegen, doch werden sie mit dem Gedanken zurückgewiesen, es sei in anderen Jahrhunderten nicht besser gewesen. Friedländer glaubt damit allerdings, an das Christentum und seinen geschichtlichen Erfolg die Existenzfrage richten zu müssen. Friedländer wie Domaszewski machen im Grunde das Christentum für den Verfall der Antike verantwortlich.

2. Das goldene Zeitalter Roms im Urteil der Zeitgenossen

Für die Kirchengeschichte stellt sich die Frage, ob in den Zuständen der Kaiserzeit eine wirksame Vorbereitung – sei es positiv oder negativ – auf Christus gegeben ist. Von dieser Voraussetzung aus fasst man das Wort von der »Fülle der Zeit« etwa so auf, dass in die Nacht des Heidentums der helle Strahl des Evangeliums gefallen sei. Dem widerspricht aber das Bewusstsein der Zeitgenossen ganz und gar. Sie erlebten die Stunde, in der Augustus das mächtige Imperium in seiner Hand hielt, als das goldene Zeitalter und als Friedensreich ohnegleichen. Und in der Tat, wo war je die Welt in solchem Maße in gigantischer Größe geeint und vor Krieg und Revolution gesichert gewesen? Wo man hinsah, standen von Britannien bis zur Sahara, von Spanien bis an den Euphrat römische Legionen als starke Macht. Wohin man wanderte, führten Verkehrsmittel und später auch Straßen zu den wichtigsten Punkten. Kein Wunder, dass die Zeitgenossen mit ihrem Lob nicht sparten und Augustus den »Wohltäter«, den Erfüller der Väterhoffnung, den Retter und Bringer des »Evangeliums« nannten. Dazu kam, dass Dichter und Künstler aller Art, Philosophen und bedeutende Geister den kaiserlichen Hof mit einem Ruhm erfüllten, wie ihn Rom bis dahin noch nie gesehen hatte. Sie sind es, die »das ewige Rom« im Kaisertum vollendet sahen, die mit der Kaiserverehrung den Weg zur

Staatsreligion beschritten, die bald zur Anbetung seines Genius und schließlich seiner Person entwickelt wurde.

Im Jahre 1898 fanden deutsche Forscher in Priene folgende, wahrscheinlich aus dem Jahr 9 v. Chr. stammende Entschließung eines Landtages, den Jahresanfang auf den 23. September, den Geburtstag des Kaisers Augustus, zu legen:

»Dieser Tag hat der ganzen Welt ein anderes Aussehen gegeben, sie wäre dem Untergang verfallen, wenn nicht in dem nun Geborenen für alle Menschen ein gemeinsames Glück ausgestrahlt wäre. Richtig urteilt, wer in diesem Geburtstag den Anfang des Lebens und aller Lebenskräfte für sich erkennt; nun endlich ist die Zeit vorbei, da man es bereuen musste, geboren zu sein. Von keinem andern Tag empfängt der Einzelne und die Gesamtheit so viel Gutes als von diesem allen gleich glücklichen Geburtstage. Unmöglich ist es, in gebührender Weise Dank zu sagen für die so großen Wohltaten, welche dieser Tag gebracht hat. Die Vorsehung, die über allem Leben waltet, hat diesen Mann zum Heile der Menschen mit solchen Gaben erfüllt, dass sie ihn uns und den kommenden Geschlechtern als Heiland gesandt hat; aller Fehde wird er ein Ende machen und alles herrlich ausgestalten. In seiner Erscheinung sind die Hoffnungen der Vorfahren erfüllt, er hat nicht nur die früheren Wohltäter der Menschheit sämtlich übertroffen, sondern es ist auch unmöglich, dass ein größerer käme. Der Geburtstag des Gottes hat für die Welt die an ihn sie knüpfenden Freudenbotschaften (Evangelien) heraufgeführt.«

Und dennoch, wer sich nach solchen Lobeshymnen ein Gesamtbild der damaligen Zeit machen würde, ginge völlig fehl. Gerade Friedländer gibt uns erschütternde Einzelheiten von der Not der rasch wachsenden Städte wie etwa Korinth und Rom. Wohnungselend und Zerrissenheit der Familien reden bei diesen internationalen Handelsplätzen eine unüberhörbare Sprache.

Hatte der Staat den Willen und die Kraft, den immer spürbarer werdenden Übeln an die Wurzel zu gehen? Man wird nicht gleich mit den sozialen Standards der Gegenwart kommen dürfen, aber doch die Grundfrage stellen müssen, ob nicht die Handhabung von Gerechtigkeit und Milde eben doch in bestimmten Grenzen bleibt.

Das römische Bürgerrecht schied den freien Mann vom Sklaven, aber gab es auch für den Sklaven ein Recht? Den Hungernden bot man Brot und Spiele, aber war das wirklich mehr als betäubendes Opium? Die Frage drängt weiter nach den ethischen und religiösen Hintergründen des Staates. Woher nehmen Augustus und seine Regierung die Maßstäbe in der Behandlung der Völker, in der Formung der Gesetze, in der Leitung der Heere? Zweifellos, es ist nicht nur der alte militärisch-rechtliche Geist der römischen Kultur, sondern das Erbe aus der Lebenskunst Griechenlands, die hier zum Ausdruck kommen. Aber wohin führt das?

3. Die Weltanschauung der Griechen

Wer heute vom Boden des klassischen Idealismus die Menschen und Dinge durchdenkt, beobachtet die große Zahl selbstständiger Persönlichkeiten, die in kurzem Zeitraum von Julius Cäsar (100-44 v. Chr.) bis zu den Kaisern Tiberius (14-37), Trajan (98-117) oder Commodus (180-192) auftreten. Sie stammen alle mehr oder weniger aus der Schule des Hellenismus. Darunter verstehen wir den Versuch, vom einheitlichen Grundcharakter der griechischen Kultur aus der gesamten Umwelt das gleiche Gepräge zu geben. Da gilt zunächst der Leitsatz, der Erste zu sein und hervorragend unter allen. Was die größten unter den Philosophen gelehrt hatten, ist die Wurzel zu dieser Höchstleistung: die Hingabe an die innere Stimme des Gewissens (das »Daimonion« des Sokrates), an die über uns waltende und gestaltende Idee (Plato), an den Staat und seinen Gemeinschaftswillen (Aristoteles). Diese Tugenden der Pflichttreue bis zum letzten Atemzug lebten, wenn man den Darstellungen – vor allem der des Tacitus – Glauben schenkt, in den großen Kaisern, die als Soldaten, Politiker, Verwalter und Mehrer des Reiches ihr Bestes leisteten. Hier zieht sich eine Linie von Julius Cäsar bis zum Stoiker Marc Aurel (161-180). Alle Kaiser dieser Zeit sind Römer und doch zugleich Träger des Hellenismus. Aber schon hier muss man die Frage erheben, ob dieser Pflichtbegriff von der Stoa her genügte, ob er den tatsächlichen Aufgaben gewachsen war.

4. Östliches und westliches Denken in den Religionen

Oft wurde in der Geschichtswissenschaft die Auffassung vertreten, dass schon Augustus das alte Römertum nicht mehr erneuern konnte, weil ein dem griechisch-römischen Denken fremder Geist vom Orient her seinen (für Rom verderblichen) Einfluss ausgeübt habe. Zwar will der Kaiser den alten Gottesdienst der Vorfahren wieder aufrichten, die Tempel in neuer Pracht wieder erstehen lassen, aber daneben duldet er schon die göttliche Ehrung seines Namens und dies nicht nur im Osten, sondern teilweise auch im Westen. Nicht anders hatten es in früheren Jahrhunderten die Könige von Babylonien, Assyrien und Ägypten gehalten, vor allem aber Alexander der Große. Neben die Nationalgottheiten tritt nun allmählich der eine regierende »Herr« und umgekehrt sammeln sich in der Kaiserstadt alle Kulte der Welt im gewaltigen Pantheon. Damit ist aber schon der entscheidende Zug der Zeit angedeutet, der Synkretismus, die Religionsvermischung.

In noch höherem Maß als in der Philosophie verband man im religiösen Leben die verschiedenen Richtungen durch eine Auswahl dessen, was einem hieraus zusagte. Ein buntes Bild zeigt sich hier. Irdische Hoffnungen auf ein Friedensreich vermischen sich mit der innersten Sehnsucht nach einem geheimnisvollen, erlösenden Mysterium, ja, nach einem Retter, wie ihn Israel im Messias erwartete. Osten und Westen vereinen sich nicht nur politisch, kulturell und wirtschaftlich, sondern im gemeinsamen Blick auf die »glück- und segensvolle Zeit«, der »das ganze All in Lust und Heiterkeit entgegenharrt«. In feierlicher Weise ließ Kaiser Konstantin gerade diese Sätze des alten römischen Klassikers Vergil bei der Eröffnung des nicänischen Konzils im Jahre 325 vorlesen. Weder Griechen noch Römer aber hatten Verlangen nach Erlösung.

Von religiöser Sehnsucht erschüttert war demzufolge nicht die Elite, nur die Masse der unteren sozialen Schichten. Der Gebildete, der stoische oder epikureische Philosoph, trägt dagegen durchaus selbstbewusste Züge. Er ist vor allem Individualist; er weiß sich dem Druck des öffentlichen Lebens immer wieder durch Rückzug in die Innerlichkeit oder durch maßvollen Genuss zu entziehen. Sattheit, Genusssucht und Sicherheit sind jedenfalls im Zeitalter des Augustus eher zu finden als hoch gespannte Erlösungssehnsucht. Extreme Selbstbehauptung bestimmt den Gesamteindruck und lässt den Mangel an Selbstvertrauen, wie er dann etwa bei Kaiser Tiberius sichtbar wird, nicht in den Vordergrund treten.

Man hat nun für die beginnende Erschütterung des Lebensmutes den Orient und mehr oder weniger das Christentum verantwortlich gemacht. Wo aber dieser Vorwurf gegen das Evangelium versteckt oder offen erhoben wird, stehen Menschen zum ersten Mal vor dem Ärgernis einer Botschaft, die den Menschen aller Zeiten eine Torheit ist und bleiben muss. Wir haben jedenfalls keinen Grund, diesen Widerstand durch irgendeinen Versuch der Harmonisierung aufzulösen.

Das Evangelium traf im Ganzen also nicht auf eine nach Erlösung verlangende Welt. Es traf auf den Griechen als Individualisten und Ästheten, dem sein eigener innerer Besitz zum Heiligtum geworden war. Und es traf auf den Kollektivisten im Römer, den Mann des Staates und seiner organisierenden Macht. Hier wie dort musste die Botschaft vom Kreuz zum Ärgernis werden. Das aber ist der Anfang der Kirchengeschichte auf dem Boden des römischen Imperiums. Die »Fülle der Zeit« kann jedenfalls nicht aus einer Gesamtlage, nicht geistesgeschichtlich erklärt werden, sondern nur von der Botschaft aus, die als die große Entscheidung allen Widerstand und alle Sehnsucht aufdeckt.

Wie weit ein ehrlich suchender »Heide« kommen kann, mag ein Wort des Philosophen Epiktet (100 n. Chr.) zeigen:

»Erhebe einmal den Nacken wie ein von der Sklaverei Losgekommener, wage es, im Aufblick zu Gott zu sagen: Brauch mich hinfort, wozu du mich immer willst, ich bin einverstanden mit dir, dein bin ich. Ich bitte um Abwendung vom Nichts. Was dir gefällt – führe, wohin du willst, lege mir das Gewand an, das du willst. Willst du, dass ich zur Regierung gehöre, dass ich Privatmann sei, dass ich bleibe, verbannt fliehe, arm, reich sei, ich werde dich wegen dieses alles vor den Menschen rechtfertigen.«[10]

Warum muss das Evangelium auch dieser Freiheit des Menschen, dieser starken Ichgelöstheit gegenüber nicht nur ein Ja der Erfüllung (Phil 4,12!), sondern auch ein Nein sprechen? Warum erhebt sich dieser machtvolle Stoizismus gegen die Botschaft vom Kreuz? Solchen Fragen musste sich die Verkündigung der ersten Christenheit stellen.

---

[10] K. Prümm, Religionsgeschichtliches Handbuch für den Raum der altchristlichen Umwelt, 1943

TEIL I

I. Die frühe Kirche

1. Kapitel

Die Urgemeinde in Jerusalem

1. Die Grundelemente des Gemeindelebens

Selten ist eine verhältnismäßig kurze Zeit so unterschiedlich beurteilt worden wie die kleine Spanne der Jahre zwischen 30 und 70 n. Chr. Es bieten sich tatsächlich eine ganze Reihe Perspektiven zur Beurteilung dieser Zeit an, für die als wichtigste Quelle die Evangelien und besonders die Apostelgeschichte herangezogen werden müssen. Es handelt sich um die erste Gemeinde in Jerusalem. Fragen drängen sich auf: Ist hier »urchristlicher Enthusiasmus« am Werk? Bestimmt er die Gütergemeinschaft, das Zurücktreten der Ämter, die allgemeine Formlosigkeit? Oder ist es die nahe Erwartung der Wiederkunft des Herrn? Bestimmt die Eschatologie, die Erwartung des nahen Endes, das Bild der ersten Christen?

Beide Anschauungen über die Urchristenheit, die enthusiastische und die eschatologische, tragen gemeinsame Züge. Sie schildern beide den Geist der ersten Christen als schwärmerisch-erregt. Hier entsteht darum sofort die Grundfrage, wie wir uns den Geist von Pfingsten vorzustellen haben.

Weiter aber stellt sich der Gesamteindruck meist so dar, als hätten wir es mit einer idealen Gemeinde zu tun, die (bis auf wenige Ausnahmen) in ihrer Mitte eine später nie mehr erreichte

Höhe gebildet habe. Hier sei es zu einer Blüte gekommen, die nur einmal der Christenheit in solcher Fülle und Reinheit beschert worden sei. Die Vorgänge dieser Zeit der »ersten Liebe« könnten wir dann nur bestaunen und bewundern. Damit wären wir aber geschieden von dem Glauben, der in der Urgemeinde den gleichen Geist walten sieht, der auch unsere Geschichte bestimmt.

Dem Leser der Apostelgeschichte fallen in der Beobachtung der Anfänge in Jerusalem vor allem zwei Dinge auf: Die ersten Christen halten – dem Beispiel Jesu und seiner Apostel folgend – am Tempel fest und damit, so viel an ihnen ist, am Volkszusammenhang.[11] Dieselben Menschen haben aber untereinander eine solche Gemeinschaft, dass auch Verfolgung und Tod sie nicht auseinander zu reißen vermögen. Mit Enthusiasmus allein ist diese in Nüchternheit bis zum Äußersten durchgehaltene Spannung nicht zu erklären. Diese Scheidungskraft und zugleich diese starke Gemeinschaft gilt aber nicht nur gegenüber dem Tempel, sie ist zugleich das Geheimnis, das sich als heilige Furcht[12] auf die eigenen Reihen legt. Niemand in der Gemeinde kann ohne Buße leben, alle unterstehen der Zucht des Geistes, der die frommen Betrüger mit vernichtendem Gericht töten kann.[13] Wir haben hier also kein ideales Bild einer sündlosen Gemeinde. Was Lukas von einem besonderen Fall (Hananias und Saphira) berichtet, passt durchaus zu den Schilderungen in den paulinischen Gemeinden.

Darum auch andererseits die Beweglichkeit in der Anordnung der Dienste (»Ämter«). Niemand besitzt ein Amt mit »unverlierbarem Charakter« und keiner vermag sich auf seinen Dienst zu versteifen. Die Apostel geben die Diakonie ab, um für die Wortverkündigung und das Gebet frei zu bleiben – und die

---

[11] Apg 3,1-10
[12] Apg 2,43; 5,13
[13] Apg 5,1-13

Diakone wie Stephanus und Philippus haben nicht nur den Brotdienst, sondern bezeugen, was auch sie »nicht lassen können«, und niemand in der Gemeinde wehrt ihnen.[14]

2. Der Missionsauftrag Jesu

In solcher festen Ordnung und steten Beweglichkeit, der Gemeinschaft der Güter und der Freiheit des Besitzes vollzieht sich mit der Gemeindebildung auch der Missionsauftrag. Das Zeugnis an Israel führt zum Wort an die Samariter und an die Nationen.

Wir fragen:
- Woher empfangen alle diese Spannungen ihre wirkungsmächtige Kraft?
- Ist die Bewegung eschatologisch bestimmt, etwa in dem Sinn: »Nur ein kurzer Lauf und alles ist gewonnen«?
- Sieht der Enthusiasmus der Christen die Wirklichkeit der Lage, die Unhaltbarkeit der Zustände in Jerusalem nicht?
- Muss es nicht durch den Bruch mit der Synagoge zur schweren Krise kommen, die schließlich auch an die wirtschaftlichen Wurzeln geht?
- Sind die Führer blind, wenn sie ihre Leute dem täglichen Angriff der Jerusalemer aussetzen?
- Hat es Sinn, gegenüber dem geballten Widerstand der Schriftgelehrten und religiösen Parteien an einem Ort auszuharren, der dem Untergang geweiht ist?
- Ist die Gütergemeinschaft nicht ganz wesentlich ein Notausdruck angesichts des geschlossenen Boykotts der Judenschaft?

Man muss sich die Fragen schon in dieser Zuspitzung stellen, um

---

[14] Apg 6-8

sich darüber klar zu werden, ob wir es mit Fanatikern zu tun haben oder mit Menschen eines nüchternen Glaubensgehorsams. Man muss zu der Entscheidung geführt werden, ob die Ausgießung des Geistes zu Pfingsten eine legendenhaft geschmückte Geschichte ist oder ob von diesem Geist aus wirklich die genannten Spannungen zu begreifen sind.

Und man wird schließlich auch fragen, ob die Jerusalemer Gemeinde mit den folgenden, für sie so schwierigen Ereignissen gerechnet hat oder von ihnen überrascht wurde. Am Sterben des Stephanus kommt es zur Entscheidung, ob hier der Ekstatiker, der seiner Sinne nicht mehr Mächtige, seinen letzten Kampf kämpft – oder gerade der Mann, der auch die Lage seiner Feinde noch mit vollem Wachsein wahrnimmt und darum für sie bittet.[15]

3. Der Kampf mit der Synagoge

Die *Taufe* schließt den Bruch mit der Synagoge ein und versetzt in der Bindung an Christus hinein in die Gemeinde derer, die der christuslosen Welt entnommen sind. Taufe in der Gemeinde Jesu ist immer auf den Tod des Herrn hin geschehen.

Und wenn man am *Tisch des Herrn* zusammenkommt, um das *Mahl* zu feiern, was sonst steht im Mittelpunkt als das Kreuz? Wir entstellen die Urgemeinde am entscheidenden Punkt, sobald wir ihr dieses Zentrum absprechen.

Ihr Auge war nicht auf das Feuer ihres Glaubens gerichtet, sondern auf den *kommenden Herrn*. Sein Ruf klingt noch nach in der Mahnung seines Apostels: »Seid nüchtern und wacht!«[16] Es liegt kein Grund vor, zwischen diesem Wächterwort und der tatsächlichen Lage der ersten Gemeinde einen Bruch festzustellen.

---

[15] Apg 7,54-60
[16] 1Petr 5,8

Die Urgemeinde in Jerusalem

In den harten Spannungen zwischen Tempel und Gemeinde, zwischen Gesetz und Evangelium, zwischen Priestern und Aposteln, zwischen Gegenwart und Enderwartung hielten Jesu Jünger nicht in der Kraft einer Gefühlsaufwallung aus, sondern durch den Geist, der sie mit Christus und seiner alle Trennung aufhebenden Vergebung verband. Wer aber diese Gabe empfing, der wusste, dass ihm der Geist geschenkt war als die Kraft aus der Höhe.[17] Am zusammenfassenden Wort des Lukas: »Sie blieben aber beständig in der Lehre der Apostel und in der Gemeinschaft und im Brotbrechen und im Gebet«[18] wird kein ruhendes Bild sichtbar, sondern das von Christus selbst gewirkte Werden, das unter Kampf und Leiden, unter Sünde und viel Versagen zu jeder Stunde das Wesen der lebendigen Gemeinde bestimmt.

Es bleiben auch so noch eine Fülle von Fragen an die Urgemeinde, Fragen, die erst im Zusammenhang der paulinischen Missionsarbeit zu beantworten sind. Nicht von irgendeinem Chronisten stammt das Bild dieser ersten Christenheit, sondern von einem Zeugen. Das Neue Testament berichtet vom Aufbruch einer ungeheuren Bewegung, eines nach vorn gerichteten Missionsauftrages. Im Einzelnen gilt es, die Frage nach den Ämtern, nach der Gemeindezucht, nach der Ausbreitung über Jerusalem hinaus und dem Verhältnis zu den Nationen (den »Heiden«) im Rahmen der von Paulus bestimmten Epoche zu besprechen.

---

[17] Apg 1,8
[18] Apg 2,42

2. Kapitel
Paulus

1. Sein jüdisches und griechisches Erbe

Mit der sich schnell ausbreitenden Mission hat Paulus die Christen kennen gelernt, um selbst dabei auf überraschendem Wege aus ihrem schärfsten Gegner der führende Missionar des ersten Jahrhunderts zu werden. Das Martyrium des hellenistischen Judenchristen Stephanus um das Jahr 30 mag der erste mächtige Eindruck gewesen sein, den er von der neuen Bewegung empfangen hat.[19] Dieser Blutzeuge starb auf Grund seiner Verteidigungsrede, die nicht für seine Person, sondern um den Glauben seiner Hörer warb. Die daraufhin in Jerusalem ausbrechende Verfolgung trägt nun gerade zur Ausbreitung des Evangeliums nach Judäa und Samaria bei.[20] Und wiederum ist es Paulus, der bis hin nach Damaskus die in seinen Augen verderbliche Sekte zu unterdrücken sucht.[21] Die Ausdehnung der Gemeinde Jesu nach Norden in die heidnische Welt hinein[22] und diese Anstrengung des sie verfolgenden Pharisäers stehen in unmittelbarem Zusammenhang.

Wie kein anderer Apostel ist Paulus für seine Berufung vorbereitet. In ihm vereinigt sich Jude, Grieche und der römische Bürger in außerordentlicher Weise. Er hat nie verleugnet, dass er »ein Hebräer von Hebräern«, ein Pharisäer nach dem Gesetz, und zwar mit ungewöhnlichem Eifer war.[23] Wäre er nicht Christ

---

[19] Apg 7,58; 8,1
[20] Apg 8,1-4
[21] Apg 8,3; 9,1.2
[22] Apg 10-11 (Kornelius)
[23] Phil 3,5f; Gal 1,13f

geworden, hätte man in der Synagoge seinen Namen neben Jochanan ben Zakkai[24] genannt. Als einer, der selbst durch die Tiefen des Gesetzes gegangen war, ist er dazu berufen, der Gemeinde den entscheidenden Dienst zu tun.

Es lagen im Judenchristentum Jerusalems genug Tendenzen vor, pharisäisches Gedankengut, von Jesus »Sauerteig« genannt, in sich aufzunehmen. Wer anders war berufen, die Trennung von dem Schriftgelehrtentum Israels bis zur Wurzel zu vollziehen, als Paulus, der Theologe. Und er hat sie vollzogen, wie seine Briefe an die Galater, Römer und Philipper zeigen, nicht als Revolutionär in Opposition zum Druck des Gesetzes, sondern als der »von Christus Jesus Ergriffene«.[25]

Er hat bei Damaskus nicht den Gipfelpunkt seiner Frömmigkeit erreicht, indem er etwa von der Gesetzlichkeit zur Mystik überging. Vielmehr erlebte er die gewaltige Umkehrung seiner Religiosität. Von nun an bezeichnete er sein altes pharisäisches Streben als »Schaden« und »Dreck«.[26] Dass der von ihm verfolgte Gekreuzigte der Messias war, unwidersprechlich, mit der unbedingten Macht eines Herrn, der sein, des Paulus, Leben in die Gewalt bekam – das ist der Kern des Geschehens vor Damaskus. Paulus wusste seitdem, warum er sich einen Knecht dieses Gekreuzigten und Auferstandenen nannte. Ihm war mit zwingender Klarheit die Todesgrenze aufgerissen worden, wo sich Frömmigkeit in edelster Gestalt und Glaube als auf Christus und seine Tat geworfenes Dasein scheiden. Dass er diese Grenze aufrecht erhielt und nicht entwich in eine Welt des Verdienstes und eigenen Ruhmes unter Juden und Griechen – vor allem auch in den eigenen Gemeinden –, das ist der Kampf des Glau-

---

[24] Einflussreichster Rabbiner zur Zeit des Jüdischen Krieges (66-73 n. Chr.) und danach. Er gründete das Lehrhaus in Jabne (Jamnia), das von 70-135 n. Chr. Zentrum des rabbinischen Judentums war.
[25] Phil 3, 12
[26] Phil 3,7f

bens, den er durchgehalten hat bis zuletzt.[27] So kommt es, dass der Sterbende der Lebende ist und der »größte Sünder« die freie Gnade am mächtigsten rühmt.[28]

2. Sein Ringen um die Einheit des Leibes Christi

Ist Paulus das Rüstzeug gegeben, um das Evangelium aus der jüdisch-gesetzlichen Verklammerung zu lösen, dann hat er damit auch den Weg zu den Griechen gebahnt und den *weltumspannenden Auftrag* übernommen, Verkündiger der Frohen Botschaft unter den Völkern zu sein. Sein Weg führt Schritt für Schritt aus der Enge in die Weite. In Tarsus erwarb er wohl Kenntnisse der griechischen Philosophie, die ihn später befähigten, den Kampf mit dem griechischen Denken aufzunehmen. Gamaliels pharisäische Schule in Jerusalem hat diese Grundlage nicht verschüttet.[29] In Zilizien und Syrien, namentlich Antiochia, die Stadt, in der die Nachfolger Jesu erstmals »Christen« genannt wurden[30], übt der später auf Reisen befindliche Pioniermissionar die Zusammenarbeit mit anderen und die zähe Beharrlichkeit des ortsgebundenen Dienstes. Dann aber führt ihn, zuerst nur mit dem Judenchristen Barnabas (ein Levit aus Zypern) zusammen, der Weg zu den Heiden nach Zypern und Kleinasien, von dort nach der Trennung von Barnabas zunächst um Ephesus herum nach Griechenland und endlich zum ersten Ziel: Ephesus.[31]

---

[27] 2Tim 4,6-8
[28] 1Tim 1,15
[29] Apg 22,3
[30] Apg 11,26
[31] 1. Missionsreise (Apg 13 und 14): Von Antiochia nach Zypern, Perge, Antiochia in Pisidien, Ikonion, Lystra, Derbe. 2. Reise (Apg 15,36-18,22): Von Antiochia über Derbe, Lystra, Phrygien, Galatien, Mysien, Troas nach Philippi, Thessalonich, Beröa, Athen und Korinth. 3. Reise (Apg 18,23-21,14): Von Antiochia über Galatien, Phrygien nach Ephesus, dann nach Griechenland, Troas, Milet, Tyrus und Cäsarea.

Überall wird Paulus auf diesen Reisen der Begründer heidenchristlicher, d.h. vom mosaischen Gesetz befreiter Gemeinden, nachdem sein Einsatz in der Synagoge von Ort zu Ort zu scharfer Feindschaft geführt hat.

Eine neue Kirche bahnt sich an, deren Verhältnis zur alten, in Jerusalem sich bildenden Judenchristenheit sehr bald Klärung erfordert. Um das gesetzesfreie Evangelium und damit zugleich um seine eben entstandenen Gemeinden in Kleinasien muss Paulus auf dem so genannten *Apostelkonzil* im Jahre 48/49 ringen. Ihm geht es um mehr als um den Bestand seiner Arbeit, denn er ist sich bewusst, dass es sich hier um das Evangelium selbst und seine Reinerhaltung handelt.

Um diese in Apostelgeschichte 15,1-34 und Galater 2,1-10 berichtete Versammlung der Apostel ist vor allem durch den Tübinger Theologen Ferdinand Christian Baur im 19. Jahrhundert eine äußerst lebhafte Auseinandersetzung entstanden. Man glaubt, aus dem Unterschied beider Berichte den Riss und Streit zu erkennen, der Juden- und Heidenchristen schied. Da hinein zog man auch die Begegnung von Paulus und Petrus in Antiochia.[32]

Heute sieht man das gesamte Bild nicht mehr so einseitig dramatisch, ohne zu verkennen, welch kirchengeschichtlich bedeutsamer Augenblick die Wende des Jahres 48 auf 49 bestimmte. Wurde wirklich beides erreicht, die Freiheit der heidenchristlichen Gemeinden vom jüdischen Gesetz und die Freiheit der Judenchristen in der Beibehaltung des Gesetzes als einer Lebens-, aber nicht Heilsordnung, dann hat nicht kleinliche Ehrsucht und Gehässigkeit, sondern der Herr seiner Gemeinde selbst jene Stunde bestimmt. Der »Handschlag«[33] zwischen den führenden Männern in Jerusalem, Petrus, Johannes und dem Herrenbruder Jakobus einerseits und Paulus und Barnabas andererseits

---

[32] Gal 2,11ff
[33] Gal 2,9

beruht auf der Gewissheit, trotz der Verschiedenartigkeit der Arbeitsgebiete zu der einen Ekklesia, der einen Gemeinde, zu gehören, die nicht nur von Jerusalem ausgegangen ist, sondern in Christus ihr gemeinsames und lebendiges Haupt besitzt. Weder die noachitische Ordnung (1Mo 9,4-6) noch das Ersuchen, den Armen von Jerusalem Gaben zu spenden, kann als ein unbilliges Verhalten erachtet werden, drückte es doch gerade die nicht nur geistliche, sondern oft genug materielle Verbundenheit beider Gruppen und ihre gegenseitige Rücksichtnahme aus.

Freilich, es blieb auch eine Gruppe judenchristlicher Fanatiker, die von dieser Stunde an in Paulus ihren Todfeind erkannten und ihm in seiner Missionsarbeit den schwersten Widerstand entgegen setzten. Von ihnen hat der Apostel als von »falschen Brüdern« gesprochen.[34]

3. Christ und römischer Bürger in Freiheit und Gehorsam

Paulus hat der Kirche nicht nur zur Klärung ihres Verhältnisses zur Judenschaft und zum Griechentum verholfen. Als Inhaber des römischen Bürgerrechts ist ihm der Staat eine lebendige Größe geworden. Die Ethik seiner Briefe bleibt nicht beim Individuellen hängen, sondern dringt zu den Ordnungen vor, die uns mit der Gemeinschaft in Christus und mit unseren politischen Bindungen in der Welt gegeben sind. Die positive Wertung der Obrigkeit, und noch dazu der des Nero, wird durch die Inanspruchnahme des Bürgerrechts in kritischen Situationen seines Lebens beleuchtet.[35]

Wie frei vom Gesetz Paulus ist und wie er gleichzeitig Normen

---

[34] 2Kor 11,26
[35] Apg 16,37 in Philippi; 22,25 in Jerusalem; 24,11 in Cäsarea die Berufung auf den Kaiser; vgl. 26,32

aufrichtet[36], wird an diesen Vorgängen deutlich erkennbar. Er sah diesen Äon im Argen liegen[37] und verlief sich doch nicht in einem Pessimismus, der seine Liebe gelähmt und seine Hoffnung verkümmert hätte. Die Freiheit, nach der Jerusalem hungerte, von der Griechenland träumte – hier gewann sie im Handeln eines Mannes Gestalt und schuf eine neue Geschichte. Das Gesetz, des Juden Stolz und dem Griechen ideale Norm und Tugend, hier wuchs es als »Gesetz des Geistes des Lebens«[38] und stellte den Christen mitten in die Welt und doch nicht ihr gleich, hinein in den neuen Gehorsam. Was an Kampf mit dem griechischen Geist in Korinth durchgerungen wurde, ist im Zeugnis der beiden an diese Gemeinde gerichteten Briefe für alle Zeiten der historische Erweis, wie nahe der Apostel den Menschen seiner Zeit war und wie er den Zusammenhang von Einheit und Freiheit, Gabe und Dienst, Erkenntnis und Weisheit, das Verhältnis von Mann und Frau verstand und im Evangelium erfüllt sah.

Ein Mann, der so zwischen den Zeiten und Welten steht, erlebt nicht nur Geschichte, sondern wird ihr Deuter in prophetischem Weitblick. Zweifellos hat er Jerusalems nahes Ende erkannt und dennoch hofft er für Israel. Der ausgebrochene Zweig des Ölbaumes soll am Ende der Tage wieder eingefügt werden.[39] In der Zwischenzeit aber füllt den kirchengeschichtlichen Raum das Werden und Wachsen der Kirche aus den Nationen. Jerusalem – Korinth – Ephesus sind nicht der Abschluss. Rom und Spanien treten in sein Gesichtsfeld. Rom soll die neue Basis für den Westen werden wie einst das syrische Antiochia für den Osten.[40]

---

[36] Röm 3,31
[37] Gal 1,4
[38] Röm 8,2
[39] Röm 9-11
[40] Apg 19,21 Rom sehen! Röm 1,11-15 und 15,22-29.

4. Rom als neue Basis für den Westen

Hat Paulus diese Ziele erreicht? Lukas sagt uns, wie freudig er den Weg nach Jerusalem ging. Über Cäsarea kommt er *nach Rom*, gewiss anders, als er dachte, nämlich *als Gefangener*. Hat er Spanien erreicht? Trotz der Andeutung des 1. Clemensbriefes kaum.[41] Hier fehlt jedenfalls jede weitere Spur. Eindrücklich bleibt immer noch das Zeugnis der Pastoralbriefe, das auf eine letzte Reise von Rom aus Richtung Osten deutet, auf eine kurze Zeit neu geschenkter Freiheit zum Dienst an den alten Gemeinden. Auch hier vielleicht eine Erinnerung daran, wie anders es mit den Reiseplänen des Apostels wurde. Rom aber wird dann doch der Abschluss, der Ort, wo er wie Petrus das Martyrium findet. Unter dem Nahen des Todes, erfüllt von der hohen Sterbebereitschaft, ja -freudigkeit des Märtyrers, steht der Philipperbrief und das wie ein Testament klingende Schlusswort aus 2. Timotheus 4,6-8.

Etwa 40 Jahre nach diesem Sterben urteilte Clemens von Rom über Paulus folgendermaßen:

»Infolge von Fanatismus und Anfeindung hatte auch Paulus den Preis der Standhaftigkeit aufzuweisen. Nachdem er sieben Mal Fesseln getragen hatte, verbannt, gesteinigt, ein Herold im Osten und im Westen geworden war, hat er den herrlichen Ruhm seines Glaubens geerntet. Nachdem er die ganze Welt Gerechtigkeit gelehrt hatte, bis zum äußersten Westen gekommen und vor den Machthabern das Martyrium erlitten hatte, ist er so aus der Welt geschieden und an den heiligen Ort gegangen, indem er das größte Vorbild der Standhaftigkeit geworden ist.« (a.a.O. 5,6.7)

---

[41] Legenden zufolge der zweite oder dritte Nachfolger des Petrus; der 1. Clemensbrief ist die einzige sichere Quelle, der 2. Clemensbrief wohl nicht von ihm verfasst.

Wie in Granit gemeißelt stehen diese Sätze da. Als ferner Nachklang an Paulus erscheinen die Worte »Glaube« und »Gerechtigkeit«. Aber sie werden erdrückt durch den dem Denken der Stoa entlehnten Ausdruck »Vorbild der Standhaftigkeit«. Es ist im Grunde nicht diese und jene Einzelheit, die das Bild des Clemens von dem des Neuen Testaments unterscheidet; hier liegt eine andere Grundanschauung vor. In den Paulusbriefen ist alles Leben und Sterben gestrafft in der Dynamik einer gewaltigen Eschatologie: Zielwärts eilt der Wettläufer und empfängt den Siegeskranz. Bei Clemens tritt uns Statik entgegen. Sie wandelt die Tat, die keinen Selbstruhm kennt, in die tugendhafte, ideale Betrachtung.

3. Kapitel
Die Kirche im apostolischen Zeitalter (bis 64 n. Chr.)

1. Gnadengaben im Dienst der Gemeinde

Das deutlichste Bild der apostolischen Gemeinden geben uns die paulinischen Briefe. Sie sind die entscheidende Quelle, die uns über die Verfassung der jungen Gründungen, über den Gottesdienst und das Leben der Christen Aufschlüsse vermitteln. Sie verschaffen uns im Zusammenhang mit den anderen Briefen des Neuen Testaments und der Apostelgeschichte einen Überblick über das Verhältnis der einzelnen Gemeinden zueinander.

Kann man im Blick auf die Gemeinden um das Jahr 60 von einer Gemeinde*verfassung* sprechen? Im juristischen Sinne gewiss nicht! Denn die Kirche ist kein Verein, der sich auf feste Statuten gründet, sondern die »herausgerufene Versammlung« (griech. *ekklesia*), die Gott selbst durch sein Wort zusammengeführt hat und die letztlich nicht vor ihrem eigenen Bewusstsein, sondern vor Gott steht. Damit ist sofort das Doppelte ausgesprochen, was sich durch die gesamte Geschichte der Kirche hindurchzieht: Die Kirche ist die in ihrem Ursprung und Ziel überweltliche Größe, in der sich die Kraft des Reiches Gottes auswirkt. Sie ist aber zugleich die irdisch-sichtbare Erscheinung, die Gemeinschaft der Glaubenden und durch Liebe und Hoffnung Verbundenen.

Eben diese sichtbare Versammlung braucht ihrer wachsenden Ausdehnung und der Vielfalt ihrer Aufgaben entsprechend Ordnungen. Wer die erste Christenheit nur als enthusiastisches Gebilde bezeichnet, muss mit Rudolf Sohm[42] das Kirchenrecht allerdings als dem Wesen der Kirche widersprechend erklären. Übersehen wird hier aber gerade der entscheidende Punkt, dass zwischen Recht und Recht ein Unterschied besteht. Ist die älteste Christenheit eine freie Gemeinschaft, dann prägt sich das auch in ihren Rechtsordnungen aus und gibt ihr einen völlig anderen Charakter, als ihn ein Staat oder irgendeine Organisation des öffentlichen Lebens mit ihren jeweils eigenen Rechtsordnungen aufweist.

Das der Kirche eigene Recht ist in den Gemeinden des ersten Jahrhunderts mit den Ämtern gegeben. Diese Ämter wurden als Dienst verstanden, als *Diakonie*. Paulus nennt sich im Kampf um sein Amt »Apostel«, am liebsten aber »Knecht Jesu Christi«. Apostolat und Diakonat haben noch nichts mit der Rangordnung der späteren Hierarchie zu tun. Eher sind die sieben

---

[42] Rudolf Sohm (1841-1917), Jurist und prägende Persönlichkeit für die Entwicklung des evangelischen Kirchenrechts. Seine Ansicht war, dass die Kirche Christi unsichtbar sei, und dass das, was man als sichtbare Kirche wahrnimmt, »nur Welt, gar nicht Kirche« sei.

»Almosenpfleger« den Presbytern (Ältesten) zu vergleichen, wie man sie schon in der Synagoge hatte. Anders ist es in den griechischen Gemeinden, wo »Bischöfe *(episkopoi)* und Diener *(diakonoi)*« nebeneinander genannt werden.[43] Aber gerade für diese »Bischöfe« wählte man keinen hochtrabenden Namen, sondern die schlichte Bezeichnung des »Bauaufsehers«. Man hat nicht einmal den Eindruck, als seien Bischöfe und Presbyter streng zu unterscheiden, wenigstens nicht dort, wo ihr Name noch in der Mehrzahl auftritt. Vom Bischof als Einzelperson hören wir erst in den Pastoralbriefen. Doch kann auch hier noch an dieselben Männer gedacht sein, die Bischof und Presbyter zugleich sind. *Episkopos* würde dann die Bürde, *presbyteros* die Würde des Dienstes nennen.[44]

Solche Strukturen zeigen, dass das Bild der Gemeinde nicht einer enthusiastischen oder lediglich eschatologischen Quelle entspringt. Vielmehr wird, einer jeweiligen, konkret historischen Gegebenheit entsprechend, eine immer neue Reihe von Diensten begründet. Ihr Rechtsgrund liegt letzten Endes in dem Gebot der Liebe, die sich für die Bruderschaft verantwortlich weiß. Mann und Frau haben gleichen Rang in der Gemeinde. Das zeigen gerade die paulinischen Briefe mit ihren Hinweisen auf die Diakonie und die Ehe.

Die große Lebendigkeit des Dienstes, die Entfernung von der Starrheit eines gesetzlich verstandenen Amtes, hat ihren Grund in der Verbindung von Dienst und Gnadengabe, von Diakonie und Charisma. Weil mit der Berufung des Einzelnen ernst gemacht wird und nicht menschliche Willkür, sondern Gott selbst zum Amt berufen hat, darum ist diese Vielfalt nicht Subjektivismus, sondern Reichtum eines viel- und feingliedrigen Leibes. Der eine ordnende Geist wirkt die Einheit.[45]

---

[43] W. Staerk, Neutestamentliche Zeitgeschichte, 1907 II, S. 19; vgl. Apg 14,2
[44] 1Tim 3,1ff; Tit 1,7
[45] 1Kor 12; Röm 12,3-8; Eph 4,1-7

Von hier aus wird verständlich, dass wir in den Gemeinden des Neuen Testamentes weder eine Demokratie haben, eine Herrschaft der Masse, die den Einzelnen erdrückt, noch das Regiment einiger weniger Führer, die dem Gesamtgeist ihr Gepräge vermitteln. Der Einzelne ist nicht einsam, sondern dient der Gemeinschaft und die Gemeinschaft hilft dem Einzelnen in der Entfaltung seiner besonderen Gaben und Aufträge. Das aber ist freie Gemeinschaft und darum die Lösung aus dem Dilemma der Menschheit, wo weder der Individualismus noch der Kollektivismus zu führen vermögen. Dass in der Kirche dieser wenigen Jahrzehnte neben einem Paulus ein Petrus, Jakobus und Johannes, ein Barnabas und Apollos ihre sehr verschiedenen Aufträge als von Christus empfangen, sich gegenseitig ehren und fördern, das ist nicht Menschenwerk, sondern die Tat dessen, der den Seinen die Größe des Dienens bis zuletzt vorgelebt hat.[46] Es ging dabei nicht ohne ernste Spannungen ab, wie die Auseinandersetzung zwischen Paulus und Barnabas und Paulus und Petrus in Antiochia zeigt.[47]

Nicht in irgendeinem Perfektionismus, sondern in der Verbindung mit dem Herrn liegt die Kraft der Gemeinde. Das bezeugt das Ringen des Paulus mit den Korinthern.[48] Hat die Gemeinde Apostel, Lehrer, Propheten und Charismatiker mancherlei Art[49], dann muss es zum Kampf der Geister, zu sauberer Auseinandersetzung in den einzelnen Fragen kommen. Diese schwere Aufgabe hat Paulus in seiner Kirchen gründenden und vertiefenden Arbeit vollmächtig durchgeführt.

---

[46] Joh 13,1-15
[47] Apg 15,35-41; Gal 2,11ff
[48] 1Kor 4,15ff
[49] Apg 13,1; 1Kor 12 und 14; Eph 2,20

2. Jesus reinigt und vereint seine Gemeinde an seinem Tisch

a) Gemeindezucht

Mit dem Amt ist unlösbar die Zucht verbunden. Es ist bezeichnend, dass Paulus und die anderen Apostel, so weit uns ihre Briefe Einblick geben, diese Zucht nicht im Sinn des späteren kanonischen Rechts vollzogen haben. Der Sünder von 1. Korinther 5 wird offiziell aus der Gemeinde ausgeschieden, aber nicht durch Paulus allein, sondern in einer Gemeindeversammlung. Diese Trennung vollzieht sich in der Kraft des Geistes Christi. Kein Anathema erfolgt aus einsamer Höhe. Mit dieser Zucht aber ist immer wieder die väterliche und brüderliche Ermahnung verbunden, die das Apostelamt vom Dienst der zarten, väterlichen Liebe nicht löst.[50] Die Festigkeit der neutestamentlichen Bruderschaft und die Freiheit und Freiwilligkeit des Miteinanders beruhen auf der Einheit von Amt und Geist, von Wahrheit und Liebe, von Glaube und Leben. Sie ist das Zeugnis, dass nicht ein menschliches Haupt, sondern Christus selbst seine Gemeinde leitet.[51]

b) Die Gemeindeversammlung

Von den Gemeindeversammlungen gibt Paulus in 1. Korinther 14 ein anschauliches Bild. Auffallend sind der Reichtum und die Beweglichkeit, die Offenheit und doch wieder konzentrierte Art der Zusammenkünfte. Prophetie und Zungenrede, Psalmengesang und Lehre – alles dient zum Aufbau der Gemeinde und jeder Einzelne trägt hierzu bei. Dabei regiert nicht die Emotion der Stunde, sondern die Prüfung der Geister und Ordnung des Ganzen. Die Ordnung kann nicht durch ekstatische Orgien ge-

---

[50] 1Kor 4,15; Gal 4,8-20 u.ö.
[51] 1Kor 7,35.40

priesen werden. Darum müssen sich die Zungenredner dem Gesetz der Auslegung beugen. Darum ist die missionarische Aufgabe an den Ungläubigen und Gästen (»Unkundige«) keinen Augenblick außer Acht zu lassen. »Gott anbeten und bekennen, dass Gott wahrhaftig unter euch ist«[52] – das ist nur möglich, wenn das Wort, das die Gewissen trifft, die Versammelten erfasst.

c) Der Tag des Herrn und das Herrnmahl

An die Stelle des Sabbats tritt in der ersten Christenheit der »Tag des Herrn« *(Kyriake)* als der Beginn der Woche.[53] Er trägt den Charakter der Freude in der Gewissheit der Auferstehung Jesu, die diesem Festtag den Glanz verleiht. Mit der jüdischen Passafeier verbindet sich bald das Gedenken an das Leiden und Sterben Jesu als an das Osterlamm, das die Gemeinde vom Sauerteig der Bosheit trennt.[54] Ebenso gewinnt die Zeit vor Pfingsten ihre besondere Bedeutung in der Umwandlung des 50 Tage auf Ostern folgenden jüdischen Wochenfestes. Es ist die Freudenzeit der Kirche im Licht der Auferstehung, wiewohl der Pfingsttag selbst noch nicht zur christlichen Feier erhoben wird.[55]

Neben die offene Veranstaltung tritt aber nach allem, was wir bei Paulus zu sehen vermögen, als zweite Form der Zusammenkunft die geschlossene Abendmahlsgemeinschaft. Zu ihr gehören die Getauften. Wie sie auf den Tod des Christus getauft sind[56], so sind sie als Jesu Gäste in der Verkündigung seines Todes[57] verbunden. Hier ist das Allerheiligste, wo der »Becher der

---

[52] 1Kor 14,25
[53] 1Kor 16,2; Apg 20,7; Offb 1,10
[54] 1Kor 5,7
[55] 1Kor 16,8
[56] Röm 6,3
[57] 1Kor 11,26

Segnung« und das eine, gebrochene Brot die Einheit der Gemeinde als die unmittelbare Frucht des Sterbens Jesu bezeugen.[58] Von dieser nahen Gemeinschaft mit Christus aus ist das Maranatha, das dringliche »Komm, unser Herr«[59], laut geworden. So ist die Feier des Herrnmahles nicht der Rückzug von der Welt, sondern die Kraftquelle zur lebendigen Hoffnung. Die Liebesmahle (Agapen) scheinen getrennt vom Abendmahl als feste Gemeindeeinrichtung erst dem 2. Jahrhundert anzugehören.

Man hat versucht, die Christusgemeinschaft im Herrnmahl magisch zu deuten. Redet doch Paulus sogar von den physischen Folgen des unwürdigen Abendmahlsgenusses.[60] Dem steht entgegen, dass uns die Briefe des Apostels den vollen, freien Blick für die ethische Not und die damit gestellten Aufgaben zeigen.

Erst unter dem Einfluss des griechisch-orientalischen Dualismus, d.h. der Trennung von Leib und Seele, bildet sich der magische Sakramentsbegriff aus. Nun suchte man Unsterblichkeit (das Mahl des Herrn als »Heilmittel zur Unsterblichkeit«), aber nicht mehr in erster Linie die Begegnung mit dem Herrn, der sein Leben für die Sünder in den Tod gegeben hatte.

In besonders tiefer Weise lässt uns die Liturgie in das innerste Leben der Urgemeinde sehen. Da wird ein Anbeten, Loben und Danken kund, das das Werk Jesu in den Mittelpunkt stellt. Darin ruht die Gemeinde und von dort aus gewinnt sie gleichzeitig alle Kraft zur Bewegung im gemeinsamen Bekenntnis.[61]

---

[58] 1Kor 10,16ff
[59] 1Kor 16,22
[60] 1Kor 11,29ff
[61] Eph 5,19; Kol 3,16; 1Tim 3,16; Offb 1,4ff, 4,8ff; 7,10ff; 11,15ff; 12,10ff u.a.

3. Die Gemeinde als Leib des Christus

Die neutestamentliche Ethik zeigt klar, dass die in der Enderwartung lebende Christenheit zugleich den Weg in die praktischen Aufgaben der Gegenwart fand. Der heidnische Staat wird nicht nur geduldet, sondern als Gottesordnung erkannt[62], obwohl der Gang zum weltlichen Schiedsrichter als Schmach für die Gemeinde empfunden wird[63]. Dieselben Menschen, die die »Kraft Gottes«[64] in sich tragen, erheben zwar keinen Einspruch gegen Sklaverei und andere soziale Missstände; sie heben aber die alte Welt von einer ganz anderen Seite her aus den Angeln. Ergab die Verbindung mit Christus eine »neue Schöpfung«[65], dann konnte diese Verwandlung in allen Beziehungen ihres Seins auf die Dauer nicht ohne Folgen bleiben. Man denke etwa an den Brief des Paulus an Philemon.

Imperiale oder zentralistische Vorstellungen sind für die ersten Christen nicht relevant. Sie wussten wohl sehr genau voneinander und die Apostel und reisenden Boten sorgten für den inneren Zusammenhang. Die Blicke der griechischen Gemeinden waren mit wachem Auge auf die Vorgänge in Jerusalem gerichtet. Der »Leib des Christus«[66] umfasst nicht nur je eine Einzelgemeinde, sondern die gesamte Christenheit. Der Gehorsam in der Nachfolge übt die verbindende Macht über alle Gemeinden aus.[67] Die Einheit wird weder durch Paulus noch durch Petrus, Johannes oder Jakobus hergestellt. Christus ist durch sein Wort so unmittelbar das Haupt, dass jede Gemeinde einen in

---

[62] Röm 13
[63] 1Kor 6,1
[64] Röm 1,16
[65] Gal 6,15
[66] Eph 1,22f
[67] 1Kor 11,16. Hinsichtlich der Verbindung der Gemeinden untereinander sind der Kolosserbrief als Austauschbrief (Kol 4,15f), der als Rundbrief abgefasste Epheserbrief und vor allem die Grußlisten (Röm 16; 1Kor 16,19ff; Phil 4,21f; Kol 4,7-12 u.a.) heranzuziehen.

sich selbst vollständigen Organismus bildet und niemandem untergeordnet ist als seinem himmlischen Herrn allein. Auf dem Boden solcher Freiheit aber wächst eine Kraft des Austausches, eine Energie der Liebe und der Leidensgemeinschaft, wie sie von der späteren, hierarchisch geleiteten Kirche nie mehr erreicht worden ist.

4. Kapitel
Das Ende des apostolischen Zeitalters – die Gemeinde im Leiden (64-90 n. Chr.)

1. Tod des Petrus (64 n. Chr.)

Der Dienst in der weiten jüdischen Diaspora hat Petrus nach Rom geführt. Sein Apostolat trägt nicht den Glanz, in den die spätere Kirche das Amt dieses Jüngers hüllte. Er ist weder Bischof in Jerusalem gewesen – dort leitet Jakobus, der Bruder Jesu, die Gemeinde – noch Bischof von Antiochia, davon weiß die Apostelgeschichte nichts. Möglich ist, dass er in Syrien gearbeitet hat, wo es zahlreiche Juden gab. Darf man »Babylon« im 1. Petrusbrief auf die Euphratländer und die jüdische Diaspora dort beziehen, dann hätte erst Johannes in der »Offenbarung« die Umdeutung auf Rom vorgenommen und dies wäre ein neuer Hinweis darauf, dass Petrus hauptsächlich im Osten gearbeitet hätte. Spät kam er dann nach Rom. Als Legende erscheinen die 25 Jahre seiner bischöflichen Würde, die ihm dort in viel späteren Nachrichten zugemessen werden.

Sein Martyrium in der Kaiserstadt ist umstritten. Die Quellen des 1. Jahrhunderts machen keine Aussage über Petrus in Rom. Erst im 2. Jahrhundert nimmt die Legende Gestalt an. In der

Auseinandersetzung mit den Marcioniten, die sich allein auf Paulus beriefen und die übrigen Apostel verwarfen, behauptete Bischof Dionysius von Korinth 170 n. Chr., die Gemeinde in Rom sei von Paulus und Petrus gegründet worden.

Tertullian nennt die Kreuzigung als Todesart des Petrus, Eusebius die Kreuzigung mit dem Kopf nach unten.[68]

2. Tod des Paulus (64 n. Chr.)

Mit dem Ende des Petrus wird in den Nachrichten der Alten Kirche auch das des Paulus verbunden. Es unterliegt keinem Zweifel, dass er in Rom mit dem Schwert hingerichtet wurde.[69] Als sein Dienst in Kleinasien und Griechenland vollendet war, kämpfte er auf den Rat des Jakobus hin noch einmal um Jerusalem, wo sich die Spannungen zwischen Juden und Christen verschärft hatten. Diesen Gang musste er mit der Gefangennahme bezahlen. Einem schnellen Prozess konnte er nur dadurch entgehen, dass er sich aufgrund seines römischen Bürgerrechts auf den Kaiser berief. So kam er nach Rom. Hier ist er noch einmal frei gekommen, wie die Briefe an Timotheus und an Titus berichten; es gibt aber kein eindeutiges Zeugnis im Neuen Testament für eine Paulusreise nach Spanien.[70] Rom ist das Ende seiner Laufbahn und nicht der Anfang zu einer neuen Tätigkeit.

Die römische Gemeinde ist unabhängig von Petrus und Paulus entstanden, vermutlich durch Festpilger, die das Evangelium von Jerusalem in die Synagoge nach Rom trugen. Weder der Rö-

---

[68] Heussi, Kompendium der Kirchengeschichte. Tübingen: Mohr, 1956, S. 55
[69] Clemens von Rom, Der Brief an die Korinther (um 100), 5,3-7; Eusebius, Kirchengeschichte II, 25,5.
[70] Clemens schreibt jedoch im 1. Clemensbrief 5, 7, Paulus sei »bis in den äußersten Westen« gelangt.

merbrief noch die Apostelgeschichte lassen Paulus als Gründer der römischen Gemeinde erscheinen. Mit ihrem Martyrium haben aber Petrus und Paulus bezeugt, was sie als Evangelium verkündigt hatten.[71]

3. Der Brand Roms und die Christenverfolgung unter Nero (64 n. Chr.)

Ein gewaltiges Feuer brach im Sommer (19. 7.) des Jahres 64 in Rom aus und vernichtete einen Teil der Innenstadt. Man vermutet, dass Nero selbst den Brand verursacht hat, um Raum für moderne Bauten zu schaffen. Um diesen Verdacht vom Kaiser abzulenken[72], suchte man Schuldige. Möglich ist, dass im Zusammenhang mit dem Streit zwischen der Synagoge und der Gemeinde, der durch die Verkündigung des Paulus entstanden war[73], die Christen als die Schuldigen von ihren Gegnern bei Nero angeprangert wurden. Sie waren jedenfalls nach Tacitus »des allgemeinen Menschenhasses überführt«. Nero ließ sie öffentlich an Pfählen, die mit Pech bestrichen waren, verbrennen. Wahrscheinlich kurz nach dem Tod des Paulus traf dieser heftige Stoß die Gemeinde.

4. Der Tod der Führer der Jerusalemer Gemeinde

Wie in Rom, so flammt der Kampf auch in Jerusalem in den Jahren vor 70 auf. Der Druck der römischen Herrschaft und das starke Anwachsen der christlichen Gemeinde trieb die Juden-

---

[71] Phil 1,21; 1Petr 4,12f
[72] Annalen 15,44
[73] Apg 28,25

schaft in immer schärferen Radikalismus. Die Verfolgung, die zum Martyrium des Stephanus führte[74], blieb nicht die einzige. Um den Juden einen Gefallen zu erweisen, ließ Herodes Agrippa I. schon um das Jahr 43/44 den Jakobus, den Zebedaiden und Jünger Jesu, hinrichten.[75] Die Führung der Gemeinde erhielt in dieser schweren Lage ein anderer Jakobus, der Bruder Jesu und Verfasser des an die judenchristliche Diaspora gerichteten Briefes, ein Mann, der von allen »der Gerechte« genannt wurde.[76] Vielleicht erinnert diese Bezeichnung an die vielfachen Spannungen, in die er durch sein Amt gestellt war: die Abgrenzung zur Judenschaft, zu den Heidenchristen und zu den Judaisten. Diese versuchten, innerhalb der paulinischen Gemeinden das Gesetz wieder durchzusetzen.

Jakobus hielt bis zuletzt am Tempel fest. Er hat damit den Weg Jesu im treuen Ringen um sein Volk beschritten. Darin hat ihn Paulus ganz verstanden. Blieb das Gesetz die kultische, aber nicht heilsnotwendige Größe, dann hielt man in Jerusalem an der Linie des Apostelabkommens fest.[77] Ihr beugte sich Paulus, aber, um »den Juden ein Jude zu sein, um viele von ihnen für Christus zu gewinnen«, auf den Rat des Jakobus ein Gelübde[78] auf sich nahm. Er folgte aber auch dem Jakobus, wenn er bat, den Glauben an Jesus Christus nicht mit Rücksichten auf Menschen zu verwechseln.[79]

Es ist nirgends ein Hinweis zu finden, dass Jakobus eine Aktion der Gemeinde gegen Paulus unterstützt hätte. Um des Bekenntnisses zu Jesus willen, dass er der Messias sei, ist dieser Bruder Jesu gesteinigt worden. Dieses Martyrium geschah im

---

[74] Apg 7,54ff
[75] Apg 12,1f
[76] Eusebius, Kirchengeschichte II, 23
[77] Apg 15; Gal 2
[78] 1Kor 9,20-23; Apg 21,18-25
[79] Jak 2,1

Jahre 62. Eusebius berichtet seine letzten Worte: »Was fragt ihr mich nach dem Menschensohn? Er sitzt im Himmel zur Rechten der großen Kraft und wird bald kommen in den Wolken des Himmels.«[80]

5. Titus erobert Jerusalem (70 n. Chr.)

Jerusalem hat seine Führer verloren. Nun verliert es auch seine Führungsrolle. Ein Prophetenwort weist die Gemeinde drei Jahre vor der Zerstörung der Stadt in das ostjordanische Pella (67). Die Kraft, die Verbindung zum Judentum um der Liebe willen aufrecht zu erhalten, und zugleich auf der Trennung vom Gesetz zu bestehen, ist gewichen. Auch der Weg zu den Heidenchristen ist abgebrochen. Die Urgemeinde hat mit der Eroberung Jerusalems durch Titus aufgehört, Mittelpunkt für die gesamte Christenheit zu sein. Damit ist der Grundstein für Roms kommende kirchengeschichtliche Bedeutung gelegt. Die Arbeit des Paulus, die beiden Teile der Gemeinde Jesu, den juden- und den heidenchristlichen, unter dem einen Haupt zusammenzuhalten, scheint zerstört.[81] Das Judenchristentum wird zur Sekte, das im Winkel der Geschichte dahindämmert.

Jüdischer Enthusiasmus glaubte zur Zeit des Kaisers Hadrian noch einmal in *Bar-Kochba* den Messias zu besitzen. Aber als dieser in furchtbarem Hass die Christen seines Volkes verfolgte (132-135), griffen die Römer ein und verboten den Juden den Zutritt nach Jerusalem. Auf den Trümmern der Stadt entstand die Aelia Capitolina als heidnische Kolonie, zu der später eine heidenchristliche Gemeinde gehörte. Was an küm-

---

[80] Eusebius, Kirchengeschichte II, 23
[81] Eph 2,14

merlichen Resten judenchristlicher Grüppchen übrig geblieben war, verfiel dem Gesetz oder phantastischen Spekulationen.[82]

Abkömmlinge dieser Gruppen fand Mohammed 500 Jahre danach vor und lernte von ihnen ein völlig entstelltes Evangelium kennen.

Über diesem Zusammenbruch einer lebendigen Kirche, die zwischen Juden- und Heidenchristen ihren Weg nicht mehr findet, liegt aber nicht nur der Fluch des Gesetzes. In Römer 9-11 sieht Paulus auf das Ende der Wege Gottes mit Israel. Ist auch Jerusalem gefallen und die Gemeinde dort am Ende – in unverletzlicher Gewissheit steht dem Apostel die endgeschichtliche Rettung seines Volkes fest. Der Weg dahin aber führt zu den Nationen. Die Mission an ihnen wird durch den Sturz Jerusalems nicht erschüttert, sondern bestätigt.

6. Johannes und die verwaisten Gemeinden der Provinz Asia

Die Stadt Ephesus und die in ihrem Umkreis »Asia« genannte kleinasiatische Provinz sind seit dem Tode des Paulus und des Petrus, besonders nach der Zerstörung Jerusalems, ein für die Christenheit wichtiges Gebiet geworden. Ihm gilt die auf der nahen Insel Patmos geschriebene *Offenbarung (Apokalypse) des Johannes.*

Wir wissen nicht, wann der Apostel Jerusalem verließ. Man kann mit guter Begründung annehmen, dass es in der Zeit geschah, als Paulus nach Rom kam. So wurde Johannes der Nachfolger des großen Pioniers. Mit wachem Auge sieht er auf die blutigen Vorgänge in Rom. Was dort geschah, darf in Kleinasien

---

[82] Ebioniten und Nazaräer, die alten Bezeichnungen der Judenchristen Palästinas, sind im 2. Jahrhundert zu Ketzerbezeichnungen geworden.

nicht verborgen bleiben, stehen doch auch diese Gemeinden im Kampf. Es sind aber nicht nur die Martyrien, die die jungen Gemeinden heimsuchen, sondern stärker noch die Irrlehrer, denen die griechischen Gemeinden vor allem durch die griechische Philosophie ausgesetzt sind.

Um die Mitte des 1. Jahrhunderts kämpfte Paulus gegen einen Geist in Korinth, den wir »griechisch-gnostisch« nennen können. Nun hat Johannes mit denselben Gegnern zu tun. Das (vor-)gnostische Denken will aus dem Evangelium eine mit der Vernunft zu begreifende Lehre machen. Ihr stellte Paulus das Wort vom Kreuz gegenüber, das »die Weisheit der Weisen zunichte macht« (1Kor 1,18f).

Schon in der Apostelgeschichte hatten Johannes und Petrus mit Simon Magus zu kämpfen.[83] Dieser Vorläufer der Gnostiker des 2. Jahrhunderts legte den Akzent auf sein philosophisch-magisches Können, statt auf die persönliche Verbindung mit Christus.

Immer tritt dabei der griechische Gedanke in den Vordergrund, dass die Seele das eigentlich Menschenwürdige sei, der vergängliche Leib als ihr Gefängnis dagegen wertlos. Je nach Auffassung muss er entweder, da er zu unterdrücken ist, durch Askese in Zaum gehalten werden oder man gibt ihn, da er ja nicht so wichtig ist, der Zügellosigkeit frei.

Bei den Griechen war abstraktes Denken stark ausgebildet. Sie erklärten die gesamte Welt mit dem »Logos«, d.h. der Vernunft (lat.: *ratio*). Das Johannesevangelium musste für sie eine ganz ärgerliche Botschaft sein: »Der Logos – die Vernunft – das Wort – ist Fleisch geworden.«[84] Hängt am Stoff, am Fleisch die Minderwertigkeit, die Endlichkeit, Vergänglichkeit und Sünde, wie soll dann der ewige, vorweltliche Christus, ohne Schaden zu nehmen, sich ein solches Gefängnis erwählt haben?

---

[83] Apg 8,9-24
[84] Joh 1,14

Schärfer, zum Widerspruch reizend, konnte Johannes mitten im griechischen Gebiet die göttliche Paradoxie nicht aussprechen, als wenn er den Messias, Christus, das unvergängliche Wort (Logos), als den Fleisch gewordenen Logos verkündigte. An diesem Widerspruch zwischen Glauben und Denken hat sich die griechische Kirche zerrieben. Das Urchristentum in Palästina erlag der Gesetzlichkeit, die Griechen den Forderungen ihrer Vernunft.

Gegenüber dem Individualismus der griechischen Innerlichkeit mit seiner alle Ordnungen zertrennenden Gewalt bekennen die Jünger Jesu die Herrlichkeit der Gemeinde als des Leibes Christi, der auf dem Liebesgebot des Herrn beruht. An die Stelle schwärmerischer Religiosität treten Nüchternheit und Wahrheit. Möglich ist, dass Johannes in der Begegnung mit dem gnostischen Lehrer Kerinth (um 100) in Ephesus diese Sätze geformt hat.

Die Zeugnisse des Neuen Testamentes reichen mitten in den kirchengeschichtlichen Kampf des ersten Jahrhunderts hinein. An seinem Ende steht keine gesicherte Gemeinde, keine ausgebildete Führerschaft, keine fertig ausgeprägte und abgegrenzte Lehre. Wohl aber sind viele Irrlehrer am Werk, Trennungen im Gange, Schwankungen in den elementarsten ethischen Maßstäben keine Seltenheit.

Dennoch bleibt es für immer eindrücklich, wie die einsamer werdenden Apostel mit geistlichen Waffen kämpfen, eben mit dem Wort, das allein Bollwerke zertrümmern kann. Sie richten keine Gewaltherrschaft, keinen künstlichen Damm gegen die Fluten der Gnosis auf, sondern kämpfen den guten Kampf im Glauben durch und verharren in der lebendigen Hoffnung auf den schon bereit liegenden Siegeskranz, auf den wieder kommenden Herrn, den Johannes durch alle Wirren und Leiden kommender Geschichte hindurch sein Reich aufrichten sieht.

Gegen die Irrlehren, die diesem Bekenntnis zu Jesus ausweichen, steht das Zeugnis der sieben Sendschreiben in der

Offenbarung des Johannes.[85] Darüber hinaus zeigt die Offenbarung in gewaltigen Bildern den Kampf des Gottesreiches mit dem antichristlichen Kaiser. In der Erwartung des wieder kommenden Herrn ist der Gemeinde der Sieg gewiss. So ist die Offenbarung des Johannes das Trost- und Siegeswort des Herrn an seine Kirche.

Obwohl der zweiten Generation die großen Führerpersönlichkeiten versagt bleiben und alle Sicherungen für den Bau des weitschichtigen Werkes fehlen, wird doch eines deutlich: Ein Geheimnis ist in dieser wehrlosen, ohnmächtigen Kirche verborgen, eine Macht, die die Grundfesten dieser Welt zu erschüttern beginnt, die jedoch selber nicht von dieser Welt ist.

5. Kapitel
Die nachapostolische Zeit (90-140 n. Chr.)

1. Die Ausbreitung des Evangeliums

Über die ungeahnt schnelle Ausbreitung des Evangeliums bis zum Jahr 140 sind wir nur spärlich unterrichtet. Legenden wollen die Gründung von bedeutenden Kirchen auf die Apostel zurückführen. Im Wesentlichen scheinen die äußeren Grenzen der apostolischen Zeit nicht überschritten zu sein. Innerhalb des Römischen Reiches ist die Zahl der Christen stark gewachsen. Dies gilt besonders von Kleinasien und wohl auch von Alexandria, wohin der Barnabasbrief[86] weist. Der weit gespannte Pionierdienst der Apostel und ihrer Mitarbeiter findet für lange Zeit

---

[85] Offb 2-3
[86] Dieser Brief wurde fälschlich dem Mitarbeiter des Paulus zugeschrieben. Er enthält antijüdische Polemik und eine neue Gesetzlichkeit.

keinen Nachfolger. Wir hören nichts von besonderen Missionaren. Aber die stille Kraft des Evangeliums wirkt wie ein Sauerteig unablässig weiter, namentlich im östlichen Teil des römischen Imperiums.

In sozialer Hinsicht wird es auch jetzt noch bei dem Wort des Paulus (1Kor 1,26) bleiben: Nicht viele Mächtige und Angesehene sind Glieder der Gemeinde.

Weder die Augen der Philosophen noch die der führenden Männer des Staates sind für die Botschaft geöffnet. Sie scheint nur für Sklaven, Frauen und Handwerker Geltung zu haben. Zu den Ausnahmen gehören *Flavia Domitilla,* vielleicht auch ihr Mann, die zur kaiserlichen Familie gehören. Sie sind durch Kaiser Domitian (81-96) hingerichtet worden. Der Augenblick, in dem das Evangelium die jüdische Welt hinter sich lässt und in der ganzen Frontbreite das Römische Reich erfasst, ist jedenfalls nicht die Stunde, in der auch die Gebildeten erreicht werden.

2. Zwischen Philosophie und Evangelium

Es wird wohl immer eine schwer zu beantwortende Frage bleiben, warum die Jahrzehnte nach Petrus, Paulus und Johannes ein so anderes literarisches Bild aufweisen, als es im Neuen Testament sichtbar wird. Man lese die *Didache* (»Apostellehre«, um 110) oder die *Clemensbriefe* (ca. 95-120) oder man denke an den *Barnabas* – oder den *Hirt des Hermas* (70-100; 110-140) – sie tragen alle in den Grundzügen das gleiche Gesicht. Man kann Paulus zitieren und seine Kernworte wiederholen und doch liegt noch ein anderer Akzent auf dem Ganzen. Hören wir, wie z.B. *Clemens von Rom*[87], der römische Bischof, den Inhalt des Glaubens zusammenfasst:

---

[87] Brief an die Korinther (um 100), 5. Kapitel

» Wie beglückend und wunderbar sind die Geschenke Gottes, Leben in Unsterblichkeit, Freudigkeit in Gerechtigkeit, Wahrheit in Freimut, Glaube in Zuversicht, Selbstbeherrschung in Heiligung. Und das (alles) liegt im Bereich unseres Verständnisses. *Welche Güter aber werden erst denen, die ausgeharrt haben, bereitet werden! Der* Werkmeister und Vater der Äonen, der Allheilige, *er allein kennt ihre Größe und Schönheit.«*[88]

Oder auch:

» Und wir nun, die wir durch seinen Willen in Christus Jesus berufen wurden, werden nicht durch uns selbst gerechtfertigt, auch nicht durch unsere Weisheit und Einsicht, durch Frömmigkeit oder Werke, die wir in Reinheit des Herzens vollbringen, sondern durch den Glauben, durch welchen der allmächtige Gott alle von Anbeginn gerechtfertigt hat.«[89]

Wie nahe und doch wieder so fremd wirken diese Sätze des Clemens im Vergleich zu Paulus! Die paulinischen Formulierungen sind zum Teil wörtlich wiedergegeben. Warum brechen sie nicht mit ganz anderer Gewalt durch? Sind sie zur Formel, zum Gesetz, geworden? Muss man dafür den judenchristlichen Einfluss geltend machen oder mehr noch die Stoa? War das Gesetz in der apostolischen Zeit nicht viel wirksamer – warum und wodurch wurde es damals überwunden? Oder ist die Einwirkung des Tugendideals des seiner selbst mächtigen Menschen schon am Werk?

Zur Sprache des Neuen Testaments tritt ein anderer Ton. Es fehlt die christologische Ausrichtung. Wir befinden uns in den Bahnen der griechischen Philosophie.

---

[88] 1Clem 35
[89] 1Clem 32,4

Zwei Richtungen sind hier zu nennen, die auf Jahrhunderte ihre Wirkung ausgeübt haben.

Aus dem 4. Jahrhundert v. Chr. erwuchs die von Zenon (um 332-262/1 v. Chr.) kommende Philosophie der *Stoa.* Der Name stammt von der Säulenhalle in Athen her *(Stoa poikile),* in der Zenon seine Schüler unterrichtete.

Er sieht die Welt unter dem unverbrüchlichen Gesetz der Natur. Hier herrscht der Logos, die Vernunft. Sind wir dadurch dem Schicksal unterworfen, so kann uns nur die innere Freiheit übrig bleiben, die sich mit letzter Kraft auch dem Leiden entgegenstemmt. Ist dies unsere einzige Freiheit, so erhebt sie uns doch über Strafe und Schuld. Wir sind größer als der Augenblick mit seinen Fehlentscheidungen und Schicksalsschlägen. Mit dieser Philosophie lebten die Römer wie die Griechen, der Gelehrte (z.B. Epiktet) wie der römische Kaiser (z.B. Marc Aurel).

Die andere Philosophie ist durch *Epikur* begründet worden (341-271 v. Chr.). Er empfiehlt, sich möglichst vom Getriebe der Welt fern zu halten. Der *Glückseligkeit* gilt das lohnende Streben, bei dem der Mensch in Selbstbezogenheit das Leben genießt und der Freuden inne wird, die eine schöne Welt ihm zu geben vermag.

In beiden Philosophien ist ein gesetzlicher Zug unverkennbar, ob man im Pflichtbewusstsein des *Stoikers* das Leben zu meistern sucht und in der Selbstbeherrschung die Krone zu erringen glaubt – oder ob der *Epikuräer* im Rückzug von den äußerlichen Geschäften der Welt eine Lebenskunst erarbeitet – immer bleibt der Mensch in sich selbst verhaftet.

Man muss nun darauf achten, wie sich diese philosophischen Meinungen und Denkarten in die christlichen Gedankengänge eindrängen. So weiß der »Hirt des Hermas« sehr wohl den Bußernst zu betonen. Aber schon unterscheidet er die »Todsünden«, für die es keine Vergebung gibt, von den leichteren Sünden. Weil aber viele, etwa durch Verleugnung in Verfolgungszeiten, in »Todsünden« gefallen sind, kann dieser »Hirt« von einer zweiten Buße sprechen. Er katalogisiert also die Sünden. Doch das hat weit reichende negative Konsequenzen. Nun ist der Mensch imstande, leichte Sünden sich selbst zu vergeben. Dass er in der Ganzheit seiner Person Sünder ist, wird darüber vergessen.

Ähnlich lesen wir im sog. Barnabasbrief, einem Aufruf an heidenchristliche Gemeinden, vom »neuen Gesetz«; gemeint ist das Evangelium als eine höhere Form, die zum Stand der Vollkommenheit leitet.[90] Dann kann man sogar das Blut der Märtyrer als verdienstliche Leistung der Taufe gleichstellen.

3. Ignatius von Antiochia († ca. 110)

Die Verurteilung vieler Christen zum Tod durch Tierkämpfe im römischen Zirkus fällt in die Regierungszeit Trajans (98-117). Auf dem Weg zum Martyrium schreibt Ignatius, der Bischof von Antiochia, Abschiedsbriefe – die Ignatianen – an verschiedene Gemeinden. Die Sammlung dieser Briefe, die schon Irenäus bezeugt, ist vermutlich zwischen 110 und 115 erfolgt.

In diesem todbereiten Zeugen brennt wahrhaftig das Feuer der »ersten Liebe«. Wie kann er dem von seinem Lehrer Johannes bekämpften Doketismus[91] entgegentreten:

»Wenn aber Christus, wie einige sagen, die gottlos, d.h. ungläubig sind, zum Schein gelitten hat, während sie selbst nur Schein sind, wozu bin ich dann gebunden? Warum ersehne ich dann den Tierkampf? Da sterbe ich vergeblich, wahrlich, da lüge ich ja gegen den Herrn!«[92]

[90] Barn 2,6
[91] Doketismus: Anschauung, dass Christus nur zum Schein gelitten habe und gestorben sei. Ans Kreuz sei nur ein Scheinleib gegangen.
[92] IgnTrall 10

Ebenso klar sieht er das Ausmaß des Kampfes:

> »*Das Christentum ist nicht Sache der Überredung, sondern der Größe, solange es von der Welt gehasst wird.*«[93]

Und doch müssen wir bei Ignatius noch eine andere Seite sehen. Zum Problem wird es, wenn er eine Umdeutung vornimmt, die sich für die Kirche verhängnisvoll ausgewirkt hat. Das Mahl des Herrn ist für ihn »Heilmittel zur Unsterblichkeit«.[94] Damit steht er auf der Linie der Didache, die im eucharistischen Gebet »für die Erkenntnis, den Glauben und die Unsterblichkeit« dankt, »die uns kundgetan sind durch deinen Knecht Jesus«. Hier liegt ein magisches Verständnis nicht fern, das zum mindesten den Anlass gab, das Herrnmahl physisch-magisch zu verstehen. Wie leicht geht nun, schon in der Liturgie, der Blick von Christus weg auf die dargereichten Elemente. Damit ist das Herrnmahl als »geistliche Nahrung und Trank und ewiges Leben verstanden.«[95] Die Geschichtlichkeit Jesu, sein Kreuz, tritt in den Hintergrund.

4. Das Amt in seiner Gemeindebedeutung

Beim Kirchenbegriff des *Ignatius* wird der Einfluss des damaligen »Zeitgeistes« noch deutlicher. Hier ist er mit Clemens von Rom in der Sorge einig, die Gemeinden könnten sich durch Irrlehren und durch die Ehrsucht einzelner Bischöfe spalten. Inzwischen hat sich das monarchische Bischofsamt entwickelt, d.h. jede Gemeinde hat ihren eigenen Bischof. Das gibt es schon in den Pastoralbriefen und in den Sendschreiben der Offenbarung. Man darf nun Ignatius nicht im römisch-päpstlichen Sinn verste-

---

[93] IgnRöm 3,3
[94] IgnEph 20,2
[95] Did 10

hen, wenn er gegen die griechischen Schismatiker zur energischen Sammlung um den Bischof aufruft. Noch gibt es ja über die einzelnen Gemeinden hinaus keine zusammenfassende Kirche. Es kam aber den doketisch denkenden Gnostikern gegenüber darauf an, die Realität der einzelnen Gemeinde zu betonen. Mit welcher Kraft das Ignatius getan hat, zeigen folgende Sätze:

> *»Die Spaltungen fliehet als den Anfang der Übel! Folget alle dem Bischof wie Jesus Christus dem Vater, und dem Presbyterium wie den Aposteln. Die Diakone aber ehret wie Gottes Gebot: Niemand verrichte kirchliche Handlungen ohne den Bischof... Wer den Bischof ehrt, wird von Gott geehrt. Wer ohne des Bischofs Wissen etwas tut, der dient dem Teufel.«*[96]

Auch wenn man die praktische Zielsetzung dieser Anweisung nicht vergisst, den heftigen Streit gegen den griechischen Individualismus – ob er nun mehr stoisch oder epikuräisch geprägt ist –, bleibt ein gewisses Unbehagen nicht aus. Konnte Ignatius mit Recht das Bischofsamt so absolut setzen, d.h. mit Gott in eine Reihe rücken? Ist denn das Amt unantastbar und kann es sich so auf das Erbe der Apostel berufen?

Man wird die Antwort nicht mit dem Hinweis auf diese oder jene Zeitsituation geben können. Hinter all dem steht etwas anderes. Die Kirche des Neuen Testaments ist eschatologisch, endgeschichtlich ausgerichtet. Das gibt ihrer Ethik die Zielkraft, ihrer Liturgie den Hinweis auf die kommende, neue Welt. Bricht die Eschatologie zusammen – die echte, nicht die formelhafte, die z.B. mit dem Tausendjährigen Reich (Offb 20) Berechnungen anstellt – dann hat man das Heil als einen gegenwärtigen Besitz festgelegt, d.h. man ordnet die Kirche in die Reihe der Güter dieser Welt ein.

Der Niedergang der Christenheit in der nachapostolischen

---

[96] IgnSm 8f

Zeit kann letzten Endes nicht von außen her verstanden werden. Er hat einen innerkirchlichen Grund. Er reicht bis in die verborgene Basis hinein, auf der die Kirche steht und die sie verlässt, sobald sie sich auf Menschenwerk stützt. Weil das aber zu allen Zeiten die Gefahr und Ursache zu neuen Krisen ist, bleibt die Geschichte der Christenheit um die Wende des ersten Jahrhunderts der unüberhörbare Hinweis darauf, dass lebendiger Glaube niemals nur Glaube einer vergangenen Zeit, einer Tradition sein kann, sondern unmittelbares Handeln Gottes an und mit seiner Gemeinde ist. Sie lebt aus dem Wort, das sie hört und tut.

6. Kapitel
Die Gnosis – Mitte des 2. Jahrhunderts

1. Der Versuch, die Offenbarung durch Denken zu erkennen

Als um die Mitte des zweiten Jahrhunderts die gnostische Welle die Kirche überflutete, war ein Gegner zur Entfaltung gekommen, gegen den schon in den paulinischen Briefen (Erkenntnisdünkel in Korinth und Spekulationen mit Engellehren, die im Kolosserbrief erwähnt werden) gekämpft wird. Johannes setzt diesen Kampf fort, in den Briefen wie in der Offenbarung, ebenso der zweite Petrus- und der Judasbrief. Ignatius erkennt die steigende Gefahr, die seit den Tagen der Sendschreiben des Johannes zugenommen hat. Er stellt ihr das Amt entgegen, aber nicht ohne zugleich der Gnosis Zugeständnisse zu machen: »Christus bringt uns Erkenntnis und Unsterblichkeit.« Liegt hier nicht ein gnostisches Missverständnis nahe?

Worin besteht die Gewalt oder, wie es Paulus ausdrückt, die »Macht der Verführung«?[97] Genügt es, wenn man mit den Kirchenvätern von der dämonischen Verführung spricht, die hinter den Systemen der Gnostiker lauert? Gewiss ist damit an die letzte geheimnisvolle Wurzel gerührt.

Wo aber setzt diese Verführung im Einzelnen ein, und welche geschichtlichen Mächte wirken dabei mit? Sicher ist, dass sich der Orient mit der griechischen Kultur in einer intensiven Austauschbewegung auf dem Boden der Gnosis befindet. Griechische Logik und orientalischer Dualismus sowie allgemein menschliches Erlösungsverlangen vereint sich in zahllosen Denkgebäuden zu Geheimlehren und Weltanschauungen. Diese haben sogar die Kraft, eigene Gemeinden zu bilden, wie das bei Marcion noch zu zeigen ist.

Was lässt das gnostische Denken gerade auf dem Boden der Gemeinde zu solcher Entfaltung gelangen?

2. Ist Sünde Schicksal? – Marcion (um 140)

Es geht hier nicht darum, die einzelnen Typen der Gnosis darzustellen, etwa von *Satornil* (Syrien), *Basilides* (Alexandria) und *Valentin* (Rom), die alle um das Jahr 160 gelebt haben. Gemeinsam ist ihnen allen die Verurteilung der Welt als eines Jammertales und der Zwiespalt im Gottesbegriff. Denn Gott darf auf keinen Fall der unmittelbare Schöpfer der Welt sein. Was der Christ in harter Spannung stehen lässt und nur in einer sich selbst erkennenden Buße und im Glauben überwindet – die von Gott geschaffene gute Welt ist ein Ort der Sünde und des Todes –, eben das wird von den Gnostikern als ursprünglich im Stoff, in der Materie liegender Wesenskeim erklärt. Nun ist Sünde zum allzu begreiflichen und unentrinnbaren Schicksal geworden. Die

---

[97] 2Thess 2,11

Welt, wie sie der römische Kaufmann *Marcion,* der bedeutendste und einflussreichste Gnostiker (um 140), sah, trägt nur eine einzige Farbe: Sie stammt vom Demiurgen, dem Schöpfergott, der streng zu unterscheiden ist vom Vater Jesu Christi. So ist dieser Gott der Urheber des Bösen. Der faule Baum muss böse Frucht bringen.

Man kann die heidnischen Wurzeln dieser Gedanken bis nach Persien und Babylonien verfolgen. Astrologie und indisches Denken wirken mit. Aber warum finden sie in der Kirche Christi solche Aufnahme?

Der Kirchenhistoriker Adolf von Harnack spricht von einer »chronischen und akuten Hellenisierung« des Christentums. Aber der tiefste Grund kann doch nur in diesem Christentum selbst liegen. Sieht man auf die Einheitlichkeit der Angriffe auf das Evangelium seit den Tagen der Apostel, so wird man urteilen müssen: Gegenüber der Christusbotschaft ballen sich alle gesetzlichen und gesetzlosen Elemente zusammen. Sie suchen an die Stelle des entsicherten und gerichteten Menschen eine zwar vielleicht verhüllte, aber eben doch selbstgewisse Begründung zu setzen. Dazu helfen Gnosis, Stoa und Epikur mit. Hinzu kommen nun alle nur möglichen Hilfsmittel, strengste Askese bis zur Aufhebung der Ehe und wiederum eine individuelle Freiheit, die bis zur schrankenlosen, sinnlichen Zügellosigkeit gehen kann. Das wird noch begreiflicher, wenn wir die Glaubensaussagen der Gnostiker zu erfassen suchen.

3. Die Aufhebung des Ärgernisses

Wir finden innerhalb der christlichen Gnosis durchgehend das doketische Christusbild. Man kann nicht glauben, dass der ewige Logos in Wirklichkeit in einem Menschenleib Wohnung genommen hat. So muss es ein Engelleib gewesen sein, den Christus trug. Darum kann er auch nur die *Seele* des Menschen erlö-

Die Gnosis – Mitte des 2. Jahrhunderts 79

sen. Mit den höchsten göttlichen Bezeichnungen für Jesus als dem Sohn Gottes verbindet sich nun eben doch das Urteil, das ihm ein wahrhaft geschichtliches Handeln in Fleisch und Blut abspricht. So vollzieht sich vor unseren Augen ein Drama, ein Götterspiel zwischen den Mächten des Bösen und Guten. An die Stelle des menschlich-persönlichen Handelns am Kreuz tritt eine Kette gedanklicher Überlegungen. Man lese, was *Basilides von Alexandria* hierzu zu sagen hat:

> *»Der ungeborene und unnennbare Vater habe ihr (der Menschen) Verderben gesehen und seinen Erstgeborenen,* den Nous (Verstand) *gesandt, der Christus genannt wird, um die, die ihm glauben, aus der Gewalt des Weltschöpfers zu erlösen. Deren Untertanen aber sei er auf der Erde wie ein Mensch erschienen und habe große Taten getan. Er selbst habe aber nicht gelitten, sondern ein gewisser Simon von Kyrene. Da er eine unkörperliche Kraft war und der Nous des ungezeugten Vaters, so sei er nach seinem Willen verwandelt worden und aufgestiegen zu dem, der ihn gesandt hatte.«*[98]

Das ist wie ein Gemälde – aber die Kraft des ärgerlichen Zeugnisses ist gewichen.

Es klingt zunächst ganz neutestamentlich, wenn uns Marcion verkündigt, die Kirche müsse sich vom Gesetz lösen und zu Paulus zurückkehren. Kann man darin eine Antwort gegenüber der gesetzlichen Handlung der nachapostolischen Väter sehen? Ist damit nicht auch der Protest gegen den kasuistischen Moralismus angemeldet?

Und dennoch! Derselbe Marcion, der Paulus wieder entdeckt zu haben meinte, streicht das Alte Testament, auch wo es im Neuen Testament auftaucht, spricht von zwei Göttern, löst den Zorn Gottes zugunsten seiner Liebe auf und glaubt, nun vom *sola fide* (»allein durch den Glauben«) reden zu können.

---

[98] Irenäus 1,19

Während er aber das Gesetz gewaltsam ausschaltet, kommt es in seiner Ethik mit doppelter Macht wieder zum Vorschein. Zu einer Freiheit in Christus dringt sein Denken bei seinen vielen Einzelgeboten nicht durch. Die Anhänger Marcions und seiner auf Jahrhunderte bestehenden Kirche müssen in der Verzichtleistung auf irdische Dinge beweisen, dass sie erlöst sind. Dabei erklärt er, dass die Schuld am Kreuz Jesu der Gott der Juden zu tragen habe. Der »Wiederentdecker« des Paulus zeugt von einem anderen Gott. Das sind Konstruktionen, die das Denken befriedigen sollen. Die Sehnsucht nach Erlösung können sie nicht stillen.

4. Geheime Sehnsucht

In welche Tiefe das Sinnen und Denken der Gnostiker gelangen kann, dürfte das von Harnack mit starker Empfindung übersetzte Gedicht einer orphischen Sekte[99] zeigen:

> »Urprinzipium aller Dinge,
> erster Grund des Seins und Lebens
> ist der Geist –
> zweites Wesen, ausgegossen
> von dem ersten Sohn des Geistes,
> ist das Chaos –
> und das Dritte, das von beiden
> Sein und Bildung hat empfangen,
> ist die Seele –
> und sie gleicht dem scheuen Wilde,
> das gehetzt wird auf der Erde
> von dem Tod, der seine Kräfte
> unentwegt an ihr erprobet.

---

[99] Orphik: philosophisch-religiöse Bewegung, die sich auf angeblich von der griechischen Sagengestalt Orpheus stammende Schriften berief.

Ist sie heut im Reich des Lichtes,
morgen ist sie schon im Elend,
tief versenkt in Schmerz und Tränen
(der Freude folgt die Träne,
der Träne folgt der Richter,
dem Richter folgt der Tod)
und im Labyrinthe irrend
sucht vergebens sie den Ausweg.
Da sprach Jesus: Schau, o Vater,
auf dies heimgesuchte Wesen,
wie es fern von deinem Hauche
kummervoll auf Erden irret,
will entfliehn dem bittren Chaos,
aber weiß nicht, wo der Aufstieg.
Ihm zum Heile sende, Vater,
mich, dass ich herniedersteige,
mit den Siegeln in den Händen
die Äonen all durchschreite,
die Mysterien all eröffne,
Götterwesen ihm entschleire
und des heilgen Wegs Geheimnis,
Gnosis nenn ich's, ihm verkünde.«

Diese Gnosis ist eine elementare Anklage gegen die Kirche, der Schrei der Hungernden, die unter der Verkündigung nicht satt geworden sind. Es ist der Versuch des griechisch-orientalischen Geistes, in einem gewaltigen Aufbruch das Zentrale am Evangelium innerhalb einer gigantischen Weltanschauung zu erfassen.

Aber eben *innerhalb* – und gerade das erträgt das Evangelium nicht und kann es nie ertragen. Man dachte in Weltzeitaltern (Äonen) und verlor dabei den konkreten Boden: Die von Gott geschaffene, von ihm schuldhaft abgefallene und von Christus am Kreuz wirklich erlöste Welt.

7. Kapitel
Das Werden der katholischen Kirche (140-200)

1. Die apologetische[100] Gegenwehr

Zwischen dem gnostischen Angriff um 150 und der Antwort der Kirche durch Männer wie *Irenäus* (seit 178 Bischof von Lyon) und *Tertullian* (um 160-220) steht ein zweifacher Abwehrkampf: Die Apologeten versuchen, vor dem Heidentum und besonders gegenüber der Obrigkeit den Erweis für die Wahrheit des Christentums zu erbringen. Die Kirche selbst grenzt sich gegen die auflösenden Mächte der Gnosis durch bestimmte Normen ab. Beide Unternehmungen setzen im gewissen Sinne die Tendenzen der nachapostolischen Zeit fort und arbeiten mit deren Mitteln.

Die *Apologetik* ist durch die zunehmenden staatlichen und auch literarischen Verfolgungen der Kirche veranlasst. Über den Angriff mit geistigen Waffen sind wir am besten durch die Schrift des Theologen *Origenes (185/6-254)* gegen den platonischen Philosophen Celsus unterrichtet. Bei Celsus wird die Botschaft der Kirche als griechischer Mythos, als heimlicher Zauber, als Religion der »Einfältigen, Niedrigen, Unverständigen, Sklaven, Weiblein und Kindlein« angesehen. Dagegen muss sich ein Gebildeter wie Celsus wehren. Ihm hat schon die Vernunft zu gebieten, nicht an Wunder und gar noch an eine neue Leiblichkeit in der Auferstehung zu glauben: »Das ist so recht eine Hoffnung für Würmer!« Aber Celsus hat noch tiefer den Kern des Evangeliums als widersinnig empfunden und ins Lächerliche zu ziehen

---

[100] Apologetik kommt von griech. *apologeomai* (»ich verteidige mich«) und hat die Aufgabe, die christliche Wahrheit gegenüber ihren Gegnern zu verteidigen.

versucht. Er muss die Verkündigung des Evangeliums gut gehört haben, wenn er an der entscheidenden Stelle mit seiner Kritik einsetzt:

> *»Diese (die Christen) aber rufen: Den Sündern, den Unverständigen, kurz den Unglückseligen steht das Reich Gottes offen! Den Sündern, d.h den Ungerechten, Dieben, Einbrechern, Giftmischern, Tempelräubern, Gräberhyänen! Und warum nicht den Sündlosen? Ist es denn etwas Böses, nicht gesündigt zu haben? Den Ungerechten also, der sich im Bewusstsein seiner Schuld demütigt, nimmt Gott an; den Gerechten aber, der im Vertrauen auf seine Tugend von Anfang an zu ihm empor blickt, den nimmt er nicht an! Gott richtet also nicht nach Wahrheit, sondern nach Schmeichelei, Kriecherei?«*[101]

Dieser Angriff findet seine Spitze in der Ablehnung der Trinität:
»Und wenn nun diese Leute wenigstens keinem andern dienten außer dem einen Gott! So aber verehren sie diesen neulich Erschienenen über die Maßen und meinen doch, in nichts zu fehlen in Beziehung auf Gott, wenn auch seinem Handlanger gedient wird.«[102]

Aus der Verwerfung der Erlösungsbedürftigkeit entsteht in gerader Linie das Nein zum Kreuz Jesu und zu seiner daran sich offenbarenden Gottheit.

Die Arbeit der Apologeten liegt im Wesentlichen in der Zeit vor Celsus, trifft aber in Richtung der gleichen, von ihm erhobenen Einwände. Männer wie *Aristides* (um 130), *Justin* (um 165 Märtyrer in Rom), *Tatian* und *Athenagoras* (um 177) vertreten durchaus den Gemeindeglauben nach der Art des Clemens von Rom und seiner Zeitgenossen. Aber sie entfalten ihn nicht, sondern haben das Ziel, den Gebildeten und den Mächtigen ihrer Zeit zu beweisen, dass das Evangelium historisch, philosophisch

---

[101] aus Origenes, Contra Celsum 3
[102] a.a.O. 5

und moralisch einwandfrei sei. Offenbarung und Vernunft liegen nun auf einer Ebene.

Die Gnostiker haben den Gemeindeglauben denkmäßig begreiflich zu machen versucht und mit Hilfe des allgemeinen und sittlich gültigen Bewusstseins unterbaut. Nun akzeptiert Justin den Zusammenhang der heidnischen Philosophie mit dem Evangelium und sieht ihn entweder durch das Alte Testament begründet (JustApol II 13,4) – oder aber das gesamte Menschengeschlecht am Logos, an der Weltvernunft, Teil haben kraft der ihm »eingepflanzten Keime« (JustApol I 44).

Justin war vor seiner Bekehrung um das Jahr 136 philosophischer Wanderlehrer und setzte danach seinen Beruf als wandernder christlicher Philosoph fort, trug auch weiter die Tracht seines vorigen Berufes. Er hatte eine positive Einstellung zur griechischen Philosophie: Sokrates und Heraklit waren für ihn ebenso gut Christen wie Abraham. Er lebte in Ephesus, später in Rom, wo er um 165 das Martyrium erlitt.

Auch Gedanken dienen hier als Brücke zum Christentum. Mit ihnen sucht man alle Bedenken zu zerstreuen, die gegen die Wahrheit und Gewissheit des Evangeliums geltend gemacht werden. Hierzu dient vor allem die Beweisführung, dass der vorzeitliche und der ganzen Welt sich mitteilende Logos als die göttliche »Vernunftzentrale« auf wunderbare Weise – durch Jungfrauengeburt – in Christus zur Welt gekommen sei. Auch die Apologeten sehen – hierin den Gnostikern nicht unähnlich – die Erscheinung Jesu innerhalb eines umfassenden, vorzeitlich bedingten Dramas mit heidnisch-philosophischem Hintergrund.

Die Darlegungen der Apologeten tragen im Übrigen auch naive Züge. Merken sie denn den Widerspruch zwischen Philosophie und Glauben nicht? Man wird, wie später in Tertullians *Apologeticum*, sehr vieles auf den unmittelbaren Zweck schieben müssen: Es galt in der Tat ganz praktisch, Menschen vom Tode zu erretten und aus den Händen der heidnischen Richter zu befreien. Es gab für sie darum kein dringenderes Anliegen, als die bürgerliche Ehrbarkeit und die politische Zuverlässigkeit der Christen ins rechte Licht zu setzen. Dies geschah, indem man die größtmögliche Übereinstimmung mit dem griechischen Geist betonte. Und dennoch! Der Vergleich zwischen den Gnostikern und den Apostolischen Vätern wiederholt sich hier bei den Apologeten noch einmal. Dort wie hier fehlt es den Vertretern der Kirche an der auf das Heil konzentrierten Tiefe. Man setzt Christus mit dem Weltlogos in eins und macht ihn damit zu einer blassen Idee. Christi wirkliches, in unsere Geschichte eingreifendes und erneuerndes Erlösungswerk bleibt im Schatten. Dagegen vermag – so die Apologeten – der Mensch, der ja auch an sich Teilhaber des Logos ist, kraft seiner Freiheit die Gebote Gottes zu erfüllen (Tatian 11).

Selbst *Justin* kann diesem Gedanken in beredten Worten Ausdruck geben:

» *Wir sind nicht zum Tode geboren, wir sind selbst Schuld, wenn wir sterben; zugrunde gerichtet hat uns die Freiheit. Aus Freien sind wir Sklaven geworden, um der Sünde willen sind wir verkauft. Nichts Böses ist von Gott geschaffen, das Böse haben wir zuwege gebracht. Wir, die es hervorgebracht haben, sind imstande, es auch wieder abzutun.* « (JustApol I, 28) »Den Weg, die Freiheit und die Vernunft recht zu gebrauchen, *zeigt Jesus dem Menschen* durch seine Lehre.« (a.a.O. 23)

Weil die Apologeten dem Ärgernischarakter des Evangeliums ausweichen und die Botschaft zu einem neuen Gesetz und damit zu einer Moral erniedrigen, darum ist ihnen der unendliche Abstand zur Philosophie nicht mehr bewusst. Der Gnostiker gibt dem noch mit seinem Dualismus Ausdruck, der Apologet aber weiß von einer die gefallene Erde umlagernden Dunkelheit in Wirklichkeit nichts mehr. Ihn trägt ein ähnlich optimistisches Bewusstsein, das die Denker der Aufklärung im 18. Jahrhundert bestimmte. Dies ist aber nur möglich auf dem Boden einer *Werkethik.*

Was bei den apostolischen Vätern noch durch paulinische und johanneische Zitate und Nachbildungen verhüllt ist, tritt nun in vollem Rationalismus ans Licht. Diese Theologen haben der römischen Kirche den Grund gelegt, indem sie Vernunft und Wunder, heidnisches und biblisches Denken verbanden und dadurch der christlichen Verkündigung selbst die Spitze abbrachen. Im Mittelpunkt ihres Systems stand nicht mehr der historische Christus, sondern der Logos, die allen Menschen zugängliche Erkenntnis von Gottes Schöpfung und Erlösung.

Wie nahe kommt damit letzten Endes die Apologetik der Gnosis! Sie deuten beide mit rationalen Mitteln die Schrift um, und zwar besonders das Alte Testament. Es wird zum logisch fassbaren Beweismittel.

Die Kirche liefert ihr Heiligtum an ein ihr fremdes Denken aus, sei es dem Dualismus Marcions oder in der Sicht eines Justin, der alles, Offenbarung und Philosophie, auf einer Ebene sieht. An die Stelle des Ärgernisses, der Andersartigkeit des Evangeliums, setzen sie schließlich das Prinzip der Vernunft, der Moral, der menschlich messbaren und wertvollen Leistung des einzelnen Christen. Um die Eschatologie des Neuen Testaments ist es bei dieser Sicherung geschehen. Über das zweite Jahrhundert hinaus ist die Wirkung der Apologeten zunächst bei Irenäus und Tertullian sichtbar.

2. Die drei Mauern der Kirche: Glaubensregel, Schriftkanon und Bischofsamt

a) Die Glaubensregel (regula fidei)

Die Kirche des ausgehenden zweiten Jahrhunderts hat sich gegen die auflösende Tendenz der Gnosis mit einer dreifachen Mauer zu stützen gesucht. *Glaubensregel, Schriftkanon* und *Bischofsamt* werden die mächtigen Bollwerke.

Gewiss hatte die Gemeinde schon viel früher ein Bekenntnis, das zur Sammlung diente. Schon in der Zeit der Apostel werden bestimmte Sätze laut, die den Inhalt des Evangeliums zentral zum Ausdruck bringen. Dass »Jesus Christus der Herr« ist, wäre hier als urchristliches Bekenntnis zu nennen.[103] Auch bei Ignatius finden sich gelegentlich Formulierungen, etwa die von der Jungfrauengeburt, dem wahrhaftigen Menschsein und Leiden Jesu unter Pontius Pilatus, seiner Kreuzigung und Auferstehung (IgnTrall 9). Und doch wird man alle diese Ansätze nicht für ein geschlossenes, festes Bekenntnis ansehen können, wie es die spätere Zeit als Glaubensregel *(regula fidei)* verstand. Dazu kam es erst in der Auseinandersetzung mit der Gnosis.

Die Regula fidei ist schon in der Zeit zwischen 120 und 150 in Rom als Taufbekenntnis in Gebrauch. Sie stellt in ihrer trinitarischen Gestalt die Grenzlinie zum gnostischen Dualismus scharf heraus: Gott ist der Allmächtige, der Sohn ist der Einziggeborene, der Geist ist der Heilige. Weiter betont dieses Bekenntnis in seiner Christologie den göttlichen und menschlichen Ursprung Jesu, seine Sohnschaft und seine sich im Werk der Erlösung vollziehende Herrschaft. Ohne auf den Doketismus weiter einzugehen, atmen doch diese Sätze die aller Spekulation feindliche, herbe und klare Luft der Geschichte. Nur so ist die Erwähnung des Pontius Pilatus zu verstehen.

Die älteste uns erhaltene Form hat Marcell von Ancyra überliefert (340):

Ich glaube an Gott den Vater, den Allmächtigen
und an Christum Jesum
seinen Sohn, den eingeborenen,
unsern Herrn,
den vom Heiligen Geist und Maria der Jungfrau Geborenen,

---

[103] 1Kor 12,3; Phil 2,11

den unter Pontius Pilatus Gekreuzigten und Begrabenen,
am dritten Tage auferstanden von den Toten,
aufgefahren gen Himmel,
sitzend zur Rechten des Vaters,
von wo er kommen wird,
zu richten die Lebendigen und die Toten.[104]

Wir müssen in der Tat lange suchen, um im Schrifttum des zweiten Jahrhunderts eine ähnliche Konzentration auf die entscheidenden Punkte des Glaubens zu finden. Weder die moralische Haltung der Apostolischen Väter noch die philosophische Gebärde der Apologeten prägt sich in diesem Symbol aus. Es ist ein Bekenntnis, das die Schrift selbst zum Wort bringt. Kein anderes Zeugnis der Alten Kirche wird man darum mit gleichem Recht ökumenisch nennen können. Es ist in einer nicht näher zu deutenden, aber konkreten geschichtlichen Situation entstanden und hat doch einen Zug in sich, der es über diese Zeit hinaus hebt und zum wirklichen Bekenntnis bis in den Glaubenskampf unserer Tage macht.

b) Der biblische Kanon

Wenn aber das Bekenntnis seine Wurzeln in der Schrift hat, muss diese selbst sich gegenüber dem außerbiblischen Schrifttum abgrenzen.

Als Marcion seinen Angriff gegen das Alte Testament unternahm und zugleich seinen Kanon aufstellte, als die Gnostiker mit eigenen heiligen Schriften hervortraten, wurde die Frage nach einem allgemein gültigen Kanon, »einer Richtschnur«, drängend. Bei diesem Ausscheidungsprozess bildet die »Glaubensregel« den Maßstab.

In klarer Erkenntnis der Lage wurde man dazu geführt, das Alte Testament mit den vier Evangelien, mit der Apostelge-

---

[104] aus Karl Holl, Gesammelte Aufsätze, 1919 (II, S. 115ff)

schichte und den Paulusbriefen in gleicher Geltung zu sehen. Den Schluss bilden die katholischen Briefe (1. Petrus; 1. und 2. Johannes, später 3. Johannes und Judas). Um 200 steht der Kanon des Neuen Testaments im Ganzen fest, obwohl noch einige Teile umstritten sind (Kanon Muratori). Abgelehnt aber werden die apokryphen Evangelien (z.B. das Petrusevangelium), weiter die Apokalypsen, sogar zunächst auch die des Johannes.

Damit hat die Kirche im harten Kampf mit der Gnosis das ihr eigene Schrifttum im Großen und Ganzen schon damals abgegrenzt. Alle Bestrebungen, etwa die »Briefe des Barnabas«, den »Hirt des Hermas« u.a. aufzunehmen, wurden hinfällig. Wenn wir im Licht der Reformation diesen Vorgang beurteilen, können wir nicht anders, als diese Scheidung und den in ihr waltenden Geist zu bejahen. Wir kennen keine einzige außerbiblische Schrift, der wir die Aufnahme in den Kanon zubilligen könnten. Schwerer ist der Kirche bis heute das umgekehrte Urteil geworden, alle neutestamentlichen Schriftteile im vollen Maße als kanonisch anzuerkennen.

Wie die »Glaubensregel«, so ragt auch diese Tat der Kanonbildung weit über das hinaus, was sich aus der Kenntnis der Literatur des zweiten Jahrhunderts deuten lässt. Im Neuen Testament haben die Zeugen der apostolischen Zeit ein unüberhörbares Wort gesprochen, demgegenüber sich alles spätere Wort der Kirche immer wieder unter dem Gericht und unter der unüberbietbaren Gnade erkannte. Dass neben die Evangelien die Briefe der Apostel traten und hier die Grenze gezogen wurde, hat die Kirche vor dem Zerfließen in Zeitströmungen gerettet, sie aber gleichzeitig vor die immer dringliche Frage gestellt, ob sie nur noch zu gesetzlich verstandenen Wiederholungen fähig sei oder das allezeit lebendige Wort, das immer neu gesagt werden muss, in ihrer Mitte habe.

Als der Katholizismus sich für die Ebenbürtigkeit von Wort und Tradition entschied, glaubte er, das unaufhörliche Leben der Kirche in Christus zu bezeugen. In Wirklichkeit hob er aber die Spannung auf, die zwischen dem Neuen Testament und der jeweiligen Gegenwart bleiben muss, zwischen der geschichtlichen Einmaligkeit ihres Christuszeugnisses und der Botschaft, die auf dem Grund der Apostel und Propheten jede Generation neu auszurichten hat.

Es kam nun alles darauf an, mit welchen Händen die Kirche dieses Erbe empfing. Dass sie es schon bei Tertullian und Irenäus gesetzlich missverstand[105], legt die Vermutung nahe, dass auch der Kanon ähnlich wie das Apostolikum schon vor der Zeit des gnostischen Angriffes in seinen Hauptbestandteilen in den Gemeinden vorhanden war. Zum allgemeinen Bewusstsein aber kamen diese Normen erst in der Auseinandersetzung mit dem fremden Geist der Gnosis. Hier lag nun alles daran, wer diese Maßstäbe verwaltete und wie dieses im Einzelnen geschah. Zunächst bedeutete die Begrenzung der Kirche auf die Regula fidei und den Kanon einen Akt der Notwehr. Stand dahinter die Gewissheit des Evangeliums oder die Angst vor dem Gegner? Mit der Aufrichtung der dritten Mauer ist diese Frage in ganz bestimmter Weise beantwortet.

c) Das Amt – die apostolische Sukzession

Es wurde in den größeren Gemeinden Brauch, die Reihe der Bischöfe auf die zwölf Apostel zurückzuführen, um dadurch die Reinheit der Lehre und die Kraft des Amtes in der ununterbrochenen Sukzession (Nachfolge) festzustellen. Das geschah nicht ohne Geschichtskorrektur, aber es »gelang« und es wurde namentlich von Rom aus mit Erfolg vertreten. Führte man den römischen Bischof auf den »Apostelfürsten Petrus« zurück (Anfang des 3. Jh.s wird er noch nicht als erster Bischof von Rom

---

[105] Tert PraescrHaer 14: »Dein Glaube, sagt der Herr, hat dir geholfen, nicht die Vertrautheit mit der Heiligen Schrift. Der Glaube ist in der Glaubensregel niedergelegt, er umschließt das Gesetz und infolge der Beobachtung des Gesetzes das Heil.«

aufgeführt!), dann musste ihm der Primat zukommen, auch der Würde der Hauptstadt des Reiches entsprechend. Wiederum ist die Gewissheit und Wahrheit des Glaubens auf eine menschlich nur allzu verständliche Linie gebracht.

Wie die Apologeten mit dem Beweis des größeren Alters der Propheten gegenüber Plato und Aristoteles argumentieren, so wurde nun auch innerhalb der Christenheit das Fundament der Kirche in der Würde einer lückenlosen Bischofsliste gesehen. Die von Ignatius betonte Konzentration um das Amt haben die Väter der katholischen Christenheit, Irenäus und Tertullian, verschärft:

» *Wenn einige Häresien die Kühnheit haben, sich in das apostolische Zeitalter einzudrängen und deswegen als von den Aposteln herrührend erscheinen wollen, so können wir erwidern: Gebt die Ursprünge eurer Kirchen an, entrollt eine Reihenfolge eurer Bischöfe, die sich von Anfang an durch unmittelbare Aufeinanderfolge so fortsetzt, dass der erste Bischof einen aus den Aposteln oder den apostolischen Männern, jedoch einen solchen, der bei den Aposteln ausharrte, zum Gewährsmann und Vorgänger hat. Denn das ist die Weise, wie die katholischen Kirchen ihren Ursprung nachweisen.* « [106]

3. Der Streit um den Ostertermin

Die Sorge, dass sich hier der Panzer des Gesetzes über die Kirche breiten und auch die Glaubensregel und der Kanon davon ihren Akzent erhalten, wird durch den Streit um den Ostertermin bestätigt, in den die römische Gemeinde mit der kleinasiatischen geriet.

Im Jahre 154 kam es zwischen den Bischöfen *Anicet von Rom* (154/5-166) und *Polykarp von Smyrna* (ca. 70 bis ca. 166) noch

---

[106] Tert PraescrHaer 32; vgl. Iren Haer III, 3, 1

zu einer guten Vereinbarung, indem jeder bei seinem Datum blieb. Die Einheit des Glaubens stand über der Äußerlichkeit des Kalenders. Anders dachte der römische Bischof *Viktor* (189-198), als er kurzerhand die Kleinasiaten zu zwingen versuchte, seine Osterberechnung anzuerkennen. Ihre Ablehnung beantwortete Viktor mit der Exkommunikation, d.h. er hielt sich für berechtigt, die kleinasiatischen Gemeinden aus der Gesamtheit der Kirche Christi auszustoßen, um dieses rein formalen Brauches willen. Dies löste aber auf breiter Front harsche Proteste, besonders von Seiten des Irenäus aus.

Der Machtwille, der hinter diesem Akt sichtbar wird, beleuchtet deutlicher als alles andere die Lage und lässt die drei Schutzmaßnahmen der Kirche in noch ganz anderer Weise in gesetzlichem Licht erscheinen.

4. Der Montanismus

Nicht ohne Zusammenhang mit diesem werdenden Katholizismus ist die Bewegung zu erklären, deren Führer der Kleinasiate (Phrygier) *Montanus* († 178/79) ist. Hell genug steht das Bild der Urchristenheit vor den Augen der kleinasiatischen Christen, um den Abstand zur eigenen Gegenwart zu empfinden. Johannes und nach ihm Ignatius und Polykarp stellen eben doch einen anderen Typus dar als Viktor von Rom und seine Vorgänger. War die Kirche nicht doch in Gefahr, in ihrem Amtsbewusstsein zu erstarren, in ihren Normen zu verkrusten, in ihrer Geschichte zu versinken? Und gab sie das Beste nicht verloren, als die Enderwartung erlosch und sie sich nur allzu fest auf dieser Erde verankerte? Wie der Gnosis der Trieb zum zentralen Verständnis des Heilswerkes innewohnt, so wird Montanus mit seinen phrygischen Prophetinnen Priska und Maximilla (um 160) von dem einen Verlangen beseelt, die Kirche wieder mit Geist und Leben in lebendiger Hoffnung zu erfüllen.

Lehnte Montanus das Amt und die Schrift zusammen mit der Glaubensregel ab, so musste er deutlich bekennen, was er an ihre Stelle setzt. Es ist kein Zweifel, dass er sich selbst als den in den Abschiedsreden Jesu verheißenen Parakleten, ja als den Vater und den Sohn erklärt hat und das neue Jerusalem in großer zeitlicher Nähe im kleinasiatischen Pepuza erwartete. Warum aber soll die Kirche jetzt noch auf das Evangelium hören, wenn nach der Zeit des Alten und Neuen Bundes die des Geistes eingetreten ist? Eine neue Zeit fordert ganz andere Maßstäbe. Wie kann – das wird nun die Hauptfrage – die in den Gemeinden geübte Zucht vor dem Urteil des »Geistes« bestehen, wenn Lauheit und Kompromisse aller Art den Durchschnitt bilden?

Namentlich Tertullians, des afrikanischen Presbyters, Juristen, Redners und Schriftstellers zeitweiliger Übertritt zum Montanismus (207) ist hierin begründet. Er konnte es nicht begreifen, dass der Bischof von Rom (Calixt) Todsünder wieder in die Kirche aufnahm, Menschen, die in der Verfolgung den Glauben verleugnet hatten. Ihm sind die strengen ethischen Anordnungen des »Parakleten« das einzige Mittel, um die Christenheit vor dem völligen Zerfall zu retten.

Ein im Grunde tragisches Geschehen: Man war ausgezogen, um die Kirche aus den Klammern einer toten Orthodoxie, einer schwachen Theologie, eines mittelmäßigen Amtsbegriffes zu befreien, doch man geriet unter die Last einer noch viel stärkeren Gesetzlichkeit. Nun galt es jedenfalls zu »glauben«, was Montanus sagt, denn hier sprach ja »der Geist«. Dieser Geist aber leitete nicht zu Christus und seinem Wort, sondern zu einer Unmenge von Regeln und Höchstleistungen. Das, was Paulus für »erlaubt« erklärte, war in der Zeit des Parakleten streng untersagt, so z.B. die zweite Ehe. Der Geist des Montanismus führt nicht zur wahren Freiheit, sondern zur Vernichtung der Natur und der Geschichte. Er weist trotz allen Redens vom nahen Reich nicht zur gespannten Erwartung Christi, sondern zur Ekstase, Askese und zum Enthusiasmus der eigenen, seelisch erregten Tat. Hier brechen nicht neue Quellen der Erkenntnis auf, vielmehr versucht der Mystiker mit den Mitteln einer feinen Gesetzlichkeit die Höhe der neutestamentlichen Zeit zu erreichen, ja, an bestimmten Punkten sie zu überbieten. Diese Reaktion gegenüber der kirchlichen Orthodoxie hat die Fehler, die sie bekämpfen wollte, nur noch verstärkt und bis zum Radikalismus getrieben.

177 versuchte man, von Lyon aus zu vermitteln, was vom Bischof von Rom dann verhindert wurde, so dass es zu einem langsamen Ausscheidungsprozess kam.

Die Aufgabe, die am Ende des zweiten Jahrhunderts vor Männern wie Irenäus und Tertullian stand, entsprach der Arbeit, vor die sich Paulus gestellt sah. Gelang es ihnen noch einmal, das Steuer herumzuwerfen und gegen die gesetzliche und spekulative Entgleisung das eine und unbedingte Heil zu bekennen? Tertullian hat es nicht eindeutig vermocht. Sein auf die Praxis gerichtetes Denken glaubte in der Verschärfung der Ethik den Weg gefunden zu haben. Tiefer ist Irenäus zum Zentrum, zur theologischen Frage selbst vorgedrungen.

5. Zwischen Gesetz und Evangelium

Irenäus sowohl wie *Tertullian* standen im Kampf gegen die Gnostiker fest zu den drei Mauern der Kirche: Glaubensbekenntnis – Kanon – Amt. Sie waren davon durchdrungen, damit nichts anderes zu verkündigen als den Glauben der Apostel:

> »*Mögen die zusehen, die ein stoisches und platonisches und dialektisches Christentum zu Tage gefördert haben. Seit Jesus Christus brauchen wir, um unsere Wissbegierde zu befriedigen, nichts mehr; nach dem Evangelium bedarf es für uns keines weiteren Forschens.*«[107]

---

[107] Tert PraescrHaer 7,2

Mit dieser Betonung der Einheit verbindet sich aber eine eigentümliche Theologie, deren originale Prägung bei *Irenäus* zu beobachten ist. Gegen die Systeme der Gnosis stellt dieser Kleinasiate und spätere Bischof von Lyon[108] eine selbstständige und in sich geschlossene Theologie von der Einheit Gottes, des Schöpfers und Erlösers. Jede Trennung im Sinne Marcions zerstört das Zentrum, auf das alles ankommt: die Wirklichkeit der durch Christus geschehenen Erlösung. Aber nach Irenäus beruht nun die Erlösung darauf, dass Christus das verloren gegangene Gottesbild im Menschen in seinem vollkommenen Erdendasein wieder herstellt. Er hat das für uns »rekapituliert«, was wir nicht vollbracht haben. Jeder Verdacht, als habe es an dieser wahrhaftigen Menschheit Jesu gefehlt, wird von Irenäus abgewiesen.

Aber während er in dieser antignostischen Front jeden Dualismus und Doketismus abwehrt, drängt sich der heimliche Feind von anderer Seite in seine Gedankenreihen hinein. Dies geschieht in der *Logos-Christologie,* dem Erbe der Apologeten und Gnostiker. Im Augenblick, in dem Irenäus die ganze Größe des Gottmenschen ans Licht stellt, möchte er das Wunder der Person Jesu durch den Hinweis auf den in ihm, dem Menschen, wohnenden, aber in seinem Leiden und Kämpfen unbeteiligten Logos zu deuten suchen:

» Wie er Mensch war, um versucht zu werden, so auch Logos, um verherrlicht zu werden. Der Logos verhielt sich ruhig, als er versucht und verachtet, gekreuzigt und getötet wurde, aber er half dem Menschen beim Siegen und Ausharren, Auferstehen und Auffahren. « (III, 19,3)

Damit ist das von den Apologeten angerührte Problem des Christusbildes mit voller Macht in die Geschichte hineingeworfen. Man darf wohl sagen, an dieser Not hat sich die Alte Kirche zerrieben. Hier stieß das logische Streben der Griechen mit der

---

[108] Damals sprach man in der Gemeinde von Lyon griechisch!

alles Denken überragenden Gottestat zusammen und konnte sich nicht von seinen Vernunftgesetzen trennen. Für Irenäus ist dieses Ineinander von Logik und Glaube noch keine Not. Er sah genau wie die Apologeten die Dinge auf einer Ebene.

Wesentlich anders ist es auch bei Tertullian[109] nicht. Er hat es als echter Vertreter juristischen Denkens und Formulierens verstanden, in fest geprägten Formeln von den zwei Substanzen, der göttlichen und menschlichen und der einen Person in Christus zu sprechen. Das bedeutet aber für das Leiden Jesu eine sonderbare Trennung, einen zerrissenen Christus.

> *»›Mein Gott, warum hast du mich verlassen?‹ Das war nur ein Ruf, den das Fleisch und die Seele, d.h. der Mensch ausstieß, kein Ruf des Logos und des Geistes, d.h. Gottes. Er wurde deshalb ausgestoßen, um zu zeigen, dass Gott leidensunfähig sei, der den Sohn verließ, indem er dessen Menschheit in den Tod gab.«* [110]

Diese Sätze Tertullians sind gegen die Anschauung der *Patripassianer* gerichtet, die da meinten, der Vater *(pater)* sei in Wirklichkeit geboren worden, er habe am Kreuz gelitten *(passio)*, d.h. Gott selbst sei gekreuzigt worden. Und doch, Irenäus wie Tertullian kommen an diesem Punkt dem Doketismus nahe, indem sie das Geheimnis der Leiden Jesu auf eine aktive und eine passive Ebene verteilen und die Einheit seiner Person damit zerreißen. Liegt nicht gerade alles daran, dass nicht nur der Mensch, sondern der Gottessohn litt?

Ist diese Christologie wesenhaft verschieden von den anderen Deutungen des zweiten Jahrhunderts? Außer der patripassianischen gibt es da die modalistische Auffassung, nach der Christus nur eine vorübergehende Erscheinungsweise, eine »Maske«

---

[109] Tertullian ist bei seiner Bekämpfung des Gnostizismus von Irenäus abhängig, steht mit seiner Theologie aber den Apologeten näher (Logoslehre)
[110] Tertullian, Adversus Praxean 30,2

Gottes ist, und weiter die »dynamische« Lösung, bei der man Christus lediglich als Menschen anerkannte, dem ganz besondere Kräfte von Gott innewohnten. Die Logoslehre schien beide Erklärungen an ihrer schwachen Stelle zu überwinden. Christus ist mehr als ein Mensch und weniger als der Vater, d.h. ihm unterworfen und nicht identisch mit ihm.

Und doch hat die Logoslehre eine verhängnisvolle Wirkung ausgeübt. Indem Irenäus und Tertullian die Unterscheidung des leidenden Jesus von dem leidlosen Christus aufnahmen, unterstützten sie die Linie, die die Apologeten mit den Gnostikern verband. Der Akzent fiel nun doch nicht auf das geschichtliche Leben Jesu, sondern auf die eigentümliche Verbindung von ewigem Logos und zeitlichem Menschentum, nicht auf die Heilstat am Kreuz, sondern auf das Heilsereignis der Menschwerdung. Alles andere ist nur ein Paradigma, ein Nachspiel zu diesem einen Wunder.

Sobald aber das persönliche Bild Jesu in das Schema dieser Logos-Christologie eingeordnet wurde, legte sich der aus dem Heidentum kommende Gedanke nahe, nach dem das Werk der Erlösung wesentlich magisch-naturhaft zu denken ist. Mit dem ewigen Logos ist gleichsam eine unendliche Substanz in die Menschheit eingetreten. Indem er sich mit dem Menschen Jesus verband, ist die Menschheit in diesen Bund aufgenommen: Gott wurde Mensch, damit wir vergottet würden!

Was hier durch die Geburt Jesu geschehen ist, die Einbeziehung der Menschheit in die Unvergänglichkeit, die Erlösung aus dem Todesschicksal – das empfängt der Christ als immer neue Gabe durch das *Abendmahl.* Diesen Gedanken hatte Ignatius schon mit dem Begriff »Heilmittel zur Unsterblichkeit« ausgedrückt (IgnEph 20,2).

Irenäus und Tertullian haben zwar weder grundsätzlich die Philosophie noch den Moralismus bestritten, doch haben sie das Erbe des Neuen Testamentes, das Wort und Werk Jesu und das Zeugnis des Paulus und Johannes mit großer Kraft wider alle

Irrlehrer festgehalten. Es fehlte ihnen nicht an radikalem Ernst, den Bruch mit der Lauheit zu vollziehen, aber sie sahen nicht, dass die Scheidung noch viel tiefer und eschatologisch umfassender hätte geschehen müssen, als es Irenäus in seinen antihäretischen, Tertullian in der Menge seiner praktischen und doch schließlich nur zur Werkheiligkeit führenden Schriften gelang.

8. Kapitel
Staat und Kirche (bis 250)

1. Sinkende Autorität der Kaiser – verstärkter Synkretismus

Bis zu Decius (249-251) und Valerian (253-260) kann man von einer umfassenden Christenverfolgung im Sinn einer kaiserlichen Aktion noch nicht sprechen. Was sich in den 200 Jahren bis dahin vollzog, waren einzelne Vorstöße, bei denen aber doch nach und nach den Behörden immer deutlicher wurde, im Christentum einen Gegner von ganz einzigartiger Gestalt vor sich zu haben.

In diese Entwicklung spielten ferner noch manche anderen Motive hinein. Wir beobachten seit dem Tode des Kaisers Marc Aurel im Jahre 180, dass die kaiserliche Autorität sinkt, die höchste Macht abgleitet in die Hände des Heeres und seiner rasch wechselnden Befehlshaber und damit ein Auflösungsprozess des bis dahin fest gefügten Weltreiches stattfindet. Wie viel leichter sind jetzt die Herrscher dazu geneigt, in ihrer Religionspolitik hin und her zu schwanken.

Staat und Kirche (bis 250)

Im 3. Jahrhundert erscheint es zunächst so, als wolle der heidnische Synkretismus, d.h. die Vermischung der verschiedensten Religionen, mit dem Evangelium einen Bund schließen. Man nahm an, dass hinter jeder Religion eine Wahrheit steht, um derentwillen sie anzuerkennen ist. Vom Orient her gewinnen die Mysterienkulte wachsende Bedeutung. Bis zum Jahr 200 gehörten die weitaus meisten Christen dem griechischen Sprachgebiet an und waren Stadtbewohner, außer in den asiatischen Provinzen und Ägypten. Obwohl sich prozentual mehr Angehörige der unteren Schichten zu Jesus bekehrten, nahm die Zahl der gebildeten und wohlhabenden Christen ständig zu. Um 300 gibt es Provinzstatthalter, die der Staat von der Teilnahme am Staatskultus befreite.

2. Die frühchristlichen Märtyrer

Nach der kurzen, aber heftigen Verfolgung unter Nero (64) bleibt es bis zu Domitian (81-96) ruhig. Dieser ging am Ende seiner Regierungszeit sogar gegen seine eigenen Verwandten vor. Bezeichnend ist, dass man hierbei die Anklage wegen Atheismus erhoben hatte. Das kann vom heidnischen Verständnis aus als Abweisung der Kaiserverehrung verstanden werden, auf die gerade Domitian Wert legte.

Außer den Angaben der Johannesoffenbarung über Verfolgungen in Smyrna, Pergamon und Philadelphia[111] sind wir durch den Briefwechsel des jüngeren Plinius (Statthalter in Bithynien) mit Kaiser Trajan (98-117) über die Vorgänge in Kleinasien genau unterrichtet. Trajan ist noch um 112 der Meinung, durch einige kluge Anweisungen der Christen Herr zu werden und sie durch Milde und nötigenfalls mit Strenge von ihrem Wahn zu befreien. Seine Antwort an Plinius lautet:

---

[111] Offb 2,10.13; 3,8.10

»*Es lässt sich nicht für alle Fälle eine bestimmte Form (des Verfahrens) festsetzen. Aussuchen muss man sie nicht, werden sie angezeigt und überführt, so muss man sie bestrafen, doch so, dass, wer leugnet, ein Christ zu sein und dies durch die Tat beweist, nämlich durch Anrufung unserer Götter, wenn er auch in Beziehung auf die Vergangenheit verdächtigt ist, um seiner Reue willen Verzeihung erlangt. Namenlose Anklageschriften aber dürfen bei keiner gerichtlichen Entscheidung zugelassen werden, denn das wäre ein sehr schlechtes Beispiel und unseres Zeitalters nicht würdig.*«

Auch hier handelt es sich letzten Endes um die Verehrung des Kaisers und seines Bildes. Der Einfluss der stoischen Gedanken auf Männer wie Hadrian (117-138) wirkte entspannend und ließ vorübergehend das Humanitätsideal im Sinn eines gewissen Toleranzgedankens überwiegen. Aber auch bei den durch Antoninus Pius (138-161), Marc Aurel (161-180) und Commodus (180-192) veranlassten Verfolgungen handelte es sich um einzelne Vorstöße, die sich namentlich gegen die Führer der Gemeinden richteten.

Aus den Märtyrerakten des Polykarp von Smyrna, Justins und anderer tritt uns in eindrucksvoller Weise die Widerstandskraft und Bekenntnisfreudigkeit der Blutzeugen vor Augen. In der bewussten Gegenwart Christi sind sie der Welt bis zum letzten Augenblick überlegen. Sie bestätigen den berühmten Satz Tertullians: »*Ein Same ist das Blut der Märtyrer*« (Tert Apol 50).

Bekannt ist Polykarps Wort an den Statthalter:

»Sechsundachtzig Jahre diene ich ihm (Christus) und er hat mir nichts Böses getan! Und wie könnte ich meinen König lästern, der mich erlöst hat?« (Eusebius, Kirchengeschichte IV, 15)

Im hohen Alter erleidet Polykarp im Jahre 156 das Martyrium.

3. Das Verhältnis der Christen zum Staat

Die Handlungsweise des Staates in den Gemeinden hatte noch ganz andere Wirkungen zur Folge. Die sich häufenden Prozesse stellten die Frage nach dem Verhältnis der Christen zum Staat überhaupt. Ist der Staat die »aufhaltende Macht«, die dem Chaos in der Welt wehrt, oder das Tier, das neue Babel?[112] Beide Antworten waren im Neuen Testament gegeben! Wie verhielten sie sich zueinander? Aus der Apologie Tertullians klingt noch der erbitterte Entrüstungsschrei, mit dem er gerade an Trajans bekanntem und stark nachwirkendem Edikt Kritik übt:

» Oh, notwendig verworrener Spruch: Er will nicht, dass man sie (die Christen) aufsuche, weil sie unschuldig seien, und befiehlt, dass man sie strafe, weil sie schuldig seien. Er schont und wütet, verzeiht und verdammt. « (Tert Apol 2)

Kein Wunder, dass sich die Christen weithin vom öffentlichen Leben zurückzogen. Marcions Ethik und der endgeschichtliche Montanismus wiesen ebenso wie Tertullians Traktate in diese Richtung einer enthusiastischen Weltflucht. Man leistet die notwendige staatliche Pflicht und ist darin treuer als viele Heiden (Tert Apol 42), aber im Übrigen beschränkt man seine Teilnahme am Staatsleben auf ein Minimum. Der Kriegsdienst wird z.B. von Tertullian auf das Schärfste bekämpft, weil er unweigerlich mit der heidnischen Religion verbunden ist.

Man wird nicht sagen können, dass in diesen Ablehnungen letzten Endes die eschatologische Haltung der Christen maßgebend ist. Viel stärker bricht hingegen ein *Heiligkeitsideal* hervor, das um der Reinheit der Gemeinde willen den unbedingten Bruch mit allem fordert, was an Satan gebundene Welt ist. Wie sich der griechische Weise für die Erhaltung seiner Seelenruhe die nötigen Schranken im Verkehr mit seiner Umgebung auf-

---

[112] Offb 12,7-17; 13,1-15; 17,1-6; Barn 4,4f

erlegt, so zwingt den Christen schon die dauernde Unsicherheit in der Zeit der Religionsprozesse zu vorsichtiger Zurückhaltung. Die neutestamentliche Spannung zwischen der Beurteilung des Staates als von Gott angeordneter Obrigkeit und seiner Tiergestalt ist jedenfalls im Rückgang befindlich. Eben weil es an der wahrhaft eschatologischen Beurteilung der Gegenwart fehlt, bringt die Christenheit die Kraft nicht mehr auf, den Staat in der Art der Urgemeinde zu bejahen und doch zugleich seine sündige Gestalt zu sehen.

4. Die Verwaltung der Kirche

Die Kirche hatte sich in der Konzentration auf sich selbst und auf ihre drei grundlegenden Normen gestützt und in den folgenden Jahrzehnten mehr und mehr zur hierarchischen, d.h. von geistlichen Amtsträgern geleiteten Anstalt ausgebaut. An der Spitze der Gemeinde steht nun der eine *Bischof,* nicht mehr das Kollegium. Ihm untergeordnet sind die *Presbyter und Diakone.* Sie alle sind im Besitz der »höheren Weihen«. Die übrigen Ämter (Lektoren, Exorzisten u.a.) besitzen nur die »niederen Weihen«.

Aber nicht die Verwaltungsbefugnis gibt dem Bischof die überragende Bedeutung, sondern seine sakramentale Funktion. Er leitet seinen Amtsanspruch von den Aposteln her, obwohl er doch nur aus der Zahl der Presbyter gewählt ist. Er hat darum das Recht, die anderen Amtsträger in der Gemeinde zu weihen. Vor allem ist der Bischof Priester, der das wichtigste Sakrament, das Herrnmahl, zu verwalten hat. Und hier ist seit dem Anfang des zweiten Jahrhunderts eine entscheidende Veränderung eingetreten. Nachweisbar ist die Entwicklung dahin zuerst bei Viktor I. (186-197), der hohen Autoritätsanspruch erhebt.

Um 250 gibt es in Rom eine Gemeinde von ca. 30 000 Gliedern (1500 Witwen und Hilfsbedürftige); dem Bischof unterstehen 46 Presbyter, 7 Diakone, 7 Subdiakone, 42 Akoluthen (Diener der Diakone), 52 Lektoren, Exorzisten und Ostiarier (Küster). Die Größe und die Bedeutung als Hauptstadtgemeinde gibt dem Bischof von Rom besondere Würde.

5. Das Herrnmahl und die Buße

Von der Didache und den Briefen des Ignatius an nimmt die magisch-physische Deutung des Abendmahles zu. Dem Christen wird hier die wunderbare Speise gereicht, er wird mit der göttlichen Substanz genährt. Darum muss hinter diesem Mysterium alles andere zurücktreten. Durch dieses Sakrament empfängt der Priester seine außerordentliche Stellung, die ihn vom Laien unterscheidet. Das steigert sich noch, als sich mit dem Abendmahl namentlich durch Tertullian und Cyprian von Karthago (248/9-258) der Opfergedanke verbindet. In klassischer Weise hat das Cyprian formuliert:

> *» Wenn Christus Jesus, unser Herr und selbst Gott, der oberste Priester Gottes des Vaters ist und sich selbst dem Vater als Opfer dargebracht und geboten hat, dass dies zu seinem Gedächtnis geschehe, so handelt wahrlich jener Priester als Christi Stellvertreter, der das, was Christus getan hat, nachahmt und ein wahres und vollständiges Opfer Gott dem Vater in der Kirche darbringt ...«* [113]

Damit ist die katholische Umkehrung des Herrnmahles zu einem vom Priester Gott dargebrachten Opfer und hierin die Grundlage der späteren Transsubstantiationslehre vollzogen.

Unter den Angriffen der Gnostiker und des Staates sammelt sich die Kirche um ihr Geheimnis dort, wo sie sich der Welt überlegen weiß, weil sie das Wunder greifbar in ihrer Mitte hat. Das

---

[113] Ep 63,14, vgl. Tert, De Oratione 19

Abendmahl, in dem Jesus den tiefsten Sinn seiner Gemeinschaft mit den Jüngern zusammenfasst, wird zum Mittel- und Höhepunkt des Kultus. Das Wort tritt hinter das unfassbare, aber nahe Wunder zurück. Zu diesen sich nun sehr bald ausbildenden festen Formen des Gottesdienstes fühlt sich die Menge der Gläubigen mit starker Liebe gezogen. Innerhalb dieses Kultus wird die Volksfrömmigkeit geboren. Sie hat in der Kirche Roms bis zur Stunde mehr als sechzehn Jahrhunderte überdauert und ist doch zugleich die Mauer geworden, die den Christen vom persönlichen Zugang zu Gott durch das Wort trennt.

Wurde das Herrnmahl und das Gebet, jeder Besuch des Gottesdienstes überhaupt zu einem verdienstlichen Werk des Menschen, dann lag vollends die Gefahr nahe, die Gabe Gottes zu einem unverständlichen Mirakel zu machen, an dem schon die Kinder, ja sogar die Toten teilhaben.

Aber an einer Stelle musste es den Führern der Kirche mit Erschrecken deutlich werden, dass diese kultische Frömmigkeit noch nicht zur wahren Heiligung des Lebens führte. Es gab eine sehr große Zahl in den Gemeinden, die in grobe Sünden fielen und besonders in den Verfolgungen den Glauben verleugneten. Als im 3. Jahrhundert die Martyrien unter dem systematischen Druck des Staates an Heftigkeit zunahmen und unter Decius (249-251) und Valerian (253-260) ihren Höhepunkt (257/58) erreichten, wuchs die Menge der *lapsi,* der Abgefallenen, und der *traditores,* der Auslieferer der heiligen Schriften, ins nicht mehr Messbare. Dadurch wurde die Frage nach der Bußdisziplin dringlich.

Schon lange suchte man nach Maßstäben in der Behandlung der »Todsünden«. Die Taufe galt als die erste und grundlegende Buße. War es möglich – so lautete nun die Frage –, dass ein Getaufter, der in schwere Sünde fiel, noch einmal Vergebung erlangte? Es sprach schon der »Hirt des Hermas« (um 150) kraft einer besonderen Offenbarung von der außerordentlichen Gabe einer zweiten Buße. Eine weitere Lösung schien die Einrichtung der lebenslänglichen Büßer zu sein. Sicherer war es aber, die Taufe möglichst lange hinauszuschieben, am sichersten bis zum Sterben. Märtyrern billigte man in den Verfolgungszeiten das Recht zu, Todsünden zu vergeben. Sie standen schon oberhalb der Linie aller sonstigen Kirchenzucht.

Man kann es verstehen, dass ein so radikaler Mann wie Tertullian die Großkirche angriff, als Bischof Calixt von Rom selbst für Unzuchtsünden die Vergebung erteilte. Ein Menschenalter später stand Cyprian in Karthago nach der überaus verlustreichen Verfolgung unter Decius vor der Entscheidung, ob man der Masse der Abgefallenen die Kirche wieder öffnen dürfe. Er entschloss sich – damals schon auf einer von sieben Bischöfen besuchten Synode und gewiss auch aus seelsorgerlichen Gründen – zur Wiederaufnahme der Gefallenen nach vorangegangener Bußzeit. Dieser Beschluss geschah im vollen Einvernehmen mit Rom.

6. Novatian

Gegen diese Entscheidung trat Novatian, ein römischer Presbyter, um 250 auf. Er gründete eine eigene Kirche. Es kam zu einem Schisma von langer Dauer. Zwei Kirchenbegriffe standen sich gegenüber. Hier die Kirche der »Reinen«, die mit Todsünden keine Gemeinschaft hatte, dort die katholische Kirche, die immer wieder neue Wege fand, um die Gefallenen einzugliedern. Weder der Heiligkeitsbegriff der Novatianer noch die gesetzlichen Bestimmungen Roms und seiner Freunde entsprechen den Grundlinien der Apostel. Wer wagte es, solche Normen aufzustellen, die über die Buße in dieser Art positiv oder negativ verfügten? Sah man nicht mehr, dass Vergebung göttliche, und darum unendliche Gabe ist, mit der ein Petrus nicht mehr als bis zum siebenten Male zählen kann?[114]

[114] Mt 18,21ff

Man trennte das Abendmahl vom Wort der Versöhnung und machte es schließlich zum geschlossenen Kreis für diejenigen, denen niemand etwas Böses nachsagen konnte. So aber stand diese Kirche auf ihrer eigenen Reinheit, aber nicht mehr auf der Kraft einer täglichen Vergebung.

Weil es hier an der Brücke zwischen Dogma und Ethik fehlt, so ist auch das gesamte Verhältnis zur Welt, zum Staat, zum Beruf und zur Ehe innerlich gespalten und widerspruchsvoll. In diesen Riss, der am stärksten bei Tertullian wahrzunehmen ist, strömt zwischen 250 und 300, also kurz vor der letzten und größten Verfolgung unter Diokletian, das heidnisch-dualistische Denken. Die Kirche geht in sie hinein mit der Theologie des Irenäus und des Tertullian, aber auch mit der der Alexandriner und mit dem, was ihre größten Vertreter, Clemens von Alexandria und Origenes in enger Verbindung mit dem Geist der Zeit gelehrt hatten. Eine Epoche neuer, schwerer Krisen bricht damit an.

9. Kapitel
Die Kirche bis zu Diokletian (284-305)

1. Clemens und Origenes

Zwischen der Kirche des Ostens und des Westens nimmt Alexandria eine besondere Stellung ein. Einst hatte hier Philo die Verschmelzung des Alten Testaments mit dem philosophischen Erbe der Griechen vorgenommen. Ein ähnlicher Prozess wiederholt sich im 3. Jahrhundert. Noch unbelastet von den großen kirchenpolitischen Macht- und Lehrkämpfen Roms, entwickelt sich in der Stadt am Nil eine neue Verbindung des hellenistischgnostischen Denkens mit dem Christentum. Über Irenäus und Tertullian hinaus wird jetzt der Bund mit der Philosophie geschlossen.

Die Atmosphäre des Welthandelsplatzes ist offenbar in besonderer Weise dazu angetan, das Zusammenfließen dieser Strömungen zu fördern. Es war auch bei den großen Alexandrinern Clemens und Origenes der den Apologeten ähnliche Versuch, das Evangelium gleichsam salonfähig zu machen und über der Brücke des philosophischen Synkretismus den Weg zur Freiheit und Anerkennung der christlichen Botschaft zu finden.

Für die alexandrinische Theologie ist das Erkennen nicht mehr nur Verteidigungsmittel, sondern höchster Inhalt der Religion. Darin sind sie den Gnostikern in ganz anderer Weise verwandt als etwa Irenäus und Tertullian.

In Alexandria wirkten an der Katechetenschule nacheinander Pantänus († vor 200), Lehrer des Clemens, der wiederum Lehrer des Origenes gewesen sein soll.

Clemens (ca. 160 bis ca. 215) erkennt die Regula fidei (Glaubensregel) und die beiden Testamente an, deutet aber die kirchliche Überlieferung um. Er versteht den Gemeindeglauben *(pistis)* als eine Art Vorstufe zur philosophischen Gnosis. Er ist stark geprägt von der stoisch-platonischen Philosophie: Der Logos ist Weltschöpfer, Erzieher, Lehrer, Vermittler der Seligkeit. Clemens schreibt unter dem Titel *Paidagogos* die erste wissenschaftliche christliche Ethik.

Origenes (185-254) ist vermutlich in Alexandria geboren. Nach dem Märtyrertod des Vaters Leonidas nimmt eine reiche Dame Origenes auf, doch verlässt Origenes sie, weil sie Gnostiker unterstützt. Er wird Lehrer und unterrichtet gebildete Christen, gibt jedoch alles »Weltliche« auf, verkauft seine Bibliothek für minimale Rente. Es folgt ein Leben in strengster Askese; seine Selbstkastration erkennt er später als Irrweg. Um Gnostikern und heidnischen Philosophen gewachsen zu sein, studiert er beide, die heidnische Philosophie bei dem Pythagoräer Ammonius.

Von 212-222 erarbeitet sich Origenes die Grundzüge seines theologischen Systems und beginnt mit der Arbeit an der Hexapla, der textkritischen Ausgabe des AT. Ab 222 entfaltet er eine reiche literarische Tätigkeit, zu deren Veröffentlichung ihn sein Mäzen Ambrosius drängt. In seinen großen biblischen Kommentaren bevorzugt er die allegorische Auslegung. Sein Ansehen als Lehrer wächst, bis 215 die erste Maßregelung erfolgt, weil er gepredigt hat, ohne Presbyter zu sein. 230/31 in Jerusalem zum Presbyter geweiht, erreicht es sein Bischof Demetrius, dass Origenes ausgewiesen, ihm die Presbyterwürde aberkannt wird. Bald darauf wird er verbannt und abgesetzt. 231/32 übersiedelt er nach Caesarea, wo er eine große Lehrtätigkeit entfaltet. Während der von Kaiser Decius veranlassten Christenverfolgung wird Origenes gefoltert, ohne dass man seinen Widerstand brechen kann. Er ist vermutlich in Tyrus 254 gestorben. Seine Lehre wird, weil stark philosophisch beeinflusst, jahrhundertelang theologisches Streitobjekt sein.

Die kirchengeschichtliche Leistung der Alexandriner besteht, wenn man die großen Haupterträge ihrer Arbeit im Auge hat, darin, dass sie Idee und Geschichte, Gnosis und Offenbarung in Einklang zu bringen suchen. Dazu kommt auch ihnen der Logosgedanke entgegen. Der Schwerpunkt fällt in der Christologie nicht auf den geschichtlichen Jesus – für ihn hat nur noch der Volksglaube Interesse (Contra Celsum 4,3). Der Gebildete steigt zum allegorischen Verständnis der Schrift empor und lässt die ärgerliche Gestalt des Historischen unter sich. Dem entspricht in den Aussagen über Christus selbst der bei Clemens sowohl wie bei Origenes nicht zu leugnende Doketismus.

An die Wurzel kommen wir aber erst, wenn wir in dieser Theologie hinter allen Erscheinungsformen, allen geschaffenen Geistern, zu Gott selbst dringen als dem Urgrund alles Seins. *Origenes* sieht ihn in einer *rastlos schöpferischen Bewegung,* in einer den Logos und schließlich den auf dieser Welt tätigen Christus schaffenden Gewalt. Zugleich aber hebt dieser Gott alles Gewordene, das gesamte Reich der Freiheit wieder auf und führt es aus seinen Gegensätzen und Widersprüchen in seine Harmonie zurück, dorthin, wo alles Endliche und Vergängliche zum Schweigen kommt und nur noch Gott allein »alles in allem« ist. Der gnostische Dualismus wird nur dadurch vermieden, dass alles Erschaffene, der Sohn und die Menschheit, die Engel und die Teufel lediglich ein Durchgang sind, ein Übergang von einer rein geistigen Welt zu einer anderen. Der Schwerpunkt liegt darum nie im Hier und im Jetzt, sondern immer dort, wo nur Gott ist.

2. Das Evangelium – eine glänzende Philosophie?

Man versteht, dass, ähnlich wie später bei Augustinus, an Origenes die unterschiedlichsten Strömungen anknüpfen. In seinem Denken liegt ein mystisches, geschichtsauflösendes Element – er kann aber auch die wenigstens vorübergehende historische Bedeutung etwa des Kreuzestodes betonen. Der in die tiefsten Geheimnisse eindringende Pneumatiker jedoch braucht die irdisch-sichtbaren Krücken nicht mehr, für ihn tritt schließlich auch Christus zurück – es ist alles nur Übergang auf Gott hin.

Im Unterschied zu Clemens hat Origenes Schritt für Schritt Sätze der Schrift als Grundlage seines Denkens angeführt. In der Bibel an deren Textgestalt er rastlos arbeitete, lebte dieser Theologe wie kaum ein anderer zu seiner Zeit. Sprach nicht auch Paulus vom vorübergehenden »Schema dieser Welt«, vom Sichtbaren, das zeitlich ist[115], vom »Bürgertum im Himmel«?

Man kann wohl an sehr vielen Punkten nachweisen, dass die Alexandriner Irrlehrer sind und die Kirche Recht daran tat, im Jahre 399 und später noch einmal, wenigstens die Lehre des Origenes zu verdammen. Und doch, es liegt nicht an diesem oder je-

---

[115] 2Kor 4,18

nem Punkt, an der Wiederbringungslehre z. B., mit der er die altchristliche Eschatologie aus den Angeln hebt, oder am Christusbild, bei dem der eine und andere Zug verzeichnet ist. Eine grundsätzlich fremde Gesamtanschauung bestimmt das Ganze. Dem dualistischen System der Gnosis ist hier ein durchgreifend monistischer Entwurf größten Stiles entgegengestellt, aber eben ein Monismus des Geistes, der alles, was Natur und Geschichte ist, in eine Reihenfolge dahinflutenden Lebens versetzt. Damit ist aber das Ärgernis der neutestamentlichen Verkündigung aufgehoben, dass Gott mitten in die Niedrigkeit dieser fluchbeladenen Welt seinen Sohn gesandt hat. Diese unsere Geschichte ist der Boden einer ewig gültigen und eben nicht nur vorübergehenden Entscheidung.

Die Frage an Origenes muss lauten: Hat er nicht das Evangelium in die Klammer eines die Weltzeiten umspannenden Systems gebracht, und dies auf Kosten seiner rettenden, erlösenden Botschaft? Schließlich ist mit dem Logos die Logik selbst als des Menschen eigenes Denken der letzte Grund des riesenhaften Gebäudes. Das Wort Gottes ist zu einer glänzenden Philosophie geworden.

3. Plotin und der Neuplatonismus

Neuplatonismus ist die Renaissance der antiken Ideenwelt Platos, nun aber mit dem Ziel, die Religion der Gebildeten zu werden.

Im Übrigen geht es hier wie bei allen Ersatzreligionen: Sie sind die Sammelbecken der verschiedensten Geistesrichtungen. Es ist vor allem der aus Ägypten stammende Grieche Plotin (ca. 205-270) gewesen, der diese philosophische Richtung prägte.

Die Hauptfrage lautet: Wie kann ich den Zusammenhang zwischen dem schlechthin jenseitigen Gott und der vorhandenen Welt deuten? Dies geschieht durch den überweltlichen

Strom, der die Welt durchseelt. Immer schwächer wird dabei das ursprüngliche Licht und immer mächtiger mit der zunehmenden Stoffmenge die Dunkelheit, bis hin zum völligen Nicht-Sein. In diese abwärts gleitende Entwicklung ist der Mensch hineingestellt, aber nicht willenlos. In ihm wohnt die Seele, die das Urlicht in sich birgt und die Sehnsucht nach der Heimat nie vergisst. Aus dem Kerker des Leibes, den Stricken der Sinnlichkeit und Vergänglichkeit, der Unruhe und der Vielheit gilt es, in angestrengter Askese die Seele frei zu machen. Es werden nur seltene Augenblicke sein, bei denen die Innenwelt in Verzückung und Erleuchtung gerät. Aber sie sind die heiße Mühe wert. Mit dem Urgrund alles Seins in eine, wenn auch nur kurze, ekstatische Berührung zu gelangen – das ist aller Anspannung unbeschreiblich hoher Lohn.

Die berauschende Macht dieser Gedanken hat bis heute ihre Wirkungen nicht verfehlt. Hier gibt es Verbindungslinien bis zur Anthroposophie. Aber auch die Nähe zu den Systemen der Alexandriner kann nicht übersehen werden. Bei Plotin wie bei Origenes handelt es sich um ein kosmisches Denken, um den titanischen Versuch des Menschen, Zeit und Ewigkeit in einem vernunftgemäßen Zusammenhang zu deuten. Beide glauben, in der Weltverneinung und darum in Askese, mystischer Innerlichkeit und Ekstase die Lösung aus der Erdgebundenheit zu finden. Aus dem Pessimismus erhebt sich die Seele Plotins zur seligen Einheit mit der Gottheit. Was der Heide Plotin durch physische und ethische Werdestufen vermittelt sieht, erweist der christliche Theologe Origenes aus den Offenbarungen der Schrift. Beide finden sich bei Gott als dem Ausgangs- und Endpunkt alles Seins und Denkens. Die große Lücke aber bleibt im Blick auf die gegenwärtige Welt. Sie kann man hier wie dort nur negativ erklären. Damit ist das, was wir im ersten Artikel des apostolischen Glaubensbekenntnisses bekennen, grundlegend erschüttert.

4. Der Manichäismus

Was im Neuplatonismus mit den Mitteln der griechischen Philosophie gedacht ist, hat der Perser *Mani* (216-277), der Begründer des Manichäismus, in viel massiveren Formen ausgedrückt. Auf der Grundlage eines schroffen Dualismus ist seine Mysterienreligion[116] aufgebaut. In uraltem mythologischen Gewand führt er die Erscheinung der Welt auf die Vermischung der beiden Urkräfte, Licht und Finsternis, zurück. Ihre Scheidung, das Sich-Emporringen des Menschen zur lichten Höhe – und dies auf dem Weg der Askese, des Verzichtes auf Ehe und jegliche Weltbejahung – ist die mit großer, ja missionarischer Stoßkraft vorgetragene Botschaft. Während Plotins Lehre wesentlich auf die gebildeten Kreise beschränkt blieb, zogen Manis Jünger, todesmutig Gemeinden gründend, durch die Länder. Ihr Meister selbst starb durch den Hass persischer Priester am Kreuz.

Worin besteht die Anziehungskraft dieser Lehre bis in das Mönchtum und in die führenden Kreise der Kirche hinein; und warum wurde sie ähnlich wie die des Gnostikers Marcion auf Jahrhunderte hinaus für die Kirche eine sehr ernste Gegnerin? Man darf diese neue Gnosis des dritten Jahrhunderts als das faszinierendste Unternehmen ansehen, den Menschen ihrer Zeit ein in sich geschlossenes Weltbild zu verschaffen, das alle Rätsel löst und vor allem das augenblickliche Elend einer sinkenden Kultur zu erklären vermag. Dann aber ist es auch der Aufruf an den Willen, an die Leistungsfähigkeit des Mannes und der gebildeten Frau, durch heroischen Verzicht auf alles nur verlierbare Erdengut das Lichtreich, die Heimat der Seele, wieder zu erringen. Plotin und Mani gaben dem denkenden Menschen die Beruhigung einer logischen Lösung und zugleich die Versicherung einer auf der ethischen Tat gestützten Lebenshaltung. Beide Elemente, das geschlossene Weltbild und die asketische Ethik,

---

[116] Mysterienreligionen: in der Antike verbreitete Geheimkulte.

vertraten auch Clemens und Origenes in ihren Systemen. Sie sind der Grundstock einer Theologie geworden, die das Wesen des Evangeliums an entscheidender Stelle verdunkelt.

5. Kaiser und Sonne als Weltreligion

Neben den philosophischen Weltreligionen war das Römische Reich von einer Menge einzelner Kulte durchzogen. An erster Stelle ist hier der Mithraskult zu nennen. Auf uralte orientalische Mythologie zurückgehend, hat es dieser Kult unternommen, die Verbindung mit der Sonnenanbetung und zuletzt mit dem Sol Invictus, der unbesiegten Sonne, in der Kaiseranbetung zu schaffen. Römische Legionäre trugen den Mithrasglauben nach Afrika und Germanien. In diesen Schichten hat er eine Zeit lang dem Evangelium ernstesten Widerstand geleistet, zumal als Kaiser Diokletian und später noch einmal Julian Apostata im Mithras das Symbol sahen, um alle nationalen Kreise gegen die Kirche zu sammeln. Aber der Hellenismus vermochte weder in der Sonne noch in der Person des Kaisers eine zeitgemäß denkbare Lösung zu finden. Die Parole »Mithras gegen Christus« hatte keine Zugkraft mehr. Die Denkmystik beherrschte das Feld und verdrängte die Götter der Antike.

6. Der Ketzertaufstreit (255-257)

Von außen gesehen herrschte in der Zeit zwischen *Valerian* (253-260) und *Diokletian* (ab 284) Ruhe. Fast schien es, als gehörten die Verfolgungen der Vergangenheit an. Eusebius berichtet, wie stark sich gerade damals z.B. der Kirchenbau entwickelte. Über die einzelne Gemeinde hinaus schloss man sich mehr und mehr zu Synoden zusammen, um gemeinsame Fragen zu besprechen.

Weithin sind schon seit 200 in den großen Entscheidungen der Gesamtkirche die Augen nach Rom gerichtet. In der Behandlung der Todsünder waren – gegen Novatian, den römischen Gegenbischof – Cyprian von Karthago (200/210-258) und Calixt von Rom (217-222) eines Sinnes. Cyprian legte Wert darauf, mit dem Nachfolger des Petrus übereinzustimmen. Langsam, aber stetig drang die Anschauung vor, dass im ewigen Rom für die Kirche des gesamten Reiches eine letzte Instanz gegeben sei. Wie aber im Ostertermnstreit Viktor die Sympathien der kleinasiatischen Kirche und auch des Irenäus eingebüßt hatte, so geschah es noch einmal im *Ketzertaufstreit,* dass das überaus schroffe Verhalten *Stephans I.* (254-257) von Rom Cyprian zu einer Frontstellung gegen diesen werdenden Papst veranlasste.

Dieser Streit hatte nicht nur kirchenpolitische Hintergründe; er betraf die zentrale Frage nach dem Kirchenbegriff. Gilt der von einer Sekte Getaufte als Empfänger des wahren Sakramentes, wenn er später zur katholischen Gemeinde übertritt? Hat also z.B. die Taufe durch Schismatiker wie Novatian Gültigkeit? Die afrikanische Kirche stand auf dem alten Grundsatz, dass nur die von den Aposteln gegründete Kirche die Sakramente rechtmäßig verwalten könne. Rom vertrat in der größeren Nähe zum Kampf die mildere Praxis und nahm die von den Ketzergruppen Zurückkehrenden unter Anerkennung ihrer dort empfangenen Taufe nach einer Bußzeit wieder auf.

Worauf steht die Kirche, auf der Heiligkeit des Sakramentes oder auf der Unverletzlichkeit ihrer von den Aposteln hergeleiteten Tradition? Auch wenn sich die Reformation für die römische Lösung entschieden hat, wird man, ähnlich wie im Kampf um Novatian oder im Osterfeststreit, urteilen müssen, dass damals nicht die Gesichtspunkte des Glaubens, sondern der Macht, nicht der Seelsorge, sondern der bequemeren Handhabung den Ausschlag gaben. Als Bischof Stephan I. auf die Rechte seines Primates als Petrusnachfolger pochte und Gehorsam von den Afrikanern forderte, gab ihm nicht nur Cyprian, sondern auch der Bischof von Alexandria eine unzweideutige Antwort, die die Unterwerfung unter einen päpstlichen Anspruch noch nicht kennt. Mit Bezug auf Gal 2,11ff schrieb damals Cyprian:

»Nicht nach der Gewohnheit darf man richten, wenn man etwas befiehlt, vielmehr muss die Vernunft das letzte Wort sprechen. Denn auch Petrus, den doch der Herr als ersten erwählt und auf den er seine Kirche gegründet hat, maßte sich nicht in unverschämter und anspruchsvoller Weise etwas an, als Paulus über die Beschneidung mit ihm stritt, dass er etwa gesagt hätte, er habe den Primat und ihm mussten Neulinge und Epigonen gehorchen ...« (Ep 71,3)

Bei aller Anerkennung der römischen Sonderrechte vertritt hier der Bischof von Karthago und mit ihm viele andere die durchaus freie Anschauung von der Gleichheit aller Bischöfe. Immerhin wird die auch von Cyprian gebilligte Auslegung von Matthäus 16 über den Vorrang des Petrus von Jahrzehnt zu Jahrzehnt bestimmender. Vorerst aber waren weder Afrika noch der Osten gewillt, sich dem römischen Diktat zu beugen.

7. Die verwalteten Kirchen als Gefährdung des Staates

Gerade in diesen Auseinandersetzungen wurde es weithin erkennbar, wo die führenden Stellen in der Kirche zu suchen waren. Wie das Römische Reich in Provinzen gegliedert ist und diese auch für den Kaiserkultus und seine priesterlichen Ordnungen Bedeutung haben, so bilden sich auch für die Zusammenkünfte der Bischöfe seit dem ausgehenden dritten Jahrhundert gewisse Formen aus. Die Hauptstädte werden zumeist die Metropolen, die Versammlungsorte der Synoden. Der Satz von der Gleichheit aller Bischöfe und der Selbstständigkeit der Einzelgemeinde, den Cyprian eben noch Rom gegenüber verteidigt hatte, wird durch diese überall sich anbahnende Praxis angefochten. Es wird aber mit diesem Sichtbarwerden der Kirche zusammenhängen, dass der Organisator des Reiches, Kaiser *Diokletian* (284-305), in der synodalen und bischöflichen Ausgestaltung der Kirche die Gefährdung seiner auf unbedingte Einheit des Staates gerichteten Bestrebungen erkannte.

8. Weitere Christenverfolgungen

Seit dem Toleranzedikt des *Gallienus* (260) hatte man die Christen in vielen Fällen von der staatlichen Opferpflicht entbunden, sie sogar in wichtige Verwaltungsstellen kommen lassen. Umso überraschender war nun *Diokletians* Vorgehen, zu dem er sich nach langem Zaudern von seinem Mitkaiser *Galerius* drängen ließ. Mit der Zerstörung der Kirche im bithynischen Nikodemia, der Residenz des Kaisers, im Jahre 303 war das Signal gegeben. Systematisch folgen unmittelbar darauf die Edikte zum Abbruch der Kirchen, zur Vernichtung der heiligen Bücher, die Verfügungen über das Kaiseropfer und dies mit Geltung auch für die Geistlichen.

Ströme von Blut sind in den nun folgenden Jahren geflossen. Bis 305 tobte die vielfach mit aller Grausamkeit der Folterung und Verstümmelung durchgeführte Christenhetze im Westen. Dem heidnischen Pöbel waren unter den kaiserlichen Erlassen Tür und Tor geöffnet. Im Osten fanden unter den Regenten Galerius und Maximinus Daza in den Jahren 305-311 noch schwerere Heimsuchungen statt. Neben einer Unmenge von *lapsi* (»Abgefallenen«) hat aber gerade hier die mutige Haltung der Christen ihren Eindruck nicht verfehlt. Der Staatsdespotismus musste zu der Einsicht gelangen, dass sich eine Kirche Christi nicht mit brutalen Mitteln niederzwingen lässt.

9. Das Geheimnis der Kirche im Leiden

Fasst man die innere Lage der Christenheit auf Grund der uns erhaltenen Literatur jener ersten 300 Jahre zusammen und bedenkt man noch einmal die Macht des magischen und ethischen Abweges, die Stärke des Verdienstgedankens, der bis zum Märtyrertum hin mit dem eigenen Opfer rechnete, so muss man angesichts dieser letzten Verfolgung bekennen, dass hier das Geheimnis der Kirche, das menschlich Unwägbare ihrer Geschichte kund wird. Dass sie nicht durch ihre Theologie und Hierarchie und auch nicht durch ihre Standhaftigkeit gerettet wird, sondern durch den sie leitenden Christus, bekunden gerade die Märtyrerberichte in schlichter, überzeugender Art. Was hier an der Schwelle zwischen Leben und Tod geschieht, inmitten vielfacher Untreue bis zu den Bischöfen hin, bleibt für alle Zeiten ein lebendiges Bekenntnis.

In der valerianischen Verfolgung fiel Cyprian durch das Schwert (258). Wenige Wochen zuvor schrieb der mutige Zeuge, nachdem er die bedrohliche Lage geschildert hat:

»Ich bitte, von euch aus dies auch den übrigen Amtsgenossen kund zu tun, damit überall die Bruderschaft durch ihre Ermahnung gestärkt und zum Geisteskampf bereitet werde, damit die Einzelnen aus den Reihen der Unseren weniger an den Tod als an die Unsterblichkeit denken und voll Glauben mit ganzer Kraft dem Herrn geweiht mehr mit Freude als mit Furcht dem Bekenntnis entgegengehen, durch das Soldaten Christi nicht getötet, sondern wie sie wissen, gekrönt werden.« (Ep 80)

Was Eusebius aus dem unmittelbaren Erlebnis der letzten Verfolgung bekannt hat, trägt denselben Grundzug unerschütterlichen Glaubens. Von einem schlichten Christen, der nach unsäglichen Foltern starb, sagt er: »Er aber hielt an seinem

Vorsatz fest und gab als Sieger mitten in diesen Qualen seinen Geist auf.«[117]

Von Krankheit zermürbt und von der Erfolglosigkeit der gegen die Christen verordneten Erlasse überzeugt, unterzeichnete Galerius kurz vor seinem Tode das Toleranzedikt (Dreikaiseredikt; 312/13) in großem Stil, dem bald weitere Schritte folgten. War der Weg *gegen* die Christen erfolglos, so blieb dem Staat nichts übrig, als es *mit* ihnen zu versuchen. Die hierdurch gebrochene Bahn beschritt Konstantin weiter. Damit fängt eine neue Epoche an.

10. Kapitel
Von Konstantin bis zu Theodosius – Von Nicäa bis Konstantinopel (306-381)

1. Konstantins Motive zur Anerkennung der Kirche

Kein Übergang in der Geschichte der Kirche schien schon den Zeitgenossen so gewaltig zu sein wie der zwischen Kaiser Diokletian und Konstantin. Als die Schlacht gegen Maxentius an der Milvischen Brücke bei Rom (312) Konstantins Herrschaft über den Westen entschied und er im Jahr darauf mit dem Herrn des Ostens, Licinius, das Mailänder Religionsedikt (313) herausgab, schienen lange Kämpfe der Nachfolger Diokletians beendet zu sein und die Freiheit der neuen Religion gesichert. In Wirklichkeit erreichte erst Konstantins Sieg über Licinius bei Adrianopel (324) die Anerkennung des Christentums als begünstigte Reli-

---

[117] Eusebius, Kirchengeschichte 8,6

gion auch für den Osten und damit zugleich die Alleinherrschaft des ersten christlichen Kaisers.

Die Auseinandersetzung über Konstantins Persönlichkeit hat in der Geschichtswissenschaft zu keinem endgültigen Ergebnis geführt. Ist er »der Egoist«, der »politische Rechner«, der alle vorhandenen physischen Kräfte und geistigen Mächte mit Besonnenheit zu dem einen Zweck benutzt, sich und seine Herrschaft zu behaupten, ohne sich irgendwo festzulegen, oder muss man ihn als den antiken Menschen ansehen, der in ehrlichem Glauben sich als »Vollstrecker des göttlichen Willens« betrachtet, wie ihn die Kirche des Kreuzes lehrte? Nur dass er selbst in dieser Geschichte der Mittelpunkt und damit auch der Herr dieser Kirche blieb!

Konstantin (Geburtsjahr unbekannt, frühestens 272), als Sohn des späteren Kaisers Constantius Chlorus und der später heilig gesprochenen Helena, in Naissus/Serbien geboren, wächst am Hof des Kaisers Diokletian auf. Nach harten Kämpfen und dem Sieg über die Machtkonkurrenten im Osten und Westen (Galerius, Licinius, Maxentius) wird er von den Soldaten zum Kaiser gewählt.

An der Milvischen Brücke bei Rom entscheidet sich die Schlacht, bei der nach einer von ihm selbst verbreiteten Vision das Kreuzeszeichen den Sieg ansagte: »In diesem Zeichen wirst du siegen!« Jedenfalls tragen nunmehr die Legionäre Schilde mit den griechischen Anfangsbuchstaben von »Christus« und außerdem die Fahne mit dem Kreuzeszeichen. Der Kaiser begünstigte die Kirche und ihre Amtsträger durch Steuererlass und allerlei Milderungen der Strafgesetze. Er nahm in der Gesetzgebung auf kirchliche Belange Rücksicht, wie etwa in der Abschaffung der Kinderprämien, und dies im Blick auf das Ideal der Ehelosigkeit. Auf einem anderen Blatt steht, dass Konstantin seine Taufe erst auf dem Sterbebett empfangen hat, wiewohl er vorher Katechumene war. Dazu nötigte ihn wahrscheinlich das Amt des Pontifex Maximus, des obersten Vertreters des alten heidnischen Staatskultus. Offenbar wollte er einen zu scharfen Bruch vermeiden und das Heidentum nicht gewaltsam beseitigen. Zu einer klaren und eindeutigen Stellungnahme ist er schwerlich durchgedrungen. Letztlich wird das politische Ziel sein beherrschendes Motiv gewesen sein.

Hat die Kirche wirklich Grund, diesen Umschwung der Zeit zu begrüßen? Geriet sie nicht aus der Not der Verfolgung durch den Staat in gefährliche Abhängigkeit von ihm? Wenn sich schon Konstantin als den »Bischof für äußere Angelegenheiten« bezeichnete, wenn sich die Kirche in ihren schwersten Gesamtfragen, im Donatistenkampf und dann auf dem Konzil in Nicäa, an ihn wandte, musste dann nicht der Eindruck entstehen, dass in der Hand des Kaisers die letzten Fäden zusammenliefen? Und doch verfolgte Konstantin letzten Endes kein *kirchen*politisches Ziel. Ihm lag alles an der Einheit des Römischen Reiches, das er als mächtiges Erbe von Diokletian empfangen hatte. Er erkannte, dass die Verfolgung der Christenheit den Staat zerriss und seine besten Kräfte dabei auf der Strecke blieben. Da warf er das Steuer herum und stellte die Kirche in den Dienst, das auseinander fallende Weltreich mit neuem Geist zu erfüllen.

Die Geschichte der Antike wäre aller Voraussicht nach um die Wende des vierten Jahrhunderts beendet gewesen, wenn nicht Staat und Kirche diesen Bund geschlossen hätten. So aber wird das christliche Kaiserreich zur Brücke zwischen der alten Welt und der neuen Zeit. Der Bund, der sich zwischen Philosophie und Theologie vollzogen hatte, greift nun auch auf den engen Zusammenschluss der staatlichen und kirchlichen Macht über. Wir sehen in der Entwicklung von nun mehr als anderthalb Jahrtausenden, durch wie viel gegenseitige Bedrückung und unglückliche Verschmelzung diese Verbindung gegangen ist. Man darf aber bei allem Verständnis für das Aufatmen der Christenheit nach den Zeiten der Verfolgung nicht vergessen, dass damals schon die Kirche allzu bereit war, sich von Konstantin regieren zu lassen.

2. Das frühe Mönchtum

Zur selben Zeit der werdenden »Hofkirche«, die nicht ruhte, bis ihr erster Kaiser Konstantin der Große und seine Mutter Helena heilig gesprochen wurden, lebten in der ägyptischen Wüste die Eremiten, unter ihnen als der erste *Antonius* († 356 mit 105 Jahren); *Pachomius* gründete die ersten Klöster des gemeinsamen Lebens, bald gab *Basilius von Cäsarea (der Große; 329-379)* dem Mönchtum die Regel und das Gepräge für die folgenden Jahrhunderte. Welch ein entschlossener Verzicht auf die Gunst der Welt lag in diesen Unternehmungen! Ließ sich die Hofkirche glänzende Gotteshäuser bauen, so meinten diese oft wunderlichen Heiligen, Gott in Höhlen und Gemäuern dienen zu müssen. Und doch, es mangelte hier wie dort am Wesen der Kirche, die sich vor der Welt weder beugt noch aus ihr flieht, sondern ihr in der Kraft der überwindenden Botschaft begegnet.

3. Der Donatismus

In zwei bedeutsamen Augenblicken der jungen Reichskirche hat Konstantin zwischen Kirche und Staatsgewalt zu vermitteln gehabt. Noch einmal brach in Afrika die Kirchenfrage auf, die im Ketzertaufstreit (255-257) entstanden war. Die Frage lautete nun: Kann ein Bischof sein Amt ausüben, wenn bei seiner Wahl ein Formfehler vorgekommen war? Durfte er überhaupt gewählt werden, wenn er wegen Verleugnung des Glaubens zu den Todsünden gerechnet wurde?

Auf Konstantins Anfrage hin hatte sich die *Synode von Arles* (314) gegen die afrikanischen Beschwerdeführer entschieden, also auch die Weihe des Bischofs Cäcilian von Karthago für rechtsgültig erklärt, der wegen Verleugnung zu den Todsündern gezählt wurde. Gegen diesen Beschluss erhob sich in Nordafrika eine gewaltige Bewegung, die nach ihrem Führer *Donatus* (um

314) bald die *donatistische* genannt wurde. Wiederum standen sich die beiden Pole gegenüber: das in sich wirksame Sakrament auf der einen und der heilige Lebenswandel der Person, die das Amt trägt, auf der anderen Seite. Es gelang nicht, zu einer Einigung zu kommen. Im Gegenteil, Konstantin sah sich gezwungen, die Donatisten als selbstständige Kirchengemeinschaft anzuerkennen.

4. Die Arianer und das Konzil von Nicäa (325)

Größer und weithin sichtbarer steht Konstantin auf dem *Konzil von Nicäa* vor den Augen der Zeitgenossen. Zwischen den unterschiedlichen theologischen Auffassungen vermittelte auch hier wieder der Wille des Kaisers, der die Kirche vor einer Zersplitterung in bedeutungslose Sekten bewahren wollte. Vom Gesichtspunkt der Reichspolitik aus sollte Nicäa die unbedingte Einheit der katholischen Kirche bezeugen. Demgegenüber standen die Lehrfragen an zweiter Stelle. Aber eben um sie wurde mit einem Einsatz gerungen, der Konstantin unverständlich erscheinen musste und in den er nur gezwungenermaßen mit seinem scharfen Verstand und praktischen Sinn eingriff.

a) Die Kernfrage

Beim Konzil von Nicäa ging es um die Frage: Jesus – Mensch oder der ewige Logos? Eine lange und schwierige Entwicklung der christologischen Frage drängte hier zur Entscheidung. Wohl hatte die Logoslehre das Problem des Gottmenschen zunächst beantwortet und die Angriffe der Gnostiker abgewiesen. Ist Christus der ewige Logos vom Vater, dann ist mit seiner Menschwerdung die Erlösung begründet. So sahen es Irenäus und Tertullian und mit ihnen die kirchliche Tradition ihres und des folgenden 3. Jahrhunderts. Aber schon Origenes und seine

Freunde konnten sich mit diesen Erklärungen nicht zufrieden geben. Für sie war der Logos ein kosmisches Weltprinzip, in das sie nachträglich christologische Gedanken eingliederten. Damit geschah aber eine Vermischung des Spekulativ-Philosophischen mit dem historisch-christlichen Denken! Die Frage lautete nun immer wieder: Wie verhält sich der Mensch Jesus zu dem ewigen Logos?

b) Arius

Auf dem Boden der *Kirche von Alexandria* kam es zum Kampf, der dann in Nicäa entschieden werden sollte. Seine Bedeutung wird schon daran sichtbar, dass niemand, der theologisch interessiert war – und dieser Kreis war nicht klein, er reichte bis zu den Marktfrauen von Konstantinopel – unbeteiligt blieb.

Arius († 336) war als Presbyter von seinem Bischof Alexandros des Amtes verwiesen worden, als er folgende Lehren vertrat: Ist Gott »der Ewige, der allein Unsterblichkeit hat«, dann muss Christus vom Vater in einer bewussten Distanz gesehen werden; er kann nicht ewig, sondern nur geschaffen sein, wenn auch vor aller Schöpfung. Es gab also eine Zeit, in der Gott allein war.

Dahinter erscheint als nächster Gedanke: Es ist unmöglich, das Wesen des Sohnes dem des Vaters gleichzusetzen. Denn einer, der keinen Anfang hat, ist unvergleichlich mit jedem anderen Geschöpf. Der Logos, den Jesus in sich trug, kann darum auch nicht als wahrhaftiger Gott bezeichnet werden, er ist es nur in uneigentlicher Weise, weil er die Gnade empfängt, und er wird es auf dem Wege einer Entwicklung, die ihn schließlich zum Gott und Herrn krönt – so Arius.

Dieser Logik des Arius konnte die Mehrheit des Konzils nicht widersprechen, kam sie doch von Origenes her. Männer wie Bischof Eusebius von Cäsarea hatten schon vorher der arianischen Lehre zugestimmt. Der Origenismus mit der Betonung des selbstständigen Logos beherrschte die Situation. Doch kamen in diesem kritischen Augenblick unerwartete Vorstöße von zwei Seiten. Bischof Alexander von Alexandria gewann in seinem jungen Diakon *Athanasius* (295-373) einen eindrucksvollen Verteidiger seines Standpunktes. Und der Westen, nur mit sechs Abgeordneten vertreten, stimmte unter Führung des Bischofs *Hosius von Cordoba* Alexander und Athanasius zu. Diese Synthese zwischen Westen und Osten, zwischen der lateinischen und griechischen Theologie hielt nun Konstantin für die verheißungsvollste Lösung der schweren Frage.

Unter kaiserlichem Druck haben etwa 300 Theologen die Formel von Nicäa unterschrieben, die Mehrheit zweifellos gegen ihre innere Überzeugung. Und dennoch, dieser sehr menschliche Gang der Ereignisse hat einem Bekenntnis Bahn gebrochen, das die gesamte Kirche gerettet hat!

c) Athanasius

Adolf von Harnack hat darauf hingewiesen, dass Athanasius weniger Theologe als Bekenner gewesen ist. Diesem Urteil ist insofern zuzustimmen, als sich die Männer, die Arius widerstanden, sich ihm gegenüber nicht auf eine sorgfältig ausgefeilte Antwort einließen, sondern um die Substanz der Kirche kämpften, um die Basis des Heils. Ihnen war deutlich, dass die Kirche um ihr Evangelium betrogen war, sobald sie auf die Linie der Arianer einging. In einer solchen Lage aber kann man nicht mehrere Sätze aussprechen, sondern im Grunde nur einen. Und das hat Athanasius getan: dass Jesus Christus als Gott selbst zu uns gekommen ist und nicht erst nachträglich Gott *wurde.* Darum hat Jesus von der ersten bis zur letzten Stunde seines Wirkens das Leben eingesetzt. Wäre Christus nicht mit dem Vater wesenseins, wie könnte die Kirche dann noch die Erlösung verkündigen!

Das aber ist echte Theologie, die um des wahren Glaubens willen den Schein der Gelehrsamkeit aufgibt. Insofern ist Athanasius durchaus bestrebt gewesen, die Theologie wieder zu dem ihr eigentümlichen Schwerpunkt zurückzuführen, zu dem Wunder der Erlösung, das sie nie menschlich begreiflich machen kann.

Mit der Betonung der Christologie des Heils gegenüber dem in seinen Konsequenzen ethisch bestimmten Bild, das Arius gab, hat sich Athanasius ganz entschieden vom »Logos der Philosophen« abgewandt. Ist der Christus-Logos ewig, dann bezeugt er damit, dass die Einheit mit dem Vater eine wesensmäßige und nie nur entwicklungsmäßig hinzugekommene ist. Nicht das nicänische Symbol, nicht einmal die Formel *homoousios* (»wesenseins«) entstammt der persönlichen Formulierung des Athanasius. Er folgte darin den Abendländern und griff dieses Wort erst viel später als sein eigenes Bekenntnis auf. Ihm lag einzig daran, worauf es auch den Alexandrinern des 5. Jahrhunderts ankam, das durch Christus geschehene Heil als das Fundament der Kirche zum Ausdruck zu bringen.

Freilich bleibt schon hier die Frage offen, wieweit diese Theologen dem Anliegen der Antiochener bis zu Arius hin gerecht wurden, jetzt noch die wahre Menschheit Jesu zu sehen. Lag die Gefahr des Arianismus im Reduzieren auf die Moral und sah man in Christus schließlich nur noch den ringenden Menschen, dem wir als unserem Vorbild nacheifern müssen, so lag in der Zurückstellung des historischen Jesus die große Gefahr Alexandrias, nur noch das Heilswunder anzubeten und damit geschichtslosem oder gar magischem Denken zu verfallen. An dieser doppelten Klippe ist die nicänische Vereinbarung sozusagen schweigend vorbei gegangen. Daher konnte es nicht ausbleiben, dass sich alle nicht wirklich überzeugten Vertreter der griechischen Kirche mit dieser Lösung nicht zufrieden gaben.

Das Nicänische Glaubensbekenntnis (auch: Nicäno-Konstantinopolitanum) lautet:

> *»Wir glauben an einen Gott, allmächtigen Vater, Schöpfer alles Sichtbaren und Unsichtbaren.*

*Und an einen Herrn, Jesus Christus, den Sohn Gottes, geboren aus dem Vater, den eingeborenen (einziggeborenen) d.h. aus dem Wesen des Vaters, Gott aus Gott, Licht aus Licht, wahren Gott aus wahrem Gott, geboren, nicht geschaffen, desselben Wesens mit dem Vater, durch den alles geschaffen ist, was im Himmel und auf Erden ist, der um unser, der Menschen, und um unsrer Seligkeit willen herabgekommen und Fleisch, Mensch, geworden ist, der gelitten hat und am dritten Tage auferstanden ist, aufgefahren in den Himmel, von dannen er kommen wird zu richten Lebendige und Tote.
Und an den Heiligen Geist.«*

5. Wesensgleichheit oder Wesenseinheit?

In der auf Nicäa folgenden heftigen Auseinandersetzung ist das Leben des Athanasius – seit 328 Bischof von Alexandria – tief verflochten. Konstantin und seine Nachfolger – Konstantius vor allem – haben ihm die fünfmalige Verbannung nicht erspart. Schon schien der Arianismus zu siegen und mit ihm eben doch die zähe Kraft des Origenismus, als Kaiser Julian (361-63), innerlich angewidert vom Streit der Kirche, die Zeit zu einer gewaltigen Erneuerung des Heidentums für gekommen erachtete.

Aber auch jetzt verzagte Athanasius nicht. Dass es ihm nicht an Formeln lag, sondern am Wesen des Heilszentrums, zeigt seine Verbindung mit den drei Kappadoziern Basilius von Cäsarea, Gregor von Nazianz und Gregor von Nyssa. Dem Origenismus näher stehend – sie sprachen in der Trinitätslehre von drei göttlichen Hypostasen[118] statt von einer Wesenseinheit *(ousia)* –, haben diese Theologen in der Wesensgleichheit statt Wesens-

---

[118] Hypostase: Der Begriff ist schwierig zu übersetzen. Ursprünglich meint er »Substanz« oder »Wesenheit«, dann aber auch »Person«.

einheit (*homoiousius* statt *homoousios*) das lösende Wort zu finden geglaubt.

Athanasius begrüßte diese Formel, weil der gemeinsame Gegensatz zu den Arianern deutlich genug zum Ausdruck kam, vor allem aber auch die Absage an die Theologie derer, die mit der bewusst unklaren Formel »ähnlich in allem« jeder Schwierigkeit aus dem Weg gehen wollten. Man konnte also auch jetzt dem Verlangen des griechischen Geistes nach logischem Denken treu bleiben und doch das Bewusstsein in sich tragen, das Erbe der Kirche nicht an die Gnosis verkauft zu haben. Stärker als zu Beginn des Kampfes in Nicäa herrschte jedenfalls der Wille vor, den Gegensatz zum philosophischen Erfassen des Geheimnisses nicht zu stark hervortreten zu lassen. Dass der Kampf um die Christologie zu Ende geführt sei, konnte niemand behaupten. Die einstigen Gegner hatten sich in der Abwehr des Arianismus um Athanasius und die Kappadozier zusammengefunden.

6. Das Konzil von Konstantinopel (381)

Wie stark die philosophischen Strömungen die Welt der Gebildeten noch beeinflussten, zeigt die kurze Regierungszeit von Kaiser Julian. Julian versuchte, die heidnische Antike im vollen Umfang unter Einsetzung des orientalischen Mysterienwesens wieder einzuführen und die Kirche von allen Bindungen an den Staat zu lösen und allmählich in den Hintergrund zu drängen. Der Toleranzgedanke hinderte ihn aber, mit schärferen Maßnahmen gegen die Christen vorzugehen. Doch blieb dieses Wiedererwachen des Heidentums eine Episode.

Unter Julians Nachfolgern nahm Schritt für Schritt die Kirche wieder ihren alten Platz ein. Die heidnischen Opfer werden von neuem verboten, die Tempel geschlossen, ja der Sturm gegen sie unter den Augen des Staates und der Bischöfe unternommen. In diesen Kampf wird schließlich auch der Arianismus als Gegner einbezogen. Das zweite ökumenische, der gesamten Kirche geltende Konzil zu Konstantinopel (381) besiegelt das Bekenntnis von Nicäa gemäß dem Verständnis der Kappadozier. Während es gelang, in den Grenzen des Römischen Reiches den Arianismus erfolgreich zu bekämpfen, fand er bei den germanischen Stämmen mit der nun einsetzenden Völkerwanderung wachsende Verbreitung.

Einen Weg von knapp 60 Jahren beschreibt die Geschichte zwischen den beiden Konzilien Nicäa und Konstantinopel. Aus der vom Staat begünstigten Kirche Konstantins ist die katholische Staatskirche geworden, deren Belange Gratian und Theodosius mit allen Mitteln wahrnehmen. Die Abhängigkeit der Kirche vom Staat ist größer als je zuvor. Die Rivalität zwischen den Patriarchen verschafft den Kaisern vielfach überragenden Einfluss. Auf den Kirchensynoden hat der Kaiser die gesetzgebende Gewalt. Ihm sind die Rechtsangelegenheiten der Bischöfe übergeben, er beauftragt die Synode mit ihrer Erledigung. Immerhin besaß die Kirche des Westens ein stärkeres Bewusstsein von ihrer Selbstständigkeit als die des Ostens.

11. Kapitel

Augustinus (354-430)

1. Ambrosius von Mailand

Während sich im Osten nach den Kämpfen um das Nicänum neue christologische Auseinandersetzungen vorbereiten, bildet sich bei den vorrückenden Goten an der Donau durch *Wulfila* eine arianische Kirche. Gegen den Westen des Römischen Reiches wendet sich der Sturm der Völkerwanderung. Weder im staatlichen noch im kirchlichen Leben zeigen sich besondere

Führergestalten, die in diesem schicksalsschweren Augenblick die dringlichen Aufgaben des Ganzen zu sehen vermochten. Mit einer Ausnahme: Bischof *Ambrosius von Mailand* (ca. 340-397), Sohn eines hohen Staatsbeamten. Ihm liegt das in den Grundmauern schwankende Gefüge des Staates in gleicher Weise auf der Seele wie der Sonderauftrag der Kirche, die auch dem Kaiser Theodosius die Buße nicht ersparen kann, die ihm der mutige Bischof nach dem Blutbad von Thessalonich (Theodosius hatte 7000 aufständische Bürger im Zirkus umbringen lassen) auferlegte.

> *»Du scheinst nicht zu wissen, o Kaiser, wie furchtbar deine Mordtat ist. Aber du darfst nicht, vom Schmucke des Purpurs betrogen, unwissend darüber bleiben, welch schwacher Leib darunter verborgen ist, der vom Staube genommen zum Staube zurückkehren wird. Du herrschst über Menschen, o Kaiser, die von gleicher Natur, ja, deine Mitknechte sind. Nur ein Herr und König ist über allen. Mit welchen Augen willst du den Tempel unsres gemeinsamen Herrn ansehen? Wie willst du mit den blutigen Händen den hochheiligen Leib des Herrn ergreifen? Wie sein hehres Blut an den Mund bringen, der du durch deinen wütenden Ausspruch so viel Blut vergossen hast? Versuch es nicht, deine Sünden durch neue Sünden zu mehren! Nimm die Bande willig an, die der allgemeine Herrscher von oben billigt; sie haben heilende Kraft.«*

Theodosius hat sich diesem Bußruf nicht entzogen.

Zerbröckelte aber der Bestand des Reiches unter dem Ansturm der Germanen und zerteilte sich die Kirche mehr und mehr in ängstlich auf ihre Selbstständigkeit bedachte Patriarchate, so war es eine besondere Stunde, als ihr in *Aurelius Augustinus* (354-430), ein Mann von umfassendem und tiefem Geist, geschenkt wurde.

Ohne Zweifel ist Augustinus die bedeutsamste Gestalt der Kirche zwischen Paulus und Luther. Wie Paulus die Brücke zu den Griechen geschlagen hat und Luther den Weg zu Paulus zurückfand, so scheint Augustinus berufen gewesen zu sein, zwischen der Ost- und Westkirche einen neuen Weg zu bahnen und die Geschichte von 400 Jahren noch einmal einer grundlegenden Reinigung zu unterziehen. Ein reiches Erbe lag auf ihm, eine stürmisch bewegte Jugend ließ ihn die vielfältigsten Strömungen durchleben.

2. Die »Bekenntnisse« (»Confessiones«)

Das Selbstzeugnis des Augustinus finden wir in den »Bekenntnissen«. In Form eines Gebetes beschreibt er hier sein Leben. Wir sehen seine Wirkungen im Lauf der Geschichte bis hin zur Reformation und Gegenreformation. Und wir befinden uns auch heute noch im Streit darüber, wie denn die sich widersprechenden Aussagen dieses Mannes zu verstehen oder gar zu harmonisieren sind. Ihn haben im weiteren Verlauf der Geschichte die Mystik wie die Hierarchie, staatliche wie kirchliche Machthaber für sich in Beschlag genommen. Das legt die Frage nahe, ob er wirklich eine Führernatur gewesen ist oder ob ihn vielmehr die Gegner und Freunde in raschem Wechsel hin und her warfen.

Es ist hier nicht der Ort, die Lebensgeschichte Augustins im Einzelnen zu beschreiben. Von Jugend an hat er um die Erkenntnis seines Wesens und seiner Bestimmung gerungen. Ihn bezeichnet mit klarer Prägung das berühmte Wort: »Zu dir hin schufst du uns, o Herr, und unser Herz ist unruhvoll, bis dass es Ruhe hat in dir!« (Confessiones 1,3).

Nach dieser Ruhe der Seele hat sich schon der Neunzehnjährige gesehnt, als er aus dem »Hortensius« des Cicero im Pflichtbegriff die Wahrheit zu erfassen trachtete. Nach seinem Interesse an der Stoa drängt es ihn zu dem ihm radikaler scheinenden Manichäismus. Auch hier enttäuscht durch Menschen und Lehren, droht er in der Skepsis zu versinken. Durch diese Entwicklungen hindurch zieht sich der stille und stete Einfluss seiner christlichen Mutter Monnica und damit auch der Kirche, die ihm dann in Ambrosius entscheidend entgegentritt. Aber alles, was religiöse Tradition und die Philosophie zu bieten hatten, vermochte den jungen Professor der Rhetorik nicht frei zu machen vom Widerstreit zwischen Sollen und Sein. Und nirgends empfand er diesen Riss stärker als auf dem ganz persönlichen Gebiet, dort, wo ihn die Liebe zu einem Mädchen stärker band, als er es sich selbst eingestehen wollte.

In merkwürdiger Doppelheit verläuft nun die Geschichte seiner Bekehrung. Aus der Skepsis rettet ihn zunächst der Neuplatonismus. Hier öffnet sich ihm die Welt des Geistes und der höhere Wert der Innerlichkeit im Unterschied zur Materie und zum niederen Begehren der Sinne. Den entscheidenden Impuls aber können ihm philosophische Überlegungen nicht geben. Sinnenlust und der Ehrgeiz, berühmt zu werden, halten ihn noch völlig umfangen.

An dieser Stelle bricht nun in Verbindung mit dem, was er von begeisterten Asketen, von Männern wie dem Mönch Antonius und anderen hört, schließlich das bekannte *tolle lege* – »nimm und lies«, wie es die Kinder bei einem Spiel riefen, in seine Geschichte ein und führt ihn zum Aufschlagen von Römer 13,11-14: »Nicht in Fressen und Saufen, nicht in Unzucht und Ausschweifung, sondern ziehet an den Herrn Jesus Christus!« Seit dieser Stunde wusste Augustinus, dass ein Stärkerer sein Leben ergriffen hatte, seinen Willen bestimmte und ihn nicht nur zur Befreiung von einer »wilden Ehe«, zur mönchischen Askese drängte, sondern wirklich und persönlich erfasste. Darum fühlte er sich jetzt nicht in die Enge gewiesen, sondern in die Weite einer neuen und großen Lebensaufgabe. Der Presbyter und spätere Bischof des kleinen Sprengels von Hippo Regius (Nordafrika) hat sie bis an sein Ende in rastloser Arbeit zu lösen gesucht.

3. Der Kampf gegen Mani und Pelagius

Die entscheidende Prägung hat Augustinus durch die Auseinandersetzung mit den Manichäern, Donatisten und Pelagianern erhalten. In der Verschiedenartigkeit dieser Fronten liegt die Unmöglichkeit, ihn in wirklich eindeutiger Weise zu beschreiben.

Augustins Augenmerk bleibt wie vor ihm das der anderen afrikanischen Kirchenväter, Tertullian und Cyprian, auf das Heilswerk Christi gerichtet. Die dialektische Spekulation der Griechen ist ihm im Grunde fern, obwohl er das griechische Erbe nie aufgab. Ähnlich wie die Apologeten des 2. Jahrhunderts hat er sich in der Auseinandersetzung mit seinen Gegnern immer wieder auf den *Autoritätsglauben* zurückgezogen: »Ich würde dem Evangelium nicht glauben, wenn mich nicht die Autorität der katholischen Kirche dazu bewegte.«[119]

In eine Doppelfront geriet Augustinus durch den *Kampf gegen die Manichäer und Pelagianer*. Musste er gegen Mani die Freiheit und Verantwortlichkeit des Menschen behaupten und seine Sünde und Schuldverhaftung bekennen, so zwang ihn der Moralismus des Pelagius zu einer scheinbar entgegengesetzten Stellungnahme.

Für *Mani* ist die Menschheit eine »Masse des Verderbens«, niemand kann von sich aus das Gute tun, weil die Erbsünde von Anfang an alles vergiftet. Nur die ersten Menschen waren imstande, nicht zu sündigen, darum auch nicht zu sterben. Gab aber Adam durch seine schwere Sünde diese Freiheit auf, so blieb für alle Zeit nur die Herrschaft der Sünde und des Todes übrig. Sie ist ein Urprozess zwischen Licht und Finsternis.

Pelagius hingegen, ein aus England stammender Laienasket (um 350-418), betonte die Freiheit des Menschen, verwarf die Erbsünde – Adam habe nur ein schlechtes Beispiel gegeben.

---

[119] Contra epistulam Manichaeum 5,6

Damit war ebenso wie fast ein Jahrhundert zuvor bei Arius der Angriff gegen das Fundament der Kirche unternommen: Vermag der Mensch frei von Erbsünde gut zu sein, dann ist Christus lediglich ein Vorbild und sein Evangelium keine Botschaft von der Erlösung. Hier kämpft Augustinus wie einst Athanasius um die Basis der Kirche. »Eia, ihr Brüder, es bedurfte des Blutes des Gerechten, um die Handschrift der Sünden zu tilgen« (De trin XIII,10,13).

Beide Linien drängten nun aber zur Wesensbestimmung des Menschen in der Kirche. Gegen den griechisch-orientalischen Geist der ethischen und fatalistischen Verkürzung der Botschaft betont Augustinus die Bedeutung der einen, heiligen und katholischen Kirche, die uns allein aus dem Konflikt zwischen Mani und Pelagius helfen kann. Sie ist zunächst die hierarchisch geordnete Heilsanstalt im Sinn der apostolisch begründeten Bischofslisten:

»Mich hält (im Schoß der Kirche) die Übereinstimmung der Völker und Nationen, es hält mich darin die durch Wunder begründete, durch Hoffnung genährte, durch Liebe gemehrte, durch das hohe Alter gekräftigte Autorität; es hält mich fest die von dem Bischofssitz des heiligen Petrus selbst bis zu dem jetzigen Episkopat sich fortsetzende Aufeinanderfolge der Bischöfe, es hält mich fest der Name ›Katholische Kirche‹.«
(Ep 54,1)

Diese sichtbare Kirche der fest gefügten Tradition ist aber auch zugleich die Versammlung der Heiligen. In ihr ist jedenfalls die Schar der Prädestinierten zu finden, die Gott erwählt und berufen hat. Weil man aber diese Erwählten nicht feststellen kann, weil Unkraut und Weizen noch vermischt sind, wartet die Kirche auf ihre Reinigung nach dieser Erdenzeit. Bricht hier mit Macht Eschatologie herein, so wirkt der dritte zentrale Gedanke wieder sammelnd. Die Kirche ist jetzt schon das Tausendjährige Reich und darum zur Weltherrschaft berufen. In seinem großen Werk vom »Gottesstaat« *(De Civitate Dei)* hat Augustinus das ausgeführt. Papst und Kaiser haben das, jeder in seinem Sinn, verstanden.

4. *Der Kampf mit den Donatisten*

Durch den Kampf mit den *Donatisten,* die ihm sonderlich in seinem Kirchengebiet zu schaffen machten, erfuhren die Sätze über die sichtbare Kirche ihre besondere Verschärfung. Die unter Umständen mit Staatsgewalt zu erzwingende Einheit der Kirche erschien Augustinus eine »Verfolgung aus Liebe« zu rechtfertigen. Er hielt sie für berechtigter als die »Freiheit des Irrtums«. Und doch zog er daraus nicht den Schluss, nur das von den Priestern seiner Kirche gespendete Sakrament habe Gültigkeit. Obwohl ihm die Donatisten in seinem eigenen Kirchensprengel zahlenmäßig zunächst überlegen waren, erkannte er ihre Taufe an und nahm damit die Stellung des römischen Bischofs im Ketzertaufstreit des dritten Jahrhunderts ein. Irgendeine Anerkennung der Andersgläubigen war aber damit nicht gegeben. Der Segen des Sakraments bleibt an die Kirche und letzten Endes an die Prädestination gebunden. Diese Überlegungen machten Augustinus fähig, nach einem vergeblichen Religionsgespräch mit den Donatisten (411) dem staatlichen Verfolgungsgesetz gegen sie zuzustimmen.

5. *Der »Gottesstaat«*

Das Problem »Staat und Kirche« war damit noch einmal aufgerollt. In seinem umfangreichen Werk über den Gottesstaat hat Augustinus seine weit tragenden Sätze in apologetischer Richtung veröffentlicht. Über den unmittelbaren Anlass hinaus – den Heiden zu beweisen, dass die Kirche am schlimmen Zustand der

Zeit, an der Auflösung des Römischen Reiches durch die Völkerwanderung keine Schuld trage – hat er hier die großen Linien gezogen, um die Überlegenheit der unsichtbaren und doch sichtbaren göttlichen Kirche über die von Dämonen bestimmten Reiche dieser Welt aufzuzeigen. Dem mit der Sünde verbundenen Staat kann darum nur dadurch geholfen werden, dass er sich der Kirche unterordnet. Wir sehen, eine kirchenunabhängige und doch von Gott her kommende Verantwortung des Staates hat erst die Reformation in den Blick genommen. Durch Augustinus ist der schwere Kampf zwischen Kirche und Reich für das folgende Jahrtausend begründet.

6. Die Prädestination

Warum aber bleibt das Denken dieses Kirchenvaters an den entscheidenden Punkten gebunden, warum bricht der freie Strom neutestamentlicher Erkenntnis nicht durch, wiewohl auch Paulus, besonders in der Auslegung des Römerbriefes, stark in das Gesichtsfeld tritt? Augustinus hat die Gnade durch die Prädestination entpersonifiziert und auf die Erwählten allein die *gratia irresistibilis,* die »unwiderstehliche Gnade«, bezogen. Mit dieser logisch-beschränkten, um ihre wirkliche Stoßkraft gebrachten Gnade verband er weiter den Satz, dass die *gratia* sich als helfende Kraft, einem Fluidum ähnlich, dem guten Willen des Glaubenden mitteile. Dieser Glaubende ist aber im Grunde nichts anderes als der Gott Liebende. Und hier liegt der Schwerpunkt der augustinischen Frömmigkeit. »Gott anhängen« als die höchste Seligkeit, durch Christus zu Gott emporsteigen, in der hingebenden Liebe auf alles verzichten und darin Gottes innewerden – das ist das Glück des Menschen. Auf dieser Liebe, nicht auf dem Glauben allein steht das letzte Wort Augustins.

7. Der neuplatonische Einfluss

Der bis an Augustins Tod wirkende Einfluss des Neuplatonismus hat alle biblischen Gedanken dieses tief dringenden und alle Gebiete erfassenden Geistes beeinflusst. Man kann zwar für fast alle evangelischen Wahrheiten einen Beleg in einer seiner Schriften finden, aber der Gesamteindruck ist doch der: Eine fremde Macht hindert den Durchbruch der paulinischen Grunderkenntnisse, lähmt immer wieder das Zeugnis von der in Jesus Christus geschichtlich und persönlich geschehenen Erlösung, lenkt immer neu den Blick auf die Geheimnisse der Prädestination, des magischen Taufverständnisses, der Gnadeninspiration und endlich auf den, vor dem alles zurücktritt, den Gott der Liebe. Und hier tut sich der eigentümlich mystische Ton bei Augustinus überwältigend kund. Im Augenblick, da er von dieser geheimnisvollsten Berührung mit Gott spricht, schwebt die befreite Seele gleichsam schon in anderen Sphären. Im letzten Gespräch mit der Mutter, wie es im 3. Buch der »Bekenntnisse« aufgezeichnet ist, hat uns der dankbare Sohn in diese verborgene Welt hineinsehen lassen:

»Wir sprachen über das, was wir soeben erlebt: wie die Unruhe des Fleisches zum Schweigen kommt und alle inneren Vorstellungen von irdischen Dingen stille werden; wie die Pole schweigen und die Seele nicht mehr spricht; wie sie nicht mehr an sich denkt und im Entzücken hinausgehoben wird über sich. Alle Träume und alle Traumgebilde, alle Sprachen und alle Zeichen schweigen ihr – es wird lautlose Stille. Dann aber vernimmt das wache Ohr, wie alle Dinge sprechen: Wir haben uns nicht selbst gemacht, er tat es, der in Ewigkeit bleibt. Und schon verstummen sie wieder und lauschen dem, der sie gemacht hat, und nun spricht er allein. Er spricht nicht durch sie, sondern durch sich selbst, dass wir seine Stimme hören. Er spricht nicht durch Menschenlippen, nicht durch Engelstim-

men, nicht durch den Donner der Wolken, nicht durch Rätsel und Gleichnisse. Nein, er selbst spricht, den wir in all diesen Dingen lieben, er spricht zu uns unmittelbar. Denn unsre Seele ist immer höher gestiegen bis zu ihm hinauf und in einem auf flammenden Gedanken, einen Augenblick lang hat sie die ewige Wahrheit berührt, die über den Welten ruht.« [120]

8. Der Einfluss auf die Kirchengeschichte

Man muss stillstehen vor der Reinheit und Schönheit des augustinischen Denkens. Für die kirchengeschichtliche Entwicklung aber wird es gerade unter dem Eindruck dieser Erfahrungen Augustins deutlich, wie ungemein stark die neuplatonischen Gedanken sich in der Mystik des Mittelalters ausgewirkt haben. Hier wird Jesus in seiner Knechtsgestalt nicht mehr ganz ernst genommen. Der schauende Geist gelangt zu höheren Gefilden und ist dennoch in seinem Ich gefangen und findet darin sein Glück. Im Augenblick, in dem es zur vollen Wendung zu Gott kommen soll, bleibt der Mensch im eigenen Wunschbild hängen, verlässt er den harten Kampfplatz der Welt und führt den Streit gegen den feinsten Egoismus nicht bis zum Ende durch. Nicht dass der Bischof von Hippo den Gegenwartsaufgaben entsagte, aber ganz ist sein Herz nicht mehr dabei, denn sein Innerstes verzehrt sich in Sehnsucht nach der anderen Welt.

Zunächst gelang es dem folgenden Jahrhundert, die »gefährlichen« Sätze des Kirchenvaters »semipelagianisch« (= halbpelagianisch) abzuschwächen. Was er von der Prädestination und der Unwiderstehlichkeit der Gnade zu sagen hatte, wurde beiseite gelassen, als man 529 auf der *Synode von Orange* die übrigen Sätze Augustins anerkannte. Der Heilige war damit für die Kirche gerettet. Den mit den letzten und schwersten Fragen

---

[120] Nach der Übersetzung von E. Zurhellen-Pfleiderer, Göttingen, 1907

kämpfenden Theologen aber glaubte man der Vergessenheit überliefern zu können. »Was immer und überall und von allen geglaubt wurde«, ist jetzt nach Vinzenz von Lerinum katholische Tradition. Ein Satz, der in allen seinen Teilen geschichtlich unwahr ist. »Unser Herr Christus nannte sich nicht die Gewohnheit, sondern Wahrheit«, hatte Tertullian noch zu bekennen gewagt. Augustinus aber wurde nun als Mann der Kirche mehr und mehr der Vertreter des Autoritätsglaubens.

Dennoch ist dieser einzigartige Theologe eine Quelle ständiger Unruhe für seine Kirche geblieben. Er hatte zuviel vom lebendigen Wort in sich aufgenommen, um nicht für Jahrhunderte ein Wegweiser zur persönlichen Frömmigkeit zu werden und um nicht die Christenheit davor zu bewahren, hinter der sichtbaren Kirche die wahre Gemeinschaft der Heiligen, hinter dem Werk des Menschen die allein und alles wirkende Macht der Gnade, hinter der kirchlichen Autorität die lebendige Stimme zu vergessen, deren unüberhörbarer Ton ihm einst bei Paulus begegnet war. Ohne Augustinus kein Anselm von Canterbury, kein Bernhard von Clairvaux.

12. Kapitel
Die christologischen Kämpfe des 5. Jahrhunderts

1. Die Kirche in der Hand des Staates

Was sich im Zeitalter Konstantins auf dem Wege der einheitlichen Reichskirche angebahnt hatte, fand unter Konstantins Nachfolgern in steigendem Maße seine Fortsetzung. Standen sich bisher die einzelnen Provinzialkirchen in mehr oder weniger selbstständiger Haltung gegenüber, so sorgte nun die kaiserliche Gewalt dafür, dass der Zusammenhang der einen katholischen Kirche nach außen und innen in Erscheinung trat. Als Instrument hierzu dienten vor allem die Reichssynoden. Hier werden die gemeinsamen Ordnungen der Zucht, namentlich für die Kleriker, und bald auch die Formulierungen der Lehrgesetze verhandelt. Unter staatlichem Druck wird der Kampf gegen die Ketzer unternommen. Kaiser wie Valentinian I. (364-375) und Theodosius der Große (379-395) fühlten sich durchaus als Beschützer des rechten Glaubens.

Die kirchlichen Führer sahen in dieser Konzentration eine sehr willkommene Stärkung des christlich-katholischen Einflusses im Gesamtreich. Im Übrigen beauftragten die Kaiser in Einzelfragen, z.B. bei Klagen über Bischöfe, die Provinzialsynoden, auf denen dann immer noch im Notfall kaiserliche Kommissare zugegen sein konnten. In der Auseinandersetzung mit den Donatisten ist davon mehr als einmal Gebrauch gemacht worden.

2. Die Kirche im Osten

Sieht man die Gesamtentwicklung vom Osten her, so kann es den Anschein gewinnen, als verliere die Kirche mehr und mehr ihre Freiheit und werde nichts anderes als ein Organ des Staates. Hier wirkte besonders auch die soziale Bevorzugung mit, die dem Klerus verliehen wurde. Im Steuerwesen, in der Gerichtsbarkeit, in ungezählten Verwaltungsgesetzen zeigte es sich, dass der Staat in der Kirche und in ihren Vertretern die ihm eigene und förderliche Behörde sah, die er vor allen anderen Einrichtungen heraushob. Kein Wunder, dass dadurch das Ansehen der Bischöfe wuchs. Sie wurden die Schiedsrichter in den kleineren Rechtsangelegenheiten des Volkes, sie boten den Verfolgten Schutzhaft, sie nahmen sich der Armen, der Heimatlosen, der Kriegsgefangenen an.

Überall, wo der Staat in einseitiger Strenge die Gesetze handhabe, die persönliche Freiheit der einzelnen Unternehmungen beschnitt, suchte und wusste die Kirche mildernd, ausgleichend zu wirken. Das hat ihr in der Volksseele Vertrauen erworben, und doch ist es auch der Anlass für sie geworden, ihren Schwerpunkt zu verlagern. Diese Kirche wurde selbst ein Machtfaktor, gewann einen Riesenbesitz an Ländereien und dachte dabei durchaus nicht daran, die dazu nötigen Sklaven zu entlassen. Dass ein Sklave ein höheres kirchliches Amt erreichen könnte, erscheint im 4. Jahrhundert als unmöglich.

3. Der Machtzuwachs der Kirche im Westen

Etwas anders gestaltet sich das Bild im Westen. Das kaiserliche Regiment hat hier nie so stark durchgegriffen wie im Osten. Alte Römerart blieb es, in Stadt- und Provinzialbezirk die bürgerliche Selbstständigkeit zu wahren. Vor allem aber leistete die Kirche von Anfang an Widerstand, der im Verhalten der römischen und afrikanischen Kirche schon seit dem 3. Jahrhundert ausgeprägt ist.

Früh erkannten die römischen Bischöfe die Gefahr der kaiserlichen Kirchenpolitik. Mutig unterstützten sie Athanasius gegen seine arianischen Gegner bis hin zum Kaiserthron. Klug ergriff auch der kommende Papst Julius I. auf der Synode von Sardika (342) das Recht, abgesetzten Bischöfen auf dem Wege einer neuen Provinzialsynode zu helfen. Weitere Vollmachten werden dem Bischof von Rom durch die Kaiser Gratian und Valentinian II. zugesprochen, indem ihm das Gericht über alle westlichen Metropoliten übergeben wird. Gleichwohl gelang es dem Mailänder Ambrosius durch die Gewalt seiner Persönlichkeit, einen den Römern ebenbürtigen Einfluss zu erlangen. Den Rahmen der Reichskirche aber füllten sie alle nicht. Hier blieb der Kaiser der unbestrittene Herr.

Er konnte das aber nur so lange sein, wie ihm die politischen Mittel hierzu zur Verfügung standen. Mit dem Sinken seiner Macht, mit dem Einbruch der Germanen im Westreich wird es für die Kirche zur unabweisbaren Frage, wer das entscheidende Wort in ihr zu sagen habe. In diesem Augenblick beginnt der Kampf der in den Hauptstädten tätigen Bischöfe, der Metropoliten, untereinander. Und dieser Kampf ist es, der den gleichzeitig einsetzenden dogmatischen Streit so unsagbar schwer und hoffnungslos macht. Alles, was seit Nicäa durchgerungen war, bricht nun mit erneuter Gewalt auf und wird jetzt unter politischen Gesichtspunkten gesehen. Der Gedanke der einen Kirche geht durch den Ehrgeiz und die Kurzsichtigkeit der Führer verloren.

4. Der alte Streit: Wer war Jesus?

Es sind wie bei Arius die letzten und ungelösten Fragen, die in neuen Wendungen das Kampffeld des 5. Jahrhunderts beherrschen. Ging es bei Nicäa um das Verhältnis des Sohnes zum Vater, um den Grund der Erlösung durch den, der gleichen Wesens mit dem Vater ist, so ist nun eine noch schwerere Not offenbar geworden in der Frage nach dem Menschsein Jesu. Kann der, der den Logos in sich trägt, im Vollsinn ein Mensch sein? Kann das Endliche die Behausung des Unendlichen werden? Alte Kämpfe von Origenes her werden damit wieder lebendig. In der Zeit, da die Hierarchie die Kirche in ihre Eisenklammern spannen will, rafft sich der griechische Geist noch einmal auf, um seinen schärfsten Widerstand am Evangelium zu offenbaren. So kommt es, dass uns in den nun folgenden Kämpfen nicht nur Politiker begegnen, sondern auch Theologen von bedeutendem Maß.

Hier muss zuerst *Apollinaris von Laodizea* († um 390/95) genannt werden. Das Verhältnis von Gottheit und Menschheit

Christi hat er in aller Tiefe durchdacht. »Christus war unmöglich im Vollsinn ein Mensch. Denn wo ein solcher ist, da ist auch Sünde«. Dass Jesus mit menschlichem Fleisch bekleidet war, ja eine Seele besaß, ist noch begreiflich, aber die Vernunft wird bei ihm durch den Logos ersetzt. Er ist das persongestaltende, einheitliche Prinzip bei Christus. Und darauf läuft nun bei Apollinaris alles hinaus. Er wollte das Christusbild vor dem künstlichen Zerteilen in zwei Naturen (= zwei Personen) retten:

> *Nicht von zwei Naturen sprechen wir bei dem einen Sohn, von einer, die anzubeten ist, und einer, die es nicht ist, sondern nur* von einer Natur des Gottes Logos, die *Fleisch geworden und angebetet wird mit seinem Fleisch in einem Gebet.*

Damit war das Hauptanliegen der griechischen Theologie zum Ausdruck gebracht: die eine Natur, bei der wir vor dem Wunder der Menschwerdung stehen und damit vor dem Fundament der Kirche und ihrer Erlösungsbotschaft.

Es mag Athanasius und seinen kappadozischen Freunden, Gregor von Nazianz und Gregor von Nyssa, nicht leicht geworden sein, den Angriff auf Apollinaris zu eröffnen. Sie mussten ihn unternehmen, um die volle Menschheit Jesu zu retten. Sie taten es schweren Herzens, weil sie im Grunde nichts anderes betonen wollten als das Geheimnis der einen »vergotteten Natur«. Dennoch ist durch diese Theologie des von der Kirche verurteilten Apollinaris der scharfe Keil hineingestoßen worden, der in den Kämpfen der folgenden Jahrhunderte die Gegner schied.

Die Fronten wären nicht in solcher Wucht aufeinandergeprallt, wenn sich nicht die Lehre der *antiochenischen Theologen* mit vollem Bewusstsein gegen den Apollinarismus gestellt hätte. Diodor, 378 Bischof von Tarsus († 394) und Theodor, Bischof von Mopsuestia (350-428), hatten auf Grund ihrer exegetischen Arbeiten am Neuen Testament das geschichtliche Bild Christi wieder herausgearbeitet. Die Tragik ihrer Entdeckung liegt aber darin, dass sie dadurch nicht zu einer neuen christologischen

Verkündigung kommen, sondern ihr Ergebnis mit der bisherigen Logoslehre verbinden. Ihre Aussagen gewinnen so einen schematischen Charakter, indem sie zwei Naturen in Christus unterscheiden, auf die nun die neutestamentlichen Aussagen verteilt werden.

> *»Der Gedanke einer Wesenseinigung hat nur da Wahrheit, wo zwei gleichen Wesens sind. Wo verschiedenes Wesen ist, da ist er eine Lüge. Die Art der Einigung aber, die nach dem Wohlgefallen sich vollzieht, bewahrt die Naturen unvermischt und zeigt uns die aus beiden gebildete Person als eine, untrennbar eine, und einen Willen und eine Tatkraft mit der daraus folgenden einen Selbstständigkeit und Macht.«* [121]

Sooft hier auch die Einheit betont ist, der Akzent ruht doch auf dem Nebeneinander zweier in sich verschiedener Wesenheiten. Ihre Einheit ist darum nie eine wirkliche, sondern immer nur eine willentliche. Zu einer durchschlagenden Christologie haben es deshalb die Antiochener nicht gebracht. Ihre Stärke war die Kritik der anderen Standpunkte und ihre exegetische Genauigkeit. Die Not der Zeit aber forderte mehr und darum steht Apollinaris einem Athanasius im Grunde doch wohl näher als die Antiochener. Hinter deren scheinbar sachlichem, exegetischem Denken lauert der alte Feind in allem Griechentum: Christus ist nach seiner göttlichen Seite nicht leidensfähig, dann ist es schließlich der Mensch Jesus allein, der das Werk der Erlösung vollbringt. Man muss verstehen, dass gegen eine solche Formulierung Sturm gelaufen wurde. Waren diese Antiochener in Wahrheit noch die Anwälte gegen den neu aufbrechenden Doketismus, wenn sie die Kirche dem Rationalismus, dem nur noch Denkbaren auslieferten und das Wunder draußen ließen?

Die Alexandriner standen zur Linie des Apollinaris. Bei ihnen vollzog sich aber das Widerspiel von theologischer Tradition

---

[121] Theodor von Mopsuestia bei Swete II 331,1ff

und kirchenpolitischen Gesichtspunkten. Sie kamen von Origenes her und wussten von da aus in der Tat etwas um die Schwere der Fragen und sie waren nicht lange nach Athanasius die Verwalter desselben Amtes. Und doch überdeckt an der entscheidenden Stelle ihr Machtkampf gegen das kaiserliche und bischöfliche Konstantinopel jede theologische Überlegung. In den beiden Kämpfen mit Nestorius und Flavian, den Bischöfen von Konstantinopel (»Neu-Rom«), offenbart sich die Leidenschaft der Alexandriner.

5. Nestorius von Konstantinopel gegen Cyrill von Alexandria

Es wurde schon als ein erster Sieg gebucht, als es Theophilus, Patriarch von Alexandria, gelang, Johannes Chrysostomus (geb. 349/50 in Antiochia, seit 398 Patriarch von Konstantinopel) zu stürzen. Angeblich spielte hier die antiochenische Theologie dieses volkstümlichen und durch Leiden gegangenen Mannes hinein. In Wirklichkeit war sie nur der Anlass, dem Kaiser zu beweisen, welche Macht am Nil vorhanden war und wer das letzte Wort der Ostkirche zu sprechen habe. Chrysostomus wurde 403 verbannt, noch einmal begnadigt, 404 wieder verbannt, 407 nach Pityus. Auf der Reise dorthin starb er. Sein Ruf im Sterben: »Gott sei gedankt – für alles!« klingt schon aus einer anderen Welt in diese intrigenreiche Diplomatie seiner Zeit hinein.

Kaum 25 Jahre später erfolgte der zweite Angriff. Den Patriarchen Nestorius von Konstantinopel (um 381 bis um 451), einen strengen Antiochener, ließ es nicht ruhen, dass man von Alexandria her Maria die »Gottgebärerin« nannte. Er schlug, um den Gegnern entgegenzukommen, den Ausdruck »Christusgebärerin« vor. Umsonst! Das Stichwort zum Kampf war gefallen und die Fackel entzündete die Kirche.

Es ist mit Recht als das eigentliche Ärgernis in der ganzen Angelegenheit bezeichnet worden, dass sich in diesem Zweikampf zwischen Nestorius und dem Alexandriner Cyrill unerwarteterweise der römische Bischof Coelestin I. auf die Seite Cyrills stellte. Theologisch gehörte er zu den Antiochenern. Sie standen beide nach alter Tradition auf dem Dogma der zwei Naturen. Es ist nur der Gegensatz zu dem politisch immer mächtiger werdenden Konstantinopel, der das Bündnis mit Alexandria veranlasst. Nestorius wird auf dem Konzil zu Ephesus verurteilt (431). Ein schwacher Kaiser, Theodosius II., gibt dem Drängen zweier Kirchenhäupter nach und opfert seinen eigenen Patriarchen! Zwei Jahre später – 433 – soll eine armselige Unionsformel zwischen den Streitenden den Schaden wieder gut machen. Und Cyrill ist charakterlos genug, sie zu unterschreiben, hat er doch sein Ziel erreicht und den Sieg über den Rivalen errungen. Rom aber musste bald erkennen, dass es unter Preisgabe seiner theologischen Stellung lediglich ein politischer Spielball des gewaltigen Alexandrias geworden war.

Auch nach dieser Niederlage blieben die Antiochener im Osten noch stark genug, um den Nachfolger Cyrills, den Bischof Dioskur, auf den Kampfplatz zu rufen. Eutyches, ein alexandrinisch gesinnter Theologe, wurde um seiner Einnaturenlehre – Christi Körper habe nur scheinbar menschliche Züge – von Bischof Flavian von Konstantinopel abgesetzt. Daraufhin forderte Dioskur eine vom Kaiser einzuberufende Reichssynode in Ephesus. Beide Parteien – die Antiochener und die Alexandriner – riefen nun den römischen Bischof an. Diesmal aber saß kein Cölestin, sondern der bedeutende Leo I. (440-461) auf dem römischen Stuhl. Er war Theologe genug, um die Unhaltbarkeit des Bündnisses mit Dioskur und dessen heimlichem Doketismus zu erkennen, und Politiker genug, um eine neue Stärkung des Alexandriners abzulehnen. Mit der Parteinahme Leos ist der christologische Kampf zugunsten Konstantinopels besiegelt. Zwar gelang es Dioskur noch, auf der von Leo so genannten

»Räubersynode« von Ephesus (449) Flavian zu beseitigen. Als aber kurz darauf Pulcheria ihren schwachen Bruder Theodosius auf dem Kaiserthron ablöste, ist die Stunde gekommen, in der sich die kaiserliche und römische Politik gegen Alexandria verbünden. Aus dieser Union ist im Jahre 451 das Konzil von Chalcedon erwachsen. Es sollte den Kampf beenden, die gegnerischen Anschauungen noch einmal wie 433 überbrücken und dadurch die Reichskirche vor dem Auseinanderbrechen bewahren.

6. Das Konzil von Chalcedon (451)

Feierlich lauten die Sätze:

> »*Wir bekennen einen und denselben Christus, Sohn, Herrn, Eingeborenen, der in zwei Naturen, unvermischt und unverwandelt, ungetrennt und ungesondert erkannt wird. Bei der Einigung ist der Unterschied der Naturen keineswegs aufgehoben, vielmehr wird die Eigenheit jeder Natur gewahrt, die beide in eine Person und in eine Hypostase zusammenlaufen. Dieser Christus ist auch nicht geteilt oder getrennt in zwei Personen, es ist ein und derselbe Sohn und Eingeborene, Gott Logos und Herr Jesus Christus, wie es in der Vorzeit die Propheten von ihm gelehrt haben und es der Herr Jesus Christus selbst getan hat und das Symbol der Väter es auf uns gebracht hat.*«

Das Chalcedonense ist kein Bekenntnis für einen Gottesdienst. Es ist eine scharfe theologische Formulierung mit dem Ziel, Antiochia und Alexandria zur Verständigung miteinander zu bringen. Jede Seite soll dabei zu ihrem Recht kommen. Gleichzeitig wird jede Aussage durch die entgegengesetzte korrigiert: unvermischt – ungetrennt. Das kann als irrational angesehen werden, aber auch als paradoxes Geheimnis, vor das uns Jesus Christus stellt. Zwei Naturen und doch eine Person. Das will in Chalcedon zur Sprache kommen. Dass es nur zum Teil gelungen ist, die

Einheit der Kirche zu erhalten, lag nicht nur am Machtdenken der Kirchenführer, sondern am Geheimnis des Christus selbst, der sich in keine logische Formel pressen lässt. Und so ist es gekommen, dass eine ganze Reihe kleiner Ostkirchen aus der Großkirche ausschieden.

7. Der Riss zwischen Rom und Konstantinopel

Hinter den antiochenischen Sätzen – zwei Naturen und eine Person – stand vor allem der römische Bischof. Ihm lag das innerste Ringen der Ostkirche fern. Er sah nur den nächsten Zweck der Union. Als Dioskur abgesetzt und Leos Formeln angenommen waren, glaubte man in Rom, den Sieg erlangt zu haben. In diesem Augenblick aber schuf die kaiserliche Politik die bleibende Rivalität zwischen Rom und Konstantinopel, indem der 28. Kanon von Chalcedon »Neu-Rom« als gleichberechtigt neben »Alt-Rom« stellte. Nun lag die Einheit der Kirche eben doch in der Hand des Kaisers.

Am Chalcedonense brechen alle folgenden Kämpfe auf. Der Osten konnte sich unmöglich zufrieden geben mit einer Formel, die ihm die »zwei Naturen«, und noch dazu unvermischt, aufzwingen wollte. Das Geheimnis der Kirche schien verraten zu sein, der Kirche, die auf die Erlösung durch den Gottmenschen beruhte und die nie und nimmer durch willensmäßige, ethische Einheitsformeln ersetzt werden konnte. An diesen Unmöglichkeiten eines kaiserlich-römischen Zwangsverfahrens hat sich der Osten verausgabt.

Was zu erwarten war, trat ein. Ägypten lehnte die Formel ab, es kam bis zur Ermordung des aufgezwungenen, antiochenisch gerichteten Patriarchen von Alexandria. Vergeblich versuchte *Kaiser Zeno* durch eine Ergänzungsformel die verhängnisvollen Worte von den »zwei Naturen« fortzulassen (482):

» Wir bekennen den, der eines Wesens ist mit dem Vater nach der Gottheit und eines Wesens mit uns nach der Menschheit. Einer war es und nicht zwei. Von einem stammen die Wunder und die Zeichen. «

Damit war wohl für kurze Zeit der Riss zwischen Alexandria und Antiochia verdeckt, aber den entschiedenen »Monophysiten« (Einnaturigen) konnte dieses *Henotikon* (»einig«) keine Lösung sein, im Gegenteil, es schuf andererseits noch den Bruch mit dem Westen, indem Rom für mehr als 30 Jahre die Kirchengemeinschaft mit dem Osten aufhob. So sahen die Kaiser des 6. Jahrhunderts keinen anderen Weg, als das Chalcedonense in aller Form wieder einzusetzen.

Trotz aller monophysitischen Bemühungen gelang es nicht, die Zersplitterung des Ostens in eine Reihe von Nationalkirchen zu verhindern. Die syrische (Jakobiten), koptische (Ägypten) und in Verbindung mit ihr die äthiopische Kirche sonderten sich ab. Sie sahen im arabischen Vorstoß das gerechte Gericht über die vom Kaiser irregeleitete Großkirche. Ihrem eigenen Bekenntnis wurden allerdings dabei sehr viele untreu. Auch die seit dem Ende des 3. Jahrhunderts bestehende armenische Staatskirche trennte sich, obwohl sie zeitweilig unter nestorianischen Einflüssen gestanden hatte, schließlich aus monophysitischen Gründen von der Reichskirche (7. Jahrhundert).

Vor die Botschaft des Evangeliums, die den Griechen und Barbaren galt, war eine Theologie getreten, die mit der griechischen Philosophie das Geheimnis logisch zu zergliedern suchte. Das Lebensinteresse der Völker des Ostens lag aber auf einem anderen Gebiet. Ihnen war das theologische Ringen im Grunde fremd. Ihr Sinn war auf die mystische Vereinigung mit dem Heiligen gerichtet. Das Christentum der Mönche trägt weithin magische Züge in sich. Hier ist die Anbetung des Kreuzes in reliquienhafter Weise verstanden, indem man »heiliges Holz« berührt. Hier verbreitete sich vor allem auch die Marienverehrung.

Diese Religion »zweiter Ordnung« (Harnack) besitzt eine ungemein zähe und volkstümliche Kraft. Sie lässt den Menschen in seinen überkommenen Vorstellungen, sie führt ihn nicht zur Entscheidung, die auch das Denken und den Willen aufruft, sondern zu jener gefühlsmäßigen Haltung, die einer allgemeinen Religiosität, dem Leben in einer heiligen Sphäre entspricht.

TEIL II

Das Mittelalter

13. Kapitel

Von Leo I. bis Gregor I., dem Großen (440-604)

1. Die biblische Begründung des Papsttums

An der Geschichte des Papsttums sind immer wieder Menschen zu der Überzeugung gelangt, vor dem sichtbaren Erweis göttlicher Führung zu stehen. Gar zu oft sprechen die einzelnen Umstände eine geradezu überwältigende Sprache, haben doch gute und böse Zeiten dazu beigetragen, den Einfluss Roms zu verstärken. Alles, was sichtbarer Erfolg, äußerer und eindrucksvoller Glanz ist – hier tritt es mit einer Macht in Erscheinung, die alles Übrige in der Welt, selbst die Reiche der Cäsaren, in den Schatten stellt. Ohne Zweifel, wer mit menschlichen Maßstäben misst, der muss beeindruckt sein. Weil es aber in der Kirche um die Ziele Gottes geht, bleibt unser Messen immer zu kurz, sobald es die letzten, eschatologischen Linien aus den Augen lässt. Erst von da aus fällt auch in dieses Werden und Wachsen einer Kirche das Wort: Was aber sichtbar ist – das ist zeitlich!

Das Papsttum hat die Würde der »ewigen Stadt«, das Erbe der Kaiser und ihrer zentralen Weltregierung mit dem Ruhm verbunden, Lenker der Gemeinde zu sein, in der Paulus und Petrus ihr Leben gelassen haben. Je unsicherer die Entscheidungen in den Fragen des Glaubens und der Kirchenleitung wurden, umso gläubiger sah man auf Rom und sein Taufbekenntnis, auf den Kanon der Schrift, wie ihn Rom vertrat, und vor allem auf die lückenlose Bischofsliste, die apostolische Sukzession, die man auf Petrus zurückführte. Männer wie Irenäus und Cyprian haben bei aller Selbstständigkeit ihrer Kirche, sobald sie an die Ganzheit des Leibes Christi auf Erden dachten, doch immer wieder auf Rom geblickt als auf den sichtbaren Mittelpunkt, an dem man mehr als irgend sonst in der Welt erkennen könnte, was katholisch, d.h. allgemeingültig ist.

Die Anschauung von der im römischen Bischofsstuhl gegebenen Einheit der Kirche erhielt durch Matthäus 16 ihre Hauptstütze. Weder Alexandria noch Konstantinopel konnten dem etwas Ähnliches entgegenstellen, mochten sie in den christologischen Kämpfen noch so auf ihre politischen Vorteile pochen. Sie blieben im Raum der Staatsgeschichte des oströmischen Reiches, um dann auch mit ihm zu versinken. Rom aber gründete sich auf das Herrenwort: »Du bist Petrus, und auf diesen Felsen will ich meine Gemeinde bauen, und die Pforten der Hölle sollen sie nicht überwältigen« (Mt 16,18). Aus der Zerrissenheit der Kirche und ihrer Sondermeinungen ragte hier der einzige Fels heraus, auf den sich die Jahrhunderte stellen durften. Das Amtsbewusstsein der Männer wie Viktor im 2. und Siricius im 4. Jahrhundert, das Auftreten der Bischöfe Roms bei den großen dogmatischen Streitigkeiten des Ostens von Nicäa bis Chalcedon, die Haltung sonderlich eines *Leo I.* (440-461) – das alles ist gar nicht anders zu erklären als letzten Endes durch die Auslegung der Schrift, zu der man bald auch die Worte: »Weide meine Lämmer« (Joh 21,15-17) und »Stärke deine Brüder« (Lk 22,32) zählte.

Dass diese Kernworte nicht nur dem Petrus, sondern allen seinen Nachfolgern galten, und dass sie im Sinn einer amtlichen Beauftragung, einer rechtlichen Verwaltung der gesamten Kirche zu verstehen seien, unterlag keinem Zweifel. In der Auseinandersetzung mit *Hilarius, dem Bischof von Arles,* kommt Leos grundsätzliches Verständnis seines Papsttums deutlich ans Licht:

»Den geliebten Brüdern allen in der Vienensischen Provinz eingesetzten Bischöfen Leo, Bischof von Rom.
Das heilige Amt der Verkündigung der ewigen Wahrheit hat Jesus Christus nur in der Weise allen Aposteln auferlegt, dass er es vorzüglich dem seligsten Petrus, dem höchsten aller Apostel zuteilte (Mt 16,18f); von diesem will er, sollen wie vom Haupte seine Gaben sich über den ganzen Körper ergießen, so dass, wer es wagte, von Petri Festigkeit sich zu entfernen, wissen muss, dass er am göttlichen Geheimnisse keinen Teil mehr hat. Eure Brüderlichkeit möge also mit uns anerkennen, dass der apostolische Stuhl nach der ihm gebührenden Ehrfurcht auch von den Bischöfen eurer Provinz durch unzählige Berichte zu Rate gezogen und ihre Entscheidungen entweder rückgängig gemacht oder bestätigt wurden (epistolae decretales). Von diesem Wege aber hat sich Hilarius entfernt. Er wünscht euch derart seiner Gewalt zu unterwerfen, dass er selbst dem heiligen Apostel Petrus nicht untertan sein will. Wer immer aber diesen seinen Vorrang bestreiten zu müssen glaubt, kann freilich dessen Würde nicht vermindern, aber vom Geiste des Stolzes aufgeblasen, stürzt er sich selbst in den Abgrund.«

Es ist darum nur zu begreiflich, dass man von dieser Grundauffassung her auch nachträglich die Geschichte korrigiert hat. Nun sollte schon Nicäa beschlossen haben: »Immer hat die römische Kirche den Primat gehabt!« Tatsache ist, dass man bis zu Chalcedon wohl von einem Ehrenplatz Roms sprach, dem aber Neu-Rom (Konstantinopel) nicht nachstehen sollte. Über solche Konstruktionen hinaus aber ragt die geschichtlich beglaubigte Tat Leos I., der den Hunnenkönig Attila bewog, ohne Plünderung von Rom wegzuziehen. In dieser welthistorischen Stunde stand der damals schon Papst genannte Führer der römischen Christenheit wie ein Fels. Kein Wunder, dass seine Person sagenhaft verklärt wurde, als er beim bald darauf folgenden Einbruch Attilas und Geiserichs zum zweiten Mal Rom rettet. In der Not der Stunde gewinnt der römische Stuhl eine ernste politische Bedeutung.

Aus dieser zeitgeschichtlich begründeten Stellung hat Leo auch nach Osten hin den Anlass genommen, in einem Brief an den Bischof von Thessalonich Anweisungen zu geben, wie sie nur aus einem ganz bestimmten Bewusstsein seiner Vollmacht zu erklären sind.

» Wenn es sich aber um eine wichtige Sache handelt, die von deiner Brüderlichkeit, die dort den Vorsitz führt, nicht entschieden werden kann, so schicke einen Bericht ein und frage bei uns an. Denn unsere Vertretung haben wir deiner Liebe so anvertraut, dass du zwar zur Teilnahme an unserer Sorge, nicht aber zur Fülle unserer Macht berufen bist. «

2. Gregor I. – Jurist und Mönch

a) Leben und Theologie

Man versteht von hier aus, wie in den Zeiten des nach Justinian I. (527-565) im Abstieg befindlichen Kaisertums sich alle Macht auf den Bischof von Rom konzentrierte und alle politischen, wirtschaftlichen und kirchlichen Instanzen sich an ihn klammerten. In Gregor I., der von 590 bis 604 die Geschichte der Kirche weit über Rom hinaus zu lenken hatte, spiegelt sich geradezu der Kampf eines Mannes, den diese ungewöhnlich verantwortungsvolle Macht mit innerster Sorge und dauerndem Widerspruch erfüllt. In diesem »letzten Römer«, wie man ihn nannte, kämpft der Mönch gegen den Papst, der Weltflüchtige gegen den zur Weltherrschaft aufgerufenen Diener der Kirche.

Man wird Gregor nie ohne Benedikt von Nursia verstehen können. Seine Lebensgeschichte führt in die Anfänge der ersten Klostergründung auf italienischem Boden, zum Orden des

Benedikt und seinem im Jahre 529 entstandenen Sammelpunkt auf dem Monte Cassino.

Jene emsige Weltzurückgezogenheit der geistig und körperlich eifrig tätigen Mönche, jener völlige Verzicht auf persönliche Freiheit, verbunden mit einer wenn auch noch nicht scharfen, aber doch das ganze Leben bestimmenden Askese – das sind die stärksten religiösen Eindrücke, die der aus vornehmem Hause stammende Gregor in seiner Jugend empfing.

Er war als Jurist nicht imstande, die theologische Grenze dieser Frömmigkeit zu erkennen. Im Gegenteil, er hat alles das gesteigert, was die Religion der Mönche und Eremiten von jeher auszeichnete. Nichts ist zu wundersam in der Verehrung der Heiligen und ihrer Reliquien, nichts überschreitet das, was man sonst als reinen Aberglauben zu bezeichnen pflegt – Gregor hat dafür nicht nur Verständnis, sondern eine mehr als mit seiner sonstigen Bildung zu vereinbarende Zuneigung. Notwendigerweise ist nun alle Bemühung der Frommen auf die Abwehr der bösen Geister gerichtet, auf das Wiedergutmachen begangener Fehler, auf ein dauerndes Büßen, Beten und Opfern des Menschen.

Man vergegenwärtige sich, was dieser ungemein wirksame Papst den kommenden Jahrhunderten mit folgenden Sätzen gesagt hat:

> *»Wir müssen die gegenwärtige Welt, weil wir sehen, dass sie bereits dahingeschwunden ist, von ganzem Herzen verachten und Gott täglich Tränenopfer, tägliche Opfer seines Leibes und Blutes darbringen. Denn dieses Opfer rettet die Seele in eigenartiger Weise vom ewigen Verderben, indem es jenen Tod des Eingeborenen auf geheimnisvolle Art für uns wiederholt! – In der Stunde der Opferung öffnen sich auf das Wort des Priesters die Himmel. Engelchöre wohnen jenem Geheimnis Jesu Christi bei, das Irdische verbindet sich mit dem Himmlischen, und aus Sichtbarem und Unsichtbarem wird eins.«* [122]

[122] Dialoge 4,58

Hier ist alles, vom Neuen Testament aus betrachtet, umgekehrt! Aus der Tat des Gekreuzigten ist ein dunkles Mirakel geworden, das der Priester Gott darbringt. Wohl soll dieses Opfer vom ewigen Verderben erretten, aber zur Gewissheit des empfangenen Heils, zur Vergebung der Sünden vermag es dennoch nicht zu führen.

Ausdrücklich hat Gregor betont, dass man bis an sein Ende zwischen Furcht und Hoffnung schweben müsse. Die eigentümlich katholische *Verwechslung von Heilsgewissheit und jener Heilssicherung,* die man um jeden Preis vermeiden will, stammt in ihrem Wesen von ihm. Über diese lebenslängliche Ungewissheit hilft aber auch das Fegefeuer nicht hinweg, das Gregor in Verstärkung älterer Überlieferungen und unter Berufung auf eine missverstandene Paulusstelle (1Kor 3,12-15) in den Vordergrund rückte. Schließlich muss die endgültige Reinigung und Erlösung in der Zeit nach dem Tod erfolgen und bleibt auch hier in Dunkelheit gehüllt. Was können die Seelenmessen ausrichten, wenn als letzte Auskunft nur das dumpfe Wort vom Gericht laut wird? Jene Seite in Augustins Theologie, die am unerforschlichen Rätsel Gottes Halt macht, gerade hier aber den Willen des frommen Menschen anspornt, hat Gregor in großer Einseitigkeit ausgebaut und damit nur allzu willige Hörer gefunden.

» Nun sagt Paulus – in der erwähnten Stelle – der könne durchs Feuer hindurch gerettet werden, nicht der auf diesem Grund Eisen, Erz oder Blei baut, d.h. größere und deshalb schwerere und dann nicht mehr lösbare Sünden, sondern Holz, Heu, Stoppeln, d.h. sehr kleine und leichte Sünden, die das Feuer leicht verzehrt. Doch muss man dies wissen, dass dort selbst von den kleinsten Sünden keiner irgendwelche Reinigung erlangen wird, der nicht, solange er noch in diesem Leben steht, durch gute Taten im Voraus verdient, sie dort zu erlangen. «

Gregor war durch seine Lebensführung, die ihn einst bis nach Konstantinopel gebracht hatte, weitblickend genug, um die

Brennpunkte des Zeitgeschehens mit scharfem Blick zu erkennen. Wie alle großen Päpste war er darauf bedacht, durch die Mehrung des Landbesitzes der Kurie eine freie Basis zu schaffen, von der aus er helfend wie bestimmend einzugreifen vermochte. Nur so gelang es ihm, Rom von den Langobarden zu befreien und die bis dahin sehr selbstständige Kirche Mailands fest an sich zu binden und überall hin Fäden zu knüpfen, wo immer die Not der Völkerwanderung Gelegenheit bot. Bevor ein Bonifatius im 8. Jahrhundert die Verbindung zwischen Rom und den Germanen schuf, war Gregor schon mit Erfolg an der Arbeit, sich den Westgoten in Spanien, der fränkischen, seit Chlodwig katholischen, aber fast ausschließlich national beschränkten Kirche zu nähern.

Während sich hier die Grundlinien der kommenden Jahrhunderte anmelden, wird das Verhältnis zum Osten immer aussichtsloser. Man fürchtete in Rom, dass unter Mitwirkung der Ostkaiser in einem günstigen Augenblick der große Rivale auf dem Bischofsthron Konstantinopels seinen Anspruch auf die gesamte Kirche anmelden werde. Hiergegen gab es nur ein einziges Mittel: Gregor berief sich von neuem auf die alten, verbrieften Vorrechte des von Petrus begründeten Stuhls, ohne damit jedoch den Titel des »ökumenischen Patriarchen« von Ost-Rom beseitigen zu können. Die immer mehr wachsende Kluft zwischen den beiden Kirchen konnte auch durch die kluge Politik dieses Papstes nicht mehr verhindert werden.

b) Mission in England und Frankreich

Umso hoffnungsvoller erschien die Mission, die Gregor durch den Abt Augustinus im Jahre 596 unter den Angelsachsen eröffnete. Über Erwarten schnell gelang, bei König Ethelbert von Kent angefangen, die Christianisierung und kirchliche Organisierung dieses Volkes. Canterbury wurde Augustins Bistum, weitere Provinzen folgten. Zum ersten Mal hatte das päpstliche

Rom eine Missionierung unternommen mit dem deutlichen Ziel, das gewonnene Land in feste Einheit mit der Mutterkirche zu bringen. England sollte gewissermaßen das Musterbeispiel für alle germanischen Länder werden. Wie hier der Grundsatz der Anpassung obenan steht, mag ein Brief Gregors an den Abt Mollitus zeigen:

>*Die Götzentempel brauchen bei diesem Volk keineswegs zerstört zu werden, nur die Götzenbilder, die darin sind. Man weihe Wasser, sprenge damit in diesen Tempeln, errichte Altäre und bringe Reliquien hin . . . Weil sie beim Götzenopfer viele Ochsen zu schlachten pflegen, soll ihnen auch in dieser Beziehung die Feier umgestaltet werden, so dass sie am Tage der Kirchweihe oder an den Geburtstagen der Märtyrer, deren Reliquien dort aufbewahrt werden, unter religiösen Mahlzeiten ein Fest feiern. Denn hartem Sinne alles zugleich zu entziehen, ist zweifellos unmöglich. Wer eine Höhe ersteigen will, muss sich stufen- oder schrittweise, nicht aber sprungweise erheben.«*

Die Antwort auf diese vermittelnde Missionspolitik sind die Angelsachsen nicht schuldig geblieben. Das Heidentum, das durch dieses schnell erobernde Vorgehen Roms nicht wirklich besiegt war, erhob sich, und bald schien Gregors größte Tat eine Episode zu sein. Dass es anders kam, ist dem Jahrzehnte späteren Eingreifen der iro-schottischen Mönche zu danken.

c) Der Einfluss Gregors

So ist das Gesamtbild dieses Papstes weit gespannt. Wie er als echter Mönch die Frömmigkeit an die leidenschaftliche Hingabe des Christen band, so sah er auch in den großen Linien der Politik, in den organisatorischen Verknüpfungen, das geeignete Instrument, um die Völker fest um Rom zu scharen. Man wird im gleichmäßigen Rhythmus des *Cantus firmus,* wie ihn Gregor einführte, die symbolhafte Haltung eines Mannes erkennen dürfen, der in zäher Gesetzlichkeit das Leben zu meistern sucht, ob er der Welt entflohen ist in die Stille des Klosters, oder ob er sie mit den Mitteln römischer Kirchenlenkung zu beherrschen begann. Und dennoch – über allem, was hier in seiner Begrenzung als bald wieder stockender Anfang erscheint, steht die gewaltige Weitsicht Gregors des Großen, als er seine Kirche aus dem fruchtlosen Rivalitätenstreit um die Mittelmeerherrschaft zum neuen Kampfgebiet in die germanischen Länder wies.

Man wird nicht die Frage nach dem Entweder-oder zwischen Kirchenpolitik und Mission an ihn zu stellen haben, für ihn fielen beide Unternehmungen zusammen. Aber dass er dieses Missionsziel aufgriff und in ihm ein Wesensmoment der Kirche erkannte, wird immer mit seinem Namen verbunden bleiben.

Von einer besonders charakteristischen Seite lernen wir Gregor aus einem Brief an König Ethelbert von Kent verstehen. Er sah das Ende der Zeiten mit eschatologischem Weitblick:

» *Der gegenwärtigen Welt Ziel ist nahe, und das Reich der Heiligen will kommen, das niemals enden wird. Wenn aber dieses Ziel der Welt heranrückt, dann steht vieles drohend bevor, was es vorher nie gegeben hat: Veränderungen der Luft und Schreckenszeichen vom Himmel und Stürme gegen die Ordnung der Jahreszeiten, Kriege, Hunger, Pestilenz und Erdbeben überall in den Landen. Wenn ihr also merkt, dass sich etwas davon in eurem Reich ereignet, so lasst euch den Sinn davon nicht verwirren. Denn deswegen schickt Gott solche Hinweise auf das Ende dieses Äons, damit wir um unsre Seelen besorgt sein sollen, auf die Stunde unsres Todes gerüstet und auf den kommenden Richter in guten Werken vorbereitet erfunden werden.* «

Der Mönch und der Missionar, der Mensch der vergehenden Welt und der Mann der Geschichte – in ihren letzten Zielen vereinigen diese Aspekte sich hier noch einmal und geben einen Gesamteindruck von dem Bild dieses bedeutenden Papstes.

14. Kapitel
Die Christianisierung der Germanen (6.-8. Jahrhundert)

1. Die Völkerwanderung

Zwischen Christianisierung und Missionierung besteht ein wesentlicher und weit reichender Unterschied. Die Mission wendet sich als Bekehrungspredigt an die Einzelnen. Die Christianisierung begnügt sich mit der Erfassung eines gesamten Volkes und mit seiner Einordnung in die christliche Sitte, in die Erziehung zu kirchlichen Gewohnheiten. In diesem Sinne besteht zwischen der Missionspraxis eines Paulus und eines Bonifatius ein grundlegender Gegensatz. Und doch wird man fragen müssen, ob diese Verschiedenartigkeit lediglich im Kirchenbegriff, in der Erfassung der Heilsbotschaft begründet ist oder auch im Volk, das Adressat der Mission ist.

Bei Paulus ist es der jüdisch-griechische Individualist, bei Bonifatius der in die Gefolgschaft seiner Sippe eingegliederte Germane, der seinem Herzog in Treue unbedingt folgt. Hatte der Missionar der deutschen Stämme wirklich die Aufgabe und die Möglichkeit, dieses einheitlich handelnde Volkstum zu zerstören und den Einzelnen gewaltsam aus seinem Zusammenhang zu lösen? Liegt es einzig in der Hand des Verkündigers, ob er missioniert oder christianisiert? Im Blick auf die Germanenmission wird man zu dem Urteil gedrängt werden, dass ganze Stämme und Völker in der Erkenntnis einer bestimmten Stunde und unter Vorantritt ihrer Führer den Schritt zum Christentum unternommen haben. Wer hier neutestamentliche Normen gesetzlich misst, muss freilich auf Schritt und Tritt seinen Protest anmelden. Die Wege der Mission sind aber nie nur unsere eigenen.

Wir haben anhand des alten isländischen Sagenguts in den Hintergrund der ungeheuren Bewegung sehen gelernt, die wir unter dem Namen *Völkerwanderung* zusammenfassen. Vor dem Zusammentreffen der Völker aus dem Norden und Osten mit dem Christentum liegt ein jahrhundertelanges Wandern und der gewaltige Kampf mit den Römern, die Begegnung mit der höheren Kultur, vor allem aber die Erfahrung einer zu Ende gehenden Geschichte.

Von Osten nach Westen vollzieht sich schon Jahrhunderte vor Christus der Vormarsch der Germanen und Kelten. Zeitlich parallel erfolgt eine zweite Bewegung von Norden nach Süden Richtung Rhein und Donau. Doch gelingt es dem römischen Kaiserreich, die Germanen und Kelten nach harten Kämpfen zu friedlichen Grenznachbarn zu machen. Hier finden auch die ersten Berührungen mit Christen statt, namentlich innerhalb des Heeres. Neue Kämpfe folgen am Ende des zweiten Jahrhunderts und um die Mitte des dritten. Von der unteren Weichsel her wandern die Goten bis an das Schwarze Meer. Sie sind es, die durch Wulfila die im Südosten damals vorherrschende Form des arianischen Christentums annahmen. In den immer leerer werdenden Osten aber, zwischen Weichsel und Elbe, ziehen slawische Völker kampflos ein.

2. Chlodwig und die Kirche der Franken

Neue Wanderzeiten folgen. Die bisher sesshaften Sachsen und Angeln verlassen das heutige Schleswig-Holstein und nehmen Britannien in Besitz. Andere Sachsenstämme dehnen sich bis zur Grenze der Thüringer südwärts aus. Weiter sind es nach Süden und Südwesten die Bajuwaren, Alemannen und Franken, deren Siedlungsgebiet sich bis an die Donau und den Rhein erstreckt. Gegen Ende des 5. Jahrhunderts aber tritt jene Wende ein, die die gesamte Geschichte Deutschlands auf

Die Christianisierung der Germanen (6.-8. Jhd.) 161

das folgenreichste bestimmt hat: Chlodwig, der König der salischen Franken (466-511), gründet das umfassende Frankenreich mit dem Sitz in Paris und der Herrschaft über Nordgallien, über die Alemannen und Burgunder, weiter über die Westgoten zwischen Loire und Garonne. Dass er nicht zum Arianismus, sondern zur katholischen Kirche übertrat, lag nicht nur an seiner katholischen Frau, sondern daran, dass Gallien, in dessen Mitte das Neue zur Blüte kam, zum römischen Kirchengebiet gehörte. Und dieser Übertritt ist für die Gesamtentwicklung der Germanen von größter Bedeutung geworden. Nicht Chlodwig, aber Rom hat an den Bund gedacht, dieses junge Reich in die Obhut der Kirche zu nehmen. Zunächst aber sah der Frankenkönig in seinem Übertritt vor allem das günstige Mittel, mit Hilfe der Römer seine Macht über die Burgunder und Westgoten auszudehnen, und zwar im Namen von Glaubenskriegen.

» Mich schmerzt es zu sehen, dass der schönste Teil von Gallien im Besitz der Arianer ist. Lasst uns mit Gottes Hilfe gegen sie aufbrechen, so wollen wir ihre fruchtbaren Landschaften unter uns verteilen. «

Chlodwig stand durchaus eine Nationalkirche vor Augen, in der er sich auf seine Bischöfe stützte und deren Wahl durch Klerus und Volk seiner Bestätigung bedurfte. Damit treten die Reste der alten römischen Reichskirche in Gallien und am Rhein zurück. Ein Verschmelzungsprozess zwischen den übrigen germanischen Stämmen vollzieht sich kraft des einen katholischen Glaubens. Die Bischöfe, die man aus den Adelsgeschlechtern gewinnt, stehen in dieser Verbindung von Volk und Kirche an hervorragender Stelle, zumal sie von den Königen mit weitgehenden Verwaltungsvollmachten ausgestattet werden. Ähnlich wie unter den Westgoten in Spanien und bei den Ostgoten Theoderichs in Italien kommt es also im Land der Franken zu einer Reichskirche unter der Hoheit des Königs.

Stammweise, unter der Führung ihrer Fürsten, sind die Germanen damals zum römischen Christentum übergetreten. In welcher Form bot sich ihnen nun das Evangelium dar? Es war schon stark vermischt mit dem alten gallischen Volksglauben und wurde nun auch mit den Göttern der Franken, die zu Heiligen wurden, verbunden. Der Christus, »der die Franken liebt«, wie es im salischen Recht heißt, stand nicht ohne weiteres im Gegensatz zum alten Volksglauben. Hier wie in der Kirche der Angelsachsen liegt der Ton weithin auf der Anpassung, auf dem friedlichen Hineinwachsen der jungen Völker in die wohl andersartige und fremde, aber doch vor allem wundersame und Staunen erregende Welt einer Kirche, die auch für ihre alten religiösen Belange Verständnis zeigte.

Wir besitzen aus der Feder Gregors von Tours (um 538-594) eine Geschichte der Franken. Sie ist ganz im Sinne Augustins geschrieben mit der Gegenüberstellung der beiden Welten und in eschatologischer Sicht. Daneben aber wird offenbar, in welche ungeheuren Kämpfe auf sittlichem Gebiet die Franken gerieten, als sie in der Zeitenwende zwischen ihrer alten, nationalen Stammesgesetzgebung und der für sie neuen und doch so innerlich morschen römischen Kultur der Botschaft von Christus begegneten. Der Kampf endete oft so, dass man den Eintritt in eines der zahlreichen Klöster für die einzig mögliche Lösung hielt, um den Bruch mit der Welt in ernsthafter Buße zu vollziehen. Auch in der teilweise entstellten Form behielt jedenfalls das Evangelium die Kraft, vor eine solche Entscheidung zu führen und den Streit gegen den alten Menschen nicht abzuschwächen, sondern erst recht zu erregen.

3. Die Mission der iroschottischen Mönche

Es ist ein eigentümlicher Weg, der uns in die geheimnisvollen Zusammenhänge der Kirchengeschichte hineinsehen lässt, wenn wir die nun folgende Entwicklung zu verstehen suchen. Dieselbe römische Kirche, die zur Christianisierung der Franken führt, hat durch die römische Besetzung Britanniens im 5. Jahrhundert die Bahn zur iroschottischen Kirche gebrochen.

Über hundert Jahre vergehen. Inzwischen hat Gregors Mission bei den Angelsachsen begonnen und ist bereits wieder zum Stillstand gelangt. Da kommt aus dieser, im 6. Jahrhundert zu neuem Leben erwachenden iroschottischen Kirche, namentlich von den Mönchen der Insel Iona, der Anstoß zu einer neuen Bewegung. Stärker denn je unterstellt sich nun die englisch-römische Kirche dem Papst, während die Iroschotten für den Missionsdienst über das eigene Gebiet hinaus frei bleiben. Columban der Jüngere († 615), ein streng asketischer Mönch, gelangt auf seinen Wanderungen von Irland in das Frankenreich. Erschüttert von den dortigen Zuständen gründet er das Kloster Luxeuil in Burgund. Von hier aus sind weit reichende Einflüsse in der Seelsorge, Beichtpraxis und Volkspredigt ausgegangen, oft unter heftiger Spannung zu den Organen der fränkischen Kirche. Columban missioniert unter den Alemannen am Bodensee und zieht weiter nach Italien. Gallus, Pirmin und Kilian und einzelne, meist unbekannte iroschottische Asketen, sind bis in das Innere Deutschlands vorgedrungen.

Die strenge Askese der iroschottischen Klöster hat zu einer vertieften Sündenerkenntnis geführt. Man blieb nicht nur in der Buße und Zerknirschung stecken, sondern ist hier und da bis zur Rechtfertigung des Sünders vorgestoßen.

Über das Ausmaß des iroschottischen Dienstes fehlen die Berichte. Nur soviel lässt sich auf Grund der gesamten Entwicklung sagen: Die Organisierung der Mission im großen Stil gelangt oft sehr bald an ihre Grenze. In solchen Augenblicken setzt die Einzelarbeit den Vormarsch fort, bis die Bedeutung des Missionsdienstes auch von der Gesamtkirche wieder verstanden wird.

4. Die angelsächsische Mission des Bonifatius

Das gilt auf das Ganze gesehen auch von der Missionsarbeit an den Germanen rechts des Rheins, wie sie im größten Umfang im 8. Jahrhundert durch Bonifatius (um 672/75-754) geschah. Als das zerfallene Reich der Merowinger durch die starke Hand der fränkischen Hausmeier zusammengehalten wurde, als Karl Martell, der Sohn Pippins des Älteren, den arabischen Vormarsch bei Tours und Poitiers zum Stehen gebracht hat (732), da war es deutlich, wem die Kirche ihren Schutz verdankte. Und wieder sind es Missionare vom Norden her, Angelsachsen und nicht Männer der fränkischen Kirche, die als Pioniere vorwärts dringen und die Größe der Stunde wahrnehmen, in der es neues Land für das fränkische Reich und seinen Christenglauben zu erobern gilt.

Bonifatius (Wynfreth), der in Wessex geboren und dann in einem Kloster der Benediktiner aufgewachsene »Apostel der Deutschen«, hat zunächst die Arbeit seiner Vorgänger fortgesetzt (Wilfried, Willibrord) und seit 716 unter den Friesen gearbeitet. Aber bald erkannte er, dass es mit einzelnen Versuchen nach Art der iroschottischen Mönche nicht getan sei. Wie Chlodwigs Übertritt zum Katholizismus, so ist auch Bonifatius mit seinem bewussten Anschluss an Rom für die gesamte kirchliche Entwicklung des Mittelalters entscheidend geworden. Man darf wohl sagen, dass er Deutschland vor einem Zerfall in einzelne Stammeskirchen bewahrte, der im Verlauf der iroschottischen Mission unvermeidlich gewesen wäre. Dass er seit 722 als ein vom Papst geweihter Bischof in Hessen, Thüringen und Bayern seine Kirchen gründende Arbeit vollzog, ist für die kommenden Jahrhunderte das bestimmende Ereignis. Wie er seinen Amtseid als ausschließliche Bindung an Rom verstanden hat, besonders auch im scharfen Gegensatz zu den bis dahin freien Gründungen der Iroschotten, beweist der Wortlaut seines Bischofsgelübdes:

Die Christianisierung der Germanen (6.-8. Jhd.) 165

»*Ich, Bonifatius, von Gottes Gnaden Bischof, gelobe Euch, Dir, dem heiligen Petrus, dem Apostelfürsten, und Deinem Stellvertreter, dem Papst Gregor, und seinen Nachfolgern bei dem Vater und dem Sohn und dem Heiligen Geist ... dass ich alle Treue und die Reinheit des katholischen Glaubens an den Tag legen und mit Gottes Hilfe in der Einheit dieses Glaubens verharren will, in der alles Heil der Christen ohne Zweifel liegt: dass ich meine Mitwirkung Dir und dem Besten Deiner Kirche ... durchweg zur Verfügung stellen, aber auch wenn ich erfahre, dass Priester gegen die alten Anordnungen der heiligen Väter verstoßen, mit ihnen keine Gemeinschaft oder keine Verbindung haben, vielmehr, wenn ich sie hindern kann, sie hindern, wenn nicht, sie sogleich treulich meinem apostolischen Herrn anzeigen will.*«

Zu beachten ist, dass hier nur die Bonifatius' eigene Bindung an Rom festgelegt ist. Das Verhältnis zur weltlichen Obrigkeit, zu Karl Martell, bleibt völlig ungeklärt. Es ist auch bis zu dessen Tode (741) nicht anders geworden. Dieser fränkische Machthaber und vorwiegend politisch, nicht kirchlich denkende Mann verbat sich jede Einmischung Roms in seinem eigenen Reichsgebiet und duldete Bonifatius nur in den Kolonialländern der Ostgrenze. Bonifatius aber in seiner zähen und auf weite Sicht hin arbeitenden Art schuf indessen einen Stützpunkt nach dem anderen durch Anlage von Klöstern in Hessen und Thüringen und dann, von 738 ab als Erzbischof, durch Errichtung von Bistümern in Bayern und den schon genannten Provinzen. Erst mit dem Tode Karl Martells öffnet sich dem rastlosen Organisator der Weg in die fränkische Kirche. Aber auch jetzt bewahrt diese ihren unabhängigen Charakter. Jedenfalls ist Pippin der Jüngere, Karl Martells Sohn, nicht gewillt, auf dem Umweg über Bonifatius mit dem Papst zu verhandeln.

Das alte germanische Bewusstsein des auch priesterlich herrschenden Königtums zeigt sich hier in voller Schärfe. Es sind darum nicht nur Altersrücksichten, die den unermüdlichen Pionier schließlich aus dem kirchenorganisatorischen Wirken verdrängen und ihn in Fulda, seinem Lieblingssitz, und in der Mission unter den Friesen seine letzte Arbeit und den Märtyrertod finden lassen († 754).

Ähnlich wie bei Gregor I. verbindet sich auch bei Bonifatius die mönchische mit der hierarchisch-organisatorischen Grundhaltung. Seine Bindung an den Papst entsprach dem Dank, den seine angelsächsische Heimat Rom schuldete. In seiner Arbeit eint sich persönlicher Mut – man denke an das Fällen der Donareiche bei Geismar – mit zähem Festhalten an bestimmten Plänen über Jahrzehnte hinaus.

Blieb er persönlich dem germanischen Wesen fremd, so schuf er doch in den Klöstern die Stätten, die bald Brennpunkt der Bildung, Quellorte germanischer Volkskultur werden sollten. Wer will aber das Band, das er mit Rom knüpfte, missbilligen? Eine fränkische Nationalkirche unter dem Befehl des Königs, auch wenn er Karl der Große hieß, musste in sich selbst verkümmern und drohte lediglich zum politischen Werkzeug des Staates zu werden. Die Geschichte der alten Kirche durfte nicht übersprungen werden und jene Bildung, die Griechenland und Rom der Christenheit übermittelt hatten, nicht spurlos versinken. Zu tief saßen schon die germanischen Völker im weiten Römischen Reich: die Ostgoten und Langobarden in Italien, die Vandalen in Nordafrika, die Westgoten in Spanien. Aber fast alle diese Reiche wurden zerstört, sei es noch unter Justinians byzantinischer Herrschaft, sei es durch den Einbruch der Araber im 7. und 8. Jahrhundert.

Nun aber wird Franken das zukunftsträchtigste Reich für die Kirche. Auf deutschem Boden rüstet sich nun, namentlich durch die Lebensarbeit des Bonifatius, noch einmal der Kampf zwischen Evangelium und Antike. Er ist durch den auf die praktischen Anliegen der Zeit gerichteten römischen Geist vorübergehend abgebrochen worden.

5. Die Christianisierung der Slawen

Es kann sich hier nur um einen Überblick handeln, zumal uns eine Gesamtdarstellung der Slawenmission bisher fehlt. Sowohl die Ost- wie auch die Westkirche sind an der Christianisierung in den weiten Gebieten östlich der Elbe und nach Russland hinein beteiligt. Vom 7. Jahrhundert an bis in das späte Mittelalter verläuft eine sehr unterschiedliche Beeinflussung der slawischen Völker, bald durch einzelne Boten, dann wieder in Verbindung mit politischen Zielen, z.T. auch mit gewaltsamen Maßnahmen.

Zunächst vollzieht sich unter den Awaren, Mähren und Tschechen beim Vormarsch Karls des Großen eine Missionierung großen Stils. Im 9. Jahrhundert meldet sich Byzanz in diesen Gebieten an, als Svatopluk von Mähren um Hilfe bittet, um den deutschen Einfluss abzuriegeln. Unvergessen bleiben aus dieser Zeit die beiden »Slawenapostel« Cyrillus und Methodius. Papst Nikolaus I. versuchte, die von Osten kommenden Boten in seinen Bereich zu ziehen. Im Verlauf der weiteren politischen Entwicklung verbleiben diese Länder bei Rom, während Bulgarien und Serbien zur orthodoxen Kirche kamen. Ihr erschloss sich auch Russland.

Im 10. Jahrhundert haben die Patriarchen Ignatius und Photios von Byzanz die Missionierung von Kiew aus begonnen. Einen Augenblick schien es, als würde durch Otto den Großen der von ihm entsandte Bischof Adalbert von Magdeburg Eingang gewinnen. Aber der Zusammenhang mit der Ostkirche erwies sich als stärker. Russland wurde die größte orthodoxe Kirche. Bis zum 13. Jahrhundert haben von Kiew aus griechische Erzbischöfe die Leitung gehabt.

Anders verliefen die Dinge bei den Westslawen. 968 wird das in Posen gegründete Bistum an Magdeburg angeschlossen. Aber schon im Jahre 1000 wird Gnesen zum Erzbistum nach dem

Willen Ottos III. und dadurch die deutsche Mission beendet. Als 967 Magdeburg Erzbistum wurde, lag die Ostmission bis zur Oder in seinen Händen. Sie ist vornehmlich durch Einwanderung deutscher Bauern und Kaufleute gefördert worden, nachdem die politische Herrschaft die Möglichkeit dazu gab.

Es ist schwer zu verstehen, dass gerade ein Mann wie Bernhard von Clairvaux zum Kreuzzug gegen die Heiden aufrief. Der so genannte »zweite Kreuzzug« sollte zunächst den Wenden gelten. Der Zisterzienser Berthold von Loccum richtete ihn auf das Baltikum. Innozenz III. setzte sich für die Eroberung von Livland und Estland ein. Zuletzt ging es um die Niederringung der Pruzzen (Preußen). Hermann von Salza, der Ordensmeister der Deutschherren, wurde vom Kaiser ermächtigt, einzugreifen. Ein langer, zäher Kampf zog sich bis zum Ende des 13. Jahrhunderts hin. Litauen folgte erst im 14. Jahrhundert. Der gewaltsamen Christianisierung in diesen Gebieten entsprach es, dass sich das Heidentum im Geheimen behauptete. Andererseits hat die Teilung des Slawentums in eine römische und griechisch-orthodoxe Christenheit weitgehend die politische Trennung dieser Völker bis zur Gegenwart verursacht.

15. Kapitel
Die Kirche unter Karl dem Großen (bis 814)

1. Das Eindringen des Islam in Europa

Man kann die Zeit Karls des Großen nicht erfassen, ohne noch einmal auf die Jahrhunderte vor ihm zurückzugreifen. Er erschien seinem Volk als der Retter aus einer Welterschütterung, als ein Führer, der wieder große und weite Ziele zu zeigen imstande war. Vom politischen Rom war keine Hilfe mehr zu erwarten. Seit dem Zusammenbruch des östlichen Kaiserreiches nach Justinian kämpfte auf italischem Boden der Rest des byzantinischen Besitzes (Ravenna, Istrien, Teile Venetiens, Rom, Neapel sowie die Südspitzen Italiens und Siziliens) mit der Herrschaft der Langobarden.

Das Eindringen des Islam in das ost- und westeuropäische Römerreich ist von nicht auszumessender Bedeutung. Mohammed, der Prophet, verlässt seine Heimat Mekka, flieht 622 nach Medina und sammelt dort eine Gemeinde. Der Glaube an den einen Gott, Allah, ist ihm von Juden und Christen – möglicherweise auch aufgrund eines Aufenthaltes in Syrien – her bekannt. Das Vertrauen auf die unbedingte Allmacht dieses Gottes erweckt in ihm ein Sendungsbewusstsein, in dem sich Schicksalsgebundenheit und Aktivismus vereinen. Die Welt mit kriegerischer Gewalt zu erobern, wird den Nachfolgern des Propheten zur vordringlichen Aufgabe. Innerhalb von kaum 100 Jahren ist Ost-Rom auf die Balkanhalbinsel und kleinasiatische Gebiete beschränkt. Der Westen hat Nordafrika, Spanien und einen Teil Frankreichs bis zur Loire verloren. Jerusalem ist seit 638 in den Händen der Araber. Das Reich der Kalifen erstreckt sich von Indien bis über die Pyrenäen.

Mohammed will die Ausbreitung zunächst auf die heidnischen Gebiete begrenzen, weil Juden und Christen Anhänger des einen Gottes, desselben Gebieters sind. In Wirklichkeit haben die Christen der Reichskirche kaum Widerstand geleistet, sondern trotz der islamischen Toleranz ihr eigenes Bekenntnis aufgegeben. Die Reichskirche sinkt dahin. Anders haben es die von der Reichskirche getrennten kleineren Kirchen verstanden, sich auch in den kommenden Jahrhunderten und zum Teil bis heute durchzusetzen. So gibt es inmitten der islamischen Welt die nestorianische Kirche in Persien. Sie hat eine Mission unternommen, die bis nach China führte. Dass diese auch kulturell hoch stehenden Nestorianer das griechisch-philosophische Erbe der Antike übersetzt und überliefert haben, ist für die mittelalterliche Scholastik bedeutsam. Auch die koptische, syrische, jakobitische und die armenische Kirche haben sich unter der Duldung der Muslime behauptet, wenn auch schon im 8. Jahrhundert Massen abfallen.

Aufs Ganze gesehen ist der Zusammenbruch der Reichskirche ein beschämendes Zeichen für die innere Kraftlosigkeit der alten Christenheit. In den getrennten Teilkirchen hat die besondere Bedeutung der Liturgie und das Zurücktreten der Predigt einen Schutzwall gebildet und den Gottesdienst vor theologischen Spaltungen bewahrt. Doch inwieweit hat er auch das geistliche Leben erhalten?

Der Islam selbst hat bis heute der Christusbotschaft gegenüber eine schier unüberwindliche Mauer aufgerichtet. Als ungefähr um die gleiche Zeit, im Beginn des 8. Jahrhunderts, die Stoßtruppen des Islam an den Toren Konstantinopels wie an der Westgrenze des Abendlandes rütteln, sind es nicht kirchliche Stellen gewesen, die zum Kampf gegen die Ungläubigen riefen. Der Kaiser des Ostens, Leon III., und Karl Martell, der Großvater Kaiser Karls, wurden die Befreier Europas. Das Niederringen der islamischen Truppen in der Schlacht von Tours und Poitiers durch den fränkischen Hausmeier begründete mehr als alles andere das Ansehen seines Geschlechtes. Sie hat dem Sohn den Königstitel, dem Enkel die Kaiserkrone vermittelt.

2. Die »Konstantinische Schenkung«

Mit der Erhebung des Hausmeiers *Pippin d. J.* (741-768) zum erblichen Königtum (751) steht zum ersten Mal in der deutschen Geschichte das Zusammenwirken von weltlicher und päpstlicher Gewalt vor uns. Nachdem Papst Zacharias die Einklosterung des letzten Merowingers sanktionierte und 751 den fränkischen Hausmeier salbte, begehrte Stephan II. als Gegenleistung die Hilfe Pippins gegen die Übergriffe der Langobarden.

Im Vertrag von Quiercy (754) sind diese Verpflichtungen im Einzelnen festgelegt worden. Als Patricius Romanorum (Schutzherr Roms) sollte der fränkische König für den festen Besitz des Kirchenlandes (auch gegenüber den Byzantinern) auf italischem Boden Sorge tragen. Damit ist eines jener zahlreichen Bündnisse des Mittelalters geschaffen, deren Führung letzten Endes immer bei der stärkeren Persönlichkeit liegt. Hier war es zunächst das junge fränkische Königtum, das im Papst lediglich den ihm verantwortlichen Bischof sah. Rom gehört nun zum fränkischen Reich. Mit einer Schenkungsurkunde wurde gleichzeitig (756) die Basis für den Kirchenstaat gelegt.

Gerade von hier aus kann man die damals bekannt gewordene »Konstantinische Schenkung« verstehen, eine Fälschung, wie sie grotesker nicht gedacht werden kann. Sie stellt den Versuch dar, die gegenwärtige, für das Papsttum bedrückende Geschichte umzukehren und alle von Pippin erhaltenen Vorteile gegenüber Byzanz als Einlösung uralter Vorrechte auszulegen. Später verstand man darunter: Der Papst ist Oberherr auch über die Kirche des Ostens, Herr namentlich über Rom und seine westlichen Provinzen – und dies unter der Voraussetzung, »dass unsere (Konstantins) Regierung und Reichsgewalt nach dem Orient verlegt ist« – d.h. Rom ist Byzanz gegenüber selbstständig. Das sind die Gedanken der Kurie, mit denen man dem Machtwillen Pippins und seiner Nachfolger zu begegnen wünschte und in der Tat begegnet ist. »Denn« – so schließt die entscheidende Urkunde – »wo die Oberherrschaft über die Priester und das Haupt der christlichen Religionen von dem himmlischen Kaiser seine Stelle erhalten hat, da ist es nicht recht, dass der irdische Kaiser Macht habe.«

3. Karl der Große

a) Kaisertum und Papsttum

Mit diesem Erbe seines Vaters und gegenüber einem solchen päpstlichen Sendungsbewusstsein trat Karl seine Regierung an (768-814). Ein geborener Herrscher, ein Mann mit höchsten Gaben und unbeugsamem Willen ergriff die Zügel des fränkischen Reiches. Über die Grenzen Chlodwigs hinaus hat er in den Jahrzehnten seiner Regierung das fränkische Regiment zu einer Machtentfaltung erhoben, die auf Jahrhunderte hinaus einzig dasteht und im Grunde niemals mehr von einem deutschen Herrscher erreicht worden ist. Von der spanischen Mark, wo ihn die Rolandsage im Kampf mit den Sarazenen schildert, bis nach Bayern und Kärnten, über die Langobarden und nach blutigem Ringen auch über die Sachsen erstreckt sich sein gewaltiges Reich. Er ist nun wirklich der Schirmherr des Papstes, dessen Land nur einen Teil des italischen Franken bildet. Ohne das Eingreifen Karls ist das Papsttum nicht mehr denkbar, weder politisch im Blick auf die Langobarden, noch moralisch, wenn man an die besonderen Kämpfe zwischen den Parteien in Rom selbst denkt. Dem Papst weist er sonderlich die Aufsicht über die Lehre in der Kirche zu:

> *»Die römische Kirche ist von dem Herrn über die andern apostolischen Kirchen erhöht, wie Petrus über die übrigen Apostel; nicht auf Grund von Synodalbeschlüssen, sondern kraft der Autorität des Herrn besitzt sie den Primat. Ihr Rat ist von den Gläubigen zu hören, aus den Schriften, welche sie als kanonisch anerkennt, sind die Beweisstellen zu entnehmen: die Anschauungen derjenigen Kirchenlehrer, welche sie annimmt, sind zu beobachten.«* (Ep. Carol. 1,6)

Dabei ließ Karl nicht im Geringsten den Gedanken aufkommen, in seine eigene fränkische Kirche den Bischof von Rom hineinreden zu lassen. Er sah im Papst den priesterlichen Fürbitter, aber niemals den Leiter der universalen Kirche. Auch als ihm Leo III. in Rom die Kaiserkrone aufs Haupt setzte (25. Dezember 800), zog er daraus nicht von ferne den Schluss, die geistlichen Rechte des Papstes höher einzuschätzen als bisher. Er wollte das alte römische Kaisertum erneuern, aber eben auf eine Art, die ihn nicht in Abhängigkeit von der geistlichen Spitze kommen ließ. Klar und scharf grenzt er in einem Brief an Leo III. die gegenseitigen Pflichten ab (Ep. Carol 10):

»Unsere Aufgabe ist es, mit Hilfe Gottes die heilige Kirche Christi nach außen gegen den Einbruch der Heiden und die Verwüstung durch die Ungläubigen mit den Waffen zu verteidigen und nach innen durch Anerkennung des katholischen Glaubens zu festigen. Eure Aufgabe ist es, wie Mose mit zu Gott erhobenen Händen unseren Kriegsdienst zu unterstützen, damit das christliche Volk, dank eurer Fürbitte, von Gott geführt und ausgestattet, stets und überall den Sieg über die Feinde seines Namens habe.«

Man beachte, wie hier der Schnitt durchaus nicht mehr zwischen kirchlicher und politischer Aufgabe gezogen wird, sondern wie Karl der Meinung ist, als Landesfürst auch für die Aufrechterhaltung des katholischen Glaubens sorgen zu müssen. Diese Sorge erstreckte sich bei ihm nicht etwa nur auf die Stellenbesetzung der Bischofsstühle und anderer wichtiger geistlicher Posten. Es gibt im Raum des gesamten Kirchenrechts wohl keinen Ort, der sich Karls gesetzgeberischer und gebietender Gewalt entziehen konnte. Besonders dort, wo Kolonisation und Mission Hand in Hand gingen, hat Karls Kirchenregiment eingegriffen.

b) Karl und die Sachsen

Unvergessen wird hier sein furchtbares Ringen mit den Sachsen sein. Als diese ihm nach mehrfachem Vertragsbruch aus freien

Stücken anboten, sich taufen zu lassen, um dadurch ihren Friedenswillen zu erweisen, nahm Karl diese Bedingung an, obwohl dadurch unter den Sachsen selbst eine erbitterte Auseinandersetzung entstand. Herzog Widukind verfolgte seine getauften Stammesgenossen. Hier setzt nun die unglückliche Verbindung von politischen und kirchlichen Maßnahmen ein. Selbst Alkuin, der hoch geachtete Gelehrte am fränkischen Hof, konnte es keineswegs billigen, dass nun Karl die Taufe als staatliches Treuebekenntnis befahl:

> *Wie der hl. Augustin sagt, ist der Glaube Sache des freien Willens, nicht des Zwanges. Heranziehen kann man den Menschen zum Glauben, nicht zwingen.*

Vielleicht zu einseitig im Urteil hat man die Hinrichtung der 4000 Sachsen zu Verden an der Aller Karl zu Last gelegt. Sie ist ein grausiger Bestrafungsakt für die politische Treulosigkeit der Sachsen und zeigt, in welchem Maße Karl dadurch gereizt wurde. Besonnen kann man diese Tat nicht nennen und entschuldigen wird man sie auch nicht. Sie steht nicht direkt mit der religiösen Frage in Zusammenhang, kann aber auch nicht ohne ihren Hintergrund, weder in ihren Ursachen noch in ihren Wirkungen, gedeutet werden. Übersehen werden darf endlich nicht, dass Widukind nach diesen Kämpfen aus freien Stücken als treues Glied der Kirche den letzten Teil seines Lebens verbrachte.

Mit eiserner Strenge hat Karl durch zahlreiche kirchliche Verfügungen die getauften Sachsen in christliche Ordnungen gezwungen. Todesstrafe liegt auf dem Bruch des Fastengebotes in der Zeit vor Ostern, aber auch auf dem Versäumnis, zur Taufe zu kommen, ferner auf dem Verbrennen der Toten und jeglicher Verschwörung »gegen den König oder das Volk der Christen«.

4. Die karolingische Renaissance

Bezeichnend ist hier, wie völlig ineinander die staatliche und kirchliche Gesetzgebung geht. Karl hatte erkannt, dass nur durch innere Bindung dieses stolze Volk der Sachsen zu unterwerfen war. Als Herr über die beiden Schwerter hielt er sich für berechtigt, die Kirchenordnungen – das Lernen der Gebete und Bekenntnisse unter Androhung von Geißelhieben und Nahrungsentzug – durchzusetzen – eine heute unvorstellbare kirchliche Maßnahme! Und doch! Die Antwort der Sachsen auf diese »Mission« war nicht nur Heuchelei oder Revolution, sondern gelegentlich die Frage: Warum ist Christus so spät zu uns gekommen? Von solchem auf Christus ausgerichteten Denken zeugt vor allem aber der »Heliand«, der in 6000 Stabreimversen das Erdenleben Jesu darstellt und versucht, das Evangelium den germanischen Zeitgenossen nahe zu bringen (z.B. sind die Jünger »Helden«, die in Gefolgschaftstreue Jesus nachfolgen).

Man höre aus der Bergpredigt die rhythmisch wohlklingenden Verse:

> *»Ich sage euch sicherlich*
> *selig sind in dieser Mittelwelt,*
> *die im Gemüte arm sind aus Demut,*
> *denn das ewige Reich in des Himmels Au ist ihnen geheiligt,*
> *ihr Leben schwindet nicht.*
> *Selig auch die Sanftsinnigen:*
> *Sie sollen dasselbe Land, dasselbe Reich besitzen.*
> *Selig dann, die ihr Unrecht beweinen;*
> *sie dürfen Freude gewärtigen, Trost in demselben Reich.*
> *Selig die Getreuen auch, die nach Gerechtigkeit richten:*
> *Im Reich des Herrn finden sie vollen Lohn ...«*

In erstaunlicher Weise eint sich in Karls des Großen Herrschergabe der unterwerfende, erobernde Wille mit dem ordnenden, organisierenden Geist. Eingehender und weit reichender, als es

Bonifatius vermochte, hat dieser königliche Herrscher seiner Kirche für die genaue Einteilung der einzelnen Bistümer und Erzbistümer, der Pfarrsprengel und Klöster, der Domstifte und ihrer Schulen gesorgt. Der sich äußerst schnell vermehrende Landbesitz der Kirche erforderte nicht nur eine genaue Vermögensregelung, sondern die Einsetzung von verantwortlichen Zentralgewalten. So zählt man in Karls Testament nicht weniger als 21 Erzbistümer, wozu auf deutschem Boden Mainz, Köln, Trier und Salzburg gehören.

Alle diese Stellen sind aber immer zugleich auch Stützen des Frankenreiches, Säulen der Reichskirche, die als starker Bau das Gesamtgewölbe des Imperiums tragen. Ohne diese Kirche ist kein einheitliches Reich denkbar, das drei Völker umspannt und bis zu den Arabern im Westen und den Slawen östlich der Elbe Achtung gebietend wirkt. Was aber dann, wenn diese gewaltigen Säulen nach einer anderen Spitze drängen und nicht mehr im Imperium des Kaisers, sondern im Sacerdotium des Papstes ihre eigentliche Sinnerfüllung sehen? Zu gewaltig und überragend, auf die Person eines Einzigen zugeschnitten, scheint dieser Reichsbau zu sein, um über dieses Mannes Leben hinaus Bestand zu behalten.

5. Karls Bildungspolitik

Was wir unter dem Namen der karolingischen Renaissance zusammenfassen, ist Karls einzigartiger Versuch, das Bildungsniveau seiner Völker zu heben und, vom Klerus angefangen bis zum Adel und zur Beamtenschaft vordrängend, für ein solides Wissen Sorge zu tragen. Wieder sind es Angelsachsen, die er dieser Arbeit beruft. Allen voran steht Alkuin, der fleißige Sammler lateinischer und christlicher Überlieferung, der Lehrer, der Theologe und naturfrohe Dichter. Zu den alten Vätern der Kirche lag ihm aber jeder Gedanke an Kritik fern, er bewunderte sie.

Neben Alkuin stehen der Langobarde Paulus Diakonus, der später die Geschichte seines Volkes schrieb, und Einhard, dem wir Karls Biographie verdanken. Sie sahen mehr oder weniger in der Antike die große Lehrmeisterin, ja auch den Schlüssel zum Verständnis des christlichen Erbes. Fremd blieb dem Volk der Germanen und Romanen im Grunde das wissenschaftliche Bemühen dieser Gelehrten. Und doch sind sie die Lehrmeister geworden, die durch zahllose Schüler die Bildung an die Klöster übermittelten und auch den Bau der Kirchen (vor allem den Aachener Dom) bestimmten. Es ist keine neue Welt, die die Männer um Karl schufen. Sorgsam werden die Gewächse des Südens in den Garten des Nordens gepflanzt. Des Kaisers persönliches Streben aber war auf Größeres gerichtet gewesen. Er hatte im alten germanischen Volksgut, im Lied der Sage, im Spruch der Weisheitsregel ein kostbares Erbe entdeckt. Seine Gelehrten verstanden ihn darin nicht. So ist die Renaissance des 8. und 9. Jahrhunderts ein seltsamer Frühling, zu früh, um zur Reife zu führen, und doch schon ausgeprägt genug, dass in der Scholastik des hohen Mittelalters die Arbeit dieser Männer um Kaiser Karl fortgesetzt werden konnte.

6. Karls Kirchenpolitik

a) Der adoptianische Streit (780-795)

Wie weit und hoch Karls Ziele gingen, zeigt am deutlichsten die Art, mit der er sich in die inneren Fragen der Kirche hinein stellte und zu ihrer Entscheidung drängte. Als noch einmal die alten christologischen Kämpfe aufbrachen, die nach dem Verhältnis der göttlichen und menschlichen Person in Christus fragten, nahm unter Alkuins Führung die fränkische Theologie mit allem Nachdruck für die ökumenisch beglaubigte Seite Partei. Danach hat Christus seine Menschheit nicht auf dem Wege der Annahme (adoptianisch) von Maria her empfangen, sondern diese seine Erdennatur wird in das göttliche Wesen verwandelt. Sie trägt demnach überhaupt keine persönliche Eigenheit an sich. Dieser offenbare Doketismus, wie ihn schon im 5. Jahrhundert Cyrill von Alexandria vertrat, gilt jetzt als rechtgläubige Kirchenlehre. Sie hat dem Abendmahlsverständnis des Mittelalters den Weg gebahnt, dass wir nämlich den Christus in seiner gottmenschlichen Substanz physisch genießen dürfen, weil nun auch alles Menschliche an ihm verwandelt ist.

b) Der Streit um das »Filioque«

Während Karl sich hier mit der Anschauung der Griechen verband, trat er in einer anderen Frage zu ihnen in Gegensatz: Im Osten glaubte man, der Heilige Geist gehe nur vom Vater, nicht auch vom Sohn aus. Es war in diesem Streit vor allem der ganz praktische Schutz, den er seinen fränkischen Mönchen auf dem Ölberg nicht versagen wollte, die übrigens Augustinus zu ihrem Zeugen für das »und vom Sohne« *(filioque)* anrufen konnten, das Karl auf der Synode von Aachen (809) anerkennen ließ.

c) Der Bilderstreit

Noch deutlicher aber wird das Grundmotiv seines Denkens und Handelns im Streit um die Bilderanbetung. Nach schweren Angriffen gegen die im Osten überaus verbreitete und beliebte Anbetung der Heiligenbilder durch den oströmischen Kaiser Leon III. (716-741), der durch den Bilderdienst die Reinheit der christlichen Lehre gefährdet sah, hatte man sich auf der 7. ökumenischen Synode zu Nicäa von 787 wieder zu einer bilderfreundlichen Stellung durchgerungen und nur die »Verehrung« wie den »Dienst« dieser ehrwürdigen Kirchenschätze – nicht direkt ihre Anbetung – beschlossen. Offenbar fühlte man sich dem Islam gegenüber, der die Bilder vollständig verwarf, wieder freier. Im Grunde konnte Karl gegen diesen Beschluss nichts einwenden, hatte doch auch der Gesandte des Papstes in Übereinstimmung mit seinem Oberherrn dem beigestimmt. Es ist darum nicht nur das mangelnde Verständnis für den Unterschied von »Anbetung« und »Verehrung«, sondern vor allem der Unwille Karls, dass man ihn, den Herrscher des Westens, überhaupt nicht in dieser Sache gefragt hatte, der ihn zum Gegenbeschluss der »ökumenischen« Frankfurter Synode 794 trieb. Scharf wandten sich hier die jungen fränkischen Theologen gegen die Bilderanbetung, schärfer als es der Osten verdient hatte und schärfer auch als es schon damals für den Westen tragbar war. Der Papst fügte sich zunächst.

Aber auch der Streit um die Bilder bleibt eine Episode, die nur schlaglichtartig die Linie des Imperiums zeigt. Es drängt, wie alle seinesgleichen, zur Weltherrschaft. War es politisch nicht ohne weiteres erreichbar, den Osten zu erobern, so blieb die andere Möglichkeit, auf dem Wege der Kirche der Herr über Europa zu werden. Die Erneuerung des alten römischen Kaiserreichs steht durchaus im Gesichtsfeld Karls des Großen. So gesehen steht die Frankfurter Synode in ganz anderem Licht. Als »zweiter David«, in Gestalt einer die Alte Welt umspannenden Theokratie, sah er seine königliche und, als vom Papst Gesalbter, auch priesterliche Aufgabe. Aber gerade an diesem Vergleich mag deutlich werden, dass auch diesem germanischen Riesen die Grenze nicht erspart blieb, die allem menschlich-titanischen Planen gesetzt ist. Er, der die Kirche in der Hand hielt, vor dem die Päpste schweigen und die Metropoliten sich beugen mussten, vermochte doch nicht den Tempel zu bauen, der sein Werk entscheidend hätte zementieren können.

Das Reich Karls mit den beiden Schwertern in einer Hand bleibt ein Widerspruch in sich selbst. Es stellt zwei Reiche zusammen, die nicht auf eine Ebene gehören. Hier wird eine Spannung in eine Gleichung aufgelöst, die so nie und nimmer gelöst werden darf. Der uralte Kampf zwischen Priester und König, zwischen Krone und Altar bricht wieder auf. Karl glaubte ihn zu beseitigen, indem er den Träger der geistlichen Gewalt entmündigte. In dieser Überspannung seiner eigenen Stellung, im Glauben an die ihm zwiefach verliehene Gewalt, liegt die Tragik seines gewaltigen Unternehmens. Während er als Organisator seiner Kirche und Pionier ihrer Mission seine ungeheure Kraft verzehrte, wuchsen alle diejenigen Kräfte heran, die darauf warteten, dass die Stunde kommt, in der der Staat wieder in seine Grenzen gewiesen werden kann. Dass diese Kräfte mit gleichen Waffen zum Gegenstoß antraten, kann aber auch nicht ohne die Lebensarbeit Karls verstanden werden. Bei ihm hatte seine Kirche gelernt, sich mit allen Mitteln der Macht durchzusetzen und die Kirche als Volkskirche nicht jenseits der politischen Belange zu sehen, sondern mitten in den harten Gegebenheiten der Zeit.

16. Kapitel

Aufstieg und Verfall der Kirche im Zeitalter Nikolaus I. (9. Jahrhundert)

1. Der Papst als Retter der Reichseinheit

Selten hat ein Jahrhundert so plötzlich Höhe und Niedergang beieinander gesehen wie das neunte, unmittelbar nach dem Tode Karls. Die Unfähigkeit seiner Erben ruft den verborgenen Machtwillen der Kirche vollends auf den Plan. Doch dem allgemeinen Verfall der Zeiten kann auch sie nicht widerstehen. Weltliche wie geistliche Kräfte entfalten nun ihre Eigengesetzlichkeit und sprengen mit unwiderstehlicher Entwicklung auseinander.

In kaum dreißig Jahren ist alles so weit gekommen, dass das einheitliche Imperium durch den Vertrag von Verdun (843) in drei voneinander unabhängige Reiche geteilt ist. Ludwig der Fromme, Karls Sohn (814-840), hatte überwiegend kirchliche Interessen und war nicht imstande, die großen Reichsgedanken seines Vaters weiter durchzuführen. Schon 823 wagt eine fränkische Synode folgenden Beschluss:

> »*Die Aufgabe, die Kirche zu behüten und zu regieren, soll dem Königtum gewahrt werden, aber der König soll sich bei der Leitung an das Urteil der Bischöfe binden, denn das Priestertum steht höher als das Königtum; in der Kirche ist niemand mächtiger als der Bischof, in der Welt niemand erhabener als der Kaiser.*«

Automatisch setzt nun sofort die Bewegung des Papstes ein, die fehlende Zentralgewalt in Frankreich, Deutschland und Italien von sich aus darzustellen. Hierzu bot den besten Ansatzpunkt die Verbindung von Papsttum und Bischofsamt über die Metropoliten hinweg. Standen diese naturgemäß auf der Seite der werdenden Nationalstaaten und Landeskirchen, so schien es gegeben zu sein, die einheitliche Reichskirche über die Grenzen des Vertrags von Verdun hinweg durch die Bischöfe zu erreichen – man darf aber auch sagen: zu erhalten. Denn in diesen nationalen Männern lebte der Wille, das eine, umfassende Imperium zu bewahren. Ist das nicht auf dem Wege der staatlichen Stellen möglich, versagt das Königtum der Karolinger, dann bleibt als letzte Hoffnung, dass von Rom aus das Erbe des Kaisertums, das eine Reich Karls, gerettet werde.

2. Die Pseudo-isidorischen Dekretalien

Aber auch abgesehen von diesen nicht immer deutlichen politischen Fernzielen geht der Wille des Papsttums durchaus in die

Richtung, wie sie in den Sätzen der »Konstantinischen Schenkung« ausgesprochen ist. Man vergegenwärtige sich den Ton, der aus dem Brief *Gregors* IV. an die fränkischen Bischöfe bereits im Jahre 833 (im Jahre der Demütigung Ludwigs des Frommen vor dem Papst und seinen eigenen Söhnen) laut wird:

> *»Ihr hättet mich nicht als Bruder bezeichnen sollen, sondern habt mir die dem Vater gebührende Ehrerbietung zu erzeigen. Päpstlichen Befehlen gebührt Gehorsam, auch wenn ihnen ein kaiserliches Gebot entgegen steht. Ihr durftet nicht außer Acht lassen, dass die Leitung der Seelen, die dem Papst zusteht, wichtiger ist als das Kaisertum, das zeitlich ist. Dass ihr dem Kaiser gehorcht, ist eine törichte Schmeichelei. Dass ihr aber mein Verfahren getadelt habt, ist eine Schändung der päpstlichen Würde . . . Dem Papst gebührt das Recht, in die Angelegenheiten des fränkischen Reiches und Kaiserhauses einzugreifen.«*

In vollem Einklang mit diesen unerhörten und zu Karls Zeiten undenkbaren Sätzen steht jene zweite, alles Bisherige überbietende Fälschung, die mit dem Namen »Pseudo-isidorische Dekretalien« bezeichnet wird. Angeblich ein Werk Isidors von Sevilla aus dem 7. Jahrhundert, spiegelt dieses Gesetzbuch päpstlicher Rechtsordnungen die Gedanken wider, die in den Kreisen der fränkischen Bischöfe lebendig waren. Das Ziel dieser Fälschung geht dahin, alle Zwischenstellen auszuschalten, die die Freiheit der Bischöfe bedrohen könnten, seien es nun die Könige oder die Metropoliten oder die Synoden der Länder. Die Gesamtlinie ist darauf gerichtet, alle Gewalt in der Hand des Papstes zu konzentrieren. Schon klingt etwas von dem an, was dann in den Kämpfen der Cluniazenser um die Freiheit der Kirche unermüdlich gelehrt wurde: Die Priester Gottes dürfen nie und nimmer vor weltliche Richter gezogen werden, niemand darf ihre Güter antasten! Als ein Staat im Staate steht nach dieser

Grundanschauung die Kirche allen weltlichen Instanzen gegenüber. Dass die Obrigkeit göttliches Recht in sich trägt, kommt in diesen Auslassungen nicht mehr zur Geltung. Man kann nur sagen, dass von hier aus die Auseinandersetzung zwischen Staat und Kirche aufs Schwerste vergiftet worden ist. So radikal hat auch ein Augustinus das innere Recht weltlicher Gewalt nicht in Frage gestellt.

Auf der doppelten Basis dieser Fälschung und der tatsächlichen Lage beim Zerfall des Kaiserreichs hat der Mann sein Pontifikat aufgebaut, der schon den Zeitgenossen als ein zweiter Elia erschien, Papst Nikolaus I. (858-867). Bei ihm wird die Linie zu Gregor VII. und Innozenz III., zur Höhe päpstlicher Machtfülle vollends deutlich. Was er grundsätzlich erkannte, setzte er mit zäher Energie in die Tat um, soweit es in den kurzen neun Jahren seines Pontifikats möglich war. Kaum fünfzig Jahre nach Karl dem Großen steht hier der gewaltige Gegenspieler auf und behauptet, die von Rom aus geltende Theokratie über die Völker der Welt, aber auch über den Osten, zu besitzen. So kann Nikolaus an den griechischen Kaiser Michael schreiben: »Die Rechte des Papsttums waren früher als eure Herrschaft« und an Karl den Kahlen: »Dank den päpstlichen Privilegien haben deine Vorfahren jede Vermehrung ihrer Würde, ihre ganze Herrlichkeit erhalten.« Und weiter: »Des Papstes Wort ist Gottes Wort, des Papstes Tat Gottes Tat. Den päpstlichen Privilegien haben deine Vorfahren jede Vermehrung ihrer Würde, ihre ganze Herrlichkeit zu verdanken. Selbst wenn der Tadel des Papstes unberechtigt wäre, müsstest du ihn über dich ergehen lassen, wie Hiob die Züchtigungen Gottes, denn er hat dann einen verborgenen, heilsamen Zweck.«

Und wie antwortet dieser Enkel seines großen Ahnherrn?

»Wie überhaupt die göttliche Verfügung euch als geistlichen Vater an die Spitze der gesamten Kirche gestellt hat, so lieben wir besonders in der Liebe Christi eure heilige Väterlichkeit und wünschen euren heiligen Befehlen zu gehorchen.«

Dass hinter diesen Briefen eine sehr reale Macht steht, beweist der Kampf, den Nikolaus gegen Lothar II., den König der Franken, führte. Als dieser seine Ehe auflöste und dazu noch die Zustimmung der Erzbischöfe von Köln und Trier erhielt, brach der Zorn des Papstes, gestützt auf die Bischöfe des Frankenlandes, in voller Stärke gegen die Frevler los. Die Amtsentsetzung der beiden Metropoliten und die Demütigung des Königs waren aber nur der Auftakt zu dem Schlag, den Nikolaus gegen den mächtigen Erzbischof Hinkmar von Reims führte. Er zwang ihn, einen abgesetzten Bischof wieder anzuerkennen. So musste es vor aller Augen offenbar werden, wer das letzte Wort in der fränkischen Kirche zu sprechen habe. Hinkmar wehrte sich, gestützt auf starke Rechtsgründe. Nikolaus aber gab ihm kalt und stolz zu verstehen: »Briefliche Verordnungen römischer Päpste sind rechtskräftig, auch wenn sie nicht in der Sammlung der Rechtsordnungen *(codex canonum)* enthalten sind.«

3. Der schnelle Zerfall der päpstlichen Macht

Es gehört zur geschichtlichen Gerechtigkeit, zu dem Gericht, das immer schon im Lauf der Dinge selbst zu einem Teil erscheint, dass diese Ansprüche eines Nikolaus sehr bald in sich selbst zusammenbrachen. Gewalten, an die niemand dachte, traten auf den Plan. Gegenüber neuen Streitigkeiten mit der Ostkirche erschien eine Fortsetzung des Kampfes mit Hinkmar völlig untunlich. Und als die politische Einheit des Imperiums unter den Stürmen der Araber, Slawen, Magyaren und Normannen zerriss, vermochte auch die Kirche keinen Damm mehr zu bilden.

Nun erwies es sich, dass das Werk Karls des Großen, der Schutz und die Sorge, die er der Kirche bot, wahrlich nicht nur eine äußere Hilfe waren. Zerfiel die Reichsgewalt, so konnten kein Metropolit und kein Papst das Ansehen und die Freiheit der

Kirche bewahren, die ein Kaiser ihr bot. Unaufhaltsam aber drängten nun alle die Zwischeninstanzen in den Vordergrund, die Herzöge und Grafen, gewiss um die unabweisbaren und nächstliegenden Aufgaben zu lösen, die keine Zentrale mehr leistete. Und dennoch, die großen, einheitlichen Gesamtziele des Imperiums verschwanden. Nun beginnt mit der Zeit der werdenden Nationalstaaten zugleich die Epoche der Herzogtümer. Diese haben den Bruderkrieg und die von außen kommenden Einfälle feindlicher Völker wie der Magyaren nicht zu verhindern vermocht. Wie ein Mythos uralter Zeit, von Legenden umwoben, erschien nun das karolingische Reich und mit ihm die eine katholische Reichskirche.

4. Mission und Kirchenlehre in der Krise

In diesen allgemeinen Niedergang ist auch die Missionsbewegung hineinverflochten. Ansgars (801-865) Anfänge im Norden, insbesondere in Hamburg, finden durch normannische Zerstörungswut ein schnelles Ende (845). Ebenso verläuft die Slawenmission im Streit zwischen Rom und Konstantinopel verhängnisvoll. Das Papsttum ist durch Parteikämpfe und Sittenlosigkeit so zerfallen, dass es zu einer durchgreifenden Tat nicht mehr fähig ist. Römische Missionsversuche werden durch Gegenaktionen der Ostkirche zunichte gemacht. Das Slawenland wird Gebiet der griechisch-orthodoxen Kirche, soweit es nicht von Bayern aus bis zu den Ungarn und Tschechen später missioniert wurde. Charakteristisch ist, dass auch die Missionsaufgabe den Riss zwischen den Kirchen nur verschärft. Wie im Staat, so ist man auch in der Kirche zu übergreifenden und umfassenden Maßnahmen nicht mehr fähig.

Im Ganzen entspricht diesem Bild der Kirche auch der innere Zustand. Hinkmar, Erzbischof von Reims (845-882), weiß gegen die einseitige Erwählungslehre des Mönchs Gottschalk

(803-869) außer den gefährlichen Antworten des neuplatonisch denkenden Johannes Scotus Eriugena (810-880) nur mit langjähriger und grausamer Einkerkerung zu antworten. Dabei hatte Gottschalk nur augustinische Sätze zu wiederholen gewagt!

Von einer anderen Seite her brach in die Lehre der Kirche eine schon lange geltende Volksanschauung ein, wonach das Abendmahl die wirkliche Verwandlung des Leibes und Blutes Christi nach seiner wesenhaften und inneren Gestalt darstellte. Diese Auffassung vertrat Paschasius Radbertus, der Abt von Corbie (785-860), während ein Mönch desselben Klosters, Ratramnus († 868), in einem Gutachten leugnete, dass es sich beim Altarsakrament um den irdischen Leib Christi als des Sohnes der Maria handle. Wenn auch die Transsubstantiation, die zentrale Lehre von der Verwandlung, damit noch nicht ausgesprochen ist, so ist die Bahn zu ihr nunmehr gebrochen. Der Schwerpunkt liegt jedenfalls nicht mehr auf der Tat des Christus am Kreuz, sondern auf dem Wunder, das in der Messe geschieht.

Dieses Geheimnis der Messe hat aber einen sehr praktischen Sinn: Es ist das größte Opfer, das die Kirche Gott darzubringen vermag, und sie braucht es, um daraus den Gläubigen das Geschenk der Sühnung für ihre Sünden zuzuwenden. Im Augenblick, da das Wunder der Erlösung seine eigene Sprache sprechen will, ordnet es die mittelalterliche Kirche in den weiten Rahmen ihres Bußinstituts ein. Wie kann Gott zur Nachlassung der Sündenstrafen veranlasst werden? So lautet die Frage. Seine Gerechtigkeit verlangt strengste Sühnung.

Die Antwort, die schon das griechische Mönchtum gegeben hatte, war die: Bekenne deine Sünden. Hierzu trat als weiteres die Kirchenstrafe, die man in Form von auferlegten Gebeten, Almosen und Wallfahrten zu büßen hatte. Alle diese Leistungen stellen nun einen Begriff in den Vordergrund, der dann mehr und mehr der beherrschende wird: den Verdienstgedanken.

Schon den Gebeten und Fürbitten der Märtyrer schrieb man besondere Wirkungen zu. Was aber konnte wirksamer, verdienstlicher sein als das Opfer Christi, wie es, täglich neu dargebracht, den Himmel mit einem Strom erlösender Kräfte erfüllen musste! Dies Verdienstopfer musste ja selbst bis in das Fegefeuer reichen, ihm konnte sich – wenn es überhaupt einen Schutz gab – nichts an die Seite stellen.

Und hier beginnt nun das Rechnen, wie es speziell germanischen Anschauungen vom Recht entsprach. Es besteht die Möglichkeit, die Kirchenstrafen abzulösen, umzutauschen oder nachzulassen. Gott kann sich auch mit weniger zufrieden geben, wenn ihm nur ein geeigneter Ersatz geleistet wird. Er wird dazu umso eher bereit sein, je mehr die Messe ihn zu solchem Entgegenkommen veranlasst. Die Kirche ist auf Grund ihres durch das Altarsakrament bei Gott erworbenen Schatzes bereit und imstande, Sündenstrafen für an sich sehr viel geringere Leistungen abzulassen, warum also nicht auch für Geld! Hier rollen die Ereignisse in einer Konsequenz ab, die mit unaufhaltsamem Schritt bis zu Tetzels Praxis in Wittenberg, dann aber auch zu Luthers Thesenanschlag führen.

Im Unterschied zu diesem allgemeinen Verfall der Kirche und des Staates steht im letzten Drittel des 9. Jahrhunderts die glänzende Fürstengestalt des Angelsachsen König Alfred (871-899). Er wusste die Normanneneinfälle zu bannen und eine friedliche Entwicklung im kirchlichen und kulturellen Leben anzubahnen, die, in vielem an Karl den Großen erinnernd, bald zu hoher Blüte führte. Er schuf die erste englische Flotte, sammelte Gesetze, förderte Schulen, ließ theologische und historische Werke übersetzen. Aber auch hier, nach Alfreds Tod, setzte der Niedergang ein.

17. Kapitel

Die Reform von Cluny und die Sachsenkaiser (10./11. Jahrhundert)

1. Cluny erneuert das Mönchtum

Das 10. Jahrhundert bringt einen doppelten Aufstieg nach dem Verfall in Kirche und Reich. Man hat ihn mit den auf das Jahr 1000 gerichteten Enderwartungen in Zusammenhang setzen wollen. Die Quellen reichen aber zu dieser Vermutung nicht aus.

Einzelne Eschatologen oder Apokalyptiker hat es immer gegeben. Sie bestimmen aber in diesem Zeitraum durchaus nicht das Gesamtbild. Im Gegenteil, die vom burgundischen Cluny ausgehende Reform ist auf die gegenwärtige Lage der Kirche gerichtet, und ebenso knüpfen die Kaiser der Sachsen dort an, wo Karl der Große aufgehört hatte.

Man kann das, was in Cluny vor sich ging, nicht in die Reihe anderer Klostererneuerungen oder -gründungen stellen, wie sie sich immer wieder als nötig erwiesen. Die Eigenart seiner Reform liegt einmal darin, dass hier in der Linie der »pseudoisidorischen Bestimmungen« alle Gewalten ausgeschaltet werden, die in irgendeiner Weise Anspruch auf das Kloster erheben können. Indem man sich einzig unter die Schutzherrschaft des Papstes begibt, haben alle anderen geistlichen Stellen und alle weltlichen Instanzen aufgehört, irgendeinen Anspruch auf das Kloster zu erheben. Allerdings dachten die Mönche von Cluny nicht daran, den Papst in alle ihre Anliegen hineinreden zu lassen. Als Abt Berno von Baume von Odo abgelöst wurde (927), hatten die Reformer schon erreicht, dass die Neuwahl Sache des Klosters selbst sein sollte, später sogar durch den Willen des noch lebenden Abtes erfolgte. In fester Tradition setzte sich dadurch das Erbe Clunys fort.

Schon im 9. Jahrhundert hatte Benedikt von Aniane (750-821) nicht ohne Erfolg innerhalb der fränkischen Kirche auf die Reinigung der Klöster hingewirkt, deren weltliche Haltung zum Teil erschreckende Formen angenommen hatte. Aber Cluny geht über diese Linie verschärfter Zucht, verstärkter Gebetsübungen und Betonung der Innerlichkeit hinaus, indem es seine Gedanken auch für sehr viele andere Klöster durchführt und schließlich über diese gebietet. Damit führt diese Reform zu einem Staat im Staate, zu einer Macht, die sich den Nationalkirchen gegenüber bewusst abgrenzt. Es beginnt jener Katholizismus, dem Roms Interesse eben doch das Übergeordnete ist, und der in den einzelnen Ländern dafür gesorgt hat, dass die Kirche ein Fremdkörper geblieben ist. Und dies nicht um ihrer Botschaft willen, die sich nie und nimmer im völkischen Anliegen erschöpfen darf, sondern um des einen Zieles willen, der Kirche zu der Herrschaft in der Welt zu verhelfen, die ihr nach römischer Auffassung gebührt.

Hierzu gehört als nächster Schritt die Reformierung des nicht mönchischen Klerus, der Geistlichkeit in den Pfarrsprengeln, deren Leben zu vielfacher Kritik Anlass gab und darum einen schweren Schaden für die Kirche bedeutete. Gelang es, diesen Stand für die Ideale von Cluny zu erschließen, so war eine weitere Etappe gewonnen, um die Kirche aus der Verweltlichung zu befreien. Es wird hier schon deutlich: Der energische Rückzug der Cluniazenser von der Welt ist in Wahrheit nichts anderes als der Aufmarsch zu ihrer Eroberung. Weltflucht und Weltbeherrschung sind nur von außen gesehen Gegensätze.

Diese rücksichtslose Zielsetzung konnte aber schließlich auch vor dem Papsttum nicht Halt machen. Sie durfte nicht ruhen, bis ein Cluniazenser auf dem Stuhle Petri saß. Die Linie von den Äbten Clunys bis zu Gregor VII. ist unübersehbar ein Kampf um die Macht mit Sieg über das Kaisertum.

2. Die Erneuerung der Kirche

Was Heinrich I. (919-936), der Anfänger in der Reihe der sächsischen Regenten, noch nicht vermochte, führte sein großer Sohn Otto I. durch (936-973). Er war nicht nur der Schirmherr der Ostmark von Magdeburg bis Brandenburg, der Sieger über die Wenden. Unvergessen blieb, dass er auf dem Lechfeld die Ungarn schlug und sie für die Zukunft von Deutschland fern hielt. Seine auf die Jahrhunderte der Kirche einflussreichste Tat aber war die weitgehende Belehnung geistlicher Stellen mit Reichsland, und zwar zur Verwaltung bis in die finanzielle und militärische Seite des Gebietes hinein. Bischöfe, Erzbischöfe und auch Äbte wurden nun zu staatlich höchst wichtigen Persönlichkeiten, zu Reichsfürsten, die schließlich im Rang der Herzöge standen.

Otto wollte sich der mächtig gewordenen Teilgewalten entledigen, mit denen sein Vater nicht fertig geworden war. Herzöge und Grafen, der gesamte Laienadel verfolgte eine durchaus reichstrennende Richtung. Gelang es nun, die nicht erbliche Herrschaft kirchlicher Würdenträger aufzurichten durch Ämter, die der König bestallte, so war damit ein großer Prozentsatz des Landes in dessen unmittelbarer Gewalt. Aber auch für die Kirche schien dieser Weg sehr bedeutsam, litten doch die Klöster und alle übrigen Besitzer kirchlicher Stellen unter den häufigen Übergriffen weltlicher Zwischeninstanzen. Das musste aufhören, sobald die reichsunmittelbare Macht dieser Amtsträger fest stand.

Während Cluny sich durch den Papst sicherte, ging Otto den umgekehrten Weg und nahm auf seinem Gebiet, wo ja die Reform noch kaum bekannt war, seine Kirche selbst in den Schutz, indem er sie, großen Vorbildern folgend, in das Gesamtgefüge seines Reiches einbaute und zu den lebenswichtigsten Trägern der Staatsgewalt erhob.

Cluny entfremdete den Klerus dem Volk, Otto hingegen

schuf eine tief eingreifende Verbindung zwischen Volk und Geistlichkeit, indem in wachsender Zahl Bischöfe und Äbte landesherrliche Rechte erhielten.

Natürlich hatte das auch Nachteile für die Kirche, wenn nun die Predigttätigkeit der Amtsträger hinter ihren weltlichen Verwaltungsgeschäften zurücktrat und ihnen dadurch das Herrschen oft besser lag als das Dienen. Auf das Ganze gesehen aber bahnte Otto mit diesen Beleihungen, die man schon damals Investitur nannte, die Entwicklung einer deutschen Nationalkirche an. Söhne aus deutschem Adel verwalteten als Diener der Kirche im Auftrag ihres Königs das ihnen übergebene Land. Niemand fand in diesen Belehnungen einen unerlaubten Eingriff des Staates in die Freiheit der Kirche. Selbstverständlich behielt die übergeordnete kirchliche Stelle das Recht der Weihe und Beleihung mit allen kirchlichen Ämtern und Gaben. Aber dies erfolgte erst dann, wenn der König die Wahl des künftigen Territorialherrn vorgenommen hatte. Das böse Wort »Simonie« wagte jedenfalls noch niemand auf dieses Verfahren anzuwenden. Wie aber, wenn sich die kirchlichen Führer darauf besannen, dass sie nicht nur ihrem Landesherrn die Treue geschworen hatten, sondern über dieser Verpflichtung der andere Eid in den Vordergrund trat, der sie an den Papst band? Wie, wenn die Linie Clunys gegen Ottos klaren und national gedachten Reichsgedanken stieg?

3. Papst und Kaiser ringen um die Vorherrschaft

Es ist deutlich, dass der Schlüssel zur Gesamtlage im Verhältnis von Kaiser und Papst zu suchen ist. Die Züge der deutschen Könige und Kaiser über die Alpen sind wahrlich keine romantischen Unternehmungen gewesen, wenigstens nicht die eines Otto I. Auch die Kaiserkrone, die er im Jahre 962 vom Papst erhielt, war nicht der entscheidende Grund seiner Romreise.

Ungleich wichtiger war die Befreiung des Papsttums aus sittlichem Verfall, in dem es sich damals befand.

Otto sah klar genug, dass solch eine Kirchenführung das gesamte Gebäude erschüttern musste. Was in Rom geschah, konnte wahrscheinlich schnell auf Deutschland übergreifen. Nur ein Papst, der auf Befragen des Königs gewählt war, bot eine Garantie dafür, die landeskirchlich und staatlich so eng verwobene Situation nicht zu stören. Dies ist in Rom in einem besonderen Abkommen zwischen Otto und Papst *Johannes XII.* rechtlich verbürgt worden. Schon vor seinem Einzug in Rom gelobte Otto:

»*Dem Herrn Papst Johann XII. verspricht der König Otto eidlich, wenn er nach Rom kommt, die hl. römische Kirche und ihren Leiter nach seinem Vermögen zu erhöhen. Er wird in Rom keine Anordnungen treffen in allem, was den Papst und die Römer betrifft, ohne den Rat des Herrn Papstes. Wen er mit dem Königreich Italien belehnen wird, den wird er schwören lassen, dem Papst zur Verteidigung des Landes des hl. Petrus nach Kräften Hilfe zu leisten.*«

Des Weiteren versprach dann Otto dem Papst:

»*Der gesamte Klerus und Adel des römischen Volkes haben sich auf das Sakrament zu verpflichten, dass die künftige Wahl des Papstes kanonisch und rechtmäßig zugehe, und dass der Gewählte von niemand als geweihter Papst anerkannt wird, bevor er in Gegenwart unserer Gesandten das gleiche Versprechen abgibt, wie es der Herr Leo (III. im Jahre 800) bekanntlich freiwillig abgegeben hat.*«

Die Erinnerung an das Jahr 800 weckt eine gewisse Wehmut, indem sie den unübersehbaren Unterschied zwischen Karl und seinen drei Reichen und diesem deutschen Kaiser und Gründer des »Römischen Reiches Deutscher Nation« vor Augen führt. Karl unterwarf sich das Papsttum kraft seiner politischen Übermacht. Otto brauchte es mitsamt der Kirche zum Schutze seines Reiches gegen die Herzöge und Grafen. Wohl war es ihm gelungen, auch politisch noch Herr über Italien zu werden und Rom zu einer Art deutschem Bistum zu machen, in dem der Kaiser die Wahl des Nachfolgers Petri zu bestimmen hatte. Und doch lag das mehr an dem Tiefstand der Inhaber des Papstthrones als an den wirklichen politischen Gesamtverhältnissen, die jeden Augenblick wieder umschlagen konnten und namentlich in Italien kritisch genug blieben.

Vor allem aber fehlte es Otto in der deutschen Kirche selbst an dem inneren Einfluss, den Karl besessen hatte. Er hatte die staatliche Einordnung der Kirche vollzogen, er vermochte ihr aber nicht das theologische und geistige Rüstzeug, womit einst Alkuin und andere das kaiserliche Regiment zu stützen verstanden. So blieb Otto I., wiewohl ein Deutscher durch und durch, dem eigentlichen Kern der Frage fremd, wie denn das völkisch-obrigkeitliche und das kirchlich-theologische Anliegen seines Landes zu einen sei.

Daran konnten auch Sohn und Enkel Ottos I. nichts ändern. Otto II. und Otto III. haben nach Kräften versucht, die kaiserlichen Rechte über die Papstwahl nicht zu verlieren. Jedoch die inneritalischen Wirren blieben und erschütterten auch die Stellung der besten Päpste, und mochte es die eines Gerbert sein, der, ein Freund Ottos III., als Silvester II. regierte.

Verhängnisvoller noch war es, dass diese deutschen Kaiser jahrelang fern von ihrer Heimat in Italien lebten, und dies zu einer Zeit, da die Ostmark in Gefahr war und es einer starken Hand auch für die Kirche bedurft hätte.

In Rom aber griff ein Otto III. nach dem Kaisertum, ein Phantast. In Otto III. gewannen die Gedanken einer Weltmonarchie Raum, in der er mit dem universalen Papst im Bunde über die Völker Herr würde wie einst Karl. Aber während schon alles im Gange war, unter Umgehung des schwachen, träumerisch der Wirklichkeit entfremdeten Kaisers die Kirche umso fester vom Rom Silvesters II. aus zu leiten, starb Otto III., und Heinrich II., der letzte und mächtigste Sachsenkaiser, bestieg den Thron (1002-24).

Er verstand es mit überlegener Kraft, Herr über den Papst Benedikt VII. und Herr über seine deutsche Kirche zu werden. Man darf hinzufügen, dass er auch Herr über die cluniazensische Bewegung wurde, soweit sie für Deutschland in Frage kam, indem er sich ihren Reformen öffnete und namentlich in Lothringen für die wichtigsten Stellen Männer dieser Richtung bestimmte. Immer steiler wird der Weg des deutschen Kaisertums, je größer Clunys Einfluss wird. Noch zwingt Kaiser Heinrich mit fester Hand die oft noch unbewusst widerstrebenden Mächte, noch lässt sich Cluny von Stufe zu Stufe emporheben. Was aber dann, wenn es den Gipfel erreicht hat?

Mit den Worten: »Du bist der Stellvertreter Christi!« empfing Erzbischof Aribo von Mainz im Jahre 1024 den neuen König Konrad II., den ersten aus dem Hause der salischen Franken. So gänzlich fern vom Geiste Clunys sah dieser nationale Mann im König den Gesalbten des Herrn, den Schutzherrn seiner Kirche. Was hätte Konrad, gestützt auf diese kirchliche Basis, in Rom ausrichten können, wo das Papsttum schon wieder im Zerfall begriffen war! Wohl griff er mit unerbittlicher, politischer Macht durch, sobald er seine Rechte in Frage gestellt sah, aber unter seiner Regierung hebt schon das Murren der Reformer gegen die Simonie an, das Seufzen einer Kirche, die sich unter dem Druck der staatlichen Bevormundung nicht mehr frei fühlt. Die Gegensätze sind aber auch hier noch verhüllt, und dies namentlich dadurch, dass das Papsttum wie auch Konrad von den Gedanken Clunys unberührt sind.

Das wurde mit einem Schlage anders, als Konrads junger Sohn *Heinrich III.* auf den Thron kam (1039-56). Als Freund der Reform machte er den würdelosen Zuständen in Rom ein Ende. Nicht weniger als drei Päpste gleichzeitig setzte er auf der Synode von Sutri (1046) ab, um nun in den nächsten Jahren unter dem Beifall fast aller Cluniazenser Männer ihres Vertrauens an die Stelle zu bringen. Deutsche Bischöfe übernahmen die Leitung der Kirche in Rom. Sie haben ihr Amt in ehrlichem Bund mit dem Kaiser geführt. Der sich steigernde Ruf gegen die Simonie wurde von ihnen nicht als Anklage gegen die Ernennung ihres eigenen Amtes durch den Kaiser gedeutet. Petrus Damiani, der Kardinal und eifrigste Förderer der Reform in Italien, pries den Kaiser als den König Josia, der die Götzenbilder vernichtet habe. Er konnte noch schreiben:

»Nächst Gott hat Heinrich Rom aus dem Rachen des unersättlichen Drachen befreit, die Geldwechsler aus dem Heiligtum getrieben und verhütet, dass der Tempel Gottes ein Kaufhaus werde.«

Und doch zog gerade damals Leo IX. den Mann nach Rom, der von nun an in stillem, jahrzehntelangen Wirken den Aufmarsch vollzog zur Entscheidungsschlacht zwischen Kaiser und Papst. Als Hildebrand, der einst mit dem von Heinrich verbannten Papst Gregor VI. Rom verlassen hatte, von Leo zum Subdiakon und persönlichen Ratgeber erhoben wurde, spitzten sich die Dinge in einer Weise zu, die damals wohl niemand in dieser Schärfe ahnte. Mit Hildebrand kommt der radikale Flügel von Cluny nach Rom. So entstand unter Heinrichs III. Regierung eine sonderbare Konstellation: Die Führer von Staat und Kirche verstanden sich noch und förderten sich gegenseitig in ihren Bestrebungen. Auch die gesteigerte Reisetätigkeit Leos und seine sehr volkstümliche Art ließen nicht den Verdacht aufkommen, als laufe er dem Kaiser den Rang ab. Heinrich hat noch Leos Nachfolger bestimmt, Viktor II. Als er aber kurz darauf, nur 39 Jahre alt, starb und seinen sechsjährigen Sohn, Heinrich IV., als Erben hinterließ, war Hildebrands Stunde gekommen. Einer jener Augenblicke tritt ein, in denen der Kirche eine ganz große Gelegenheit gegeben ist, die Gesamtführung zu ergreifen. Hildebrand ließ noch fast zwanzig Jahre verstreichen, bis er sich selbst in die vorderste Reihe wählen ließ. Geleitet hat er aber seit

Heinrichs Tod in wachsendem Zielbewusstsein die Geschicke der Kurie. Etwas von dem »Jetzt oder nie« erfüllte sein Leben bis zum letzten Atemzug.

4. Der Bruch mit der Ostkirche

Man kann fragen, warum der Entscheidungskampf zwischen Rom und Konstantinopel nicht eher ausbrach. Die Antwort wird zunächst in den politischen Zuständen Italiens zu suchen sein, wo Griechen und Araber, normannische und deutsche Interessen miteinander im Streit lagen und die päpstliche Landbasis inmitten dieser Gewalten nur sehr schwach war.

Weiter aber wird man daran zu denken haben, dass die Erfolge der Reformer in Deutschland noch gering sind und Konrads und Heinrichs überragende Beherrschung der Kirche und ihrer reichsunmittelbaren Bischöfe eben doch einen unübersehbaren Machtfaktor darstellt. Ein zu früher Schlag konnte zu einer Katastrophe führen.

Zudem zeigte die völlige Trennung zwischen Ost- und Westkirche im Jahre 1054 – Rom verfasste die Bannbulle gegen Michael Cerularius, den Patriarchen von Konstantinopel –, dass es Grenzen gab, an denen man allen Anstrengungen zum Trotz die ehernen Gesetze der Geschichte vernehmen musste. Ein wachsendes, sich nach Russland zu bewegendes Kirchengebilde entsteht im Südosten, in einer Zeit, in der die ostelbischen Missionsstationen durch das Vordringen der Slawen zerstört werden. Nur im Norden gelang es dem gewaltigen Hierarchen Erzbischof Adalbert von Bremen von seinem Erzbistum Hamburg-Bremen aus, den englischen Einfluss in Skandinavien zurückzudrängen und diese Länder – für einige Zeit allerdings nur – in feste Beziehung zum Reich und zu Rom zu bringen.

Fasst man das Gesamtbild um 1056 zusammen, so liegt der charakteristische Zug darin, dass die Fronten noch nicht scharf heraustreten. Kirchliche und päpstliche Interessen, nationale und cluniazensische Bestrebungen laufen vielfach nebeneinander und ineinander und treffen sich z.T. bei denselben Persönlichkeiten. Vielleicht beurteilt man darum Heinrich III. zu günstig, weil man nicht genügend berücksichtigt, wie gerade in seiner Zeit sich unter dem Schutz eines Ausgleichswillens die wahren Probleme nicht klären, sondern versteifen. Dass es nicht möglich war, die von Clunys Geist durchdrungene Kirche nur mit politischer Überlegenheit und mit einem ernsten Reformwillen zu leiten, beweisen die folgenden Jahrzehnte mit unmissverständlicher Klarheit.

18. Kapitel
Der Kampf zwischen Heinrich IV. und Gregor VII.

1. Das Papstwahldekret

Keine Zeitspanne mittelalterlicher Geschichte ist so sehr Gegenstand leidenschaftlicher Teilnahme wie die zweite Hälfte des 11. Jahrhunderts. Es geht hier nicht um die Darstellung der einzelnen Ereignisse dieses dramatischen Kampfes. Wichtiger ist es, die Hauptmomente herauszuarbeiten, gewissermaßen die Durchbruchstellen, an denen die allgemeinen Grundsätze, um die gerungen wird, ans Licht geschichtlicher Wende treten.

Neben Hildebrand, dem späteren Gregor VII., wirkte in Rom vor allem Kardinal Humbert a Silva Candida im Sinne der Reformer. In seinen drei Büchern gegen die Simonisten hat er es klar ausgesprochen, dass nur eine Loslösung der Kirche aus der

Macht der weltlichen Fürsten und ihrer Investiturrechte aus dem Niedergang helfen könne. Nicht das Recht des Grundherrn an seinem Eigentum habe zu gelten, sondern allein das höhere und ältere Recht der Kirche. Wieder war es der Rückgriff auf die Pseudoisidorischen Dekretalien, der alle juristischen Bedenken zerstreute und eine Revolution einleitete, die allerdings den Bestand Deutschlands bis in die Wurzeln erschüttern musste.

Als es unter Papst Nikolaus II. (1059-61) gelungen war, mit den Normannen einen Bund zu schließen, und auch mit dem übrigen Italien zu einem guten Einvernehmen zu kommen, schritt man zur Änderung der Bestimmungen über die Wahl des Papstes. Alte Rechte übergehend, schaltete man die Mitwirkung des Kaisers so gut wie aus. Fortan sollten die Kardinäle den Papst wählen. Gleichzeitig erreichte die Kurie, dass der Mailänder Metropolit Wido dem Papst den Gehorsamseid leisten musste, deutsche Metropoliten folgten. Auch die Stellung Adalberts von Bremen wurde durch seine finanzielle Misswirtschaft noch unter der Regierung Alexanders II. (1061-73) erschüttert und die Mission im Norden seinem allzu drückenden Regiment entrissen. Päpstliche Siege in Frankreich, Spanien und England vervollständigen das Bild eines neuen, ungeahnten Aufschwungs.

Nimmt man hinzu, dass auch die theologische Arbeit eines Berengar von Tours (um 1050) und des Lanfrank (um 1050, Lehrer Anselms von Canterbury) im Grunde der Stärkung überlieferter Lehre dienten, so kann man verstehen, dass sich das Papsttum schon vor seinem Angriff auf Heinrich IV. – kurz nach seines Vaters kirchenordnendem Wirken – auf der Höhe seiner Macht fühlte.

2. Der Mailänder Kirchenstreit

In die letzten Tage Alexanders II. fällt der Mailänder Kirchenstreit (1071). Der eben mündig gewordene Heinrich IV. will sein

Recht zur Besetzung des erzbischöflichen Stuhls gegen den Kandidaten des Papstes erzwingen. Damit ist das Signal zum Waffengang gegeben. In dieser Stunde wird Hildebrand stürmisch vom römischen Volk zum Papst ausgerufen. Die zwölf Jahre Gregors VII. beginnen (1073-85).

Wir lernen Gregor aus seinen berühmt gewordenen Sätzen über das Papsttum kennen. In ihnen sind alle Prinzipien niedergelegt, die sich im Handeln dieses Mannes finden. Die Unfehlbarkeit der römischen Kirche in Vergangenheit und Zukunft, die Tatsache, dass der höchste Führer von niemandem gerichtet werden darf, steht ebenso unerschütterlich fest wie die Verpflichtung aller Fürsten, dem Nachfolger Petri die Füße zu küssen und – noch mehr! – das Recht, auch Kaiser abzusetzen und ihre Untergebenen vom Treueid loszusprechen. Ausdrücklich hat Gregor in einem Schreiben an Bischof Gregor von Metz gerade in diesem Zusammenhang auf seine Binde- und Lösegewalt hingewiesen:

> *»Dem nun die Macht gegeben ist, den Himmel zu öffnen und zu schließen, dem sollte es nicht zustehen, über die Erde zu richten? ... Daher sollen die, welche die heil. Kirche nach reiflicher Überlegung zu Herrschaft und Kaisertum beruft, nicht für vergänglichen Ruhm, sondern zum Heil vieler demütig gehorchen«*

Gregors Sätze sind immer und bis zuletzt im Ton eines hohen Kirchenpathos ausgesprochen. Ob er den Klerikern den Zölibat gebietet (1074) oder die Simonie in deutlicher Wendung gegen »Kaiser, Könige und sonstige Laien« geißelt (1078), er redet stets als ein leidenschaftlich von seiner Sache Überzeugter. Wir haben kein Recht, ihn als selbstsüchtigen und unwahren Priester hinzustellen. In ihm kämpfte in Person der eine, mächtige Gedanke, die Reiche dieser Welt der Kirche und ihrem Christus zu unterwerfen. Und dazu musste er den Weg Clunys zu Ende gehen und die Kirche von allen unreinen Verbindungen befreien.

Nur eine freie Kirche war imstande, das heilige Schwert des Geistes gegen alle gottlosen Mächte zu führen, Gerechtigkeit in der Welt herzustellen und damit den ihr gegebenen Auftrag zu erfüllen.

Schon lange war man daran, den Priester vom Volk zu trennen, indem man ihm die Ehe versagte. Aber zu stark war dieser Stand schon in die Volksgemeinschaft verwoben, um nicht am national-kirchlichen Verständnis der Erzbischöfe eine Stütze zu finden. Gregor aber überwand dies, indem er sich die Metropoliten unterwarf und dadurch auch den niederen Klerus fest in die Hand bekam. Innere und äußere Heimatlosigkeit schienen ihm nicht zu teuer bezahlt zu sein gegenüber dem hohen Ziel, das er der Kirche setzte. Als er mit der gleichen Schärfe die Investitur der Bischöfe durch die staatlichen Organe verbot – eine Antwort auf Heinrichs Mailänder Entscheidung – gab es kein Halten mehr. Nur einige kurze Abschnitte aus dem Briefwechsel zwischen Heinrich und Gregor mögen zeigen, dass keiner dem anderen an Temperament etwas nachgab. Heinrich schreibt:

»Du hast die Priester gegen ihre Vorgesetzten bewaffnet, hast sie gelehrt, unsere von Gott eingesetzten Bischöfe zu verachten. Uns . . . hast du zu drohen gewagt, du wolltest uns die königliche Gewalt entziehen, gerade als ob wir von dir die Krone empfangen hätten und nicht aus Gottes Hand. Unser Herr Jesus Christus hat uns zum königlichen Amt berufen, aber dich nicht zum priesterlichen . . . Steige herab, steige herab, du ewig Verdammter!«

Gregors Bannwort ist nicht weniger scharf. Es ist in eine Bitte an Petrus selbst gekleidet, den der Papst zum Zeugen anruft:

»Um deinetwillen ist mir von Gott die Macht verliehen, zu binden und zu lösen im Himmel und auf Erden. Kraft dieser deiner Vollmacht, zur Ehre und Verteidigung deiner Kirche

entziehe ich dem König Heinrich, Kaiser Heinrichs Sohn, der sich in unerhörtem Hochmut gegen deine Kirche erhoben hat, die Herrschaft über das gesamte Deutsche Reich und Italien, löse alle Christen vom Band des Eides, den sie ihm geleistet haben und noch leisten werden, und untersage hiermit jedermann, ihm als einem König zu dienen.«

3. Canossa und die Folgen

So mutig zuerst die Bischöfe zu ihrem König gestanden hatten, dieser Fluch Gregors brach ihre Stellung, löste ihren Lehnseid auf und ließ Heinrich einsam. Da griff der Verlassene zu dem sichersten Mittel, mit dem er seinen Gegner schlagen konnte: Der Priester Gregor musste dem zu Canossa büßenden Herrscher vergeben, was der Papst niemals getan hätte (1077)! Beendet war damit der Streit keineswegs. An Flüchen und Absetzungserklärungen hin und her fehlte es nicht, Gegenpapst und Gegenkönig (Rudolf von Rheinfelden) sollen die Not beheben. Als alle Mittel verbraucht sind, scheut man vor Waffengewalt nicht zurück. Gregor wird von den Normannen gerettet, aber deren Plünderung Roms nimmt ihm den letzten Rest von Vertrauen. Als der große Absolutist des Papsttums in Salerno stirbt, hat er nichts von seinem Anspruch aufgegeben. Aber bitter klingt sein nach Psalm 45 geformtes Wort: »Ich habe die Gerechtigkeit geliebt und die Ungerechtigkeit gehasst, deswegen sterbe ich im Exil!«

Es gibt einen Zeitpunkt in einem derartigen Kampf, an dem die Miterlebenden der Auseinandersetzung müde geworden sind und wo etwas verloren geht, was wertvoller ist als das unmittelbare Objekt des Streites. Dass so, wie er es getan, ein Papst nicht handeln dürfe, brach sich als Gesamturteil über Gregor in weiten Kreisen Bahn. Das hatten die Ernstgesinnten unter den Männern von Cluny nicht gewollt. Die Würde des Papsttums hatte Schaden gelitten und erreicht war nichts von den hohen Herrschaftsansprüchen über die Welt. So stark das Mittel des Bannes zunächst wirkte, seine Kraft war bald erschöpft und schlug gegen den um, der es benutzte. Aber auch Heinrich konnte sich nicht als Sieger fühlen, wiewohl er keines seiner Königsrechte aufgegeben hatte. Wie Gregor kam auch er in eine Vertrauenskrise, die er nie mehr überwunden hat. Zu einer wirklichen Klärung in der Investiturfrage fehlte es ihm an Verständnis für das Wesen der Kirche. Er war ähnlich wie Konrad II. ein politischer Charakter.

4. Das Wormser Konkordat

Aus dem Ergebnis des Kampfes, wie es schließlich 1122 im Wormser Konkordat festgelegt wurde, kann man noch einmal im Abstand der Jahre die miteinander ringenden Kräfte ermessen. Als unmöglich erwies es sich, dass 1111 in Sutri der Papst den Verzicht der geistlichen Lehensträger auf das Kirchengut als die entscheidende Lösung bezeichnete. Wohl aber kam man in Worms zu der Regelung, dass Heinrich V. die Investitur mit Ring und Stab der Kirche überließ, diese aber erst dann ihre Gültigkeit hatte, wenn die Übergabe des Zepters von der Seite des Königs erfolgt war. Das Konkordat hat folgenden Wortlaut:

»Der Kaiser übergibt Gott, dem heiligen Petrus und Paulus und der heiligen katholischen Kirche alle Investitur mit Ring und Stab. Er gestattet, dass in allen Kirchen in seinem Königsland und Reich die Wahl und Weihe frei nach den Kirchgesetzen (kanonisch) geschehe. – Der Papst gesteht zu, dass die Wahl deutscher Bischöfe und Äbte in Gegenwart des Kaisers, aber ohne Gewalt und Simonie vollzogen werde. Bei zwiespältiger Wahl hilft der Kaiser dem verständigeren Teile nach des

Erzbischofs und der Bischöfe Rat. Der Gewählte empfängt die Reichslehen durch das kaiserliche Zepter und leistet, was Rechtens ist, und wird dann investitiert. In den anderen Teilen des Reichs empfängt der Investierte in gleicher Weise binnen sechs Monaten die Belehnung.«

Während damit für Deutschland das Zusammenwirken beider Stellen nötig war, um zum Ziel zu gelangen, wurde die königliche Belehnung für Italien und Burgund eine Formsache, die nach der Weihe vollzogen wurde. Für den päpstlichen Bereich vollends kam eine Mitwirkung Heinrichs überhaupt nicht mehr in Frage. Als einen *Sieg des Papsttums* muss man vor allem aber buchen, dass von einer *Bestätigung oder gar Ernennung des Nachfolgers Petri durch den Kaiser* mit keinem *Worte mehr die Rede ist.*

Man zieht gegenseitig Grenzen, und es ist auch hier wieder der Kraft überlegener Persönlichkeiten vorbehalten, wer die Führung gewinnt. Offen bleibt für Deutschland und Frankreich, ob es dem englischen Vorbild entsprechend gelingt, durch eine starke und selbstständige Nationalkirche den römischen Einfluss abzuriegeln. Hier kam es auf die Haltung der Metropoliten an. Rom seinerseits wurde nicht müde, das Recht seiner Ziele in der Linie der Pseudoisidorischen Dekretalien auszubauen und auf einen neuen Augenblick zu warten, um Gregors Kampf weiter durchzuführen.

Das 11. Jahrhundert, das eine solche Fülle von Kämpfen sah, hat mit dem romanischen Baustil einen sinnfälligen Ausdruck geschaffen, der die Eigenart der Kirche in ihrer äußeren Formung kennzeichnet. Mit seinen mächtigen Säulen und dadurch erstmalig ermöglichten Gewölben gibt er Kunde von der majestätischen Wucht, mit der die Künstler das Wesen der Kirche zu deuten versuchten.

19. Kapitel

Der Kampf zwischen den Hohenstaufen und dem Papsttum (12. Jahrhundert)

1. Die Kreuzzüge

a) Die Vorgeschichte

Wir nähern uns dem Höhepunkt des Mittelalters, einem Kampf zwischen Kaiser und Papst mit noch riesenhafteren Ausmaßen als zu Gregors und Heinrichs Zeit. Es ist, als ob alle Kräfte zu einer Entscheidung drängten.

Allerdings treten auch neue Kräfte auf den Plan. In der Geschichte des Mönchtums kommt es zu überraschenden Neubildungen, die auf die Kirche mit wachsendem Einfluss wirken. Neben dem Mönch steht der Ritter, und mit ihm das große Unternehmen der Kreuzzüge. Mit dem Mönchtum wiederum setzt eine vertiefte Frömmigkeit und darauf aufbauend eine neue Theologie ein, und diese nimmt in Ehrfurcht die Gabe des Aristoteles wahr, den die Araber der Vergessenheit entreißen. Zwischen den Mystikern der Innerlichkeit blüht ein Geschlecht von Künstlern auf, von Dichtern und Baumeistern, von Menschen des Auges und der Lebensfreude, bald aber auch der bohrenden Frage und der Kritik. Städte haben sich gebildet, und in ihren Mauern wächst ein neuer Stand heran, der Bürger. Unwillkürlich fragt man sich: Was wird aus all diesen gärenden Kräften werden? Finden sie den Weg zueinander und miteinander?

Wir greifen noch einmal in das 11. Jahrhundert zurück, um zu den Anfängen der großen Bewegung zu gelangen, die in den Kreuzzügen die abendländische Kirche auf das Stärkste mit der Politik des Deutschen Reiches verband. Es sind eine ganze Reihe von Fäden, die hier zusammenlaufen, und die uns deutlich zeigen, wie bunt und wirr das Bild jener Zeiten ist.

Gewiss sind die türkischen Seldschuken seit Jahrzehnten im Vormarsch und bedrängen die zu den heiligen Stätten wandernden Pilger. Sicher ist die Eroberung Jerusalems durch die Truppen des Halbmonds ein mächtiges Signal (1076), das mitten hinein in die Kämpfe Gregors VII. mit Heinrich IV. fällt. Fast sieht es einen Augenblick aus, als fänden diese Konflikte in einem ersten Zug gegen den Orient Entspannung. Aber noch vergehen zwei Jahrzehnte, bis es zum großen Schlag kommt. Hier wirken vielschichtige Faktoren mit. Man darf auch Robert Guiscards, des Normannenführers, Unternehmen gegen den griechischen Osten nicht trennen von dem nie aufgegebenen päpstlichen Plan, diesen Osten noch einmal in die eine römische Kirche einzuordnen. Nicht der Notschrei der orientalischen Länder, sondern dieses letzte Ziel bestimmt das Handeln der Päpste. Und ähnlichen Gedanken im Sinn ihrer Weltpolitik öffnen sich die Kaiser. Es sind letzten Endes die gleichen universalen Linien aus Ottos III. weit gefassten und unerreichten Absichten. Alles, was Weltherrschaft will, drängt in den Raum, der sich noch irgendwie seiner Geltung entzieht, die Cluniazenser so gut wie der Papst und der Kaiser.

b) Begeisterung und Enttäuschung

Mit diesen politischen Bestrebungen geht nun Hand in Hand die glühende religiöse Begeisterung, wie sie wenigstens auf französischem Boden Papst Urban II. auf der berühmten Synode von Clermont (1095) zu entzünden wusste.

»Im Mittelpunkt des Erdkreises, in Jerusalem, von wo das Wort des Herrn ausgegangen ist (Jes 2,7), in ›der heiligen Stadt‹ (Mt 27,53), die durch des Heilands Wandel und Tod für ewige Zeiten geweiht ist, hat der Antichrist seine Herrschaft begründet und befestigt! Das Blut der erschlagenen Christen schreit laut, die hier stehenden Pilger, welche von den rohen

Gewalttaten der Muselmänner zu erzählen wissen, heben flehend die Hände zu euch empor! Und ihr wollt zögern, eure Christenpflicht zu erfüllen? Wie oft habt ihr euch im Dienst und auf Befehl kleiner weltlicher Herren gegenseitig zerfleischt, um elenden Zankes und Besitzes willen für geringen Lohn Leib und Leben gewagt! Denkt an das Volk des Alten Bundes, das unter Josuas Führung das Land der Verheißung gewann, und ihr zagt, als das Volk des Neuen Bundes unter Jesu Christi Banner, im Dienste des Herrn aller Herren, das durch sein Leben, Leiden und Sterben geheiligte, von den Christen jahrhundertelang besessene und nun ihnen entrissene Land wieder zu erobern? Ihr Franken, von Gott durch den wahren Glauben und reichen Besitz an Ländern ausgezeichnet, denkt an die Sarazenenbezwinger Karl den Großen und seinen Sohn Ludwig, denkt an den Befehl Christi: › *Wer Vater und Mutter mehr liebt denn mich, ist mein nicht wert; wer nicht sein Kreuz auf sich nimmt, ist mein nicht wert* ‹ *(Mt 10,37f), denkt an sein Wort:* › *Jerusalem wird zertreten sein, bis dass die Zeit der Heiden erfüllt ist* ‹ *(Lk 21,24). Ihr sollt diese Zeit der Erfüllung bringen. Darum* › *gürte ein jeder sein Schwert um* ‹ *(Psalm 45,4), und schlagt die Amalekiter nieder! Wir Geistlichen aber wollen wie einst Moses betend die Hände zu Gott erheben, dass er euch Sieg verleihe. Und ihr, die ihr mit dem Zeichen des Kreuzes euch schmückt, werdet sicher von Gott nicht verlassen werden, sondern er wird euch als treue Arbeiter in seinem Weinberg belohnen; die ihr früher arm und bedrückt wart, werdet die Länder und Reichtümer eurer Feinde gewinnen und in der Ewigkeit* › *den unverwelklichen Kranz der Ehre und Herrlichkeit* ‹ *(1Petr 5,4). (Ruf der Menge: Gott will es!) Wie herrlich ist heute das Wort des Herrn erfüllt:* › *Wo zwei oder drei versammelt sind in meinem Namen, da bin ich mitten unter ihnen* ‹ *(Mt 18,20)! Der Ruf, der eben eurem Munde einstimmig sich entrang, sei euer Schlachtruf.* «

Ist mit dem Kreuzgelübde der Lohn gesichert, wer sollte dann nicht alles verlassen und mit dieser einen Tat sein Leben zum ewigen Abschluss führen! »Gott will es!«, so haben Tausende den Ruf von *Peter von Amiens* (um 1050-1115) vernommen, denen das Leben mit solchem Heroismus den tiefsten Sinn zu empfangen schien.

c) Die Eroberung Jerusalems

Die Religiosität der Kreuzfahrer entspricht durchaus der aufgeregten, durch die Beicht- und Bußpraxis geleiteten Frömmigkeit der Zeit. Wie viel ungelöste Not in den sozialen Verhältnissen, in den Familien, stand oft hinter solchem Einfluss! Man versucht mit einem einzigen Wagnis alle Fragen des persönlichen Lebens zu überspringen. Wir wissen, wie viel schwärmerische Hoffnungen auf den ersten ungeordneten Zügen grausam zuschanden wurden. Die Eroberung Jerusalems (1099) und die Gründung eines Königtums und anderer weltlicher und geistlicher Bereiche beseitigen nicht die Sorge, dass hier der Enthusiasmus die harten Wirklichkeiten außer Acht ließ. Das Heilige Land blieb ein unsicherer Erwerb und dauernd bedroht, während sich die abendländische Christenheit im Glanz der Siege und vor allem der nun einströmenden Reliquien und frommen Legenden in romantischen Täuschungen wiegte.

Ein halbes Jahrhundert später vermochte es, wie einst ein Peter von Amiens, die eindrucksvolle Persönlichkeit Bernhards von Clairvaux, die Mächtigen dieser Erde zum zweiten Kreuzzug zu bewegen. Frankreichs und Deutschlands Könige nahmen das Kreuz (Ludwig VII. und Konrad III., 1147-49) und noch im gleichen Jahrhundert Friedrich I. Barbarossa, mit den Herrschern von Frankreich und England, als wiederum Jerusalem in die Hände der Ungläubigen gefallen war (1187). Die Kreuzzüge stellen dar, wie durchgreifend der Einfluss des Papsttums ist und wie sich ihm willig oder gezwungen alle Gewalten des Abendlandes beugen. Als Friedrich I. in den Wellen des Salef den Tod fand, als dann jener unglückliche Kinderkreuzzug und endlich trotz päpstlichen Bannes Friedrichs II. glückliche Verhandlungen einsetzten, um Jerusalem wieder zu gewinnen (1229), da hatte der Grundgedanke, die eine katholische Kirche wieder sichtbar zu machen, schon lange seinen Sinn verloren. Das eigentliche Ziel des Streites wurde nicht erreicht, wohl aber verlor auch hierbei das Führeransehen des Papstes so bedeutend, dass durch das Scheitern der Kreuzzüge die Kritik am Statthalter Christi mehr und mehr an Nahrung gewann. Es klingt im »Gedicht vom Heiligen Land« des Walther von der Vogelweide (1170-1230) an:

> »Christen, Juden und auch Heiden
> fordern dieses Land im Streit.
> Du musst es zu Recht entscheiden,
> heilige Dreieinigkeit!
> Alle Welt greift hier zum Schwert ...«

Vom Armutsideal eines Franziskus aus reicht jedenfalls kein Weg zu der grausamen Abschlachtung der Ungläubigen. Dennoch, bei all der Enttäuschung und vielfach auch sittlichen Auflösung, wie sie die Kreuzzüge im Gefolge haben, steht man doch unter dem Eindruck, wie gerade auf das deutsche Gemüt das Heilige Land in Ehrfurcht gebietender Weise wirkt. Derselbe Walther legt es dem sinnenden Kreuzfahrer in den Mund:

> »Nun erst ist mir wert mein Leben,
> seit mein sündig Auge fand
> dich, dem höchster Ruhm gegeben,
> heilge Erde, heilges Land!
> Hab erreicht, was längst ich bat,
> bin gekommen an die Statt,
> die einst Gott als Mensch betrat.«

Man wird die spätere Christusmystik schwerlich verstehen können ohne die lebendige Anschauung der heiligen Orte. Christus war dem Gefühl näher gekommen. Dem hat sich auch das in den Kreuzzügen entstandene Rittertum zum Schutz des eroberten Landes nicht entzogen, denn hier vereinigt sich der Mönch mit dem Ritter. Im Templerorden und im Orden der Johanniter erscheint genau wie in Cluny das doppelte Ideal der Zeit: die Askese und die Weltherrschaft. Sie schützen und pflegen die Pilger und sie erhalten die Kirche. Der Missionswille aber der Welt Mohammeds gegenüber liegt ihnen völlig fern. Und das hat man im Orient der Christenheit bis heute noch nicht vergessen! Weil es in den Kreuzzügen um die sichtbare, triumphierende Kirche ging, blieb für die Ausrichtung ihres größten Auftrages, für die Verkündigung des Wortes, kein Raum. Wie ein Märchen fast wirkt der Bericht über den ersten Missionar unter den Muslimen, Raimundus Llullus (1233-1316). Dieser einsame und unverstandene Franziskaner ist ein stiller, aber mächtiger Protest gegen das »Gott will es« der Kreuzzüge.

2. Alexander III. contra Friedrich I. (Barbarossa)

Zwischen den Kreuzzügen spielt sich der Kampf zwischen Kaiser und Papst weiter ab. Das Wormser Konkordat hat keine Abhilfe geschaffen. Die lediglich formale Erledigung des Investiturstreites ist nur ein Anzeichen für den viel tiefer liegenden Gegensatz. Während sich in Rom die Parteien an der Besetzung des Stuhles Petri zerfleischen und es bald darüber zum Schisma kommt, ringen die Nachfolger der Salier, Lothar von Supplinburg und Konrad III. – der erste aus dem Hause der Hohenstaufen – vergeblich um ihr kaiserliches Recht in der Kirche. Aber der Geist von Cluny wirkt sich nun erst mit voller Gewalt aus und reißt die Wahlen mehr und mehr aus der Hand der weltlichen Stellen. Es erweist sich hier wie so oft in der Flucht der Jahrhunderte, dass das Papsttum kraft der in ihm ruhenden Konsequenz auch durch unbedeutendere Vertreter seine Ansprüche fortzusetzen vermag, während das Kaisertum, je nach der Persönlichkeit des Herrschers, viel mehr dem Wechsel unterworfen ist.

Mit neuer Kraft nimmt Friedrich I. Barbarossa den Kampf mit dem Papsttum wieder auf. Als man ihm, der soeben in Rom Ordnung gestiftet hatte, das Kaisertum als päpstliches Lehen bezeichnet, antwortet er im gleichen Ton der Herausforderung und betont seine Machtansprüche über Italien und damit auch über den Papst. Auf dieses Wortgefecht folgt nun der fast zwanzigjährige Streit mit dem gewaltigen Alexander III. (1159-1181), den der Kaiser allen von ihm aufgestellten Gegenpäpsten zum Trotz nicht zu besiegen vermag. Im Gegenteil, der Friede von Venedig (1177) beweist vor aller Welt, wie ungebrochen Rom seine Stellung behauptet.

Woran liegt es, dass Alexander nicht zu besiegen ist? Das Schlachtfeld ist nicht mehr wie zu Heinrichs IV. Zeiten die deutsche Kirche. Dort bleibt Barbarossa durchaus der Herr. Im 12. Jahrhundert geht es um Italien. Hier entscheidet sich für den Kaiser, ob er die Weltmacht des Papstes in seine Hand bekommt. Es sind auch nicht nur einige politische Misserfolge, etwa die Erhebung der lombardischen Städte zugunsten Alexanders. Andere umfassende Bewegungen beherrschen bereits das Bild und lassen Friedrichs zähen Kampf fast wie ein überholtes Unternehmen erscheinen. Vorgänge, wie sie sich in denselben Jahren in England abspielen, deuten blitzschnell die Gesamtlage. Gegen seinen König Heinrich II. nimmt dort das englische Volk Partei für den ermordeten Erzbischof Thomas Becket (1118-1170). Als der Papst ihn heilig spricht, muss sich Heinrich genauso wie Friedrich in Rom unter den gewaltigen Apostelfürsten beugen. Was ist der Grund zu dieser wachsenden Macht?

3. Die großen Theologen des 12. Jahrhunderts

a) Anselm von Canterbury

Dem Papsttum sind seit dem Wormser Konkordat Hilfsquellen besonderer Art entstanden, und zwar durch eine Frömmigkeit, die mit einer neuen Theologie verbunden ist. Erzbischof Anselm von Canterbury (1033-1109) hat nicht nur seiner Zeit die großen Beweise erbracht für das Dasein Gottes und die Notwendigkeit des Todes Christi als des Gottmenschen. Wie man auch über das Verhältnis von Glauben und Wissen bei ihm und den nun folgenden Theologen denken mag, sie haben in der Nachfolge Augustins die Autorität der Kirche als das Fundament angesehen. Ohne diese letzte, nicht mehr diskutierbare Autorität kann niemand zur Erkenntnis der Wahrheit gelangen.

Diese Autorität ist bei Anselm im Glauben verankert:

> *»Der Glaube geht der Erkenntnis voraus. Ich suche nicht zu erkennen, um zu glauben, sondern ich glaube, um zu erkennen. Denn wer nicht glaubt, der macht keine Erfahrung, und wer keine Erfahrung macht, der erkennt nicht.«*

Die Verbindung von Logik, Glaube und Kirche ist die scheinbar unerschütterliche Basis des Katholizismus. In dieses eherne Schema wird die Heilslehre hineingebaut. Wuchtig und zentral stehen die Sätze vom Gottmenschen da, der durch seinen freiwilligen Tod das überverdienstliche Werk geleistet hat, das zu unserer Erlösung nötig war. Eindeutig und unwiderlegbar wird auch für Juden und Heiden der Gottesbegriff als der höchste und wirklichste erwiesen, denn jedem Begriff entspricht ein Sein.

Und dennoch erscheint diese Theologie kühl. Das geschichtliche Leben und Sein des Versöhners wird durch diese logischen Konstruktionen verdeckt.

b) Abaelard

Moderner und wärmer zugleich erscheint die theologische und dialektische Arbeit Abaelards (1079-1142), des bedeutendsten Theologen seiner Zeit. Während der Realismus das Wesen der Dinge *über ihnen,* im Reich der Ideen, sah, verlegen die »Nominalisten« das Wesen *in die Dinge,* die Nomina, selbst. Auch wenn Abaelard im Gegensatz zu Anselm das Denken vor den durch die Autorität begründeten Glauben stellt, so ist gerade er nicht der Logiker wie sein Vorgänger, sondern viel eher der Psychologe.

Abaelard ist schon der Bahnbrecher der Mystik, indem er den Schwerpunkt des Erlösungswerkes darauf legt, dass es in uns die Kräfte der Liebe, der Hingabe an Gott erweckt. Dies alles aber hat auch bei ihm nur darin seinen tiefsten Sinn, die Lehre der Kirche noch glaubhafter zu machen. Es ist bei ihm das Wesen der Scholastik als »Denken aus der Mitte heraus« durchaus schon vorhanden. Leitmotiv bleibt die letzten Endes nicht nur unangefochtene, sondern alles begründende Autorität der Kirche, wie sie in tausendjähriger Tradition in Erscheinung tritt.

c) Bernhard von Clairvaux

Und doch würde man diesen beiden Theologen – Anselm und Abaelard – nicht gerecht, wenn man zwischen ihnen und Bernhard von Clairvaux einen schroffen Trennungsstrich zöge. Hinter der Logik und Dialektik steht mehr als die starre Norm der Kirche. Anselm wusste in Wahrheit, worauf es zuerst und zuletzt ankommt, als er einen Sterbenden fragte und vermahnte:

>*» Glaubst du, dass der Herr Jesus Christus um deinetwillen gestorben ist? Sagst du ihm Dank? Glaubst du, dass du nur durch seinen Tod gerettet werden kannst? Wohlan nun, solange in dir noch Atem ist, setze auf diesen Tod allein dein ganzes Vertrauen, vertraue auf gar nichts anderes. Diesem Tode überantworte*

dich völlig, bedecke dich ganz mit ihm, hülle dich gänzlich in diesen Tod hinein. Und wenn der Herr dich richten will, so sprich: Herr, ich werfe den Tod unseres Herrn Jesu Christi zwischen mich und dein Gericht. Anders streite ich nicht mit dir! Und wenn er sagt, dass du ein Sünder bist, so sprich: Herr, ich stelle den Tod unseres Herrn Jesu Christi zwischen dich und meine Sünde. Und wenn er dir sagt, du habest die Verdammnis verdient, so antworte: Ich setze den Tod unseres Herrn Jesu Christi zwischen dich und meine bösen ›Verdienste‹ und erkläre sein Verdienst für das meine, das ich haben sollte und nicht habe.«

Das ist nicht nur ein Wort am Sterbebett, wo die sonst üblichen Sicherungen der Kirche, der Hinweis auf Buße und Werke, fallen. Es zeigt uns noch mehr, wie Anselms Theologie im Kreuzestod gewurzelt ist. Und hier ist die Linie, die zu *Bernhard von Clairvaux* führt (1090-1153). Selten ist in einer einzigen Persönlichkeit ein solcher Reichtum ans Licht gekommen wie bei diesem überragenden Mann. Wir finden ihn als den gewaltigen Erwecker des Mönchtums, als den Abt von Cîteaux, das durch ihn zu einer umfassenden Organisation mit vielen Klöstern wurde. Was die Zisterzienser und neben ihnen die Prämonstratenser Norberts von Xanten (um 1080-1134) auf dem Gebiet der Kolonisation und zum Teil auch Volksmission besonders im Osten Deutschlands geleistet haben, steht auf einem anderen Blatt der Geschichte. Bernhards Lebensarbeit ist damit nicht beschrieben. In ihm lebte und glühte ein anderes als das hierarchische Feuer der Cluniazenser. Ihn hat die Person Jesu, namentlich sein Leiden und Sterben, mit solcher Macht gepackt, dass ihm Raum und Gestalt der Kirche und des eigenen Lebens immer wieder gesprengt zu werden drohten. Wer hat mutiger als er die Sünden des Papsttums beim Namen genannt und Könige zur Rechenschaft gezogen?

An Ludwig VII. schreibt er:

» *Was Sie immer mit Ihrem Reich, mit Ihrem Leben und Ihrer Krone tun wollen, das liegt außer meinem eigentlichen Pflichtenkreise. Aber als Kinder der Kirche dürfen wir zu dem Unrecht, das Sie unserer Mutter – der Kirche – angetan haben, nicht schweigen.*«

Aber auch dem Papst gegenüber schweigt Bernhard nicht:

» *Welches ist Deine Lage? Vom Morgen bis zum Abend bist Du beschäftigt, Prozessierende anzuhören; und auch die Nächte sind nicht frei; ein Tag speit dem andern Streitsachen zu, eine Nacht der andern Schlechtigkeit. Sage, wo bist Du frei, wo gehörst Du Dir selbst? Und halte mir nicht entgegen das Wort des Apostels: ›Obwohl ich frei bin von jedermann, habe ich mich doch jedermann zum Knecht gemacht‹ (1 Kor 9,19). Hat der Apostel etwa mit dieser Knechtschaft gedient, welche schimpflichen Gewinn sucht? Kamen zu ihm von dem ganzen Erdkreis etwa die Ehrgeizigen und Habsüchtigen, die Simonisten und Kirchenräuber, die Sitten- und Zuchtlosen zusammen und andere dergleichen Scheusale, um durch seine apostolische Autorität kirchliche Ehrenstellen zu erlangen oder zu behaupten? . . . Wann beten wir? Wann lehren wir die Völker? Wann bauen wir die Kirche? . . . Schneide ab die auf Hintergehung und Übervorteilung angelegten Verschleppungen der Prozesse. Der Witwe, des Armen, des Dürftigen Sache lass vor Dich kommen . . . Schwinge die Geißel, dass sich fürchten die Geldwechsler und aufhören, sich aufs Geld zu verlassen . . .*«

Bernhards Christusmystik hemmt nicht sein Handeln, sondern treibt ihn an, einer reich und kalt gewordenen Kirche die Kraft der Armut und die Schönheit auf dem blutigen Antlitz ihres Christus zu verkündigen. Nicht dass er der Reformator der Kirche gewesen wäre. Dazu zieht ihn die Versenkung in das Leiden des Gekreuzigten zu weit von dieser Erde ab. Dazu ist er auch allzusehr in die Hintergründe der Mystik verflochten, in den

Neuplatonismus mit seiner vergeistigenden, geschichtsauflösenden Macht. Umso unerwarteter und wirkungsvoller sind darum seine einzelnen Taten und Worte, mit denen er sein Zeitalter wie mit einem Schlage vor die Christusgestalt stellte. Wir verstehen es, wie Luther in den Jahren seines Suchens und Ringens immer wieder zu Bernhard griff und mehr als einmal durch ihn eine Antwort fand. Neben Anselm ruft es der Abt von Cîteaux mit Vollmacht in sein Jahrhundert hinein:

»Zur Verdienstlichkeit genügt zu wissen, dass die Verdienste nicht genügen.« »Darum, wer immer für seine Sünden am Boden liegend hungert und dürstet nach Gerechtigkeit, möge glauben an dich, der du den Gottlosen rechtfertigst, und der durch den Glauben allein Gerechtfertigte wird Frieden haben bei Gott!«

Es wird ein Geheimnis bleiben müssen, warum solche Sätze nicht durchschlagen und die Werkgerechtigkeit dennoch das Bild seiner Zeit bestimmt. Es müssen erst tiefere Risse im katholischen Christentum offenbar werden, ehe es an die Gefüge dieses monumentalen Baues geht. Gregors VII. Niederlage war jedenfalls vergessen, als ein Jahrhundert später Alexander III. über Europa regierte. Nur wenige Jahrzehnte – und ein Mann schwingt das päpstliche Zepter, in dem noch einmal alle Macht des Papsttums in die Erscheinung trat: Innozenz III.

4. Der Kampf um die Weltherrschaft – *Innozenz III. und Friedrich II.*

Innozenz begann in dem Augenblick sein Pontifikat (1198-1216), als Friedrichs hoch begabter Sohn, *Kaiser Heinrich VI.*, mit 32 Jahren starb (1197). Der Kampf der nun folgenden fünfzig Jahre wird darum so erbittert, weil es Heinrich VI. noch gelungen war, durch seine Ehe mit Konstanze, der Erbin von Sizilien, die Stellung des Papstes von Süden her zu umklammern. Diese kritische Lage war für Innozenz geradezu die Triebkraft, nun erst recht alles aufzubieten, um den Einfluss Roms in universaler Weite auszudehnen. Seine Gedanken über das Papsttum geben folgende Sätze wieder:

> » *Wie Gott, der Schöpfer des Weltalls, zwei große Lichter an das Firmament des Himmels gesetzt hat, ein größeres, das den Tag, und ein kleineres, das die Nacht regiere, so hat er an das Firmament der Kirche zwei große Würden gesetzt, eine höhere, die gleichsam die Tage, d. i. die Seelen, und eine geringere, die gleichsam die Nächte, d. i. die Körper regiere, nämlich die päpstliche Gewalt und die königliche Macht. Wie ferner der Mond sein Licht von der Sonne empfängt, der doch in der Tat kleiner als sie ist an Größe wie an Wert, an Stellung wie an Wirkung, so empfängt die königliche Macht von der päpstlichen Gewalt den Glanz ihrer Würde. Und je mehr sie ihren Blick auf diese (ihre Würde) richtet, desto weniger Licht schmückt sie, und je weiter sie davon absieht, desto mehr gewinnt sie an Glanz.* « [123]

Suchten ihn die Staufer einzukreisen, so sollten sie spüren,

> » *dass Gott dem Petrus nicht nur die gesamte Kirche, sondern die ganze Welt zur Leitung übergeben hat.* «

So sah dieser italische Graf auf dem Stuhle Petri seine Aufgabe an. Darum rief er in Deutschland die Welfen gegen die Hohenstaufen auf: Innozenz übergeht den dreijährigen Sohn Heinrichs, Friedrich (II.), macht Otto IV., den Sohn Heinrichs des Löwen von Braunschweig, zum deutschen König (aufgrund Ottos Zugeständnissen an den Papst liegt in der Urkunde von Neuss, 1201, die älteste genauere Abgrenzung des Kirchenstaa-

---

[123] Ep Ub I 401

tes vor). Nach Ottos »Untreue« dem Papst gegenüber kommt doch noch Friedrich II. (1194-1250) auf den Thron (1212).

Innozenz zwang die Könige von Frankreich und England in seine Bahn, und doch wuchs auch hier das Nationalbewusstsein und mit ihm der Abstand von Rom. Glänzend sah der nur bis Konstantinopel führende 4. Kreuzzug aus (1202-1204); dort gründete man das lateinische Kaiserreich, das aber nur von 1204-1261 Bestand hatte. Es sollte die Brücke zum Osten und zur universalen Kirche bilden. Und doch auch hier trügt der Schein. 1261 ist dieser östliche Posten am Ende. Die eine gemeinsame Kirche wurde nicht mehr gebaut, der Osten blieb fern von Rom.

Man zeigt den schon dem Tode nahen und doch noch im Prunk des großen Laterankonzils von 1215 (2000 Teilnehmer) strahlenden Papst. Konnte mehr erreicht werden, als dass nun über den immerhin politischen Erfolgen auch noch der Sieg des Dogmas verkündet wurde, die Lehre von der Transsubstantiation? Die Kirche des Triumphes legte ihr Geheimnis am Sakrament des Altars fest, so wie man es nun nach jahrhundertelangem Ringen in der »Wandlung« durch den Priester sah. Gegen die geistige Auffassung, wie Augustinus sie verbreitete, hatte sich allmählich die physisch-magische durchgesetzt, »indem durch Gottes Macht das Brot in den Leib und der Wein in das Blut verwandelt wird«. Das ist der größte Augenblick in der katholischen Kirche bis heute, wenn jene Stille bei der Messe eintritt und in der Wandlung der Leib des Herrn Gott in neuer Weise zum Opfer gebracht wird. Auf dieser wunderbaren Handlung steht das Priestertum und sein »unzerstörbarer Charakter«, steht das Fronleichnamsfest und der in der Prozession durch den Ort getragene, in der Monstranz gegenwärtige Christus. Diese durch die Kirche verbürgte, massive Nähe des Heils, die keiner theologischen Begründung bedarf, sondern sich vor den Augen der Christenheit Tag um Tag vollzieht – sie ist der Fels, auf den Innozenz seine Kirche stellte. Seine politischen Erfolge mochten bald schwinden, das Wunder der Messe und mit ihm die überragende Würde des Priesters ist geblieben.

Als dann weiterhin durch die Verpflichtung der Ohrenbeichte der einzelne Christ an den Priester seiner Gemeinde gebunden wurde, war auf diesem Laterankonzil der Ring geschlossen, der das Leben und Sterben des mittelalterlichen Menschen fester denn je zuvor an die Kirche knüpfte. Den damit zusammenhängenden Ausbau der Ablässe, d.h. die Befreiung von jeglicher Kirchenstrafe etwa als Lohn für die Teilnahme an einem Kreuzzug, führte Innozenz bis zu dem Punkt, dass man für eine Geldgabe volle Vergebung erlangen konnte. Hinzu kam noch der Beschluss über die bischöfliche Inquisition.

20. Kapitel
Die Kirche der Armen und die neue Theologie (13./14. Jahrhundert)

1. Katharer (Albigenser) und Waldenser

Seit den ältesten Zeiten der Kirche hat es die Jahrhunderte hindurch einen stillen, aber wirksamen Protest gegen die offizielle Lehre der allgemeinen, d.h. katholischen Theologie gegeben. Vom philosophischen Weltbild her meldet sich der Widerspruch an und führt zu den Sekten, die seit Marcion den Dualismus (um 140) als letzten Erklärungsgrund der Welt ansehen. Man hat diese Anschauungen unterdrückt, ihre Anhänger verfolgt und aus der Kirche ausgeschieden, aber heimlich glüht das Feuer weiter und findet immer neue Nahrung. Je mehr die Papstkirche zur Kritik Anlass gibt, je mehr sie auch politisch in das gewaltige Auf und Nieder der mittelalterlichen Geschichte gezogen wird, umso hörbarer wird die Stimme der Katharer, der »Reinen«, wie man sie spottweise nannte. Wir dürfen diese Bewegung des 12. Jahrhunderts nicht als evangelisch bezeichnen. Man könnte eher an eine umfassende Dogmenkritik erinnert werden, wie sie zur Zeit Calvins Michael Servet unternahm.

Die *Katharer,* die sich besonders in Südfrankreich zu einer verborgenen Gegenkirche ausgebildet hatten, mit dem Zentrum in *Albi,* vertraten in ihrer Lehre durchaus keinen reformatorischen Grundsatz. Echt griechisch glaubten sie an den göttlichen Funken im Menschen, der durch Askese von der Last des Leibes befreit werden müsse. Gedanken, wie sie immer im Mönchtum lebendig waren, verbinden sich mit den alten Vorstellungen, dass auch Christus nur ein Scheinwesen war und darum von seiner leibhaftigen Auferstehung keine Rede sein könne.

Es ist verständlich, dass die Kirche eines Alexander III. und Innozenz III. gegen solche Irrlehren keinen anderen Rat wusste als den Kreuzzug. Ströme von Blut sind in den Albigenserkämpfen geflossen (1209-29). Staatliche und kirchliche Stellen wirkten einmütig auf die Ausrottung der Ketzer hin, für deren Vernichtung mit dem Schwert zu seiner Zeit selbst Bernhard von Clairvaux eingetreten war. Man sah die Fundamente des gesamten Lebens erschüttert, sobald es diesen Kritikern des Glaubens gelingen sollte, mit ihren Sätzen durchzudringen. Aus der Bekämpfung der Katharer ist die Inquisition entstanden, das vom Papst selbst geleitete geistliche Gericht. Alles, was an Grauen über der mittelalterlichen Justiz liegt, ist in den dunklen Machenschaften dieser Behörde versammelt. Der Fluch, der sich an die vergeblichen Kreuzzüge heftet, dehnt sich nun auch auf weite Gebiete der Christenheit aus, zumal man alle diejenigen Richtungen mitverfolgte, deren strenge Kirchlichkeit irgendwie in Frage stand.

Das traf namentlich die Waldenser, eine Laienbewegung im Ausgang des 12. Jahrhunderts. Ihr Begründer ist der Kaufmann Petrus Valdes aus Lyon (vor 1150 bis um 1206). Ihn hatte das

Wort Jesu an den reichen Jüngling gepackt und nicht nur zur Armut, sondern auch zum Forschen in der Schrift geführt (Valdes lässt die Bibel in Volkssprache übersetzen). Beides aber führte die Waldenser in einen unaufhaltsamen Protest gegen die Kirche. Als Valdes eigene Weihen vornahm und damit das Schisma vollzog, ging die Inquisition gegen ihn wie gegen die übrigen Ketzer vor. Die Waldenser werden 1182 aus Lyon vertrieben, auf dem Konzil von Verona 1184 verdammt. Aber die Wurzeln dieser Sondergruppe lagen zu tief. Überall dort, wo die Bibel – und sei es mit einer einzigen Wahrheit – wieder durchgebrochen ist, beobachten wir das ungeheure Schauspiel, dass eine Kirche mit aller ihrer Macht nicht imstande ist, diese arme und geringe Opposition zu überwinden. Damit beginnt allerdings das Thema der Reformation. Es ist in diesem Zusammenhang erschreckend, wie gerade gegen die Waldenser die ersten Bibelverbote erlassen werden.

2. Franz von Assisi

Aber weder die Armen des Valdes noch die Armen des 13. Jahrhunderts, die sich um Franziskus scharen, rufen die Kirche zu einer Entscheidungsschlacht auf. Gewaltig ist die Jugendbewegung, der Strom der »minderen Brüder« dieses Giovanni Bernadone, des Franz von Assisi (1181-1226). Man möchte ihn die liebenswerteste Persönlichkeit des Mittelalters nennen. Von der Armut Jesu ist er in der Tiefe erfasst. Sie ist ihm und seinen Ordensbrüdern kein hartes Joch, vielmehr Freude; nicht Selbstpeinigung, sondern Dienst an den Elenden und Ausgestoßenen. Diese Männer erfüllen die Welt mit dem neuen Glanz einer werbenden, schlichten und dabei künstlerisch gestalteten Frömmigkeit. Hier ist endlich wieder eine Bruderschaft, die den hierarchischen Gedanken verwirft, weil sie in Matthäus 10 eine andere Lebensordnung erkannt hat. Man höre die Worte, mit denen Franz seine Brüder aussendet:

»Geht aus je zwei und zwei durch die verschiedenen Teile des Erdkreises, zu verkünden den Frieden den Menschen und Buße zur Vergebung der Sünden (Mt 10,13). Dazu sind wir berufen, dass wir die Verwundeten pflegen, die Gebeugten aufrichten und die Irrenden zurückführen. Seid geduldig in Trübsal und sorglos, denn der Herr wird seine Verheißung erfüllen. Antwortet demütig denen, die euch fragen, segnet, die euch verfolgen, dankt denen, die euch schmähen, und das Reich Gottes wird euch bereitet werden. Seid nicht kopfhängerisch, sondern heiter und froh in Gott, friedlich und liebenswert.«

Warum gelingt es dem Papst nur allzu schnell, aus der freien und stürmenden Vorwärtsbewegung den Orden zu machen, aus dem unberechenbaren Wanderpredigertum das an Regeln gebundene, kirchlich eingegliederte Franziskanertum? Ist es nur die kindliche, organisatorisch unerfahrene Art des Führers oder das Vorbild des anderen, fast gleichzeitig entstandenen Ordens unter der Leitung des Dominikus? Man wird noch tiefer forschen müssen, um diese Fragen zu beantworten. Franz ist Gestalter einer das arme Leben Jesu nachahmenden Religiosität. Über die praktische Abbildung des Christus hinaus führt die liebende Versenkung in die Natur als in die herrliche Schöpfung Gottes.

Es müssen die einsamsten Stunden gewesen sein, wenn Franziskus sich in die Wunden des Erlösers vertiefte und bis hin zur Verzückung darin seinen Frieden und seine unsagbare Freude fand. Wir haben keinen Grund, daran zu zweifeln, dass man am Leichnam des Heiligen in der Portiuncula-Kirche die Nägelmale Jesu fand. So eins war er mit Christus geworden. Und doch, gerade hier legt sich über ihn, den schon die Zeitgenossen nicht genug zu verehren vermochten, das Gesetz und der Typus eines menschlich begrenzten Lebens. Das Armuts- und Demutsideal ist nicht imstande, den Priesterstolz und den päpstlichen Machtwillen zu brechen.

Neben dem gefühlstiefen Franz tritt der willensstarke Organisator *Dominikus* (1170-1221), der Gründer des Ordens, der sich die wissenschaftliche Bearbeitung der Kirchenlehre zur Aufgabe macht; jenes Ordens, dem Rom die Durchführung der Inquisition übergab. So verschieden diese beiden Männer an Gaben und Zielrichtung sind, sie sind nicht die Überwinder des Systems, sondern letzten Endes seine größten Stützen. Ob von der Strenge der Inquisition her oder von der Innerlichkeit des franziskanischen Lebens aus – hier wird gerade das an Rom bejaht, was es nach seiner eigenen Erkenntnis sein will: sichtbarer Ausdruck der triumphierenden Wirklichkeit des erhöhten Christus. Zwischen dem Christus der Transsubstantiation und dem ekstatischen Erlebnis des Heiligen in der Portiuncula ist die eine Linie gezogen: Kirche, die zum Schauen vorgedrungen ist.

3. Thomas von Aquin und Duns Scotus

Es liegt eine innere Verwandtschaft in der Tatsache, dass aus den beiden Bettelorden die zwei größten Theologen des hohen Mittelalters hervorgegangen sind, *Thomas von Aquin* (1225-1274) und *Duns Scotus* (1265/66-1308), und sich parallel dazu die Mystik entwickelt, in der schließlich alles katholische Denken endet, wenn es die Größe der Kirche preist.

Thomas ist Schüler von *Albertus,* den man den Großen *(Magnus)* nannte (1193?-1280). Dieser ist der Begründer der aristotelischen Philosophie in der Dogmatik. Für die Erkenntnis des Menschen gibt es die natürliche Vernunft und die übernatürliche Offenbarung. Nur mit dieser können wir Gottes Wesen erfassen. Darum sind Wissenschaft und Glaubenswahrheit ohne Widerspruch im menschlichen Denken vereint. Die Gnade vollendet die Natur!

Thomas, der »engelgleiche Doktor«, ist bis heute der maßgebende Theologe der römischen Kirche. In seinem Hauptwerk, der theologischen *Summa* des katholischen Glaubens, fasst er

Die Kirche der Armen und die neue Theologie 223

wie in einem gewaltigen Bauwerk alles zusammen, was die Jahrhunderte vor ihm gelehrt und erarbeitet haben. Er ist wie Origenes ein Mann der Synthese. Von ihm, dem Dominikaner, haben die Kirchenfürsten wie die Mystiker, die Vertreter des neuen Kirchenrechts wie die Bettelmönche gemeinsam bekannt, dass er ihre tiefsten Anliegen verstanden habe. Er ist der Augustinus verwandte Geist von starker Innerlichkeit und doch schärfer als dieser in der von Aristoteles her übernommenen, streng begrifflichen Denkweise. Ihm ist Glaube und Denken durchaus kein Gegensatz und darum liegen für ihn die griechische Ethik und die evangelische Botschaft auf ein und derselben Ebene. Das ist nur möglich, weil Thomas jenen alten Verschmelzungsprozess zwischen Moral und Glaube wie zwischen Magie und Sakrament bis zum Ende durchdacht hat. Da wird der Mensch nicht so sehr mit Gott als dem Vater Jesu Christi konfrontiert, sondern die Kräfte der Gnade werden ihm durch die Sakramente mitgeteilt. So empfängt alles in Thomas' Theologie einen unpersönlichen Charakter. Vor die neutestamentliche Welt der Offenbarungsgeschichte, die mit dem Anspruch eines entscheidenden »Du« vor den Menschen tritt, stellt sich eine Lehre von Gott, indem man das höchste Wesen als das aus sich selbst heraus notwendige Sein, als den Urgrund aller Wesenheit ansieht.

Durch diese begrifflich stark verschränkte Theologie vermag auch die Christologie nicht hindurchzubrechen. Ihr widersetzt sich zunächst aber die Überordnung der Sakramente über das geschichtliche Bild Jesu, wie es aus dem Evangelium zu uns redet. Wer aus dem Quell dieses philosophischen Borns trinkt, meint der Geschichte absagen zu können. Ihm öffnet sich in breitem Strom die Mystik bis hin zum ekstatischen Einssein mit Gott. Dennoch ist Thomas der Verteidiger des menschlichen Willens, dem immer noch genügend Reserven zu Gebote stehen, um das vor Gott wohlgefällige Werk zu vollbringen. So vermag Christus nur zu einer mitwirkenden Hilfe zu gelangen. Wohl ist er der Urheber der »eingegossenen« Gnade und bewirkt die Vergebung der Schuld. Aber dazwischen liegt die doppelte Bewegung des Menschen: die des freien Willens zu Gott im Glauben und die gegen die Sünde, gegen uns selbst gewandte. In dieser Mitte liegt alle Not des katholischen Systems. Es macht aus dem Glauben, aus der Liebe, aus der Buße, aus der Vergebung letzten Endes doch wieder, wenn auch nur teilweise, ein Werk des Menschen. Charakteristisch ist, dass diesem Glauben, der nun wesentlich denkmäßige Zustimmung ist, das Moment der Gewissheit fehlt. Sie kann nur auf dem Wege einer, wenn auch seltenen, besonderen Offenbarung erlangt werden.

> *In dem, was wir von Gott bekennen, gibt es eine zweifache Art der Wahrheit: einiges geht über alle Fähigkeit der menschlichen Natur hinaus, z. B. die Dreieinigkeit; zu anderem kann auch die menschliche Vernunft gelangen, z. B. dass ein Gott ist. Was über die menschliche Vernunft hinausgeht, das glauben wir nur, wenn Gott es offenbart.*

Man wird bei Thomas den Eindruck nicht los, als bleibe das Heil Gottes in den Klammern einer Logik, die alles festhalten will und eben dadurch alles verliert. Er kann nicht Gottes Allwirksamkeit mit dem freien Wahlvermögen des Menschen verbinden. Es ist sinnlos, die vier philosophischen Tugenden Klugheit, Gerechtigkeit, Tapferkeit und Besonnenheit neben Glaube, Liebe und Hoffnung zu setzen. Hier stoßen zwei Welten aufeinander. Schließlich kommt bei Thomas alles darauf an, dass der Mensch so viele natürliche und übernatürliche Kräfte angezogen hat, dass er damit bekleidet ist wie mit einem Gewand. So drängt alles beim Menschen wie in der Kirche zur sichtbaren Darstellung, zum Triumph einer Gnadeninstitution, die hier und jetzt bis hinauf zur »Fülle der Macht« im Papsttum zur Anschauung gelangt ist.

> *Es gebührt sich, dass man der Autorität derer glaubt, denen Offenbarung zuteil geworden ist. Allerdings zieht die heilige Wissenschaft auch die menschliche Vernunft heran, zwar nicht*

um den Glauben zu beweisen – denn so würde ja das Verdienstliche des Glaubens aufgehoben – sondern um einiges klarzustellen, was in der christlichen Lehre überliefert ist. Die Gnade hebt die Natur nicht auf, sondern vollendet sie; *darum muss die natürliche Vernunft dem Glauben dienen . . . Daher zieht auch die hl. Wissenschaft die Autorität der Philosophen da heran, wo sie durch natürliche Erkenntnis eine Wahrheit haben erkennen können. Aber das sind sozusagen Beweismittel, die von außen kommen und nur wahrscheinlich sind. Die Autorität der hl. Schrift aber zieht sie heran, weil sie ganz eigentlich dazu gezwungen ist. Denn unser Glaube stützt sich auf die den Aposteln, den Verfassern der hl. Bücher, zuteil gewordene Offenbarung.«*

Wenn Thomas alles auf den Satz stellt: »Gott will, was gut ist«, wenn die Ethik die Theologie, und das Denken des Menschen die Offenbarung Gottes beherrschen, dann kann zunächst kaum ein schärferer Gegensatz gebracht werden als der des großen Franziskaners *Duns Scotus:* Was Gott will, ist gut! Moderner, wirklichkeitsnäher muten auf den ersten Blick die Sätze dieses Theologen an. Vieles von dem, was Thomas noch zu beweisen glaubt, hat Duns als widersinnig hingestellt. Aber seine Kritik gilt nur der Vernunft, nicht dem Dogma selbst. Vor ihm macht er entschlossen Halt, denn es ist durch die Autorität der Kirche gedeckt und darum unangreifbar. Nicht die Theorie entscheidet, sondern die praktische Willenseinstellung. So radikal das scotistische Denken zunächst erscheint, es ist das Kunstwerk eines Theologen innerhalb des von vornherein feststehenden Raumes der Kirche. Es ist ebensowenig umstürzend wie das des Thomas, kann Duns doch sogar gegen Thomas die Sündlosigkeit der Maria behaupten. Wohl aber bereitet diese Theologie der kommenden Zersetzung die Bahn.

Der Rationalismus des Dominikaners und der Voluntarismus des Franziskaners stehen näher zusammen, als es anfänglich scheint. Sie stellen beide den gigantischen Versuch dar, die Lehre und Praxis einer tausendjährigen Tradition auf einen Glauben zu gründen, der vom Menschen aus bejaht, behauptet und verteidigt werden kann – und sei es mit dem Ausspruch des Köhlerglaubens, der glaubt, was und weil die Kirche glaubt. Aber die Gedanken haben ihre innere, zwingende Gewalt. Niemand hat so wie Duns das Verdienst des Menschen betont, mit dem sich der Christ in doppelter Weise göttliche Kräfte verschaffen kann, und zwar vor und nach dem Gnadenempfang. Niemand hat so wie dieser Scholastiker die Stufen der »großen und kleinen Reue« unterschieden und damit der Kasuistik die Türen geöffnet und der Selbstsicherheit – und der Verzweiflung – die Bahn gebrochen.

Es mag schon etwas an der Geschichte sein, die vom Sterben des Thomas erzählt wird. Danach hatte er eine Vision, die ihm den wahren Durchblick in die Wirklichkeit Gottes verschaffte. In solchem Licht aber erschien ihm die Begriffsarbeit seines Lebens als leeres Stroh, als Raub der Flammen. Die Glut des Denkens und die Hingabe an alles, was die Kirche an Reichtum der Erkenntnis bot, vermochte die Logik des Aristoteles und die alle Vernunft überragende Gabe des Christus nur scheinbar zu einen.

4. Die Mystiker

Parallel zur philosophisch geprägten Theologie entfaltet sich eine ebenfalls durch die neuplatonische Philosophie hindurchgegangene Innerlichkeit: die Mystik. Brach in ihr nicht das Tiefste auf, was an wertvollstem Gotterleben einer Kirche geschenkt war? Wer die »Bekenntnisse« des Augustinus las und vom heiligen Bernhard ergriffen war, der musste auch in Männern wie Meister Eckhart (um 1260-1328), Heinrich Seuse (um 1295-1366), Johann Tauler (um 1300-1361) und vielen anderen die höchste Blüte erkennen. Kraftvoll in ihrer Sprache, volkstümlich in ihren Predigten, möchten diese Mystiker aus dem viel zu weiten und unpersönlich gewordenen Raum der Kirche heraus, indem sie den Einzelnen vor Gott stellen und auf das Erlebnis der Seele mit Christus die Betonung legen.

Und doch, auch die Mystik ist kein Weg zur Rettung der Kirche. Sie ist zu stark an ihre Theologie gebunden. Der Kampf, den die einsamen Büßer führen, gründet sich auf die Lehren eines Thomas, ist nichts anderes als die Höchstleistung eines Menschen, der um seine Seligkeit ringt. Er will sie wie die Mystiker aller Zeiten auf der Grundlage des Dualismus erreichen, der zwischen Leib und Geist gesehen wird. Darum der langjährige, heiße Kampf um das »Entwerden«, um die völlige »Gelassenheit«, um die Ruhe der Seele, die schließlich auf einer solchen inneren Höhe lebt, wo sie von keiner Seite her angefochten werden kann. Ethisch gesehen gelangt man auf diesem Wege zur Vollkommenheit, ja zur Sündlosigkeit. Man hat die Stufen der Lehrjahre hinter sich zurückgelassen und ist endlich zur Meisterschaft vorgedrungen. Hinter dieser Erkenntnis steht aber noch eine andere, das ganze Gebäude tragende. Auf der höchsten Stufe des Erkennens geht das wache Bewusstsein in die Ekstase, in das Reich des ergriffenen Schauens über. Mögen es nur kurze Augenblicke sein, aber sie sind die Wirklichkeit, hinter der alles andere zurücktritt. Hier begegnet die Seele dem Urgrund alles Seins, Christus selbst und in ihm Gott. Man höre Meister Eckhart:

»Da wird die Seele in Gott und göttliche Natur getauft und empfängt ein göttlich Leben und wird nach Gott geordnet – da ist sie angelangt an ihrem ersten Ursprung, wo ihr von wonnesamer Einigung nie so wohl geschah.
Wenn die Seele den Kuss der Liebe empfängt von der Gottheit, so steht sie in vollendeter Schöne und Seligkeit. Da verstummen alle Sinne. ›Der Regen ist entwichen‹ (d. i. die Wollust der

vergänglichen Dinge), ›die Blumen sind entsprungen in unserem Lande‹ (d. i. ein Vorgeschmack des ewigen Lebens). Da hört man ohne Mittel und erkennt man ohne Bild. Der Seele Willen und der Wille Gottes fliegen ineinander, und die zwei Willen umschlingen sich in rechter Einigung ... Im innersten Wesen der Seele, im Fünklein der Vernunft geschieht diese Gottesgeburt. In dem Reinsten, Edelsten und Zartesten, was die Seele zu bieten vermag, da muss es sein: in jenem tiefen Schweigen, dahinein nie gelangte eine Kreatur noch irgendein Bild. Nicht kommt der Seele da mehr ein Wirken oder ein Erkennen zu ... Hier geht nur Gott in die Seele ein mit allem, was er ist, nicht bloß mit einem Teil, in ihren Grund geht er so ein. Da wirkt er ohne jedes Mittel, Bild oder Gleichnis; da wirkt er nur selber mit seinem eigensten Wesen. Das ist die höchste Wonne, die dem Geist zuteil wird, dass er wieder zurückfließt in das Nichts seines Urbildes und als Selbst so ganz darin verloren sei. Seine Wirksamkeit verliert da der Geist, doch nicht sein Wesen.« [124]

Derselbe Eckhart, der in seinen Predigten nüchtern von der treuen Pflichterfüllung im Alltag zu reden vermag, zeigt hier den letzten Grund seines Denkens, dort, wo es in das von Gott Erkanntwerden übergeht. Aber zwischen dem von Gott Erkanntsein, von dem Paulus als dem Grund seiner Gewissheit spricht (1Kor 8,3), und diesem Erkanntwerden des mittelalterlichen Mystikers liegt die Welt der neuplatonischen Philosophie. Sie sieht im Schwinden des Bewusstseins, der Sinne und des Körpers die Garantie dafür, dass der Urfunke im Menschen wieder frei wird und Gott auf dem Grunde der Seele sein Werk vollendet.

Der Einmischung dieser fremden Gedankengänge sind die Mystiker, vor allem auch Eckhart, nicht entgangen. Hier aber

---

[124] Meister Eckehardt, Textbuch von Otto Karrer, München 1923, S. 171ff

spielt als letzte, unheimliche Macht der Pantheismus herein. Auf katholischem Boden wirkt er sich als Verstärkung des menschlichen Wirkungsvermögens aus und andererseits als Auflösung des persönlichen, erlösenden Gottes in eine Fülle von Kräften, in deren unwiderstehlichen Strom der Glaubende gezogen wird. Die Mystik ist darum durchaus nicht die Bestreiterin des Katholizismus. Sie hat die Gedanken des Mönchtums, vor allem die Nachahmung der Armut Christi und seiner Leiden, mit neuer Kraft aufgenommen. Sie hat aber auch wie alle Mystik die Wirklichkeit der Geschichte in den Schatten gestellt und den Glauben an die durch Christus geschehene Erlösung durch die ethische Haltung der imitatio verdeckt. Sie hat weiterhin die Kirche verinnerlichen wollen und ihrem politischen Verfall zu wehren gesucht, aber in Wahrheit hat sie dem Individualismus die Tür geöffnet und das Heil der frommen Besinnung des Einzelnen zu zeigen unternommen. Und schließlich versprach die Mystik, den Gläubigen den unmittelbaren Weg zum Gott der Trinität zu eröffnen, zur persönlichen Begegnung mit ihm. Indem sie aber gerade den Persönlichkeitsbegriff, das Ich-Du-Verhältnis, in pantheistischer Gefolgschaft auflöste, indem sie die mystische Vereinigung von Gottheit und Menschheit als den Höhepunkt des religiösen Erlebens betrachtete, zerbrach sie nicht nur die Christologie und die Kirche, sondern diesen Gottesgedanken selbst.

In allen Farben leuchtet in der Mystik noch einmal des Menschen tiefster Reichtum und innerstes Sehnen auf; aber dahinter naht die Not verzweifelten Gottsuchens. Auch davon weiß der Mönch von Erfurt und von Wittenberg etwas zu sagen.

5. Der Realismus der Sakramente

Diese zersetzende Wirkung der Mystik wäre noch eher sichtbar geworden, wenn nicht die sieben Sakramente den Einzelnen in dem fest geordneten Zusammenhang mit der Kirche gehalten hätten. Noch einmal spiegelt sich hier der mittelalterlich grandiose Bau, der wie im Denken auch im kirchlichen Handeln das Band zu schmieden versteht.

Einst hatte Rom mit Alexandria um den Begriff des Sakramentes gekämpft. Ist es nicht doch von der glaubenden Haltung des Spenders und des Empfängers abhängig, wie man im Ketzertaufstreit und in den Reihen der Donatisten behauptete? Aber Rom hatte gesagt: Das Sakrament wirkt durch sich selbst und nicht durch den Glauben. Es tritt in doppelter Gestalt an den Menschen heran.

Neben dem deutenden Wort steht die stofflich oder sichtbar bedingte Gabe, die wie Wasser und Wein und Brot die heiligen Handlungen begleitet. Von der Taufe an bis zur letzten Ölung wirkt das Sakrament den Empfang der Gnade, die Stärkung, Reinigung und Erlösung gegen alle Mächte der Sünde und des Todes.

Während bei der Taufe und im Abendmahl die Gnade wesentlich dinglich-magisch verstanden wird, als Wegzehrung zum Aufbau des neuen Adam, schleicht sich in das Bußsakrament das ethische Missverständnis ein. Die Zerknirschung des Herzens, das Bekenntnis vor dem Priester, die Genugtuung durch bestimmte Leistungen führen zur Selbstbeobachtung und hindern den Glauben.

Firmung, Priesterweihe und Segnung der Ehe stellen das Leben an entscheidenden Wendepunkten unter die wirksame Macht der Gnade, ohne jedoch die ausdrücklichen Vorbilder im Neuen Testament zu haben, wie sie hier für die Taufe und das Herrenmahl gegeben sind. Mit der Letzten Ölung tritt die Kirche an die Schwelle ihres Dienstes, um den Sterbenden jene Gewissheit zuzusprechen, die sie den Lebenden versagen zu müssen glaubte.

Als ein Stück der triumphierenden Kirche stehen diese sieben Säulen da und tragen das hohe Gewölbe. Sie geben dem Priester das unzerstörbare Amt der »Wandlung« in die Hand, sie verleihen der Ehe und den Kindern das starke Wissen um den göttlich-realen Segen, den Sterbenden aber er öffen sie den Ausblick in jene andere Welt, die aus der ständigen Spannung zwischen Furcht und Hoffnung in die Ruhe der Heiligen weist.

Ist es nicht Einbruch in ein Heiligtum, wenn die Reformation auch an diesen fest gefügten und ehrwürdigen Quadern rührt? Wäre es der kritische Stoß eines verstandesmäßig geleiteten Professors gewesen, er wäre in sich selbst zusammengebrochen. Ging es aber um das Wesen der Kirche, um das Fundament ihres Glaubens, dann musste eben an der Sakramentsfrage deutlich werden, ob sie am Neuen Testament geblieben war.

21. Kapitel

Vor der Wende der Zeit (14./15. Jahrhundert)

1. Ein Rückblick

Im Kampf mit dem Papsttum hat sich die innere und äußere Kraft des Kaisertums erschöpft. *Konradins,* des letzten Hohenstaufen blutiger Tod 1268, ist nur noch ein Nachspiel und beweist, dass die Kurie gesiegt hat. Sie vollzog diesen Sieg mit ungeistlichen Waffen, mit Untergrabung und Verleumdung kraft aller ihrer Mittel in Deutschland, Frankreich und Italien. Sie hat es an Geld und allem nur möglichen Einsatz nicht fehlen lassen, um das Kaisertum der Hohenstaufen auszuhöhlen. Alles, was die Kunst und Diplomatie der *Habsburger* in einem halben

Jahrtausend aufbringen, ist nur ein Nachspiel von dem, was mit den Hohenstaufen und ihren Vorgängern abschließt. Das also hat das Papsttum vollbracht: Der weltumspannende Kaisergedanke ist für immer zerbrochen. Er ist damals gescheitert an dem titanischen Versuch, Staat und Kirche zu beherrschen. Das Kaisertum hat im Raum und in den Bahnen der Kirche den universalen Anspruch zu erheben unternommen und ist am Gesetz des Gegners gescheitert. Das ist das Urteil über eine Geschichte, die zwischen 750 und 1250 reich ist an überragenden Führergestalten und dennoch in sich versinkt, weil sie die gegebenen Maße und Kräfte überspannt und Gottes Reich und Weltreich, Staat und Kirche nicht zu trennen vermag.

Und die Kirche? Die Linie scheint von Innozenz III. zum nächstfolgenden Träger des gleichen Namens weiterzugehen. Aber sie scheint es nur, denn in Wirklichkeit hat sich auch das Papsttum im Kampf verausgabt und Mächten Eingang verschafft, mit denen eine Kirche nie und nimmer bestehen kann. Wir erinnern uns, wie schon durch Gregor VII. das Ansehen der Kurie nachhaltig litt. Alle, die nationales Empfinden in sich trugen und politische Belange als solche zu werten wussten, sträubten sich gegen die Demütigungen, denen das Kaisertum fortgesetzt unterworfen wurde. Zweischneidig blieben darum immer die päpstlichen Siege, ihre Frucht war oft genug bitter.

Am schmerzlichsten rächte sich die römische Politik in der Behandlung Frankreichs. Hier glaubten die Führer der Kirche ein williges Werkzeug gefunden zu haben, um den kaiserlichen Einfluss zu unterbinden. Aber es ging wie so oft: Die Bevorzugten wurden zu Herren. Der nationale Staat erwehrte sich des kirchlichen Griffs. Nie horchte man so auf, als wenn an der Wirkungslosigkeit alter, erprobter Mittel der Wandel der Zeit plötzlich unabweisbar in die Erscheinung tritt.

Dieses Schicksal begegnete *Bonifatius VIII.* (1294-1303), als er nach altem Recht gegen Philipp den Schönen von Frankreich seine berühmte Bulle *Unam sanctam ecclesiam* 1302 erließ:

> *»Eine heilige, katholische und apostolische Kirche müssen wir glauben und festhalten ... Diese eine und einzige Kirche hat nur einen Leib und ein Haupt: Christus nämlich und Christi Stellvertreter, Petrus und Petri Nachfolger... Dass in seiner Gewalt zwei Schwerter sind, das geistliche und das weltliche, das lehren uns die Worte des Evangeliums (Lk 22,38)... Beide Schwerter hat also die Kirche in ihrer Gewalt. Dieses ist für die Kirche zu führen, jenes von ihr; jenes gehört dem Priester, dieses ist zu führen von der Hand der Könige und Ritter, aber nur auf den Wink und mit der Erlaubnis des Priesters. Ein Schwert aber muss dem anderen untergeordnet, die weltliche Macht der geistlichen untertan sein ... So erklären wir denn, dass es für alle Kreatur unbedingt zum Heile notwendig ist, dem römischen Bischof untertan zu sein.«*

Feierlich, ernst und wuchtig rollen diese Sätze dahin, aber sie stoßen daneben. Eine neue Epoche geht über sie zur Tagesordnung hinweg. Ja, noch mehr, das Papsttum wird der von Frankreich abhängige Vasall und verfällt, nach Avignon verpflanzt, in die »babylonische Gefangenschaft der Kirche« (1305-77). Aus der Unterwelt lässt Dante (1265-1321) die Stimme erklingen:

> *»Bist du schon eingetroffen,
> bist du schon eingetroffen, Bonifatius?«* [125]

2. In »babylonischer Gefangenschaft«

Der Papst in der Hölle! Welch ein groteskes Bild für die Zeitgenossen! Darin aber sammelt sich alle Kritik, die seit den Tagen Bernhards von Clairvaux und weiter im Armutsideal der Bettelmönche bald leiser, bald lauter ihre Stimme erhoben hatte. In diesen Chor gehört *Joachim von Fiore,* der für die Mitte des

---

[125] Göttliche Komödie I, 19. Gesang

13. Jahrhunderts (1260) auf Grund von apokalyptischen Berechnungen das Ende der Welt erwartet hatte.

Es ist nicht so, dass nur ein starker nationaler Staat gegen das Papsttum antritt. Viele Kräfte sammelten sich und diese Stunde wurde von den verantwortlichen Kirchenführern als Gericht empfunden. Im Augenblick, da das Papsttum die kaiserliche Macht als zerschlagen erachtete, da die junge habsburgische Dynastie sich mühsam aus der »kaiserlosen, der schrecklichen Zeit« (dem so genannten »Interregnum« 1256-1273) mit Rudolf von Habsburg (1273-1291 deutscher König) empor zu arbeiten suchte, traf dieser Niedergang mit doppelt eindrücklicher Gewalt und wies mit prophetischer Klarheit über die nächsten Zusammenhänge hinaus – der Wende der Zeit zu. Denn auch das Papsttum hat sich nie wieder zur alten Höhe erhoben. Mit erschütternder Deutlichkeit tritt an dieser Stelle die Einmaligkeit und Unwiederholbarkeit aller Geschichte vor unser Auge.

Der Misserfolg der Kreuzzüge wird nicht den Kaisern, sondern den Päpsten zur Last gelegt. Dem Universalismus werden durch den Islam Grenzen gesetzt, die sich auf die gesamte Geisteshaltung auswirken. Woher kommt der Zweifel, dem Dichter und Denker mehr und mehr Raum geben? Weil die Kirche nicht wie einst die alles beherrschende Größe ist, weil sich bedeutsame Vergleichspunkte mit anderen Geistesbewegungen finden, darum wird sie mit hineingezogen in den allgemeinen Prozess des Lebens, der immer Aufspaltung, Scheidung und Entscheidung bedingt.

Eine zweite Welle stellt der Vorstoß der mongolischen Horden dar, die unter dem *Dschingis Khan* schließlich bis Liegnitz vordringen und, obwohl dort siegreich (1241), das Unternehmen aufgeben und sich nach Bagdad wenden. Das südliche Russland bleibt von 1240-1480 unter mongolischer Herrschaft. Welch ein Ausmaß von überraschenden Möglichkeiten, welche Kraft aus einer Welt, mit der bislang niemand gerechnet hatte, tritt hier auf den Schauplatz der Geschichte! Wie einst in den Tagen Karl Martells der Islam dem abendländischen Christentum die Existenzfrage stellt, so jetzt in blitzartiger Eile dieses fernöstliche Volk. Und brach nun noch der römische Vorposten im Osten, das so genannte lateinische Kaiserreich, zusammen (1261), dann blieb Konstantinopel in der Tat der letzte Riegel, um die drängende Sturmflut aufzuhalten. Diese Tatsachen zusammengenommen reden aber eine ernstere Sprache als alle Beweise, mit denen die Kirche ihr Alter und ihr Recht, ihre Macht und ihre Ansprüche dem Abendland verkündigt.

3. Der Angriff auf das päpstliche Recht

Diese Kirche mit ihrem größten Geheimnis, der unblutigen Wiederholung des Golgathaopfers in der Transsubstantiation, ist der Mittelpunkt der Welt. Darum haben sich ihr alle irdischen Gewalten zu beugen, und zwar ihrem rechtmäßigen Lenker, dem Vikar Christi als dem Nachfolger Petri. Alle echten und unechten Rechtssammlungen beweisen das und die großen Momente der Geschichte bezeugen es. Kein Wunder, dass auch Thomas von Aquin dieses Recht des Papstes und seiner Kirche scharf betonte, so wenig er im Übrigen die geistlich-prädestinatianische Seite von Augustinus her verließ.

Wohl ist die Kritik am schlechten Wandel der Priester und der immer mehr anwachsende Anstoß an der von Rom betriebenen Geldwirtschaft der Kirche unüberhörbar laut geworden. Zur allgemeinen Erkenntnis der Lage zwang aber erst der Fehlschlag Bonifatius' VIII. Was die Waldenser und Ketzer seit Jahrhunderten gesehen und getadelt hatten, war nun offenbar. Rom war zum Babel, zur Wohnung des Teufels und des Antichristen geworden!

Und nun kam im Gefolge der Politik auch der zentrale Stoß gegen das päpstliche Recht. Zwei Pariser Rechtslehrer, *Marsili-*

us von Padua und *Johannes von Jandun,* sind es gewesen, die sich mit ihrer Streitschrift *Defensor pacis* (1326) hinter Kaiser Ludwig den Bayern (1314-47) stellten und zum ersten Mal das Problem zwischen Staat und Kirche vom Wesen des Staates her anpackten. Unabhängig ist die staatliche Gewalt von der päpstlichen, selbstständig sind die Bischöfe dem Papst gegenüber und frei ist die Gemeinde vom kirchlichen Zwang, wie er sich in der Hierarchie äußert.

Eine neue Zeit kündigt sich an. Dem Erwachen des Menschen, der sich als Individuum entdeckt, der in der Gotik seine Freiheit, in der Poesie seinen Übermut und seine Urteilskraft verrät, diesem Erwachen entspricht der moderne Staatsbegriff. Das 14. Jahrhundert tritt aus der römischen Umklammerung heraus. Es war nur ein Resultat dieser Gedanken, dass 1338 die deutschen Kurfürsten im Kurverein zu Rhense die Wahl des Königs als unabhängig von jeder päpstlichen Zustimmung erklärten. Die *Goldene Bulle* Karls IV., der von den Luxemburgern und den Päpsten von Avignon gewählte »Pfaffenkönig« (1346/7-1378), hat dies nur noch bekräftigt (1356), und das Schisma zwischen Avignon und Rom (1378-1417) konnte nicht anders als auf seine Weise bezeugen, wie gänzlich in Auflösung begriffen das römische Kirchenrecht war und wie völlig wirkungslos alle Ansprüche auf Weltherrschaft. Die Geschichte ging über sie hinweg.

4. Frömmigkeitsbewegungen

Was aber blieb, wenn die großen Träger des Rechts dahinsanken, Papst und Kaiser sich gegenseitig zerrieben? Die einen sahen in der Mystik das Heil für die einzelne Seele. Die Mehrzahl der Gläubigen hielt sich jedoch an die vorgeschriebenen Wege der kirchlichen Frömmigkeit. Maria und die Heiligen gewähren das Heil umso mehr, als man Christus mit richterlichen Zügen umdüstert. Wohl rüttelt die Volkspredigt eines Berthold von Regensburg (um 1210-1272) mächtig auf, aber sie bewirkt letzten Endes nur gesteigerte Kirchlichkeit und keine grundlegende Veränderung des Menschen. Mystik und asketische Ethik verlassen den Boden des katholischen Glaubens nicht. Verinnerlichung und vor allem die *devotio moderna,* ein Heiligungsleben im Alltag, wie sie die »Gottesfreunde« und die »Brüder vom gemeinsamen Leben« suchten, bleiben religiös sehr beachtliche Versuche, aber sie führen nicht aus der Not der Kirche heraus. Das zeigen die eigentümlich fanatischen Ausbrüche einer wilden und krankhaften Frömmigkeit, wie sie in allerlei Absonderlichkeiten zum Ausdruck kommt. Wenn wie in Wilsnack die Hostie einen Blutstropfen trägt oder Scharen von Geißlern einen Ort durchziehen und auf dem Marktplatz ihre grausigen Vorstellungen geben, dann zeugt das von einem sehr tief gehenden Mangel. Diese Kirche des 14. und 15. Jahrhunderts gab mit ihrem Sakramentswesen und mit all ihrer Pracht der hungernden Seele die nötige Nahrung nicht mehr.

5. *John Wyclif*

Diesen doppelten Hintergrund, das zerbrochene Recht und das vergebliche Bemühen des frommen Menschen, muss man sehen, um den Oxforder Philosophieprofessor John Wyclif (ca. 1330-1384) zu begreifen.

Ähnlich wie die Pariser Rechtslehrer kann er es als glühender Patriot nicht ertragen, dass römische Raublust nun auch sein Heimatland ausbeutet. Er muss seinem König gegen die Kurie beistehen:

»In der ältesten Kirche genügten zwei Klassen von Geistlichen: Priester und Diakonen. In der apostolischen Zeit war

Priester und Bischof dasselbe. Die Grade und Abstufungen hat kaiserlicher Hochmut erfunden... Es wäre besser für die Kirche, es gäbe keine Päpste und Prälaten, sondern nach Abschaffung dieser ganzen kaiserlichen Einrichtung lehrten nur arme Priester mittellos und freundlich das Gesetz Christi.«

Aber *Wyclif* war mehr als nur der Angreifer gegen das Papsttum. Er steht in der Linie der Waldenser und geht in seinem theologischen Denken auf die Bibel zurück. In ihr findet er die »Waffenkammer« gegen die Anmaßung der Kurie, ihr selbst gemachtes oder politisch erlangtes Recht den Völkern aufzuzwingen. Darum muss die Bibel unter das Volk kommen und jedes Volk muss sie in seiner Muttersprache lesen. Nur so kann es wieder zu einem allgemeinen Priestertum der Gläubigen kommen. Deshalb übersetzt er mit Hilfe seiner Freunde die Vulgata ins Englische.

Theologisch führt Wyclif Augustinus gegen Thomas ins Feld, wenn er gegen die politisch mächtige Kirche betont, sie sei ja nur die Gesamtheit der Prädestinierten, also eine weltlich nicht fassbare Größe. Im Zug seines kampfreichen Lebens wagt er den Schritt von der nationalen zur biblischen Opposition. Er bleibt nun auch nicht bei diesen und jenen Einzelheiten stehen. Als er die katholische Wandlungslehre im Abendmahl angreift und ihm hierbei namhafte Freunde nicht zu folgen vermochten, erweist er, dass es ihm um mehr als um einige polemische Sätze ging. Gewiss, auch hier diente ihm Augustinus:

»Der verklärte Leib Christi kommt nicht vom Himmel herab zu jeder Hostie, die in irgendeiner Kirche geweiht wird, vielmehr bleibt er droben im Himmel fest und unbeweglich, und nur in geistiger, unsichtbarer Weise ist Christi Leib in jedem Punkt der geweihten Hostie gegenwärtig, wie die Seele im Leib.«

Man wird vergeblich bei Wyclif nach einem Schwerpunkt in irgendeiner biblischen Lehre suchen. Er ist ein Glied in der Kirche der Armen und weiß sich eins mit den Franziskanern. Wie Franz von Assisi sendet er seine Boten ins Land als die geringen Leute, aber reich, weil sie die Bibel aus ihrer Vergessenheit holen. Ihm ist am Papsttum und seinem Prunk die Unwahrheit und der Widerspruch zum biblischen Urbild in greller Klarheit aufgegangen. Die schlichte Art Jesu und seiner Jünger hat es ihm angetan. Das neutestamentliche Zeugnis vom Glauben, der am Wort der Schrift geboren wird, bleibt seiner denkmäßigen und gesetzlich klaren Einordnung aller Dinge noch fremd. Darum ging es ihm ähnlich wie Franziskus. Sie stehen beide noch zu sehr auf dem Boden ihrer Kirche und arbeiten gar zu sehr mit ihrer Theologie, als dass sie ihre Reformatoren werden können. Dennoch sind sie Wegdeuter mit erhobenem Finger, Männer prophetischen Ausmaßes. Wyclif hat es ausgesprochen als eine Erfahrung seines zuletzt sehr leidvollen Lebens:

> *» Ich bin gewiss, dass die Wahrheit des Evangeliums für eine Zeit stürzen und infolge der Drohungen des Antichrist über ein Kleines verschwiegen bleiben kann, aber ausgelöscht kann sie nicht werden, da die Wahrheit selber spricht: Meine Worte werden nicht vergehen, wenn auch Himmel und Erde vergehen! «*

Nachdem sich ihm die Universität Oxford verschlossen hatte, setzte Wyclif von seiner Pfarrei Lutterworth aus seine Arbeit fort, die in einer rein religiösen Opposition gegenüber der Papstkirche bestand.

6. Hus und die Hussiten

In Wyclif hat ein Mann festen Fuß gefasst auf dem Boden des Wortes. Und dieses Wort wird seine Bewegung weitertragen über ihn selbst hinaus. Das gilt zunächst von Wyclifs größtem und treuesten Schüler, von Johannes Hus (um 1370-1415), dem Prediger und Professor in Prag.

Im Ganzen nicht so radikal wie sein Meister, hat er doch das, was er im Kampf gegen seine sittlich entartete Kirche vertrat, durch alle Not von Bann und Verhör auf dem Konzil zu Konstanz bis zum Tod auf dem Scheiterhaufen treu bezeugt. Das gebrochene Kaiserwort des freien Geleits für Hus wird für das Volk der Tschechen zum Fanal eines religiösen Befreiungskampfes mit all seinen Schrecknissen. Man kann die Verlegenheit der Kirche daran ermessen, dass sie schließlich der gemäßigten Richtung, den so genannten Utraquisten[126], den Laienkelch zugestand, während die radikale Gruppe der Taboriten in der Opposition verharrte. Aber ihnen gemeinsam ist das Feuer des Johannes Hus, lieber das Leben zu wagen, als gegen das Wort der Bibel mit Rom einen Frieden zu schließen. Nachkommen dieser Kämpfer sind die böhmischen und mährischen Brüder, die dann, mit den Waldensern im Bunde zur Unitas fratrum (Brüder-Unität) zusammenwachsend, die Vorläufer für die Herrnhuter Brüdergemeine wurden.

7. Die Zeit der Konzile

Um der brennenden Not, zumal dem Unwesen des doppelten Papsttums, zu steuern, werden im 15. Jahrhundert jene Konzilien einberufen, die in jahrelangen Sitzungen Rat zu schaffen suchen. Hier in Kurzform das Wichtigste zu den Konzilen:

Pisa (1409): Die Päpste Gregor XII. und Benedikt werden abgesetzt, der Grieche Alexander V. gewählt. Da die abgesetzten Päpste weiter amtierten, hatte die Kirche nun drei Päpste.

Konstanz (1414-1418): Das Konzil verurteilt Lehre und Person Wyclifs; Kaiser Sigismund lässt Hus trotz Schutzversprechen

---

[126] Abgeleitet von *sub utraque specie*; es bezieht sich auf das Abendmahl »in beiderlei Gestalt«. Das heißt: Neben dem Brot wird auch, entgegen katholischer Praxis, der Wein dem Laien gereicht.

fallen – Hus wird hingerichtet; das Konzil wird dem Papst übergeordnet (Konziliarismus); das Schisma wird beseitigt: An die Stelle von Johannes XXIII., Gregor XII. und Benedikt XIII. tritt Martin V. (1417-1431), der für 1431 das Konzil nach Basel einberuft.

Basel (1431-1449): Aus der Entmachtung des Papstes entsteht die radikale Vormachtstellung der Konzile, gegen die sich die weltlichen Mächte neutral verhalten und damit das Konzil isolieren; bald gehen die neutralen Staaten, der Kaiser und die deutschen Kurfürsten wieder zum Papst (Eugen IV.) über.

Wohl gelang es endlich, das Schisma zu beseitigen, aber schließlich nur um den Preis, dass sich das Papsttum gegen alle wirklichen Reformvorschläge des Konzils zu Basel sträubte. Es ging hierbei vor allem um die Änderung der Geldwirtschaft und das Leben der Kleriker, Dinge, die nunmehr zum öffentlichen Skandal geworden waren. Ein letzter, durchgreifender Ernst ist aber dort nie vorhanden, wo Menschen nur um ihren Platz kämpfen. Erschütternder kann dieser nackte Tatbestand nicht bezeugt werden als durch die Bulle *Pius' II.* (1458-1464), der 1459 schon erklärte, wer an ein Konzil appelliere, werde aus der Kirche ausgeschlossen.

8. Die Renaissance

Die Päpste flüchten in Kunst und Politik
Während die Kirche des zu Ende gehenden Mittelalters ihre Stunde verpasst, erhebt sich auf italischem Boden die Renaissance. In ihr ist das reich begabte Menschentum der Antike mit allen positiven Kräften der Moderne zusammengefasst. Die Päpste sind eher an Kunst interessiert als an geistliche oder politische Belange. Immerhin gedeihen auf diesem Boden Künstler wie *Leonardo da Vinci* (1452-1519), *Michelangelo* (1475-1564) und *Raffael* (1483-1520). Und mehr noch, in diesen

Päpsten und ihren Künstlern erwächst ein neues Verständnis vom Menschen, dem die bisherigen Formen zu eng sind. Die führenden Köpfe der Renaissance leben nicht aus der Welt der Kirche. Sie greifen zur Antike zurück und begeistern sich an der Schönheit ihrer Bildwerke. Sie vertiefen sich zwar auch in die Bibel, um Motive wie Mose, David oder Paulus auszugestalten, vor allem sind sie aber Menschen der Gegenwart. Hier wagt man es endlich, ein Ja zur Natur zu sagen und dem zur Lüge gewordenen Zölibat zu entrinnen.

Für die Kirchengeschichte entsteht neben dem künstlerischen Ertrag dieser Epoche die Frage nach ihrem tiefsten Sinngehalt innerhalb der Gesamtentwicklung. Während in einer deutschen Klosterzelle abseits von der Welt ein junger Mönch sich abmartert, um mit Gott in Ordnung zu kommen, lebt in Päpsten wie Julius II. (1503-1513) die Freude am Diesseits, an Kunst und Wissenschaft und oft mehr noch an Kriegstaten und Jagden. Wo die Frage nach dem Sinn des Daseins aufgebrochen ist und alte Antworten einfach nicht mehr genügen, steht schon ein neues Zeitalter vor der Tür. Da rührt Laurentius Valla (1407-1457) an der Echtheitsfrage altkirchlicher Dokumente und erkennt die berühmte Konstantinische Schenkung als Fälschung. Da arbeitet Niccolò Machiavelli (1469-1527) auf Grund seiner historischen Studie eine Staatslehre aus. Es ist, als ob Fesseln von Jahrhunderten springen und Menschen zum ersten Mal wieder den kirchenfreien Raum des Daseins mit Staunen betreten.

> *»Es ist schwer, es mit einem Wort zu bezeichnen: Subjektivismus, Individualität, Selbst-sein-Wollen, Freiheit, Tätigkeit. Es war der Protest gegen den Geist der Jahrhunderte, die man durchlebt hatte, und der Anfang zu einer neuen Stellung zur Welt überhaupt.«* [127]

---

[127] Harnack, Dogmengeschichte III, 677

Vor der Wende der Zeit (14./15. Jhd.)

Da hatte schon Francesco Petrarca (1304-1374) im Humanismus Weisheit und Frömmigkeit zu vereinen gesucht. Es ist auch jetzt nicht nur das griechische Ideal der Heiterkeit, der Freude am Leben, mit dem sich der schauende Mensch für kurze Zeit diese Welt erträglich macht. Das mag oft die Außenseite sein. Das Geheimnis selbst aber liegt tiefer. Niemand hat das wohl mit solcher Intensität empfunden und zum Ausdruck gebracht wie Michelangelo:

> *»Jetzt stillt nicht Malen und nicht Meißeln mehr*
> *die Seele, Liebe sucht sie nur bei Gott,*
> *der uns vom Kreuz die offnen Arme beut.«*

Renaissance und Reformation stehen sich näher, als es auf den ersten Blick erscheinen mag. Und doch sind sie wiederum so weit entfernt voneinander wie Frage und Antwort, dunkelste Sehnsucht und überraschendste Erfüllung, wie Menschengeist und Gottes unerhörte Gnade.

9. Der deutsche Humanismus

In Deutschland entstand unter dem Einfluss der italienischen Renaissance der deutsche Humanismus, dessen Vorgeschichte auf den Luxemburger Karl IV. (1347-1378) zurückgeht. Entscheidend für die folgende Entwicklung wurden die klassischen Studien in den Lateinschulen von Heidelberg (Rudolf Agricola 1443-1485), Schlettstadt (Jakob Wimpfeling 1450-1528), Deventer und in den Schulen der »Brüder vom gemeinsamen Leben«.

Gegen Ende des 15. Jahrhunderts kommen die Humanisten an die Universitäten (zwischen 1348 und 1506 waren 17 nach dem Muster der Pariser Sorbonne gegründet worden), als erste nach Wien, dann an die von Basel, Tübingen, Heidelberg, Freiburg, Ingolstadt. Zum Mittelpunkt wurde Erfurt (Blütezeit

1517-1521). Die berühmtesten deutschen Humanisten sind Johannes Reuchlin (1455-1522) und Erasmus von Rotterdam (1466-1536).

10. Der Bußruf Savonarolas

Girolamo Savonarola (1452-1498), der Prior des Dominikanerklosters von San Marco zu Florenz, wendet sich im Namen Gottes gegen den Geist seiner Kirche und besonders gegen Alexander VI., den frevelhaften Borgiapapst. Bußernst und Apokalyptik, Schrifterkenntnis und Gegenwartsblick reißen diesen Volksprediger dazu hin, mit seinem kleinen Florenz in den weltpolitischen Kampf zwischen Frankreich und der Kurie einzutreten. Aber sein »Königreich Christi« scheitert an der überlegenen Macht des Papstes und am inneren Zwiespalt von Savonarolas eigenen Anhängern. Und doch, nicht nur daran! Die Verbindung religiöser und sozialpolitischer Ziele erweist sich wie noch so oft in der Folgezeit als unheilvolle Schwärmerei und Verkürzung des evangeliumsgemäßen Auftrages.

Am Vorabend der Reformation rief Savonarola in die Christenheit: »Die Kirche wird erneuert werden, vorher aber gezüchtigt, und das wird bald geschehen!« Wir haben auch diese Eliagestalt nicht von dem Ort hinweg zu nehmen, an dem sie steht – als echter Sohn der katholischen Kirche, deren tiefe Schäden und Auswüchse er bekämpft. Dieser Dominikaner gehört in die Reihe der Wyclif, Hus und ihrer Nachfolger. Sie haben alle nicht nur die Reformbedürftigkeit der Kirche erkannt, sondern vom Boden der Bibel aus ihr Licht zur Beurteilung der Lage empfangen. Das aber zwang sie in eine Bewegung, die einer prophetischen Schau glich. Savonarola hat es noch im Sterben bekannt, als man ihn im Namen der *triumphierenden* Kirche überantwortete, dass er sich als Glied der *kämpfenden* Kirche wisse, einer Kirche aber, die auf den Sieg harrt. Darum hat ihm Luther in Dankbarkeit ein Denkmal gesetzt, das seine Stellung zu diesem Vorläufer in klares Licht rückt:

» *Obwohl an den Füßen dieses heiligen Mannes noch etwas von dem Schmutz menschlicher Theologie haftet, so hat er dennoch es ausgesprochen und behauptet, wie aller Ruhm der Werke so gar nichts vor Gott und wie nötig der alleinige und gründliche Glaube im Gericht und Tod sei, ohne alle Werke, darauf man sich verlassen könne. Er erlitt den Tod, weil er Rom, den Abgrund des Verderbens, reinigen wollte. Aber siehe, er lebt, und sein Gedächtnis ist im Segen. Christus kanonisiert ihn durch uns, sollten gleich die Päpste und Papisten miteinander darüber zerbersten.* « [128]

---

[128] Luther zu Savonarolas Auslegung des 51. Psalms

TEIL III

Reformation und Gegenreformation

22. Kapitel
Die politische Gesamtlage zu Beginn der Reformation

1. Die Reformation – kein politisches Unternehmen

Einen Zeitraum von nicht ganz zwei Jahrhunderten umspannt die Geschichte der Reformation und Gegenreformation, und kaum mehr als ein Menschenalter ist von der Bewegung erfasst, deren Ursprung wir in Martin Luther sehen. Am Ende sah die politische Landschaft in Deutschland völlig anders aus als vorher, so dass man die Reformation auch als umwälzendes politisches Ereignis deuten kann.

Luther kam jedoch nicht von einer politischen Schau her, ihn trieb auch nicht ein reformerisches Anliegen in Verbindung mit einer geheimen Abneigung gegen den Charakter seiner Kirche. Weit über sein eigenes Sehen hinaus hat ihn diese eine und einzige Entdeckung seines Lebens geworfen: die Erkenntnis der Gerechtigkeit Gottes in Christus. Wie dieser neue Glaube das gesamte Denken und Handeln verändert, wie er dem Sauerteig gleich alle Gebiete der Welt durchdringt, auch das politische, das ist der Inhalt der Reformationsgeschichte. Hier ist mehr als die Entdeckung Amerikas und die Erfindung der Buchdruckerkunst, hier beginnt eine totale Umwälzung, und zwar in derselben Kraft, durch die einst die Männer des Neuen Testamentes ihren Zeitgenossen ein unüberhörbares Zeugnis verkündigten.

2. Gottes bewahrende Macht in der Reformation

Welch ein sonderbares Bild! Während die spanisch-habsburgische Weltmacht ihre Stunde gekommen sieht und der junge Karl V. (1519-1556) seine Länder um das zerrissene Deutschland und das geeinte Frankreich herum als fest gefügten Gürtel legt, bricht ein Quell auf, von dessen Mächtigkeit in diesem Augenblick niemand eine Vorstellung besitzt. Und während der Papst Leo X. im Rausch der Renaissance und im klugen Wechselspiel zwischen dem Kaiser und dem ebenso jugendlichen Franz I. von Frankreich seine Ziele verfolgt, führt eine völlig unpolitische Bewegung wie die Reformation eine neue Zeit herauf, eine Zeit, die sowohl dem päpstlichen wie dem habsburgischen Weltmachtsgedanken einen endgültigen Riegel vorschiebt.

Zu einem Zeitpunkt, da Karl V. das einheitliche Imperium Karls des Großen wiederherstellen will und dazu den Stützpfeiler dieses Baues in der römischen Kirche findet, muss er den Vorstoß der Reformation als Katastrophe bezeichnen und dennoch dulden, da er nicht in der Lage ist, in Deutschland durchzugreifen. Denn ein neues Moment schiebt sich in den Vordergrund: Die Türkengefahr – 1521 eroberten sie Belgrad – zwingt den streng katholischen Monarchen die Reformation nicht zu hindern, um dafür der Unterstützung auch der evangelischen Reichsfürsten gewiss zu bleiben.

So türmen sich die Ereignisse, und während der Mitlebende von dem chaotischen Wirrwarr, von der oft scheinbaren Zwecklosigkeit und Widersinnigkeit des Geschehens beeindruckt ist, zeigt sich dem, der nachdenkt, in welchem Maße dennoch eine einzige Linie deutlich wird. Diese Reformation, gegen die sich alle Gewalten der Zeit zusammenballen, diese spaltende, unpolitische und höchst kritische Bewegung, setzt sich in Deutschland dennoch durch und greift weit über die Grenzen des Reiches. Sie bereitet kommende Geschichte vor und zieht unter eine überfällig gewordene Zeit den Schlussstrich.

3. Die allgemeine Kritik an der römischen Kirche

In der Kritik am Bestehenden waren sich allerdings die Zeitgenossen Luthers weithin einig. Das Urteil lag in der Luft, die kirchlichen Reformen des 15. Jahrhunderts seien ein einziger Fehlschlag. Wo war man der Geldgier, der Ämterjagd, dem krassen Genießertum und der skrupellosen Diplomatie an die Wurzel gekommen? Man hatte vielerlei beschlossen, aber der Geist einer rücksichtslosen Diesseitigkeit vom Papsthof an bis herunter zum schlichtesten Amtsträger war damit noch nicht verändert. Der Schrei einer berühmten Kampfschrift aus dem Jahre 1438 hatte noch keine Erhörung gefunden. Diese so genannte *Reformatio Sigismundi* sollte für das Konzil zu Basel wegweisend sein. Die Schrift beginnt:

» *O Herr, Gehorsamkeit ist tot, Gerechtigkeit leidet Not, nichts steht in seiner rechten Ordnung. Eines soll man wissen, dass es nicht mehr wohl gehen mag, man habe denn eine rechte Ordnung geistlichen und weltlichen Staates.* «

Ähnlich hatte auch Dante einst die Not der Kirche geschildert:

» *Du siehst die Kirche Roms; durch ihre Gier,
die beiden Regiment in sich zu paaren,
fiel in den Kot sie und ihr Amt mit ihr.* «

Seitdem war es nicht aufwärts gegangen. Es seien hier nur die Hauptpunkte genannt, an denen sichtbar wurde, in welcher Krise die Kirche sich befand.

Dicht neben *der* lebensfrohen Renaissancestimmung steht die Flucht in die Klöster. Ihre Zahl wächst in geradezu Besorgnis erregender Weise um die Jahrhundertwende. Was hat eine Kirche zu sagen, wenn zwei derartige Extreme unausgeglichen das Bild beherrschen? Und weiter, neben dem Heiligen- und Marienkult trägt das Christusbild trotz aller weihnachtlichen Romantik mehr und mehr den schrecklichen Zug des Richters.

Kann eine Kirche, so lange sie sich nach diesem Christus nennt, ihre Botschaft ausrichten, wenn sie zugleich sein Evangelium in so zentraler Weise entstellt?

Und schließlich: Man sammelt Reliquien in beängstigender Häufung – bekannt ist hierfür das Museum des Erzbischofs von Mainz –, aber dem in die Millionen gehenden Ablasswert entspricht in keiner Weise die Gewissheit des Heils. Im Gegenteil, je mehr man rechnet, umso unsicherer wird das ganze Unternehmen.

Gerade die Schärfe der genannten Spannungen mag zeigen, wie hier alles zu einer Entscheidung drängte. Woher sie kam, ja einzig kommen musste, das ist das Geheimnis einer Geschichte, die sich erst zu gegebener Stunde vor aller Augen vollzog. Die Gegensätze – nicht lediglich Missverständnisse – sind tief.

Wie die Kirche Roms und die ihr folgenden politischen Gewalten den Ruf der Reformatoren beantworteten, hat die Geschichte der Gegenreformation zu zeigen. In ihr stehen alle Kräfte eines sich auf sein Wesen besinnenden Katholizismus vor uns auf. Weil der evangelische Stoß so mächtig war, musste sich das innerste und verborgenste Gefüge des Katholizismus offenbaren. In diesem Kampf mussten beide Kirchen zeigen, dass sie nicht durch ein vorübergehendes Missverständnis geschieden waren, sondern durch einen totalen Gegensatz in der Erkenntnis des Evangeliums. Dadurch gewinnt die Auseinandersetzung eine bis zur Gegenwart übergreifende, d.h. immer noch entscheidende Bedeutung. Dass der Protestantismus den Kampf nicht in einer sichtbaren Einheitsfront führte, sondern in einer schon damals großen Vielfalt, kann jedenfalls den Erweis bringen, wie fern ihm auch in diesen Jahrzehnten der Gegenreformation politische Gesamtziele liegen. Gegenüber der Machtfülle und Konzentration Roms erscheint der Widerstand der evangelischen Gruppen aber als ein hoffnungsloses Unternehmen. Aber es ist nicht das erste Mal in der Geschichte, dass sich eine Lehre durchsetzt, die man zunächst für Ketzerei hält. Das Christentum selbst hat so begonnen.

23. Kapitel
Der junge Luther (1483-1525)

1. Bis zum Eintritt in das Erfurter Kloster (17. 7. 1505)

Wie die Lutherporträts trotz der guten Darstellungen der Cranachs (besonders Lucas Cranach d. Ä. [1472-1553], Hofmaler Friedrichs des Weisen in Wittenberg) im Lauf der Jahrhunderte gewechselt haben, so unterliegt auch jede Lutherbiographie den zeitlichen Grenzen des theologischen Gesichtsfeldes. Hinzu kommt, dass man in den Reformator gar zu gern eigene Ideale hineinlegt und ihn jeweils zum Wunschbild macht.

Fasst man Luthers Herkunft und Jugendzeit mit seinem späteren Auftrag zusammen, so kann das Urteil nur dahin gehen: Hier waltet jene *providentia specialissima* (»die ganz besondere Vorsehung«), die auch im Kleinsten nicht unbedacht die Gaben und Kräfte zubereitet. Im Abstand der Jahrhunderte erkennen wir, dass dem Sprössling aus der Mitte des Reiches, aus thüringischem Bauerngeschlecht, für ganz Deutschland, den Norden sowohl wie den Süden, ein besonderes Maß an Gaben und Veranlagung mitgegeben wurde.

Wie dem Vater – von Beruf Bergmann, von Möhra in Thüringen nach Eisleben verzogen, wo Martin geboren wurde, und von da 1484 nach Mansfeld – eignet dem Sohn ein starker Wille zum vorwärts strebenden Leben. Bildung und Erziehung erhielt Martin in der Stadtschule von Mansfeld, bei den Brüdern vom Gemeinsamen Leben in Magdeburg und in der Lateinschule von Eisenach. 1501 wird er Student an der Universität Erfurt und promoviert 1505 zum Magister Artium. Auf Wunsch des Vaters beginnt er das Jurastudium. Zu nüchtern verlaufen die Jahre, um irgendeinen Anlass zu geben, von auffallenden und verheißungsvollen Eigenschaften zu reden. Seine philosophischen Studien jedenfalls gingen weit genug, um ihn später klarer sehen zu lassen, in wie verhängnisvoller Weise Aristoteles das gesamte Denken bei Wilhelm von Ockham und Gabriel Biel, den spätmittelalterlichen Scholastikern, beherrschte. Sie boten aber auch nach des Vaters rechnenden und auch wohl ehrgeizigem Willen die Voraussetzungen zum juristischen Studium. Darüber hinaus las der Student Augustinus die Mystiker und studierte eifrig die Bibel, zunächst die lateinische Übersetzung, die Vulgata.

2. Der Abschluss der Studien und der Eintritt ins Kloster (1505-1508)

Am 17. Juli 1505 bricht Luther das eben angefangene juristische Fachstudium ab und tritt in das Kloster der Augustiner-Eremiten in Erfurt ein. Nicht nur das in Lebensgefahr durch ein Gewitter geleistete Gelübde veranlasst ihn dazu. Hinter dem Schrei: »Hilf, heilige Anna, ich will ein Mönch werden« – steht eine Erkenntnis, die ihn mit bestimmte, einem übermächtigen, unbedingten Willen sein Leben ohne Widerspruch auszuliefern. Demzufolge war er nun auch bereit, alles zu tun, was die Ordensregel der Augustiner-Eremiten und das Gebot seiner Vorgesetzten von ihm forderten. Aus dem Philosophen und Juristen wird nun der Theologe, der an der Schrift, an den Scholastikern seine ersten Studien macht, der, zum Priester geweiht, des Vaters stillen Widerspruch immer noch zu spüren hat, und den der Scharfblick seiner Klosterbrüder schon 1508 nach Wittenberg (die Universität dort wurde 1502 von Friedrich dem Weisen gegründet) sendet, um dort neben der Vollendung seiner theologischen Arbeiten philosophische Vorlesungen zu halten.

Innerhalb dieser glänzenden Laufbahn vollzieht sich nun die Geschichte eines Seelenkampfes, wie er erschütternder nicht gedacht werden kann. Man darf das Leitmotiv des gesamten Ringens dieser Jahre in der Tatsache finden, dass einem Menschen Wirklichkeiten begegnen, die den Rahmen seiner Frömmigkeit sprengen.

Er wusste im Anfang seines Kampfes noch nicht, woher diese Wirklichkeiten kamen, oder wie er sie zu deuten habe. Der ungeheure Zorn Gottes im Gewitter war der erste derartige Eindruck, dem er in der Stille des Klosters zu entfliehen oder zu genügen gedachte. Während für Tausende in seiner Lage die Geschichte damit abgeschlossen wäre und die undurchdringlichen Mauern des Klosters ein Menschenleben begruben, spürt Luther, dass ihn ein unaustilgbarer Zweifel als neue Wirklichkeit anficht. Je mehr die Spätscholastik von den eigentlichen theologischen Anliegen, von dem, was Gottes ist, zu dem, was der Mensch leisten kann und soll, übergegangen war, umso verheißungsvoller schienen alle die Bemühungen zu sein, die im Streben nach einer vollkommenen Reue dem Büßenden einen Höchstgrad innerer Befriedigung versprachen.

Wir sehen den jungen Luther, ergriffen von diesem Ideal des vollkommenen Lebens, in steilem Aufstieg begriffen. Für ihn sollen Theologie und Leben nicht auseinander brechen. Mit Hilfe von häufigen Bußübungen, Beichten und Sakramentsempfang muss es gelingen, den Gipfel zu erreichen. Wenn nun aber immer wieder die Erfahrung zeigt, dass der Erfolg den Erwartungen nicht entspricht und die Sünde bleibt, dann muss die Anfechtung zur Verzweiflung werden.

An diesem Punkt gewinnt der Kampf sein kirchengeschichtliches Ausmaß. Zwischen Furcht und Hoffnung wandelten die Gläubigen des Mittelalters, wandeln die Frommen aller Zeiten dahin. Kann es für den Menschen mehr geben als diese Mittelstellung? Heißt das nicht gerade Glauben im Gegensatz zum Wissen? Oder liegt in dieser Mittelstellung der »Glaube«?

Luther zog aus seinen Zweifeln den entgegengesetzten Schluss, als er sich zu den Verworfenen rechnete, denen von

Ewigkeit her die Seligkeit versagt sei. Er hielt an der Richtigkeit der Vollkommenheitslehre fest, meinte aber, für sich darauf verzichten zu müssen.

Doch auch diese Haltung erwies sich im schnellen Fluss seiner Gedanken als unmöglich. Er konnte den Hass gegen diesen Gott der Prädestination nicht verhindern. Ein Gott, der seine Gabe so ungleich verteilt, kann nicht der gerechte Gott sein.

Es war selbstverständlich, dass diese Anfechtungen des Bruders Martinus in einer so engen Lebensgemeinschaft nicht verborgen blieben. Man nahm an seinem Kampf teil und versuchte, ihm nach dem Maß eigener Erfahrungen und Erkenntnisse zu helfen. Johann von Staupitz vor allem, der Generalvikar des Ordens, hat Luther seelsorgerlich beraten. Der von der Mystik herkommende Mann konnte sein Beichtkind auf die Wunden Christi hinweisen, die größer sind als der Zorn Gottes und die Schrecken der Verworfenheit. Augustinus, Bernhard von Clairvaux und Thomas von Aquin leiteten mit ihren besten Gedanken den seelenkranken Mönch und richteten seinen Blick auf die Alleinwirksamkeit Gottes, der nicht nur die Gnade, sondern auch die Reue in uns schaffe.

Aber warum drang diese Theologie nicht durch, wiewohl Luther sie voller Dankbarkeit eine Zeit lang als Hilfe empfand? Warum schlug selbst ein Wort seines Seelsorgers nicht durch wie dies: »Man muss den Mann ansehen, der da heißt Christus!«?

An dieser Stelle entsteht die Frage nach der inneren Notwendigkeit der Reformation. Konnte ein solches Wort aus dem edelsten Schatz der Kirche nicht ausreichen, um einen stürmenden Geist vor einem Bruch mit einer Geschichte von fünfzehnhundert Jahren zu behüten? Musste auch hier noch, am Kreuz des Erlösers, die Scheidung erfolgen?

Luther musste auch an Staupitz erkennen, dass dieser reifste Katholizismus keine volle Wendung weg vom Menschen war. Warum unterschied der Generalvikar die »rechtschaffenen Sünden« von »Humpelwerk und Puppensünden«, warum sprach er wiederum vom Verdienst des Büßers, der die Gnade doch noch zu ergänzen habe? Warum wurde dieser Beichtvater immer in dem Augenblick praktisch-ethisch, wenn es dem ringenden Mönch um die letzte Frage nach dem Wesen Gottes ging? Warum nahm er, dem Grundzug aller geschichtsflüchtigen Mystik folgend, diese todesernste Lage eines Theologen nicht in ihrem ganzen Schwergewicht wahr?

Gewiss, er verstand den tiefsten Sinn dieses Kampfes nicht, er glaubte ihn psychologisch verdrängen zu können, weil er selbst um die furchtbare Gotteswirklichkeit, um den unausweichbaren Zorn nicht wusste.

3. Erfurt – Rom – Wittenberg und das Turmerlebnis (1508-1513)

Ein Jahr vor seinem Tod hat Luther in der Vorrede zur Gesamtausgabe seiner Werke von jener Entdeckung gesprochen, die ihm an Römer 1,17 geschenkt wurde. Er war inzwischen nach Erfurt zurückberufen worden (1509), auf einer Ordensreise in Rom gewesen (1510), wo er vergeblich nach den Gnaden der Kirche verlangte. 1511 war er endgültig nach Wittenberg gegangen, wo er zum Doktor der Heiligen Schrift promovierte (1512) und die bis dahin von v. Staupitz versehene Professur übernahm – dies all seinem Sträuben zum Trotz, denn er wusste wohl, dass nun erst recht ein Kampf auf Leben und Tod für ihn begann. Er bereitet im Winter auf das Jahr 1513 seine Psalmenvorlesung vor und stieß im 31. Psalm immer wieder an die Worte: »In deiner Gerechtigkeit befreie mich!«

»Ich hasste nämlich das Wort Gerechtigkeit Gottes, weil ich es nach dem Sinn der Doktoren und Philosophen verstand: Gerechtigkeit, wodurch Gott gerecht ist und die Sünde und die Ungerechten straft . . . Ich raste also mit einem wilden und er-

regten Gewissen und klopfte dann erst an dieser Stelle bei Paulus an, mit brennendem Wissensdurst, was er denn eigentlich meine. Bis ich unter dem Erbarmen Gottes, Tag und Nacht über den Zusammenhang der Worte nachsinnend, merkte: Gerechtigkeit Gottes wird daran offenbar, wie die Heilige Schrift sagt: Der Gerechte wird seines Glaubens leben. Da begann ich zu verstehen, dass hier die Gerechtigkeit Gottes gemeint sei, wodurch der Gerechte durch das Geschenk Gottes lebt, nämlich aus dem Glauben – eine Gerechtigkeit, wodurch uns der barmherzige Gott durch den Glauben gerecht macht. Da habe ich gefühlt, dass ich von neuem geboren sei und durch die geöffneten Tore ins Paradies selbst eingehe. Da sah mich die Schrift selbst mit anderen Augen an.« (W. A. 54. 179)

Von Christus, dem Richter, vor dem Luther in Todesangst auf der Flucht war, zu Christus, dem Leben schenkenden Retter, das ist die entscheidende Wende!

»Je mehr ich bisher das Wort Gerechtigkeit Gottes gehasst hatte, umso lieber und süßer war es mir jetzt. So ist mir jene Stelle des Paulus in Wahrheit die Pforte zum Paradies geworden.«

4. Vom »Gott der Philosophen« zum »Vater Jesu Christi« (1513-1516)

Es hieße aber, dies »Turmerlebnis« Luthers zu kurz zu sehen, wenn wir es nur unter dem neuen Christusbild zu deuten vermögen. Der Reformator stand am Zentrum der Bibel und ihrer gesamten Offenbarung. Eine neue Erkenntnis Gottes ging ihm auf. Er nahm in tiefer Anbetung wahr, dass dieser Gott nicht der Gott der Philosophen ist, von dem man sich vernünftigerweise eine Vorstellung zu machen und den man verdienstlicherweise zufrieden zu stellen habe. Jedes menschliche Gottesbild läuft auf eine solche Linie hinaus, schließlich auf den nur fordernden Gott. Es war Luthers neutestamentliche Grunderkenntnis, dass er von diesem Gott der Philosophen loskam und im Vater Jesu Christi den einzigen und persönlichen Zugang zum verborgenen Herrn der Welt fand. Von hier aus wurde ihm weiter erschlossen, dass dieser Gott schon mit dem ersten Gebot, »Ich bin der Herr, dein Gott«, beides in sich vereint, den unbedingten Gehorsam und die ganze Verheißung: Für dich! Der fordernde und der vergebende Wille Gottes, das Gesetz und die Erlösung, die Gerechtigkeit und die Rechtfertigung durch Christus, ja, der Sünder und der in dieser Rechtfertigung Lebende brechen nicht auseinander, sondern stehen in einer alles Denken überragenden Einheit. Damit hat Luther nicht nur die römische Werkgerechtigkeit, sondern jedes moralistische Verständnis des Evangeliums bis hin zur Vollkommenheitslehre in der Wurzel abgewiesen. Eine Stellung war gewonnen, die sich in den kommenden Kämpfen als uneinnehmbar erwies. Hier stand die Schrift mit dem Mittelpunkt: Christus, der den Gottlosen gerecht macht.

Erst im Abstand der Jahre wurde es dem Reformator voll bewusst, von welch entscheidender Bedeutung diese eine exegetische Entdeckung für sein ganzes Leben sein sollte. Die Auslegung der Psalmen, die Römerbriefvorlesung von 1515 und die des Galaterbriefes von 1516/17 lassen den heimlichen Fund in erstaunlichem Umfang zur Entfaltung gelangen. Damit hat der Protestantismus seinen zweifachen Grund gefunden: in der Schrift und im Wort von der Rechtfertigung. Nicht erst durch die Bibelübersetzung, sondern schon durch diese ersten Schriftauslegungen hat es der Reformator bezeugt, dass der Schwerpunkt seines Lebens nicht in den ihm zuteil gewordenen Erlebnissen lag, sondern in der Christusbotschaft selbst. Erst von ihr aus wird alles neu, und zwar immer wieder neu.

Wie ein Rückblick auf den hinter ihm liegenden Durchbruchskampf erscheint aus dem Jahre 1516 der Brief an seinen innerlich angefochtenen Klosterbruder Georg Spenlein:

»Nun möchte ich gerne wissen, wie es um Deine Seele steht, ob sie endlich lernt, ihre eigene Gerechtigkeit zu verachten, um in Christi Gerechtigkeit fröhlich und getrost zu sein. Denn heutiges Tages hat die Versuchung zur Vermessenheit Macht über viele und sonderlich über die, die mit ihren Kräften sich mühen, gerecht und fromm zu sein ... In diesem Wahn, ja Irrwahn stecktest Du, als Du bei uns warst, und ich steckte auch drin. Aber auch noch jetzt kämpfe ich gegen diesen Irrwahn und habe noch nicht ausgekämpft. Denn wenn wir durch eigene Mühe und Plage zur Ruhe des Gewissens hindurchdringen könnten, wozu ist Christus dann gestorben? Darum wirst Du nur in ihm durch getroste Verzweiflung an Dir und Deinen Werken Frieden finden. Du wirst von ihm selber lernen: Wie er Dich angenommen hat, so hat er auch Deine Sünden zu seinen, seine Gerechtigkeit zu Deiner gemacht!«

Die Auslegung der Psalmen und vor allem des Römerbriefes (1515), aber auch die weitere Arbeit in der Auseinandersetzung mit seinen scholastischen Lehrern Wilhelm von Ockham und Gabriel Biel zeigen, wie Luther bis zum Jahre 1518 die volle Erkenntnis der Theologie des Kreuzes bekommen hat. Er konnte nun frei und froh bekennen, dass der Satz seiner Lehrer nicht ausreicht: »Tue, was in dir ist«! Nein, Christus hat alles für uns getan.

5. Der Thesenanschlag (1517)

In den nun folgenden Jahren tritt Luther aus der Verborgenheit seines klösterlichen und professoralen Wirkens ins Rampenlicht der großen Öffentlichkeit. Noch zu Petri Kettenfest 1516 predigt er von der päpstlichen Gewalt durchaus in katholischem Sinne. Nicht Kirchenkritik als solche ist seine Sache. Wenn aber Tetzels Ablasshandel das Heiligtum der Kirche, den Schatz des hochheiligen Evangeliums in Mitleidenschaft zieht, dann kann er nicht anders, als das Wort zu ergreifen. Weil die Angst vor dem Fegefeuer im Volk so groß war, verstand es die Kirche schon lange, durch Erlass von Bußstrafen sehr bedeutsame Geldquellen zu erschließen. »Beichtbriefe«, die ebenfalls geldlich zu erwerben waren, verliehen »vollkommenen Ablass«. Selbst den Abgeschiedenen konnte man schließlich solche Gnaden zuwenden.

Luthers Thesenanschlag vom 31. Oktober 1517 ist keine unvorbereitete, plötzliche Tat. Seit reichlich einem Jahr bewegte ihn die Not der Ablasskrämerei. Ihm brennt die Seelennot auf dem Gewissen. Eine Kirche verkauft ihr Geheimnis an die Welt, sie macht letzten Endes aus der Vergebung der Sünden ein Geschäft. Noch kämpfen die Thesen um die Reinigung des Ablasswesens, nicht um die Abschaffung. Aber die Grundhaltung drängt zu einer radikalen Kritik, sobald die Entscheidungsfrage gestellt wird: Evangelium oder menschliches Glücksverlangen, Änderung des Sinnes oder Beruhigung des aufgeregten Gewissens mit rein menschlichen Mitteln.

Von den wichtigsten Thesen seien folgende genannt:

1. Da unser Meister und Herr Jesus Christus spricht: »Tut Buße« usw. will er, dass das ganze Leben seiner Gläubigen auf Erden eine stete oder unaufhörliche Buße sein soll.

5. Der Papst will noch kann nicht einige andere Pein (poenas, Strafen) erlassen, außer der, die er seines Gefallens oder laut der Canonum, das ist päpstlicher Satzungen, auferlegt hat.

21. Derhalben irren die Ablassprediger, die da sagen, dass durch des Papstes Ablass der Mensch von aller Pein los und selig werde.

27. Die predigen Menschentand, die da vorgeben, dass, sobald der Groschen in den Kasten geworfen klingt, von Stund an die Seele aus dem Fegefeuer fahre.

36. *Ein jeder Christ, so wahre Reue und Leid hat über seine Sünden, der hat völlige Vergebung von Pein und Schuld, die ihm auch ohne Ablassbriefe gehört.*
38. *Doch ist des Papstes Vergebung und Austeilung mitnichten zu verachten, denn wie ich gesagt habe, ist seine Vergebung eine Erklärung göttlicher Vergebung.*
40. *Wahre Reue und Leid sucht und liebt die Strafe, aber die Mildigkeit des Ablasses entbindet von der Strafe und macht, dass man ihr gern gram wird, zum wenigsten, wenn Gelegenheit dazu vorfällt.*
43. *Man soll die Christen lehren, dass, der dem Armen gibt oder leihet dem Dürftigen, besser tut, denn dass er Ablass lösete.*
62. *Der rechte, wahre Schatz der Kirche ist das heilige Evangelium der Herrlichkeit und Gnade Gottes.*
66. *Die Schätze des Ablasses aber sind die Netze, damit man jetziger Zeit die Reichtümer der Menschen fischt.*
94. *Man soll die Christen vermahnen, dass sie ihrem Haupte Christo durch Kreuz, Tod und Hölle nachzufolgen sich befleißigen.*
95. *Und also mehr durch viel Trübsal ins Himmelreich zu gehen, denn dass sie durch Vertröstung des Friedens sicher werden.*

In der Auslegung der Thesen, die Luther 1518 nach der bedeutsamen und klärenden Heidelberger Tagung seines Ordens (April 1518) veröffentlichte, kommt vieles noch mehr ans Licht. Wie das Volk diese Gaben der Kirche verstand, »dass sie durch den Ablass ohne alle Strafe aus dem Fegefeuer in den Himmel fahren« (zur 24. These), das musste den gewissenhaften Beichtvater aufs Tiefste treffen. Worauf setzte man jetzt sein Vertrauen? Auf eine Veranstaltung, die mit der dazu noch zu ersetzenden Reue rechnete, statt »ganz allein auf das Wort« zu hören (zur 38. These). Fasst er die Gesamtlage ins Auge, so kommt er zu dem Schluss:

» Die Kirche bedarf einer Reformation, und diese ist nicht das Werk eines einzigen Menschen, des Papstes, noch auch vieler Kardinäle, wie beides das jüngste Konzil erwiesen hat, sondern der ganzen Welt, ja Gottes allein. Die Zeit aber, wann solche Reformation vor sich gehen wird, kennt nur der, der die Zeit geschaffen hat. « (zur 89. These)

Mit solchen Sätzen, die durch die inzwischen entwickelte Buchdruckerkunst (Johannes Gutenberg 1394/9-1468) sich wie ein Lauffeuer durch die deutschsprachigen Länder verbreiteten, glaubte Luther noch durchaus auf dem Boden der Kirche zu stehen. Dass aber dieser Axthieb an die Wurzel ging und nicht nur den politisch verdorbenen, sondern den im Lehrirrtum verstrickten Katholizismus traf, das musste er mit blutendem Herzen in den nun folgenden Jahren erkennen.

6. Augsburg – Leipziger Disputation (1517-1519)

Mit einer jedem Aufruhr abgeneigten und kaum zu überbietenden Unterwürfigkeit sendet er im Mai die Resolutionen zu den Thesen mit einem Begleitbrief an Papst Leo X., fügt aber dennoch hinzu: »Widerrufen kann ich nicht!«

Thomas Cajetan, Kardinal und päpstlicher Legat, versucht vergeblich in Augsburg (Herbst 1518), Luther zur Aufgabe seiner Stellung zu bewegen. Schon wirkt die große Politik in diese Begegnung hinein. Kurfürst Friedrich der Weise, Luthers Schutzherr, darf in diesem Augenblick nicht verletzt werden, weil Papst Leo ihn gegen den Plan Kaiser Maximilians braucht, dessen Enkel Karl zum Thronerben zu erklären. Dennoch flieht Luther aus Augsburg, als er ahnt, wie nahe seine Verhaftung sei. Er war zum Sterben bereit, aber auch nüchtern frei von aller Sucht nach dem Martyrium. Allen politischen Erwägungen zum

Trotz kommt es durch Johann Ecks Angriff zu jener berühmten Leipziger Disputation gemeinsam mit Karlstadt, dem Wittenberger Kollegen (1519), in deren Verlauf Luther zu dem klaren Bekenntnis gezwungen wird, dass auch der Papst und die Konzilien vielfältig geirrt haben und sich unter den Satz beugen müssen: »Unfehlbar ist nichts außer dem Wort Gottes.«

»Nicht erst in Worms, sondern schon in Augsburg und Leipzig hat sich Luther der Felsengrund des Wortes als tragfähig erwiesen. Er rechnete nicht damit, diesen Kampf zu überleben, wenigstens nicht mit seinem Verbleiben in Deutschland. Seinem Kurfürsten wollte er nicht zur Last fallen. Aber gerade im Kampf mit seinen Gegnern empfing er die Gewissheit, in einer ungleich größeren Gemeinschaft zu stehen, in einer Kirche der Jahrhunderte, sobald er an die Märtyrer aller Zeiten dachte. Als ihm in den Leipziger Tagen die Erinnerung an Hus kam, brach er in den Ruf aus:

» Wie schrecklich sind die Gerichte Gottes: Die evangelische Wahrheit ist schon vor hundert Jahren verbrannt, wird heute verdammt, und niemand darf sich zu ihr bekennen.« (Vgl. W. A 2, 254 ff. und 9, 207 ff.)

7. *Begegnung mit Melanchthon und den Humanisten (1519-1521)*

Die Jahre 1519-21 tragen Aufbruchstimmung. Die Nation horcht auf die Stimme der »Wittenberger Nachtigall«, wie man Luther nennt. Die Bewegung scheint das gesamte Volk ergreifen zu wollen. Eben hat Philipp Melanchthon (1497-1560) sein Amt als Universitätskollege Luthers angetreten. Mit ihm scheint der Humanismus in breiter Front für die Reformation erschlossen zu werden. Hier wie dort ein Zurück zu den Quellen, zu wahrhaftigem Erkennen der Tatbestände, zum Bruch mit einer

Tradition, die sich überlebt hat. Weiter sind es die Vertreter des deutschen Idealismus, die Reichsritter um Ulrich von Hutten und Franz von Sickingen, die in ihrem Freiheitskampf gegen die Kirchenfürsten und Reichsgewalten Hilfe von der Reformation erwarten, vor allem die Stärkung durch eine durchschlagende, volkstümliche Idee.

Endlich sind hier bei aller Vorsicht Kurfürst Friedrich der Weise zu nennen und bald auch Landgraf Philipp von Hessen. Mehr oder weniger wohnt in ihnen allen das Bewusstsein, an einer Zeitwende zu stehen, die im Verhältnis von kirchlicher und weltlicher Gewalt eine Neuordnung bringen werde. Der starke nationale Wille empfand ja schon lange das römisch-spanische Joch als untragbar und verband sich in glühender Begeisterung mit dem Anliegen der Reformation.

Hellwach beobachtete Luther diese Gesamtlage. In der Schrift »An den christlichen Adel« (1520) lodert an vielen Stellen die Flamme des Zornes auf, wenn er an die wirtschaftliche Ausnutzung der Länder durch den päpstlich-kaiserlichen Geldhunger denkt. Dann aber stößt er zu den grundsätzlichen Punkten vor und nennt in den »drei Mauern« die Hauptschäden der Gegenwart, im Grunde den einen, um den sich alles bewegt: Der Papst maßt sich über die Obrigkeiten, über die Schrift und die Konzilien eine Gewalt an, die ihm nie und nimmer gebührt. Es ist auch hier nicht das politische und soziale Interesse bestimmend. Das hätte Luther an die Seite der ihn suchenden Gruppen geführt. In klarer Erkenntnis seines andersartigen Auftrages schreibt er an Georg Spalatin, den Kanzler seines Landesfürsten:

> *» Was Hutten will, siehst Du. Ich möchte nicht, dass man mit Gewalt und Totschlag für das Evangelium stritte; in diesem Sinne habe ich an den Mann geschrieben. ›Durch das Wort ist die Welt überwunden, durch das Wort die Kirche erhalten worden: So wird sie auch durch das Wort wiederhergestellt werden.*

Aber auch der Antichrist wird, wie er ohne Gewalt angefangen hat, ohne Gewalt zerrieben werden durch das Wort!‹« [129]

Zweifellos hat die Anspielung auf den Antichrist den Papst im Auge. Weder Leo X. noch irgendeiner seiner Vorgänger ist damit in Person gemeint. Dagegen sah Luther im System des Papsttums überhaupt das Mittel, mit dem der Antichrist hinter der Maske des höchsten geistlichen Amtes seine dunklen Machenschaften trieb. Und das eben schied Luther von den Politikern seiner Zeit. Sie erkannten die Tiefe und eschatologische Weite des Kampfes nicht, der letzten Endes um Satan ging und darum einzig durch das Wort zum Sieg gelangen konnte.

An dieser Stelle brach schon vor dem Reichstag zu Worms nationales und geistliches Erneuerungsstreben auseinander. Der Reformator wusste sich um der reinen Sache des Evangeliums willen von den Kräften geschieden, die vom neu entdeckten Volkstum her in der religiösen Bewegung einen Bundesgenossen sahen und sich darum der »guten, aber – wie sie meinten – ohne sie hilflosen« Sache anboten. Es musste darum sein ganzes Anliegen sein, scheidend und entscheidend zu wirken, indem die Glaubensfrage die vornehmste blieb. Diesem Ziele dienen die beiden anderen berühmt gewordenen Schriften des gleichen Jahres (1520) »Von der babylonischen Gefangenschaft der Kirche« (von den Sakramenten) und »Von der Freiheit eines Christenmenschen«. Hier lagen die Wurzeln wie die Waffen für den unausbleiblichen Kampf, denn – das ist der Kern der zweiten Schrift – der Glaube allein macht frei und die Liebe allein, »die aus dem Glauben kommt«, verbindet uns zur Treue bis in den Tod.

---

[129] Brief vom 16. Januar 1521

8. Der Bann gegen Luther

Inzwischen glaubte Rom, den endgültigen Schlag gegen den Ketzer zu führen, indem die Bannbulle jede weitere Verhandlung mit ihm abschnitt und ihn selbst isolierte und außer Wirkung setzte. Im alten Kirchenpathos, erinnernd an die Bannflüche eines Gregor VII., beginnt das Dokument: »Erhebe Dich, Herr... erhebe Dich, Petrus... erhebe Dich, Paulus... erhebt Euch all Ihr Heiligen mit der ganzen allgemeinen Kirche...« Luther sprach demgegenüber in Gewissheit aus:

> *»Ich bin von Gottes Gnaden frei und will mich der Dinge keines trösten noch entsetzen. Ich weiß wohl, wo mein Trost und Trotz steht, der mir wohl sicher steht vor Menschen wie vor Teufeln.«*

Als man an jenem denkwürdigen 10. Dezember 1520 vor dem Elstertor die Bannbulle und, man übersehe das nicht, außer ihr noch das kanonische Recht verbrannte, hat Luther es mit innerster Bewegung als Absage gegen die Papstbulle bekannt:

> *»Weil Du die Wahrheit Gottes verderbt hast, verderbe Dich der Herr heute in diesem Feuer.«*

Auch nach über 400 Jahren muss es gerade der katholischen Deutung der Reformationsgeschichte gegenüber gesagt werden: Nicht dieser Mönch und Professor verließ seine Kirche. Sie tat ihn von sich, weil sie die Wahrheit seiner evangelischen Botschaft nicht zu hören vermochte. Er übergab die Urkunde dem Feuer, um vor aller Welt zu bezeugen, dass er dieses Recht als Unrecht und darum als ungültig bezeichne. Und wollte man ihm sein Priester- und Lehramt nehmen – er bezeugte es am nächsten Tag vor seinen Studenten, dass nicht er, sondern der Papst als Diener des Antichristentums außerhalb der Kirche stände und es für jeden seiner Hörer jetzt nur die eine Entscheidung gebe: Martyrium oder Hölle!

In *Augsburg 1518* und bei den weiteren Verhandlungen hatte Luther mit wahrem Grauen den Geist der römischen Kurie gespürt. Sie glaubte, seine Sache verachten oder unterdrücken zu können, indem sie alle politischen Mächte gegen ihn antrieb. Er aber wagte es, auf alle Rüstung zu verzichten:

> »*Er (der Antichrist) soll mit dem Munde Christi zerstört werden. Es ist nicht unser Werk, das jetzt in der Welt geht ... Ein anderer ist's, der das Rädle treibt, den sehen die Papisten nicht und geben darum uns die Schuld.*«

9. Der Reichstag zu Worms 1521

War der Bann als Schlag der Kirche gedacht, so sollte die Reichsacht des Kaisers (Wormser Edikt vom 26.5.1521) unwiderruflichen Willen ausdrücken, die Reformation im Keim zu ersticken. Die Ereignisse um und in Worms haben sich den Zeitgenossen stark eingeprägt. Der 17. und 18. April 1521 stellen zum einzigen Mal den jungen Kaiser Karl V. und Luther einander gegenüber. Nie hat sich des Spaniers katholischer Stolz stärker geregt als in dieser Stunde. Aber die Gnadenstunde verstreicht und das Vergebungswort, in dem alle Rettung liegt, wird nicht vernommen. Luther sagt deshalb:

> »*So lange ich nicht durch das Zeugnis der Heiligen Schrift oder klare Vernunftgründe widerlegt werde, so halte ich mich überwunden durch die Heilige Schrift. Mein Gewissen ist in Gottes Wort gefangen. Darum kann und will ich nicht widerrufen, weil gegen das Gewissen zu handeln beschwerlich und gefährlich ist. Gott helfe mir. Amen.*«

Luther war bereit, sich mit seinen Gegnern öffentlich auseinander zu setzen. Er brauchte nichts zu scheuen. Verweigerte man ihm die Aussprache, so musste er auch in Worms mit Schmerz erkennen, dass Kaiser und Papst unbeirrbare Befehlsstellen sind, aber keine Verhandlungspartner.

Skandalös, weil den Tatsachen nicht entsprechend, meldet die Urkunde der Reichsacht:

> *» Wir gedachten, Martin Luther mit einhelligem Willen und Rat unser und des heiligen Reiches Kurfürsten, Fürsten, Ständen als von Gottes Kirche abgesondertes Glied und Ketzer zu erklären. «*

Im Triumph über das Bündnis zwischen Kaiser und Papst glaubte das Dokument, den Widerspruch der evangelischen Fürsten verschweigen zu können. So scheint die Sache Luthers mit der Verbrennung und dem Druckverbot seiner Schriften und der Rechtloserklärung seiner Anhänger erledigt zu sein. Und gerade in diesem Augenblick verschwindet Luther auf der Wartburg, verliert die Bewegung ihre zielgerichtete Führung, hat die Gewalt eben doch scheinbar gesiegt.

10. Die Übersetzung des Neuen Testamentes

Die folgenden spannungsvollen Wochen stehen im Zeichen großer weltgeschichtlicher Ereignisse. Die schicksalsschwere Auseinandersetzung zwischen Karl V. und Franz I. von Frankreich beginnt. Die Niederlande, Spanien und Italien werden das Schlachtfeld, das für volle sieben Jahre die Abwesenheit des Kaisers von Deutschland erfordert. Papst Leo X. stirbt gegen Ende des Jahres 1521. Unter diesen Umständen kann sich das Wormser Edikt nicht auswirken.

Das Werk der Reformation geht weiter. Der in die Stille verbannte Reformator aber schenkt seinem Volk die größte Gabe:

Der junge Luther (1483-1525)

das Neue Testament in Deutsch. Dass er, wiewohl von nun an aus der Öffentlichkeit des politischen Lebens gestrichen, noch fast 25 Jahre der Wächter sein durfte in Wort und in Schrift, in Seelsorge und Aufbau der neu zu ordnenden Kirche, ist das besondere Geschenk, dessen Wirkungen bis zu dieser Stunde noch nicht beendet sind. Wir tun Luther keinen Dienst, wenn *wir seine Grenzen* verschweigen. Er selbst hat sie an seiner Bibelübersetzung gesehen und sein Volk ermahnt, daran immer weiter zu arbeiten. In der Beurteilung mancher Bibelteile (z.B. Jakobus, Hebräerbrief und Offenbarung) hat er sicherlich überzogen reagiert, und wir werden ihm darin nicht zustimmen können. Hier hat ihn wohl seine eindeutige Betonung der paulinischen Botschaft gehemmt und die Vielgestaltigkeit der Schrift nicht genug sehen lassen. Darüber hinaus greift aber die Frage, ob Luther das Bild der neutestamentlichen Gemeinde klar genug vor Augen hatte. Fehlten ihm wirklich die Männer, die »mit Ernst Christen« waren, um inmitten der sich bildenden Landeskirchen eine Kerngemeinde zu bilden? Wäre dadurch dem landeskirchlichen Regiment nicht wenigstens ein Gegenüber geboten gewesen? So sind noch manche Fragen an Luther zu richten. Er hätte sie vielleicht mit der Gegenfrage beantwortet: Meint ihr, dass ich die ganze Schrift verstanden habe? Bleibt sie nicht für alle Zeiten das Buch Gottes, an dem wir Schüler sind und nicht Meister, Menschen in den Schranken ihrer Zeit und darum in einer Geschichte, in der es wachsende, neue Erkenntnisse des Wortes durch den Heiligen Geist gibt! Das alles kann den Dank für Luther und alle Lehrer, die uns »das Wort Gottes gesagt haben« (Hebr 13,7), nie verlöschen lassen.

24. Kapitel

Zwingli und Luther, die Humanisten und die Täufer

1. Zwinglis Weg zur Reformation

Was von Ulrich Zwinglis Lebenswerk zu sagen ist, reicht über sein persönliches und landschaftlich begrenztes Wirken hinaus. Er ist nur um einige Wochen jünger als Luther, empfängt aber durch ihn entscheidende Eindrücke. Dennoch wird er nicht Schüler seines großen Anregers.

Die Jugend des Reformators in Zürich ist nicht belastet mit der Kargheit und Strenge, die Luthers erste Jahrzehnte begleitet haben. Der am 1. 1. 1484 geborene Sohn des angesehenen Gemeindevorstehers von Wildhaus (Toggenburg) wächst in bäuerlicher Umgebung unter acht Brüdern und zwei Schwestern auf und wird schon früh zum geistlichen Stand bestimmt. Gradlinig weisen ihn Schule und Studium in Bern, Wien und Basel zum Humanismus. Er wird 1506 Magister Artium und geht ins Pfarramt von Glarus. Nie hat er den Gegensatz zur griechischen Bildung so stark empfunden wie Luther. Er war eine Künstlernatur, besonders auf musikalischem Gebiet, und hat manches zu verbinden gewußt, worin ein anderer eher gehemmt gewesen wäre. Charakteristisch aber ist für Zwingli schon in seiner Glarner Zeit das starke politische Interesse. Brennend liebt er sein freies Schweizerland, als er (in den italienischen Kämpfen) die Jungmannschaft seines Ortes als Feldprediger begleitet.

Da wird im Jahre 1515 die Niederlage der Schweizer bei Marignano durch den Sieg des französischen Königs Franz I. ein erster folgenschwerer Eindruck für Zwingli. Seine Gedanken

Zwingli und Luther, die Humanisten und die Täufer

werden noch mehr zum Humanismus und jetzt zu Erasmus von Rotterdam, den er 1515 kennen lernt, und dessen Pazifismus getrieben. Gleichzeitig muss er unter französischem Druck – die Glarner hielten zu Frankreich, er selbst zum Papst, der seine Treue mit einem jährlichen Ehrensold belohnte – das Amt in Glarus mit dem stilleren Dienst als »Leutpriester« in Mariä-Einsiedeln vertauschen. 1518 wird er in gleicher Funktion an das Zürcher Großmünsterstift berufen. Erst hier erreicht ihn nach seiner nationalen und humanistischen Phase das reformatorische Wort.

Zwingli nahm Luthers Schriften offenen Sinnes auf. Was ihm das Studium der Kirchengeschichte, besonders auch bei Augustinus, erschlossen hatte, kam nun zur Reife. In schwerer Pestzeit, von der Krankheit selbst 1519 ergriffen, wurde es ihm in Zürich gewiss, dass er Gott sein Leben ohne Vorbehalt auszuliefern habe und in Gottes Wort allein die Kraft zu einem neuen Wirken liege. Er war damals etwa fünfunddreißig Jahre alt. Seit 1520 finden sich in seinen Randglossen Bemerkungen über Gnade als Rechtfertigung, Sündenerkenntnis, Ausschluss eigenen Verdienstes.

Ein starker Aktivismus spornte ihn zu äußerster Anstrengung an. Von Rom wusste er sich seit 1520 gelöst. Dem Ziel einer gereinigten Kirche galt von nun an sein Einsatz, einer Kirche, die sein Volk umfasste und die ihm auch in seiner politischen Lage eine Hilfe gegen die Fremdmächte sein sollte. Ihn erfüllte das straffe Verantwortungsbewusstsein, wie es in seinen Predigten und Briefen immer wieder zum Ausdruck kommt:

> *»Ja, so jung ich war, ich habe in meinem Gewissen das Wächteramt mehr gefürchtet, denn dass ich mich gefreut habe, da ich weiß, dass der Schäflein Blut, so aus meiner Umsorge umkommen, von meinen Händen erfordert werden.«*

2. Die Zürcher Disputationen (1523)

Von vornherein hat Zwingli in Zürich die reformatorische Aufgabe mit der sittlichen Erneuerung aller Lebensordnungen verknüpft. Die Armenpflege – er selbst verzichtet 1520 auf die päpstliche Pension (Ehrensold) – und 1522 das Verbot des »Reislaufens« (sich in fremdem Kriegsdienst als Söldner zu verdingen) waren ihm ebenso wichtig wie die Reinigung der Kirchen von Bildern und Orgeln sowie die Befreiung von den Fastengeboten. Dazu kam die Forderung der evangelischen Predigt, die sich lediglich an den Text der Schrift zu halten habe. Die Verbundenheit der verschiedenartigen – humanitärer, politischer und theologischer – Gebiete lässt vor allem erkennen, wie weit für Zwingli das humanistische Ideal, die Hochschätzung des Altertums und seiner Tugendlehre, im Einklang blieb mit dem Evangelium. Er konnte die biblischen wie die klassischen Helden, Abraham, Herakles und Sokrates, in seiner »Darlegung des christlichen Glaubens« (an König Franz 1531) in einem Atemzug nennen. Das Anliegen der Predigt und der Aufklärung, das Glauben weckende und erzieherische Ziel, ergaben in ihrer Einheit für den Pfarrer vom Großmünster den Schluss, dass die Obrigkeit in der Durchführung der Reformation das entscheidende Wort zu sprechen habe. Wenn der Rat der Stadt im Jahre 1523 Zwinglis »67 Schlussreden«, geschrieben als Vorbereitung der ersten Zürcher Disputation am 29. 1. 1523, billigte und zum Gesetz erhob, so war damit die Errichtung einer Theokratie, einer Gottesherrschaft gegeben, die Kirche und Obrigkeit fest miteinander einte. Die zweite Disputation im gleichen Jahr betraf die Messe, die Kultbilder. Auch diese Verordnungen erfolgten vom Rat der Stadt, worauf die Täufer den Vorwurf erhoben, Zwingli habe die Gemeinden der Autonomie beraubt. Zwingli war zu sehr Politiker, um dieser Gefahr entgegensteuern zu können.

Von dieser Stunde an war die Sache der Reformation auch in der Schweiz eine höchst politische Angelegenheit. Zwingli arbeitet im außenpolitischen Ausschuss der Stadt mit. Er betreibt antihabsburgische Bündnispolitik zugunsten der protestantischen Sache. Der Unterschied zu Wittenberg bestand darin, dass dort der Staat Friedrichs des Weisen durchaus nicht sofort gewillt war, sein Siegel zu Luthers Werk zu geben und umgekehrt der Reformator von seinem Landesfürsten keine Bewilligung für seine einzelnen Maßnahmen erbat. Zwingli selbst wurde durch dies Ineinander schon sehr bald in eine politische Stellung gedrängt, die sein gesamtes Unternehmen zur Katastrophe geführt hat. Man vergleiche aus den »Schlussreden«, die in erweiterter Ausgabe als »Auslegung und Begründung der Schlussreden« die erste evangelische Dogmatik in deutscher Sprache und Zwinglis bedeutendstes Werk waren, die beiden aufeinander folgenden Sätze:

> *»Die so genannte geistliche Gewalt hat für ihre Herrschaft in der Welt keinen Grund in der Lehre Christi. Aber die weltliche Gewalt hat Kraft und Bestätigung in der Lehre Christi und in seiner Tat.«*

Wird der zweite Satz nicht gar zu oft dahin führen, dass die Kirche das letzte Wort auch über die Entscheidungen der Obrigkeit hat?

3. Karlstadt

An diesem Punkt entstand für Luther sofort die Frage, ob etwa der Eingriff seines Landesherrn, der ihn zur Wartburg verwies, eine dauernde Verfügung bedeuten sollte. Gerade die Übersetzung des Neuen Testamentes, die große Tat des Jahres 1521/22, warf ihn aus dem Getriebe des Tages wieder auf das Wort und schied ihn von beiden Gruppen, von den Schwärmern, die mit allen Mitteln die neue Zeit herbeiführen wollten, und von denen, die mit allem Nachdruck das alte Geschichtsbild beibehalten und im Gebot der Fürsten die Regel für ihr Handeln erkennen zu müssen glaubten. Jener prachtvolle Brief Luthers an seinen Kurfürsten beim Verlassen der Wartburg – er war nach Wittenberg wegen der dort um sich greifenden Unruhen zurückgerufen worden – gibt darüber Aufschluss, wie er diese Doppelfront der angeblich Freien und tatsächlich Gebundenen durchbrach:

> »*Ich komme gen Wittenberg in gar einem höheren Schutz denn des Kurfürsten. Ich hab's auch nicht im Sinn, von E. K. G. Schutz zu begehren. Ja, ich halt, ich wolle E. K. G. mehr schützen, denn sie mich schützen könnte... Dieser Sachen kann noch soll kein Schwert helfen oder raten.*«
> (5. März 1522)

So scharf Luther hier die Grenzen der weltlichen Gewalt im Unterschied zu Zwingli erkennt, so deutlich weiß er auch den geistlichen Hintergrund der Bewegung von 1521/22 zu beurteilen, die mit seinem Kollegen Karlstadt (eigentlich Andreas Bodenstein, aus Karlstadt, 1480-1541) in Wittenberg aufgebrochen ist. Hier wie in Zürich handelt es sich um kirchliche und soziale Reformen, die vor aller Augen die neue Zeit anzeigen sollten.

Karlstadt und bald mit ihm der Augustinermönch Gabriel Zwilling glaubten, den Gedanken Luthers dadurch am besten Eingang zu verschaffen, wenn sie den Bruch mit Rom in sinnfälliger Weise zum Ausdruck brachten. An der Aufhebung der Mönchsgelübde, an der Verdeutschung der Messe und der Abendmahlslehre unter beiderlei Gestalt, an der Beseitigung der Bilder aus den Kirchen wie aus der Errichtung einer Armenordnung musste weithin deutlich werden, dass das Evangelium zu einer neuen Form drängte. Am 25. 12. 1521 hatte Karlstadt mit Billigung von Rat und Bürgern Wittenbergs eine »evangelische Abendmahlsfeier« ohne liturgische Gewänder, ohne vorangehende Beichte und Absolution gehalten, zu der 2000 Teilnehmer geströmt waren.

Als nun zwei Tage später angebliche »Zwickauer Propheten« diese Entwicklung beschleunigten und der Rat der Stadt von ihnen in manchen Stücken bestimmt wurde, sah es einen Augenblick so aus, als triebe die Bewegung ins Phantastische. Luther aber rief gegen diese Gruppe weder den Kurfürsten noch den Rat der Stadt an. Die acht Fastenpredigten im März 1522 stehen unter dem Motto: Das Wort allein muss es tun! Nicht dass die Missstände bleiben sollen! Aber:

> *»Predigen soll man's, schreiben und verkündigen soll man's, dass die Messe, auf solche Weise gehalten, sündlich ist. Aber niemand soll man mit den Haaren davonreißen, sondern man soll es Gott heimgeben und sein Wort allein wirken lassen ohne unser Zutun und Werke.«* (2. Predigt)

Luther lag alles daran, dass die evangelische Freiheit nicht unter das Joch einer sich prophetisch wähnenden Richtung kam und dass man die schwachen oder zurückhaltenden Gewissen schone. Im Übrigen würden die Missstände von selber verschwinden, wenn das Leben aus dem Wort zum Durchbruch gelangt. Reformerisches Handeln von außen her und Reformation sind zwei grundverschiedene Dinge.

Karlstadt wurde nun auf seine Lehrtätigkeit an der Universität beschränkt, Zwilling beugte sich und ging nach Altenburg/Thüringen, die Zwickauer »Propheten« verließen die Stadt.

4. Gesetz und Evangelium bei Luther und Zwingli

Gewiss, auch Zwingli lehnt in den Glaubensfragen Gewaltmaßnahmen ab, zugleich aber ist er von einem so starken Reformwillen beherrscht, dass ein innerer Kampf und Sieg des Wortes wie in Wittenberg schwer aufkommen kann. Die reine Lehre ist vom

Zürcher Stadtrat garantiert. Klöster werden aufgehoben, die Prophezei, ein Seminar für Altes Testament, gegründet, das Abendmahl in der evangelischen Gestalt geregelt, die evangelische Predigt wird 1525 erstmals gehalten. Das Gesetz des Alten Bundes entscheidet – wie etwa in der Bilderfrage – und schließt damit schwärmerische Entgleisungen von vornherein aus. Wenn der Rat der Stadt in einem Sittenmandat (1530) den sonntäglichen Kirchgang wie die Zeiten für die Wirtshäuser, die Behandlung der Wiedertäufer wie das Spielen um Geld regelt, so muss man doch fragen, ob die Gefahr der Heuchelei, des Glaubenszwanges hierbei nicht gesehen wird. Die Gründe dafür müssen gewichtigere sein und auf das Verhältnis von Gesetz und Evangelium hinweisen.

Obwohl Zwingli sehr viel daran lag, mit der deutschen Reformation in Einklang zu bleiben, besteht doch am zentralen Punkt der Rechtfertigung des Sünders ein nicht zu übersehender Unterschied. Zwingli war nicht durch die Tiefen der innersten Not gegangen wie Luther. Das Gericht über unser natürliches Denken und Vermögen fällt bei Zwingli nie so radikal aus wie etwa in Luthers Auslegung des Galaterbriefes oder gar in der Schrift »Vom unfreien Willen« (1525). Gottvertrauen als »gänzlich ungeschwankte« Wendung zu Christus, Einordnung in die alles umfassende Vorsehung Gottes, Ergebung in den Willen Gottes ist stark begründet durch den Gedanken der persönlichen Erwählung. Darin besteht für den Schweizer Reformator in erster Linie das Evangelium. Es treten dabei die paulinischen Hauptmomente in den Hintergrund, vor allem das Wort von der Vergebung in der Rechtfertigung. Von seinem Verständnis her findet Zwingli die Brücke zur Erziehung, zur Zucht, zur obrigkeitlichen Verfügung auch innerhalb der Kirche.

5. Die Schweizer politischen Bündnisse im Gefolge der Reformation

In wenigen Jahren haben sich die Schweizer Kantone für oder gegen Zwingli entschieden und damit für oder gegen die Reformation. Nach Zürich werden Basel, Konstanz, Appenzell, St. Gallen, Schaffhausen und Bern reformiert. Katholisch bleiben die Urkantone Uri, Schwyz, Unterwalden, Zug, Luzern sowie Freiburg und Solothurn. Auf beiden Seiten bilden sich nun Schutz- und Trutzbündnisse, die katholischen Kantone verbünden sich überdies mit Erzherzog Ferdinand von Österreich; die evangelischen mit den deutschen Fürsten und Ständen. In herber Entschlossenheit, gestützt und getrieben durch die immer stärkere Betonung des Erwählungsgedankens (Prädestination), sieht Zwingli schon sehr früh keinen anderen Ausweg als den einer gewaltsamen Auseinandersetzung. Der religiöse Gegensatz wird sofort zu einer wirtschaftspolitischen Existenzfrage der sich nun boykottierenden Städte. Es fehlt in den folgenden Jahren nicht an dramatischen Augenblicken, bei denen das ausgeprägte Nationalgefühl der Schweizer auf beide Gruppen ausgleichend wirkt und das Bündnis mit Österreich oder dem evangelischen Deutschland zeitweilig zurücktreten lässt. Aber schließlich siegt bei Zwingli doch die Erkenntnis, dass ohne einen politischen Bund von der Adria bis zur Ostsee die Sache des Protestantismus nicht zu retten sei.

Das ist der Weg, der zu jenem denkwürdigen Gespräch in Marburg führt (1529), zum Zusammentreffen der beiden Reformatoren. Zwischen den evangelischen Zentralen Wittenberg und Zürich war die Frage nach dem Verhältnis von Obrigkeit und Evangelium spruchreif geworden. Dahinter aber stand eine noch grundlegendere Frage, und in ihr kam die Gesamtdifferenz zum Ausdruck: Der Abendmahlsstreit in Marburg ist kein Theologengezänk, er offenbart vielmehr den tiefsten Gegensatz der beiden Männer.

6. Luthers Angriff gegen den Humanismus (Erasmus) und die »Schwärmer«

Der Weg von Worms nach Marburg ist für Luther durch eine Reihe von Ereignissen bestimmt, die man unter dem Sammelnamen der »zweiten Front« als einheitliche Erscheinung zu sehen hat. Wohl bleibt Rom der Gegner. Hinter ihm erkannte der unentwegte Kämpfer je länger, je mehr die Macht der griechischen Philosophie, vor allem durch die Ethik des Aristoteles, die dem Menschen Tugend und Verdienst, Vernunft und Freiheit zuschrieb.

Gegen diese Front stößt Luthers mächtigste Schrift: *De servo arbitrio* (»Vom unfreien Willen«, 1525). Die Welt, die ihn von Erasmus scheidet, ist in diesem Werk grundlegend ans Licht getreten. Man darf wohl sagen, dass hier der Reformator, von seiner Grundposition der Rechtfertigung aus, den üblichen Gebrauch der gesamten neutestamentlichen Sprache einer Reinigung, einer Entschlackung unterzieht, einer Befreiung aus dem heillosen Kompromiss zwischen Gott und Mensch, Gnade und Verdienst, Offenbarung und Vernunft. Kennt Erasmus den verborgenen Gott nicht, dann weiß er auch nichts vom Geheimnis des Kreuzes in Gericht und Gnade.

Nun aber regt sich in wachsender Kraft der zweite Gegner, das Schwärmertum. Die ersten Begegnungen mit ihm hatten die Wittenberger Unruhen im Winter 1521/22 gebracht.

Eine Fülle verschiedener Strömungen folgt, immer mit dem einen Unterton: Wir müssen das Werk Luthers noch ganz anders radikalisieren. Es muss von den Hemmungen befreit werden, von der Rücksicht auf die Obrigkeit und ihren unsozialen Ordnungen.

7. Die deutschen Ritter und die Bauernkriege

Inzwischen meldete sich eine gegen Rom gerichtete Gruppe, die sich aus nationalen Gründen der Reformation näherte: das deutsche Rittertum, geführt von Franz von Sickingen, dem Feldhauptmann erst Maximilians I., dann Karls V. Er kämpfte gegen die französisch gesinnten Bischöfe im Rheinland, aber ohne Erfolg. Im Volk wurde besonders Ulrich von Hutten als Anhänger Luthers begrüßt. Aber der Reformator erwartete keine Hilfe von den Rittern. Mit Sorge nahm er wahr, wie die nationale mit der antirömischen Bewegung verschmolz und wuchs. Musste deshalb nicht im katholischen Lager eine Verbindung zwischen Revolution und Reformation gesehen werden? Und dies umso mehr, als im Bauernaufstand die Revolution aufbrach?

Man darf schon sagen, dass sich in dieser fast ganz Süd- und Mitteldeutschland ergreifenden Bewegung alle Elemente fanden, die seit den apokalyptischen Stimmungen eines Joachim von Fiore (um 1135-1202) und den wilden Zügen der Hussiten (1420 bis ca. 1430) im Gange waren. Hinzu kamen die sozialen Missverhältnisse, besonders die seit Jahrhunderten auf der Landbevölkerung lastende Leibeigenschaft. In der Erkenntnis, dass die Stunde da sei, um endlich den an ihre Gutsherrn gebundenen Bauern die Freiheit durch ein neues Recht zu verschaffen, erhebt sich nun ein ganzer Stand, schließt sich zu Bünden (»Bundschuh«, »Christliche Vereinigung im Schwarzwalde« u.a.) zusammen und gibt seine Forderungen 1525 in den *Zwölf Artikeln der Bauernschaft* kund. Die »Gelehrten deutscher Nation«, Luther, Melanchthon, Zwingli u.a., sollten über die Rechtmäßigkeit der »Zwölf Artikel« befinden. Unter Berufung auf die Freiheit des Evangeliums, das Martin Luther predigt, wird vor aller Welt das »göttliche Recht« betont. Die innere Verbindung mit Zwingli ist deutlich: Soll es nicht möglich und notwendig sein, vom Evangelium her eine neue Lebensordnung zu gestalten?

8. Luthers Stellung zur revolutionären Bewegung

Es bleibt für die Gesamtbeurteilung der Frage wichtig, dass Luther zu keiner Stunde die Gefahr der revolutionären Bewegung übersah. Auch als er zu Beginn des Kampfes den Fürsten und Herren sehr ernst ins Gewissen redete, griff er doch die Bauern da an, wo sie von einem »göttlichen Recht« sprachen. Er verwies sie auf das natürliche Recht, das von der Sache des Evangeliums streng zu scheiden sei. Dieses Naturrecht aber gebe ihnen auf keinen Fall das Recht zu Aufruhr und Gewalt. Lassen sich die Bauern davon nicht zurückhalten, muss sie das Schwert der Obrigkeit rücksichtslos treffen, wie das die Schrift *Wider die räuberischen und mörderischen Rotten der Bauern* (1525) unmissverständlich darlegt. Mit dem Rebellentum hat das Evangelium nichts zu tun. Der Geist, der hier zum Vorschein kommt, ist für Luther vom Teufel und reißt alles nieder, was gerade in Gottes Garten, in seiner Kirche, aufblühen will.

Hoch aufgerichtet hat damit Luther die Autorität des Staates in seiner von Gott geordneten Stellung. Es bedarf keiner Bevormundung von Seiten der Kirche, wohl aber zuweilen einer Stärkung, Ermunterung oder auch Warnung, sich seiner Aufgaben vor Gott bewusst zu werden. Diese Abgrenzung des weltlichen und geistlichen Bereichs – und wiederum dieses Füreinander von der einen und letzten Instanz aus – bleibt für das lutherische Verständnis charakteristisch. Die umstrittene Zwei-Reiche-Lehre Luthers will nicht so verstanden werden, als hätten beide Seiten nichts miteinander zu tun. Wohl aber soll der Herrschaftsanspruch der Kirche ausgeschaltet werden, der das Mittelalter so notvoll bestimmt hatte. Erkennen beide Reiche ihre Bestimmung wie ihre Grenze an, dann ist jene Freiheit vorhanden, die dem Ganzen dienlich ist.

Es darf aber nicht verschwiegen werden, dass Luther bei seiner konservativen Haltung die notvolle Lage der Bauern nicht immer verstand, wie aus einigen seiner Schriften ersichtlich wird, die, vielleicht zum Glück, zu spät in den Druck gingen, als die Kämpfe schon beendet waren.

Mit dem Aufstand der Bauern verband sich der Theologe und Anhänger Luthers *Thomas Müntzer* (um 1490-1525), der unter den Einfluss der Zwickauer »Propheten« gerät. Wegen seiner aufrührerischen Predigten aus Zwickau vertrieben, geht er nach Thüringen und tritt an die Seite der bewaffneten Bauern. Vergeblich sucht Luther den Frieden herzustellen. Aber Müntzer wird nach der Niederlage der Bauern bei Frankenhausen hingerichtet (1525). Weitere Schlachten finden bei Zabern, Böblingen und Königshofen statt. Die Niederlage der Bauern ist besiegelt.

Nach der Niederwerfung der Bauern entstehen zwei Fürstenbündnisse: am 19. 6. 1525 der katholische Dessauer Bund zur Ausrottung der evangelische Bewegung und am 27. 2. 1526 der Torgauer Bund der evangelischen Fürsten.

9. Die Katastrophe von Münster

Wes Geistes Kind die so jäh zertrümmerte Aufruhrbewegung der Bauern war, zeigte in noch stärkerem Maße die zur Katastrophe führende Aufrichtung eines »Königsreiches Christi« im westfälischen Münster. Trotz Luthers Mahnschreiben von 1532 ziehen niederländische und friesische Wiedertäufer in die Stadt. Sie wollen ein neues Reich mit göttlicher Gerechtigkeit errichten, mit Abschaffung der Sonn- und Feiertage, mit Gütergemeinschaft, Polygamie, Verbrennung aller Bücher, die Bibel ausgenommen. Die Niederwerfung dieses Schwärmertums mit Waffengewalt am 25. 6. 1535 macht auch der Reformation in der dortigen Gegend fast ein Ende, nachdem sich zunächst sämtliche Pfarrgemeinden der Reformation angeschlossen hatten. Der Adel blieb bis zur zweiten Hälfte des 17. Jahrhunderts in der Mehrzahl evangelisch.

10. Der linke Flügel der Reformation

Wir müssen die Ereignisse um Thomas Müntzer und die von Münster klar von den »Täufern« unterscheiden, die heute als »linker Flügel der Reformation« bezeichnet werden. Die »Täufer« kommen zuerst in Zürich in kleinen Kreisen zusammen im Wort und im Gebet. Weil sie die Kindertaufe ablehnen und die Glaubenstaufe an ihre Stelle setzen, werden sie von der Obrigkeit als Feinde der staatlich geschätzten Volkskirche verfolgt, ins Gefängnis geworfen und in manchen Fällen hingerichtet oder verbrannt.

Die Zürcher Täufer entstammten dem Umfeld Zwinglis. Während Konrad Grebel und Felix Mantz zu der Erkenntnis gelangten, dass die Kindertaufe nicht rechtens sei, schreckte Zwingli vor diesem Gedanken zurück.

Die erste Taufe fand am 21. Januar 1525 in Zürich statt. Der Täufling war Jörg Blaurock. Er, Mantz und Grebel wirkten als Missionare der Täuferbewegung. Blaurock wurde im September 1529 in Tirol verbrannt.

Ein erstes täuferisches Bekenntnis wurde unter Vorsitz von Michael Sattler am 24. Februar 1527 in Schleitheim bei Schaffhausen verfasst. Als typische Merkmale der Täuferbewegung treten hier die Gläubigentaufe sowie die Ablehnung der Waffengewalt und des Schwörens hervor. Sattler wurde nur drei Monate nach der Abfassung des Bekenntnisses, am 21. Mai 1527, hingerichtet.

Zum prägenden Theologen des größten Teiles der Täuferbewegung wurde schließlich Menno Simons. In unermüdlicher Arbeit gelang es ihm, trotz der Widerstände von spiritualistischen Gruppen, den Täufern eine neue Identität zu geben und sie zu Gemeinden zu sammeln. Der größte Teil der Mennoniten, wie die von ihm geprägten Täufer nun genannt wurden, wanderte schließlich über Westpreußen in das russische Zarenreich aus. Ende des 18. und Anfang des 19. Jahrhunderts entstanden in der

Zwingli und Luther, die Humanisten und die Täufer

Ukraine mehrere mennonitische Siedlungen. Die Zarin Katharina II. garantierte ihnen Befreiung von der Wehrpflicht.

Felix Mantz und Konrad Grebel finden mit einem Kreis von Zwingli-Schülern zur Glaubenstaufe und gründen 1524 die erste Täufergemeinde, die sie als Konsequenz reformatorischen Denkens verstehen.

Man darf deshalb keinen Augenblick den Ernst der Frage verkennen, den die Täufer an die Volkskirche stellen. Die Bahnbrecher des Täufertums, Männer wie Hans Denck (um 1495-1527), Hans Hut (um 1490-1527), aber auch ein Mann wie Caspar Schwenckfeld von Ossig (1489-1561) und vor allem Menno Simons (1495/96-1561) haben unter unsagbaren Verfolgungen ihren Glauben bezeugt. Sie sind, den Waldensern ähnlich, ein Stachel für eine Christenheit geworden, die nur zu bald in ihrer Lehre erstarrte, sich mit einer kirchlichen Sitte begnügte und im Dienst der Liebe versagte. Man darf aber auch die andere Seite nicht vergessen: Die Reformatoren sahen die Gefahr der Schwärmerei. Es hat auch in der Geschichte der Täufer daran nicht gefehlt. Aber die Spannung zwischen dem Neuen Testament und der Volkskirche durch die Täuferbewegung ist eine heilsame Korrektur geblieben. Im Pietismus und später in der Erweckungsbewegung hat sie neuen Antrieb bekommen, besonders bei den Mennoniten – bei ihnen war das Nein zur Kindertaufe und zum Eid ein Bekenntnis zum Wort Gottes – und im 17. Jahrhundert bei den Baptisten.

Die »orthodoxen« Evangelischen standen der Taufbewegung im Großen und Ganzen ratlos gegenüber. Hier gab es bald kein echtes Ringen mehr umeinander. Menschen, die sich auf die gleiche Bibel beriefen, trennten sich für immer. Lutherische und reformierte Kirchen bauten die Lehre der Väter weiter aus und legten sie in ihren Bekenntnissen fest. Niemand darf auch ihnen den Ernst absprechen, mit dem sie dem Zerfall der Kirche in vielen Gruppen zu wehren suchten. Die »reine Lehre«, wie sie in der Rechtfertigung und in der Prädestination auf den Schild erhoben wurde, musste aber in dem Augenblick versagen, als sie zum methodisch gehandhabten Prinzip wurde.

Zwingli sowohl wie die Wittenberger Theologen sind gegen die Täufer hart vorgegangen, die dann auf der Flucht ihre Ideen über ganz Mitteleuropa ausbreiteten. Während Luther sich immer wieder bemüht zu unterscheiden, ob ihr Angriff gegen die Obrigkeit oder nur gegen die Kirche gerichtet ist, sieht Zwingli in ihnen eine Bedrohung des Amtes und glaubte in ihrem Tod (durch Ertränken und Enthaupten) die gerechte Strafe für ihre Irrlehre zu erkennen. Noch ein Jahr vor dem Marburger Gespräch lesen wir von Luther den Satz: »Mit der Schrift und Gottes Wort sollte man ihnen wehren und widerstehen. Mit Feuer wird man wenig ausrichten.«[130]

Zwingli und Luther denken auch verschieden über die Sakramente. Schon in der Tauflehre hat Zwingli eine eigene Auffassung. Während Luther die zuvorkommende Gnade betont, kann sie der Zürcher nur als Unterscheidungs- und Pflichtzeichen ansehen.

Ernster wird der Kampf bei der Abendmahlslehre werden. Zwingli will jede »fleischliche« Deutung vermeiden:

> *»Vielmehr sind wir nach der Regel und dem einfachen Verständnis des Glaubens dessen gewiss, dass uns Christus nichts Leibliches gegeben hat, da die Gerechtigkeit nicht durch leibliche Vermittlung geschenkt werden kann. Die verdienen den Vorwurf, die dem Fleisch zuschreiben, was nur dem Geist zukommt und gegen die Worte Christi wieder eine äußerliche Gerechtigkeit einführen.«*[131]

Von hier aus ist es zu verstehen, dass Luther in Marburg das Wort sprach: »Ihr habt einen anderen Geist als wir.«

---

[130] Von der Wiedertaufe 1528
[131] Freundliche Auslegung der Herrenworte an Martin Luther 1527

11. Das Marburger Religionsgespräch (1529) und Zwinglis Tod

Nach den Reichstagen zu Speyer (1526 und 1529), besonders nach dem zweiten mit dem entschlossenen Protest der evangelischen Fürsten und Städte, schien alles zu einem politischen Bündnis zu drängen. Zwingli sah dabei die Rettung aus seiner besonders schwierigen, isolierten Lage, wenn es ihm glückte, den deutschen Anschluss zu finden. Die Auseinandersetzung mit Luther beginnt er mit seiner Schrift *Amica exegesis* (1527). Dass ihm die Einigung weder politisch noch im Bekenntnis gelang, hat zur Schlacht von Kappel (die katholischen Kantone siegen über das protestantische Zürich) und da zum Tod Zwinglis als Mitkämpfer geführt (1531).

Über das Marburger Religionsgespräch ist damals und heute viel nachgedacht worden. War Luthers Haltung zu starr? Konnte er seine Abendmahlslehre derart in den Mittelpunkt rücken? Ging es nicht um ganz andere, wirklichkeitsnähere Momente im Ernst der Stunde? Und hat nicht Zwingli die Größe dieser Begegnung besonders stark empfunden, wenn er unter Tränen um ein Verstehen mit Luther rang, auch im Gedanken daran, wie kommende Geschlechter über diesen Streit urteilen würden? Sah er nicht die katholische Gefahr der kaiserlichen Politik klarer als die Wittenberger, die ihm kleinbürgerlicher, im Untertanenverstand befangener erschienen?

Fragen wir lieber: Was stieß Luther an den Gedanken Zwinglis im tiefsten Grunde ab? Abgerundeter, logisch klarer in seinem ganzen Denken stand der Schweizer dem hart angefochtenen Reformator der Deutschen gegenüber. An einem Punkt aber durchbrach der Wittenberger das System seines Gesprächspartners. War dieser nicht doch noch das Opfer des humanistischen Denkens, wenn er Geist und Leib, Himmel und Erde in räumlichen Gegensätzen dachte? War es nicht gerade das Wunder, dass diese beiden Gebiete zueinander kamen? »Das Wort ward Fleisch« und »das ist mein Leib« – diese beiden Worte bezeugen einmütig die geist-leibliche Gegenwart Christi. Er handelte nicht nur einst in seinen Erdentagen, sondern ständig in Wort und Sakrament an uns. Das ist die Hemmung Zwingli gegenüber, über die er vor und in Marburg nicht hinweggekommen ist. Es ist zu wenig, im Abendmahl nur an Christi Tod *erinnert* zu werden.

Luther verstand gewiss die Situation der Fürsten, die um ihrer evangelischen Haltung willen in schwierige Situationen kamen. Und dennoch, er wies die Versuchung für seine Kirche von sich, aus irgendeiner politischen Konjunktur Vorteil zu ziehen und etwa den Türkenkrieg oder eine andere Not Kaiser Karls für die eigene Sache auszunutzen. Er hat sich von den politischen Unionsplänen Philipps von Hessen (1504-1567) getrennt, während Zwingli sie nach Kräften zu fördern suchte. Er hielt aber auch den Tod des Zürchers für eine ernste Warnung, die ihn an das ihm ähnlich erscheinende Ende Müntzers erinnerte. Schon die erste Bitte des »Unser Vater« war ihm das unmissverständliche Nein zu jeglicher Vermischung des Evangeliums mit einem politischen Bündnis. Schließlich aber trennte ihn von Zwingli die Theologie des Kreuzes, die Erkenntnis:

> *»Christus will schwach sein und leiden auf Erden mit den Seinen, auf dass er die Gewaltigen zu Narren mache. Er braucht ihres Wütens nicht dazu, dass sie ihm, wiewohl unwissend, den Himmel voll Märtyrer und Heiligen machen, damit sein Reich desto eher voll werde und er zu Gericht komme und den Tyrannen ihren Lohn gebe, eh' sie sich's versehen.«*
> (W. A. 30 II, 174)

Man halte diesen Worten Luthers eine Stelle entgegen, in der sich Zwingli zu Jeremia 38 über die Möglichkeit eines frühen Todes ausspricht (1531):

> *»Wenn der Fuhrmann zum Ziele kommen will, darf er nicht darauf achten, wie viel von seinem Geschirr auf der Reise*

abgenutzt wird. Wir sind Gottes Werkzeuge; es gibt keines, das nicht abgenutzt, zerbrochen oder ermüdet wird. Trotzdem führt der himmlische Wagenlenker den Rat, den er sich vorgenommen, durch solche Mittel zum Ziel, auch wenn wir zusammenbrechen und für die Welt verloren gehen . . . Wird uns nicht vergönnt, den Ausgang zu schauen, so wollen wir denken, dass uns nichts anderes widerfährt als denen, die auf dem Schlachtfeld kämpfen . . .«

Mit dem Einsatz seines ganzen Lebens für die Sache Gottes hat Zwingli Wort gehalten. Seine Kirche hat ihn nicht vergessen.

12. Luthers Ehe

Einsamer wurde es um Luther. Der eben noch umjubelte Mann stand jetzt im Kreuzfeuer der Nation. Wo waren die Reichsritter und die Humanisten, wo die Bauern, wo endlich die »Innerlichen« und die »Äußerlichen«, die Mystiker und die Fanatiker, die Weltflüchtigen und die Welteroberer? Er ging seinen Weg, und es war ihm genug, wenn das Wort das Licht auf diesem Weg blieb.

Gerade in dieser bewegten Zeit heiratete Luther am 13. 6. 1525 Katharina von Bora. Sechs Kinder gingen aus dieser Ehe hervor, zwei starben vor ihren Eltern. Der Tod der zwölfjährigen Magdalena war ein tiefer Schmerz für die Eltern.

Dass sich ein früherer Mönch mit einer früheren Nonne verband, hat damals und später harte Kritik ergeben. Luther war sich seines Schrittes gewiss. Er vollzog ihn, nachdem schon viele Amtsbrüder die Ehe geschlossen hatten.

Wie stark Katharina an den beruflichen Sorgen ihres Mannes Anteil nahm und als seine Beraterin tätig war, wird aus vielen Briefen und Luthers Tischgesprächen deutlich, der sie oft »seinen Herrn Katharina« nannte.

25. Kapitel

Das Bekenntnis der Kirche – die Zeit bis zum Augsburger Religionsfrieden 1555

1. Die Notwendigkeit des Bekenntnisses

Das Ereignis der Reformation, das die Nation bis ins Innerste beschäftigte, drängte zu einem deutlichen Bekenntnis. Es galt, den unterschiedlichen Strömungen gegenüber klar zum Ausdruck zu bringen, was es mit dieser Reformation der Kirche auf sich habe. Denn auf den ersten Blick war es durchaus nicht verständlich, wie eine Bewegung, deren Führer mit dem Bannstrahl getroffen war, sich auf dem Boden der neutestamentlichen Kirche befinden könne. Dass nicht Wittenberg, sondern Rom von den Grundlagen der Urgemeinde abgewichen sei, war unmissverständlich unter Beweis zu stellen.

Weiter kam es darauf an, nicht nur dem prüfenden Urteil der katholischen Theologen, sondern auch den staatsrechtlichen Bedenken der Obrigkeit bis hinauf zum Kaiser zu bezeugen: Reformation ist kein wildes Gewächs, keine Idee einiger Männer, sondern das Lebensbedürfnis einer Kirche, die den Staub und Schutt der Jahrhunderte abschüttelt, um in Wahrheit Kirche zu bleiben. Wenn aber allenthalben die Gruppen der Schwärmer glaubten, nun sei ihre Stunde gekommen, um das Dogma und alle geschichtlichen Klammern der Vergangenheit zu zerbrechen, dann mussten die Reformatoren auch hier zum Bekenntnis gelangen.

Auf das Wormser Bekenntnis Luthers folgt das Blutzeugnis der Antwerpener Augustinermönche Heinrich Vos und Johann Esch in Brüssel (1523).

2. Luthers Katechismus und das Augsburger Bekenntnis

a) Die Verfassung der Kirche in der Bindung an die Obrigkeit

Zum Bekenntnis der Kirche gehört das unter dem Eindruck von Worms 1521 entstandene erste umfassende theologische Zeugnis der Reformation: die *Loci communes* (etwa »Hauptstellen« der Schrift) aus der Hand des jungen Philipp Melanchthon. Was hier als Ertrag gründlichen Schriftstudiums im Sinne Luthers ans Licht gestellt ist, die Rechtfertigung allein aus dem Glauben, bleibt der Grundakkord für die weitere Konfessionsbildung.

Als sich auf den Reichstagen zu Nürnberg (1524) und Speyer (1526) unter Einwirkung der politischen Lage ergab, dass in Sachen des Wormser Ediktes jeder Reichsstand mit seinen Untertanen »also leben, regieren und sich halten wolle, wie ein jeder solches gegen Gott und kaiserliche Majestät hoffe und vertraue zu verantworten«, war für die Reformation wiederum eine Schonzeit angebrochen. Die Organisation lutherischer Landeskirchen nahm hier ihren Anfang.

Kaiser, Papst, Franzosen (Franz I.) und Türken halten sich gegenseitig so in Schach, dass Karl V. zum Eingreifen in die deutschen Verhältnisse unfähig bleibt: Franz I. von Frankreich, 1525 in der Gefangenschaft Karls V., kommt 1526 frei und eröffnet mit Papst Clemens VII. den zweiten italienischen Krieg 1526/1529. Karl plündert Rom am 6. 5. 1527. In dieser Warte- und Übergangszeit entsteht für die evangelischen Fürsten und Ratsherren zum ersten Mal das Gefühl, diese wenn auch schwache Rechtslage sei eine Gnadenfrist, die man nicht ungenutzt verstreichen lassen dürfe. Dreifach entwickelt sich in diesen Jahren bis zum Augsburger Reichstag (1530) die junge Kirche. Es werden festgelegt:

1. die Verfassung der Landeskirchen,

2. die Ordnung des Gottesdienstes und
3. die rechtliche Stellung der neuen Gliederungen.

Dabei erhebt sich sofort die Frage nach dem Verhältnis von Obrigkeit und Reformation.

Im Gegensatz zu den Täufern, die von einer Einmischung der weltlichen Regenten nichts wissen wollen, hat Luther den Bund mit der evangelischen Obrigkeit geschlossen. Er stand damit im Zuge einer Entwicklung, die schon seit den vergeblichen Reformkonzilien des 15. Jahrhunderts mehr und mehr die Ordnung der kirchlichen Angelegenheiten den Fürsten und Ratsherren der freien Städte übergab. Nicht leichten Herzens willigt der Reformator in diese Entscheidung. Wer anders aber sollte der Lage entsprechend hier führend eingreifen als die Männer, die sich seit Worms vor allen öffentlichen Gewalten bekennend und helfend erwiesen hatten! Gewiss sah Luther in dieser Lösung der Frage einen Notbehelf. In seiner *Deutschen Messe* (1526) tauchte vorübergehend das Bild einer anderen Gemeinde auf, die im Wesentlichen ihre Belange selbst zu erledigen hatte. Luther hielt dem entgegen, dass er nicht die Leute dazu habe.

b) Das Bekenntnis der evangelischen Fürsten und Städte in Speyer (1529)

Es hieße auch hier zu kurz sehen, wollte man den Reformator nur konservativer Neigungen bezichtigen, die dem Sturm der ersten Jahre ein allzu schnelles Ende bereitet hätten. Er hatte gelernt, auf die Führungen Gottes zu achten und bereit zu sein, eigenen Wünschen und Ideen zu entsagen. Der Kaiser konnte trotz seiner politischen Erfolge und des erhofften Friedens mit Clemens VII. und trotz der katholischen Übermacht in Speyer seine Absichten gegen das Werk der Reformation nicht zur Ausübung bringen. Der Protest der fünf Reichsfürsten (Johann von Sachsen, Philipp von Hessen, Georg von Brandenburg-Ansbach, Wolfgang von Anhalt, Ernst von Lüneburg) und vierzehn oberdeutschen Städten (Straßburg, Nürnberg, Ulm, Konstanz, Lindau, Memmingen, Kempten, Nördlingen, Heilbronn, Reutlingen, Isny, St. Gallen, Weißenburg, Windsheim) auf diesem zweiten Reichstag zu Speyer, das feierliche Nein (»Protestation«, daher »Protestanten«) gegen den katholisch-politischen Willen, nunmehr mit der Reformation gründlich aufzuräumen, musste vor aller Augen deutlich machen, dass das evangelische Anliegen die Frage an die Nation und ihre höchsten Vertreter war: Was soll aus Deutschland werden, wenn zur politischen Zerklüftung die religiöse Spaltung tritt?

c) Die bedeutsamsten Bekenntnisse vor 1530

Dies alles wirkte zusammen, um zur Stunde des Bekenntnisses zu führen. Der *Große* und der *Kleine Katechismus* Luthers (1529) waren nach Melanchthons *Loci communes* ein erster Ansatz. Der *Kleine Katechismus* diente bei den nunmehr durch Melanchthon eingeführten Visitationen und besonders im Unterricht der Schulen. Er ist bis heute das volkstümlichste Bekenntnis der Kirche Luthers und hat auch durch seine Beibehaltung die Union des 19. Jahrhunderts davor bewahrt, zu einer Sonderkirche zu werden. Zwischen den Zehn Geboten und den beiden Sakramenten steht im Katechismus das Glaubensbekenntnis und in ihm die kostbare Erklärung des zweiten Artikels: »Der mich verlorenen und verdammten Menschen erlöst hat!«

d) Das Augsburger Bekenntnis

Bedeutsamer noch für die politische Lage ist die *Confessio Augustana* (1530), das Augsburger Bekenntnis als das grundlegende Bekenntnis der Reformation. Noch einmal wie in Worms stand im Mittelpunkt eines deutschen Reichstages – Augsburg im Sommer 1530 – die Glaubensfrage zur Verhandlung. An jenem denkwürdigen 25. Juni 1530 hatte Karl V. zu entscheiden, ob er sein Reich und allen seinen Willen wirklich dransetzen wollte, die Sache Luthers zu bekämpfen. Als strenger Katholik hoffte er durch zähes Bemühen, sowohl der protestantischen Opposition Herr zu werden, als auch über den Papst und dessen politische Ziele zu siegen. Als ein zweiter Schirmherr der gesamten Christenheit glaubte er, wie einst sein großer Namensvorgänger, des alten Kaisertums Glanz erneuern zu können. Clemens VII. hatte Karl V. im Februar 1530 mit der lombardischen und mit der Kaiserkrone gekrönt. Er hatte Frieden mit Franz I. von Frankreich in Cambrai geschlossen und war nun nach längerer Abwesenheit wieder in Deutschland. Da trat ihm das Bekenntnis von Augsburg entgegen – anders als es die Römischen erwartet hatten und dennoch wirksamer in der Folge, als es selbst die Freunde zu hoffen wagten.

Nicht Luther, sondern Melanchthon trägt die Verantwortung für dieses Dokument, obwohl es der sorgende Freund von der Coburg aus nicht an ernsten Mahnungen fehlen ließ. Er konnte ja als Gebannter und in der Reichsacht Befindlicher nur brieflich an den Verhandlungen teilnehmen.

Im ersten Teil der *Confessio*, an der Luthers Mitkämpfer, die Juristen und Theologen Justus Jonas, Georg Spalatin und Johann Agricola mitgearbeitet haben, wird die breite Basis in der Einheit mit Rom bezeugt. Das apostolische Bekenntnis zu Christus sollte keinen Widerspruch ergeben. Umso unmissverständlicher deckt der zweite Teil die Gegensätze auf. Was hier von Glaube und Wort, vom neuen Gehorsam und von der Kirche gesagt ist, lässt keine Vermittlung zu. Das hat Melanchthon in seiner »Apologie« (lat. Ausgabe Mai 1531, deutsche Übersetzung im Herbst 1531), die Antwort auf die katholische Gegenschrift *Confutatio*, noch einmal klar bekannt. Dass es nicht ohne Anfechtung für ihn geschah, kann man aus Luthers Seelsorgebriefen an ihn erkennen:

»Das Ende und der Ausgang der Sache zermartert Euch darum, dass Ihr's nicht begreifen könnt. Aber wenn Ihr es begreifen könntet, so wollte ich an der Sache nicht teilhaben und noch viel weniger ihr ›Haupt‹ sein. Gott hat sie unter einen Gesichtspunkt gestellt, den Ihr in Eurer Rhetorika nicht findet, auch nicht in Eurer Philosophia, und der heißt Glauben, unter dem alle Dinge stehen, die unsichtbar sind und nicht scheinen.« (Hebr 11,1.3)

Und dennoch wird man urteilen müssen: Eben diesen Kampf zwischen Glauben und Geschichtsgebundenheit musste Melanchthon durchkämpfen. Die *Confessio Augustana* ist kein würdeloses Bekenntnis, sie gibt die Ehre der neuen Überzeugung nicht preis, aber sie sucht noch einmal bis zur äußersten Grenze das Ohr der anderen Seite zu finden.

3. Katholische und evangelische Bündnisse

Man war jedoch inzwischen auf der römischen Seite hellhörig geworden und ließ sich auf keinerlei Verhandlungen ein. Die schroffe Antwort Ecks und auch die Zurückweisung der beiden anderen Bekenntnisse, Zwinglis *Fidei ratio ad Carolum imperatorem* und das der oberdeutschen Städte, Martin Bucers *Confessio Tetrapolitana*, sind das entschlossene kaiserliche Nein. In gefährlicher Spannung stehen sich seitdem in den folgenden Jahren die nun gebildeten katholischen und evangelischen Bünde gegenüber. Je mehr der Gedanke an ein Konzil sich als aussichtslos erwies, umso näher rückte der Religionskrieg. Die Straßburger um Bucer waren dazu schon länger bereit, und die im *Schmalkaldischen Bund* (am 27. 2. 1531 geschlossen) vereinten deutschen Fürsten und Städte sahen dem Kaiser gegenüber keinen anderen Weg, als sich durch ein solches Trutzbündnis zu schützen. Dass man im gemeinsamen Gegensatz zu Habsburg neben Frankreich und England auch die katholischen Bayernherzöge in die Reihen der Schmalkaldener aufnahm, erweist wohl die Größe des Kampfes, der Europa umspannte, aber auch die Preisgabe der Glaubensbasis des Bundes. Weiter noch drängten die Juristen, indem sie das Recht der Landesfürsten über das des Kaisers setzten, da er nur durch Wahl, nicht erblich zu seiner Würde gelangt sei.

Gegen diesen Lauf der Dinge haben sich Luther und seine theologischen Freunde zunächst auf das Schärfste gewehrt. Wie er den Weg Zwinglis ablehnte, so auch diese Entscheidung der Fürsten. Dennoch musste er sich überzeugen lassen, dass zwischen dem Kaiser im alten Rom und dem Wahlkaiser seiner Zeit ein grundsätzlicher Unterschied bestehe: »Die Stände regieren mit dem Kaiser, und der Kaiser ist kein Monarch.« In wachsendem Maße erkannte der Reformator, dass sich die habsburgischen und katholischen Ziele Karls durchaus nicht trennen ließen. Darum ist es nicht zu beanstanden, wenn sich die evangelische Gruppe gegen eine Obrigkeit schützt, sobald diese in das Lebensgefüge ihres Landes eingreift. »Sie – unsere Gegner – hoffen, dass man sich nicht wehren werde; wollen sie aber Ritter werden an der Unseren Blut, so sollen sie es mit Gefahr und Blut werden.« Mit diesem Urteil hat Luther es bezeugt, dass er mit der Möglichkeit einer kriegerischen Auseinandersetzung rechnete. Den Unterschied zu Zwingli hielt er aber gleichwohl fest. Nicht er war verantwortlich für diesen Bund, sondern die politischen Stellen.

Wie nach Worms so warf ihn auch jetzt der Gang der Ereignisse in die noch größere Stille. Weil es Stille am Wort war, bedeutete dieser Rückzug keine Schwächung, sondern Stärkung seines Dienstes. Wie der Herr der Kirche auch durch die Fürsten seiner Kirche Hilfe zuteil werden ließ, das blieb seiner Macht vorbehalten. Ihn sah Luther auch als Herrn über den Kaiser, der nun wieder fast zehn Jahre von Deutschland fern sein musste, um mit den Türken und Franzosen zu streiten. Nicht durch, aber auch nicht ohne den Schmalkaldischen Bund war es gekommen, dass sich Karl zu einer neuen Zwischenlösung entschließen mußte, indem er durch den »Nürnberger Anstand« (Waffenstillstand, 1532) die Duldung der evangelischen Sache aussprach. Er folgte damit nicht seiner katholischen, wohl aber seiner politischen Einsicht. Trotz des kaiserlichen Nein empfing das Augsburger Bekenntnis nachträglich seine Würdigung. Es wurde der Sammelpunkt aller im Schmalkaldischen Bund vereinigten Evangelischen. Es diente auch den beiden hinzukommenden Kirchen Württembergs und Pommerns als Signal. Johannes Brenz wie Johannes Bugenhagen standen treu zur Lehre Luthers.

Jetzt versuchte auch Martin Bucer in Straßburg seine Oberdeutschen mit den Wittenbergern zu vereinen. Zur »Wittenberger Konkordie« kam es jedoch nicht. Das ist auch für Luther ein Schmerz gewesen. Dagegen muss es für ihn eine Freude gewesen sein, dass die vollständige Bibel in seiner Übersetzung im Jahre 1534 erscheinen konnte.

4. Kämpfe und Krisen

Man sprach damals von einem Konzil, das in Mantua stattfinden sollte. Die in Schmalkalden Versammelten lehnten eine Teilnahme ab, da es zu keiner freien Aussprache kommen würde. Damals schrieb Luther, der, schwer erkrankt, nicht am Konvent teilnehmen konnte, sein eigenes, nicht von Melanchthons Milde bestimmtes Bekenntnis, seine »Schmalkaldischen Artikel« (1538 veröffentlicht). Hier hat der Reformator gegen den Papst und sein ganzes System das unwiderrufliche Nein ausgesprochen:

> *»Das Papsttum ist nicht iure divino (göttlichen Rechts) oder aus Gottes Wort das Haupt der ganzen Christenheit. Das gehört allein dem zu, der heißt Jesus Christus.«*

In diesen Artikeln hat Luther den Schlussstrich gezogen, um jeder Vermittlung mit dem römischen Sauerteig zu wehren. Der Stoß geht gegen Aristoteles und seine ethische Zuversicht, was den Menschen betrifft. Diese sei schuld an der falschen Bußlehre mit ihrer Ungewissheit. Ebenso klar wird auch das Papsttum selbst getroffen:

> »*Denn das Papsttum auch eitel Enthusiasmus ist, darin der Papst rühmet, ›alle Rechte sind im Schrein seines Herzens‹ ... Das ist der alte Teufel und alte Schlange, der Adam und Eva auch zu Enthusiasten machte, vom äußerlichen Wort Gottes auf Geisterei und eigenen Dünkel führt ... gleichwie auch unsere Enthusiasten das äußerliche Wort verdammen und doch sie selbst nicht schweigen.*« (Von der Beichte. Bekenntnisse der ev. Kirche I 453)

Der Sache nach in gleicher Schärfe hat sich – angesichts der zur Vermittlung drängenden Gefahr – bei den Religionsgesprächen Melanchthon ausgedrückt in seinem Traktat »Von der Gewalt und Obrigkeit des Papstes«. Dieses Bekenntnis, das später in die Sammlung der lutherischen Bekenntnisschriften aufgenommen wurde, sagt es mit freiem Mut:

> »*Darum, weil doch die verordneten Bischöfe das Evangelium verfolgen und tüchtige Personen zu ordinieren sich weigern, hat eine jegliche Kirche in diesem Falle gut Fug und Recht, sich selbst Kirchendiener zu ordinieren. Denn wo die Kirche ist, da ist jeder Befehl, das Evangelium zu predigen. Darum müssen die Kirchen die Gewalt behalten, dass sie Kirchendiener fordern, wählen und ordinieren.*« (a.a.O. I 491)

Das für Mantua geplante Konzil kam unter so klaren Gegensätzen nicht zu Stande. Wie eine Antwort sich auf keine Verhandlung einzulassen, erschien der Übertritt des Herzogtums Sachsen nach dem Tod Herzog Georgs und des Kurfürstentums Brandenburg unter Joachim II. zur Lehre Luthers im Jahre

1539. Inzwischen hatte sich auch die Kirche von England von Rom gelöst (1534), und in dem damals mächtigen Dänemark war die Reformation durchgeführt worden (1536). Württemberg und Pommern waren protestantisch geworden.

Das fünfte Jahrzehnt bricht an. Politische Notwendigkeiten drängen auch jetzt zu wiederholten Religionsgesprächen mit den Katholiken, an denen Melanchthon teilnimmt: 1540 Hagenau, 1540/41 Worms, 1541 Regensburg. Politik *oder* Bekenntnis lautet nun die Parole des Protestantismus.

Mitten hinein trifft durch Philipp von Hessens Doppelehe 1540 die evangelische Sache ein schwerer Schlag. Der Fürst will seine Landgrafenwürde nicht verlieren, aber dafür die Führung des Schmalkaldischen Bundes aufgeben, um mit dem Kaiser einig zu werden. Das Reichsgesetz kannte bei Bigamie keine Gnade. In dieser Not haben die Reformatoren in einem geheimen Beichtrat Philipps Doppelehe gebilligt, indem sie an die Ehen der Erzväter dachten. Sie wollten den Landgrafen politisch retten, verloren aber dabei den Einfluss als Seelsorger.

So schied der führende Mann der evangelischen Sache, soweit sie den Fürsten übergeben war, zunächst aus. Als nun noch dazu Herzog Moritz von Sachsen, Philipps Schwiegersohn, zu Karl V. trat und der brandenburgische Kurfürst Joachim II. seine Neutralität erklärte, lag es über den Schmalkaldenern wie ein schwerer Alpdruck. Was halfen Neuzugängen wie die der Pfalz, wenn jetzt der Kaiser als Sieger über die Franzosen – mit Hilfe der protestantischen Stände – und nach dem Waffenstillstand mit den Türken zum Schlag gegen den Protestantismus ausholte und durch Papst Paul III. das Konzil zu Trient zusammenrufen ließ (1545)! Ganz offenbar hatte das Bündnis zwischen Kaiser und Papst keinen anderen Sinn, als die reformatorische Bewegung nunmehr mit allen Mitteln zu vernichten, vor allem durch Waffengewalt. In der Erkenntnis dieser Absichten lehnten die Evangelischen es ab, eine Gesandtschaft zum Konzil zu schicken.

5. Luthers Tod

Es sah also für die Sache der Reformation dunkel aus, als Luther in seinem Geburtsort Eisleben, wo er zur Versöhnung der Grafen von Mansfeld seine letzte Kraft eingesetzt hatte, am 18. Februar 1546 starb.

Den Vermittlern gegenüber hatte er alle Verhandlungen mit Rom, auch die vergeblichen Religionsgespräche Melanchthons, als Torheit abgewiesen. Dass es mit dem Papsttum keinen Frieden geben konnte, stand ihm außer Zweifel. Mit einer sich steigernden Schärfe hat er das bis zuletzt zum Ausdruck gebracht.

Dann aber wandte er sich einer weiteren Sicht zu. Wittenberg bot ihm Anschauung genug, um mit tiefem Schmerz zu sehen, wie auch die Kirche der Reformation eine arme, geringe Magd blieb. Er sollte bis zuletzt eben nicht an sein Werk glauben, sondern an Christus allein. Er schrieb drei Tage vor seinem Tod zu Johannes 8,51: »Wer mein Wort hält, der wird den Tod nicht sehen in Ewigkeit«:

> *» Wie unglaublich ist das doch geredet! Dennoch ist es die Wahrheit. Wenn ein Mensch mit Ernst Gottes Wort betrachtet, ihm glaubt und darüber einschläft und stirbt, so stirbt und fährt er dahin, ehe er sich des Todes versieht, und ist gewiss selig im Wort, das er also geglaubt, von hinnen gefahren. Himmlischer Vater, ob ich gleich diesen Leib lassen und aus diesem Leben herausgerissen werden muss, so weiß ich doch gewiss, dass ich bei Dir ewig bleiben und aus Deinen Händen mich niemand reißen kann. «*

Die letzte Zeile aber, mit der er das menschliche Unvermögen, das Wort Gottes zu erforschen, bezeugte, fand sich auf einem Blatt neben seinem Sterbebett:

> *» Wir sind Bettler, das ist wahr!«*

6. Augsburger Interim und Religionsfrieden (1555)

Die Schmalkaldener erleiden bei Mühlberg auf der Lochauer Heide (1547) eine schmerzliche Niederlage, umso schmerzlicher, als Philipp von Hessen gegen sein dem Kaiser gegebenes Versprechen, nicht auf evangelischer Seite zu stehen, als Mitkämpfer gefangen wird, zusammen mit dem sächsischen Kurfürsten Johann Friedrich.

Es folgt das *Augsburger Interim* (1548), der politisch kluge Versuch des Kaisers, durch ein vermittelndes Bekenntnis beiden Konfessionen Genüge zu tun – eine Zeit namenloser Schwäche und innerer Not auf evangelischer Seite.

Da aber geschieht das völlig Unerwartete: Kurfürst Moritz von Sachsen, von seinen enttäuschten Untertanen »Judas von Meißen« genannt, wendet sich plötzlich gegen Karl, beraubt ihn seiner sämtlichen Erfolge und überrumpelt ihn in Innsbruck (1552). Karl kann mit knapper Not fliehen. Auf die Zwischenlösung im Passauer Vertrag (1552) folgt auf dem von Karl einberufenen Reichstag der Augsburger Religionsfriede (1555), den Karls Nachfolger im Kaiseramt, sein Bruder Ferdinand, zum Abschluss bringt.

Fünfundzwanzig Jahre nach der Augustana kommt nun in der gleichen Stadt die deutsche Reformation zur kaiserlichen Anerkennung. Aber der Schutz der Augsburger »Konfessionsverwandten« bedeutet noch keine allgemeine Glaubensfreiheit. Sie kann nur durch die Landesherren bestimmt sein. Ihrem Bekenntnis haben die Untertanen zu gehorchen, wenn sie es nicht vorziehen auszuwandern. *Cuius regio, eius religio,* »wessen die Herrschaft, dessen Religion«, ist maßgebend. Man hofft, die konfessionellen Grenzen vor weiteren Verschiebungen zu bewahren. Dies soll namentlich durch den so genannten »geistlichen Vorbehalt« *(reservatum ecclesiasticum)* geschehen. Er verhindert, dass sich geistliche Fürstentümer der neuen Kirche öffnen.

Im eigentlichen Sinn als »Frieden« ist das Dokument von Augsburg also nicht zu bezeichnen. Es hat den Dreißigjährigen Krieg nicht verhindert, sondern letzten Endes hervorgerufen. Es atmet einen juristischen Geist, der dem Wesen der Kirche nicht gerecht wird. Wohl war man auf beiden Seiten des Kämpfens müde und wollte um jeden Preis im Frieden miteinander leben. Aber vom Verständnis beider Kirchen her bedeutete der Friedensschluss einen unerträglichen Kompromiss. Wie konnte Rom seinen universalen Anspruch aufgeben? Wie konnte Luthers Kirche sich solchen Grenzen fügen! Die Geschichte der Reformation, die mit dem innersten Ringen eines einsamen Mönches begonnen und zur Höhe des Augsburger Bekenntnisses geführt hatte, endet für Deutschland mit den Formeln, die zuerst als Erleichterung, sehr bald aber als bedrückend empfunden werden. Die politischen Kräfte erwiesen sich in diesem Augenblick als mächtiger.

Schon sah Karl in diesen Tagen durch die Ehe seines Sohnes Philipp mit Königin Maria von England eine neue, alles Bisherige überbietende Umklammerung Frankreichs und des evangelischen Deutschlands.

Inzwischen ist im Französisch sprechenden Gebiet der Schweiz eine Reformation eigenen Gepräges entstanden: Bevor noch die Gegenreformation ihren Angriff unternimmt, wird das Genf Calvins die Hochburg des Protestantismus; es ist sich seiner Sendung gewiss und dringt bis tief in die Gefüge des Habsburgischen Weltreichs ein.

26. Kapitel

Johannes Calvin

1. Calvins Werdegang

Nur spärlich sind die Quellen über die Jugendzeit Johannes Calvins (eigentlich Jean Cauvin). Wie Luther entstammt er einer in schnellem Aufstieg begriffenen Familie. Der Vater, der bischöfliche Kanzleisekretär in Noyon (Picardie), ein kritischer Geist, will seinem begabten Sohn den Weg zum aussichtsreichsten Studium, dem der Rechtswissenschaft, erschließen, nachdem Jean zunächst die geistliche Laufbahn einschlägt. Nun studiert er in Orléans, Bourges und Paris Jura. Calvins scharfes Denken ist durch diese abgeschlossene Ausbildung wesentlich beeinflusst worden. Dann aber wendet sich der junge Student in Paris mit ganzem Eifer dem Humanismus zu. Der aus Rottweil stammende evangelisch eingestellte Melchior Volmer führt ihn in die griechische Sprache ein. Ein Kommentar zu Senecas »Über die Milde« ist das bedeutsame Erstlingswerk des Dreiundzwanzigjährigen (1532).

Es blieb nicht aus, dass das reformatorische Geschehen auch in Frankreich Wellen schlug. Die Schriften Luthers und Zwinglis wurden in der akademischen Welt in Paris eifrig gelesen.

Parallel dazu verläuft die bibelwissenschaftliche Arbeit des Gelehrten Faber Stapulensis (eigentlich Lefèvre d'Etaples, 1450/55-1536), und die eifrige Missionstätigkeit des redegewaltigen Guillaume Farel (1489-1565), der zwischen Frankreich, der Schweiz und Deutschland hin- und herpendelt und 1524 die erste französische evangelische Dogmatik herausgibt.

Calvin nahm vorsichtig tastend an der evangelischen Bewegung teil. Bevor es zu einer öffentlichen Lösung von der römischen Kirche kam, verließ er 1535 seine Heimat für immer. Er hat sie später von Genf aus nicht vergessen. Aber das Schicksal der französischen Reformation war durch seine Ausweisung wesentlich bestimmt.

Es ist bis heute nicht ganz deutlich geworden, wann die evangelische Stunde im Leben Calvins schlug, ob schon 1527/28 oder erst beim Abschluss seiner Studien 1533. Er hat aus diesem Erlebnis, auch darin Luther ähnlich, kein Aufhebens gemacht. Diesem Anfang entspricht auch sein Ende: Er befahl, seine Grabstätte nicht näher zu bezeichnen. Nur in der Vorrede zum Psalmenkommentar von 1557 hat er sich in kurzen Worten folgendermaßen geäußert:

»*Gott gab endlich durch den geheimen Zügel seiner Vorsehung meinem Lauf eine andere Richtung. Und zwar hat er zuerst, da ich dem abergläubischen Wesen des Papsttums hartnäckiger ergeben war, als dass es leicht gewesen wäre, mich aus so tiefem Schmutz herauszuziehen, meine Seele, die sich für ihr Alter allzu sehr verhärtet hatte, durch eine plötzliche Bekehrung zur Gelehrigkeit unterworfen. Nachdem ich so ein gewisses Verständnis einer wahren Frömmigkeit empfangen hatte, entbrannte ich, im Eifer fortzufahren, so sehr, dass ich die übrigen Studien zwar nicht ganz aufgab, aber nur kühler fortsetzte. Und noch war das Jahr nicht um, als alle, die nach der reinen Lehre verlangten, zu mir, dem Neuling und Anfänger, kamen, um von mir zu lernen.*«

Auch wenn man in der Diktion des alternden Calvin seine starke Betonung der Lehre und ihrer Reinheit deutlich erkennt: Das Wort von der »plötzlichen Bekehrung« bezeugt, dass er niemand anderem diesen Bruch in seinem Leben zuschrieb als Gott selbst.

2. Die Institutio Religionis Christianae

Über Straßburg, die Schirmstätte aller Verfolgten, kam Calvin nach Basel, wo er unter dem Namen Martinus Lucanius lebte. Hier veröffentlichte er 1536 das Werk, das ihn berühmt gemacht hat: die »Institutio Religionis Christianae«. Bis zum Ende seines Lebens hat er an diesem Buch gearbeitet. Es ist als Glaubenslehre das Vermächtnis für seine Kirche geworden. Erstaunlich, dass ein an Jahren und im Glauben so junger Mensch ohne besonderen theologischen Bildungsgang ein derartiges Buch schreiben konnte. Systematische Gedankenführung verbindet er mit dem Blick für die kirchliche Praxis.

In vier Gruppen fasst Calvin das Bekenntnis der Kirche zusammen: »Von der Schöpfung«, »Von der Erlösung«, »Von der Heilsaneignung« und ihren Früchten und Wirkungen und endlich »Von den äußeren Mitteln«, durch die uns Gott zu Christi Gemeinschaft beruft und in ihr erhält: im Wort und Sakrament.

Die Einheit der Schrift – Altes und Neues Testament – ist Calvins besonderes Anliegen. Das Bilderverbot begründet er aus dem Gesetz des Mose. Von der Schöpfung her wird der Lobpreis und die Ehre Gottes das Leitmotiv. Diesem Gott mit der Hingabe seines Lebens zu dienen, wird sein Grundanliegen. Von hier aus wird der Einsatz in der Welt zur wirtschaftlichen und sozialen Verbesserung zur Pflicht.

Man wird hier die Unterschiede zu Luther nicht übersehen dürfen. Das gilt vor allem für die Gestaltung der Gemeinde nach dem Straßburger Vorbild durch Martin Bucer. Ihrer Zucht dienen die vier Ämter: Lehrer, Pastor, Diakon und Presbyter. Die Triebkraft zu alledem liegt in der Gewissheit, von Gott zu diesem Beruf bestimmt zu sein. Dieser stark von der Prädestination bestimmte Glaube hat sich in den Verfolgungszeiten als mächtiger Halt erwiesen.

3. Der Anfang in Genf (1536-1538)

Als ihn sein Weg wider Willen – Krieg zwang ihn zu einem Umweg – zum ersten Mal nach Genf führt, von wo er gleich nach Straßburg weiterreisen wollte, um dort das Werk der Reformation zur Durchführung zu bringen, hält ihn Farel in Genf fest. Farel beschwört ihn, hier seine in der *Institutio* niedergelegten Sätze über den Neubau der Kirche in die Tat umzusetzen (1536). Der Katechismus *Confession de foi* (1536) soll dazu den Glaubensgrund legen.

Calvin fand jene eigentümliche Zwitterlage vor, die durch den Ratsbeschluss des Jahres 1535 entstanden war. Danach sollten sich die katholischen Genfer dem evangelischen Glauben unterwerfen. Politisch hielten sie den Protestantismus für den rettenden Eingriff, um von dem Bischof Jacopo Sadoleto, der zugleich Herzog von Savoyen war, loszukommen. Die Unabhängigkeit der Stadt schien die religiöse Wendung zu rechtfertigen. Aber wenn auch die Genfer im ersten Sturm der Begeisterung bereit waren, die durch Calvin und Farel dem Rat der Stadt vorgelegte Kirchenordnung zu beschwören, in Wirklichkeit blieb der alte Geist bestehen.

Den Reformatoren aber lag es dringend daran, biblische Zucht einzuführen. Calvin dachte nicht daran, die Kirche auf die Verwaltung von Wort und Sakrament zu beschränken. Entweder gelang es, zu einer Lebensordnung bekennender Christen vorzudringen, oder die *Institutio* mit ihren sorgsamen Anweisungen blieb ein theoretischer Versuch. Wie Zwingli einst in Zürich den Rat der Stadt zum energischen Helfer hatte, so fanden nun hier die beiden Reformatoren im Stadtkollegium die Unterstützung ihres Reformwillens.

4. Ausweisung aus Genf (1538) – Jahre der Besinnung

Es ist für Calvin eine bittere Erfahrung geworden, dass ihm nach kaum zwei Jahren das Amt in Genf zur Unmöglichkeit gemacht wurde. Gegen die Kirchenordnung, gegen die das persönliche Leben streng bestimmende Zucht, ballte sich ein wachsender Widerstand zusammen. Als sich Farel und Calvin bei der Osterkommunion weigerten, »Unwürdigen« das Abendmahl zu geben, gab der Rat dem Verlangen, Calvin und Farel auszuweisen schließlich nach. Als der Vertriebene im neuen Lehr- und Verkündigungsdienst in Straßburg über die hinter ihm liegenden stürmischen Ereignisse nachdachte, erkannte er wohl manchen taktischen und persönlichen Fehler. In seiner Grundhaltung aber blieb er unverändert. Und hier ist wohl der Punkt, um eindeutig zu erkennen, in welchem Ausmaß der Erwählungsgedanke das Denken und Handeln des Reformators bestimmte.

Er hat ihn bekanntlich stärker als Luther in der doppelten Form vorgetragen, indem er von der Vorherbestimmung der Geretteten *und* der Verworfenen sprach. Damit verband sich sogleich sein Kirchenbegriff. Er stellte ihn nicht nur auf die kirchengründenden Mittel des Wortes und Sakramentes, sondern auch auf die Schar der Erwählten. Wohl kennt sie im Grunde nur Gott, wir aber müssen alles tun, um die bekennende Gemeinde der Glaubenden zu sammeln, die von der Welt geschieden ist. Die Lehre von der Prädestination, die jedes menschliche Verdienst ausschließt, die nur dem Ruhm der voraussetzungslosen und unumschränkten Gnade dienen will, wird bei Calvin in keiner Weise zum Ruhekissen. Im Gegenteil, sie wird zum stärksten Antrieb des Handelns.

In diesen Anschauungen, wie sie in der ersten Ausgabe der *Institutio* schon niedergelegt sind, ist Calvin durch seinen Straßburger Aufenthalt 1538-1541 nur gestärkt worden. Es ist nun für den Glaubensernst Calvins entscheidend, dass er auch nach den negativen Erfahrungen in Genf unbeirrt an diesem Bild der Kirche festhielt. Es hieße aber zu kurz zu urteilen, wollte man ihn bezichtigen, die Kirchenordnung nur als gesetzliches Mittel benutzt zu haben. Gerade durch die endgeschichtliche Ausrichtung seines ganzen Handelns suchte er die Linie des Gesetzes zu überwinden. Er war ergriffen von der Gewalt des kommenden Reiches und suchte ihm hier auf Erden in der Gemeinde die Bahn zu bereiten.

5. Die Kirchenordnung in Genf

Von Straßburg aus nahm Calvin als Bucers Mitarbeiter regen Anteil an den von 1539-1541 stattfindenden, allerdings vergeblichen Religionsgesprächen, die in Hagenau, Worms und Regensburg unternommen wurden, um noch einmal zur Verständigung mit Rom zu kommen. Der unmittelbare Gewinn dieser Tagungen war die Freundschaft mit Melanchthon. In überaus glücklicher Weise haben sich die beiden Männer ergänzt und verstanden. Die Gesamtverantwortung für die große und gemeinsame evangelische Sache ist durch diese Verhandlungen bei Calvin nur verstärkt worden. Den Ehrgeiz, ein eigenes Kirchengebilde zu schaffen, hat er nie besessen.

Dem intensiven Werben der inzwischen zur Einsicht gelangten und Bischof Sadoleto gegenüber ratlosen Genfer hat sich Calvin nicht entzogen. Zum zweiten Mal betrat er 1541 die Stadt, in der Stille der hinter ihm liegenden Jahre gereift, nun aber auch bereit, das Letzte zur Ehre Gottes hinzugeben. 1541-1564 sind die 24 Jahre, die der Reformator – inzwischen verheiratet mit Idelette von Büren – ohne jede Rücksicht auf seine zarte und damals schon durch Überarbeitung angegriffene Gesundheit eingesetzt hat.

Die Kirchenordnung von 1541 ist der Neuanfang Calvins. Sie wird getragen durch die beiden Körperschaften, die »Versammlung der Geistlichen« und das »Konsistorium«. Im Konvent der Geistlichen werden die Fragen der Lehre und der Zucht unter den Geistlichen besprochen. Das Konsistorium setzt sich zusammen aus den Pfarrern und Laien-Ältesten, die – und das ist nun sehr zu beachten! – aus dem Ratskollegium der Stadt gewählt werden. Nicht die Kirchengemeinde bestimmt also die Wahl dieser Männer, sondern die politische Gemeinde. Das ist in dieser Verquickung umso bedenklicher, als das Ältestenkollegium zugleich Aufsichtsbehörde und Gerichtshof ist. Jeder Älteste hat seinen Bezirk, den er der Kirchenordnung gemäß streng zu überwachen hat. Eine in damaliger Zeit beliebte Fülle von Einzelverordnungen begrenzt das Tun und Lassen des Bürgers am Sonn- und Alltag bis ins Kleinste. Der Kirch- und Abendmahlbesuch, der Besuch des Wirtshauses und die häusliche Feier sind strengsten Regeln unterworfen. Bei Verstößen wird Anklagematerial von denen, die es herbeibringen, zum Urteilsspruch herangezogen! Wohl sind es zunächst Kirchenstrafen, um die es hier geht. Reichen sie aber nicht aus, so findet Überweisung an den Rat statt, in dem nun wieder die Ältesten als Richter sitzen und die Strafe verschärfen.

6. Michael Servet

Es konnte nicht ausbleiben, dass auch jetzt wieder die stärksten Einsprüche gegen diese Ordnungen erhoben wurden. Aber Calvin war diesmal nicht gewillt, irgendwie nachzugeben. Die Namen einflussreicher Männer wie Pierre Ameaux, Jacques Gruet, Jérôme Bolsec und vieler anderer bezeichnen einen Weg der Folter, der Hinrichtung, des Bannes und der bürgerlichen Entrechtung, wie sie unter christlicher Prämisse schärfer anderswo kaum ausgeübt wurden. Als die Dinge auf des Messers Schneide stehen, tritt durch den Fall Michael Servet eine überraschende Wendung ein. Dieser Leugner der Trinität und persönliche Gegner Calvins, ein spanischer Arzt, war nach dem Urteil auch der anderen Kantone und selbst Melanchthons für den Flammentod reif. Man übersehe dabei nicht: Das Bekenntnis zur Trinität war Staatsgesetz. Die Bestrafung Servets am 27. Oktober 1553 bedeutet den Sieg des Reformators über seine Feinde. Sie erschrecken über die Folgen ihres eigenen Tuns und geben den Widerstand auf.

Angesichts dieses Ketzergerichts tritt am deutlichsten die Fragwürdigkeit des Ansatzes Calvins auf. Die letzten Jahre des großen Genfers verliefen zwar im Frieden; er gründete die berühmte Hochschule mit bald über tausend Hörern, und auch nach seinem Tode trat unter seinem Nachfolger Theodor Beza kein Rückschlag ein. Doch trotz dieser »Befriedung« bleibt Calvins Unternehmen fragwürdig.

Stellvertretend mag hier das Urteil Alfred de Quervains stehen:

> *»Dürfen wir denn Gottes angetastete Ehre rächen, wir Sünder, die wir ihn immer wieder entehren? Wird Gottes heiliger Name nicht von Rechtgläubigen, so entheiligt, die Wahrheit des Evangeliums in der Kirche stets von neuem so verdunkelt, dass dieses besondere Ketzerurteil zur Ehre Gottes recht fragwürdig wird? ... Im Glauben freilich mag auch ein solches Urteil über einen Menschen gesprochen werden, wie Calvin es tat. Ist es nicht aus dem Glauben, dann ist es Sünde, schwerste Verkennung von Gottes Ehre, furchtbare Überhebung, nicht nur etwa Lieblosigkeit und Härte gegenüber dem Verurteilten; es ist verständnisloses Eifern für die Lehre ohne die Liebe, ohne Agape.«* [132]

Es reicht nicht aus, das Handeln Calvins aus seinem französischen Blut, seiner cholerischen Art oder einer juristisch-huma-

---

[132] A. de Quervain, *Calvin, sein Leben und Kämpfen,* 1925. S. 88

nistischen Gesetzlichkeit abzuleiten. Auch die mittelalterliche Stadt, der Rat und seine üblichen Befugnisse können hier nicht zu einer wirklichen Deutung beitragen.

7. Calvins Abendmahlslehre

Auch in der Abendmahlsfrage wird Calvin zu einer selbstständigen Position gedrängt. Zwischen Zwinglis und Luthers Auffassung steht Calvin, und man darf wohl sagen, dass er dem Wittenberger näher steht. Wenn er auch auf die geist-leibliche Gegenwart Christi im Sakrament verzichtete und darin eine gefährliche Annäherung zur römischen Verwandlungslehre sah, so rückte er doch mit noch stärkerem Akzent von der rationalen Deutung des Zürcher Theologen ab. Aber im praktischen Hauptanliegen fand er sich mit Luther, dass wir es im Sakrament mit dem lebendig-gegenwärtigen Christus zu tun haben, der sich auf Grund seines Wortes im Glauben mit den Seinen verbindet und ihnen seine ganze Gabe der Erlösung darreicht. Nicht der Mensch erinnert sich an Christus oder steigt hinauf zu ihm, sondern der Heilige Geist stellt die Brücke dar, und – so weit geht Calvin – »nährt uns mit dem im Himmel befindlichen Fleisch des Christus zur Unsterblichkeit«.[133] Kirchengeschichtlich muss jedenfalls festgestellt werden, dass es nicht Calvins Absicht war, aus dieser seiner Lehre einen Bruch mit der deutschen Reformation entstehen zu lassen, ohne freilich Zwingli preiszugeben.

8. Das Gesamtbild Calvins

So ist Genf unter der zielbewussten Führung Calvins der Sammelpunkt der zum Angriff übergehenden Reformation gewor-

---

[133] Corpus reformatorum VI, 5301

den. Die ungemein zahlreichen Briefe und Schriften des Reformators zeugen davon. Frankreich wurde das Missionsgebiet einer sich außerordentlich schnell verbreitenden Kirche.

John Knox und der Puritanismus in England, die reformierten Gemeinden am Niederrhein und in den Niederlanden – sie alle sehen auf Genf als starken Rückhalt. Ihnen allen haftet im Sturm der nun einsetzenden Gegenreformation etwas von dem herben Gepräge des calvinischen Kirchenwesens an, was der Rat von Genf wenige Tage nach dem Tode des Reformators als den beherrschenden Eindruck seiner Persönlichkeit in die Worte fasste: »Gott hatte ihm viele Gnaden verliehen und ihm große Majestät aufgeprägt!«[134]

27. Kapitel
Ignatius von Loyola und das Konzil von Trient (1545-1563)

Die Kirchengeschichte des 16. Jahrhunderts ist in hohem Maße von ausgeprägten Persönlichkeiten bestimmt, die als Träger der großen, gegeneinander streitenden Grundanschauungen – Papstkirche und Reformation – hervortreten. Der römischen Kirche bleibt zwar auf dem Stuhle Petri der führende Mann versagt, der eine umfassende Gegenaktion lenken könnte, aber zwei Jahrzehnte zuvor bereits erstand dem Papsttum in Ignatius von Loyola der tatkräftigste und bedeutendste Helfer. Wie sich einst im hohen Mittelalter die Bettelmönche, die von Franziskus und Dominikus geleiteten Orden, der weltbeherrschenden Kurie zur Verfügung stellten, so sorgt auch jetzt ein neues Frömmigkeitsideal dafür, dass Rom an Kraft gewinnt.

---

[134] W. A. 31, I 95,2

1. Evangelische Strömungen in Italien

Es war ein kurzes, verheißungsvolles Aufleuchten, als im Jahre 1522 Hadrian VI. – der Erzieher Karls V., Professor in Löwen, Großinquisitor in Spanien – der Nachfolger Leos wurde und mit ernstem Sinn den römischen Hof zu reformieren suchte. Aber hinter diesem gelehrten Niederländer, dem letzten nichtitalienischen Papst, stand schon der damals noch jugendliche Carlo Caraffa, der spätere Paul IV. Durch ihn kam die spanische Reformbewegung, die er als Nuntius kennen gelernt hatte, auch nach Italien. Eine innige, mystische Religiosität, wie sie in den spanischen Klöstern unter Führung der Teresa von Avila und anderer aufgebrochen war, verband sich (wie immer in Spanien) mit einer strengen Kirchlichkeit.

In Italien fand dieses neue Leben in der Gründung zahlreicher Orden seinen Ausdruck (z.B. die Barmherzigen Brüder 1540, die Salesianerinnen 1610, die Theatiner 1524, die Ursulinen 1535 und die Kapuziner 1525). Es blieb aber nicht nur auf diese katholischen Kreise beschränkt, sondern vertiefte sich zu Strömungen, deren innere Verbindung zur Reformation nicht bestritten werden kann. Hier sind möglicherweise Nachwirkungen der Waldenser zu sehen. Jedenfalls entstehen an den verschiedensten Orten Italiens kleine Sammlungen um die Bibel, namentlich unter der höheren Geistlichkeit und den Frauen führender Adelsgeschlechter: Kardinal Gasparo Contarini, Juan de Valdes oder die Herzogin Renata von Ferrara wären hier zu nennen. Hier wurde die Bibel gelesen und eine den Reformatoren sich nähernde Rechtfertigungslehre durch das Buch »Von der Wohltat Christi« des Humanisten Aonio Paleario verbreitet.

Es ist die Zeit höchster künstlerischer Entfaltung. Auch die Renaissance hat eine Rekatholisierung erlebt und damit eine Abwendung von der Antike zur christlichen Kunst. Eine eigenartige Erwartung liegt über Italien. Während die Päpste nach Hadrian VI. von politischen und künstlerischen Neigungen zunächst noch völlig in Anspruch genommen sind, sieht es einen Augenblick so aus, als wolle sich die neue Botschaft um Rom herum ausbreiten und auch dieses Land der Reformation erschließen. Paul III., Humanist und Renaissancefürst, bejaht die Kirchenreform, beugt sich aber der oppositionellen Kurie und lässt sich von Caraffa bewegen, die Reformen zurückzustellen und die Inquisition 1542 zu erneuern. Auch wenn es der Inquisition dann gelungen ist, die evangelischen Ansätze in Italien fast gänzlich zu beseitigen, so wird es doch immer ein Zeichen für die innere Kraft und Klarheit dieser Bewegung bleiben, dass sie Märtyrer gehabt hat und andererseits eine ganze Reihe ihrer führenden Glieder den Weg zur evangelischen Kirche in Deutschland und in der Schweiz gefunden haben. Caraffa hatte die Unmöglichkeit erkannt, eine so geartete evangelische Sammlung von der Kirche der Reformation getrennt zu halten. Darum schlug das kirchlich-römische Interesse den evangelischen Aufbruch nieder.

2. Ignatius von Loyola

Ignatius wäre nicht der glühende Gegner aller Ketzerei geworden, wenn er nicht wie Caraffa den Punkt erkannt hätte, der immer für die Kirche Roms der gefährlichste bleiben muss, wo nämlich das Wort Gottes selbst seine Kraft zu entfalten beginnt. Nicht der Humanismus, auch nicht die Mystik oder irgendein kirchlicher Reformwille sprengen den Rahmen des römischen Systems. Erasmus von Rotterdam und die spanischen Ekstatiker in den Klöstern und alle Reformer wie Caraffa – sie bleiben ohne Ausnahme der Kirche treu. Ihre Polemik gegen die Reformation gewinnt in dem Maße an Schärfe, als sie von ihrer Botschaft einen Eindruck erfahren haben.

Der aus baskischem Adel stammende Ignatius hatte schon das dreißigste Lebensjahr erreicht, als er, seit 1517 Offizier, 1521 im Kampf gegen die Franzosen schwer verwundet wird. Er liest die *Vita Christi* des Ludolf von Sachsen, das meistgelesene Andachtsbuch des späten Mittelalters, Heiligengeschichten, die *Nachfolge Christi* des Thomas a Kempis und andere Erbauungsbücher. Damals tat er das Gelübde, seine ganze Kraft dem himmlischen König zu weihen. Eine marianische Vision »reinigt ihn von aller Sinnlichkeit«. Er weiht seine Waffen der Maria und legt Pilgertracht an. Seine geistlichen Erfahrungen legt er 1522 in seinen *Exercitia spiritualia* (»Geistliche Übungen«) nieder. Sie sind bis heute das Buch, ohne das niemand den Jesuitenorden verstehen kann.

Ignatius weiß vom Krieg her, dass jeder Angriff, dem Gesetz der natürlichen Trägheit folgend, allmählich an Stoßkraft verliert. Er weiß auch um die Schwachheit des einzelnen Menschen, der unter Widerständen gar zu leicht ermüdet. Ignatius verwendet nun Jahre darauf, Studien an den Universitäten Alcala und Salamanca zu betreiben. Ziel dieser Studien ist es, »den Seelen zu helfen«. Sein Drang zur Seelsorge bringt ihm Verdächtigung und mehrwöchigen Kerker ein. Er studiert in Paris 1528 weiter Theologie und geht 1535 nach Venedig, ab 1539 bis zum Ende seines Lebens lebt er in Rom.

Wenn die auf jährlich vier Wochen berechneten Übungen einen einzigen Sinn haben, dann ist es der, zu der Kraftquelle vorzustoßen, ohne die eine kämpfende Kirche verloren ist. Was hilft eine bis ins kleinste geregelte Organisation mit schärfster Überwachung aller durch alle, was nutzt die Auslese und alle nur mögliche Bildung und Schulung, wenn es nicht gelingt, an die Wurzel zu kommen, wo es sich entscheidet, ob ein Mensch in der Hingabe aller seiner Gaben und Fähigkeiten steht oder nicht? Ohne Zweifel, auch der im Dienst erfahrene, in die Klasse der *professi* (»Bekenner«) gerückte Ordensbruder bedarf der *Reinigung*. Ihr dient die erste Woche der Übungen mit ihrer Gewissenserforschung, mit der bis zum Sehen und Hören gesteigerten Vorstellung der Höllenqualen. Sodann folgt die *Woche der Er-*

leuchtung. Sie führt in Bildern zu den heiligen Stätten, die durch Jesu Erdentage geheiligt sind. Der Weltherrschaftswille dieses Königs zwingt zum völlig sich hingebenden Gehorsam. In der intensiven *Anschauung des Lebens und Sterbens Jesu* soll der die Exerzitien gründlich Durchführende von seiner Selbstliebe befreit werden. Durch äußerste Konzentration, durch Askese und Gebet zur mystischen Begegnung mit dem göttlichen Quell des Lebens in Christus zu gelangen, ist das Ziel.

Man pflegt diese Übungen oft als Entpersönlichung, als Erziehung zum Kadavergehorsam, als Voraussetzung zu einem hemmungslosen Einsatz des Menschen zu bezeichnen. Das kann jedoch nicht für einen seelisch erdrückten, bekümmerten Mönch gelten, der ja – gebunden an die Hilfe des Exerzitienmeisters – mit einer unerhörten Kraft und Beweglichkeit, mit einer spürbaren Erhöhung seines beruflichen Einsatzes aus solchen Wochen hervorgeht. Diese Befreiung nach schwerstem Druck, dieser Christusglaube, verbunden mit psychologischem Nachempfinden, ist der Typus eines neuen Katholizismus geworden, in dem Seelenführung an die Stelle der biblischen Seelsorge getreten ist.

Einige Beispiele:

16. Regel: »*Ebenso muss man Acht haben, dass man nicht viel und mit starkem Nachdruck, ohne alle Unterscheidung und Erklärung, von dem Glauben allein spreche und dadurch dem Volke Anlass gebe, in der Verrichtung der guten Werke lahm und träge zu werden, sei es, dass sie dem durch die Liebe gestalteten Glauben vorangehen oder folgen.«*

17. Regel: »*Auch dürfen wir nicht so häufig und so nachdrucksvoll von der Gnade sprechen, dass dadurch das Gift der falschen Lehre erzeugt würde, welche die Freiheit des Willens aufhebt. Von dem Glauben also und von der Gnade darf man reden, soviel es immer füglich geschehen kann mit dem Beistande Gottes und zum Lobe seiner großen Majestät; aber nicht in solcher Weise, namentlich in unseren so gefährlichen Zeiten, dass dabei die guten Werke und der freie Wille Schaden leiden oder für nichts geachtet werden.«*

18. Regel: »Obwohl man es über alles hoch achten soll, Gott unserem Herrn aus reiner Liebe eifrig zu dienen, so müssen wir doch auch die Furcht vor seiner Majestät sehr empfehlen. Denn nicht nur die kindliche Furcht ist etwas Frommes und sehr Heiliges, sondern auch die knechtliche, sofern sie, wenn der Mensch nichts Besseres und Nützlicheres erreicht, doch viel dazu beiträgt, dass er aus der Todsünde herauskommt; ist dieser aber jemand entronnen, dann gelangt er leicht zur kindlichen Furcht Gottes, welche Gott unserem Herrn ganz angenehm und wohlgefällig ist, weil sie zugleich mit der göttlichen Liebe kommt.«

Als sich Ignatius mit seiner Gründung dem Papst zur beliebigen Verwendung anbot, war es ihm ebenso wie einst den Cluniazensern deutlich, dass dabei nur der geschlossene, auf einer unbedingten Gehorsamsidee beruhende Einsatz zur Verwirklichung kommen könne. Nur soweit es um das gemeinsame Anliegen der Kirche geht, werden sich das Papsttum und die 1534 gegründete *Compania de Jesus* (»Societas Jesu, Gesellschaft Jesu«) einigen. Die Erziehung der Jugend und die Befugnis des Beichthörens sind Ziele, die nach den ganz bestimmten, fest umschriebenen Regeln des Ignatius durchzuführen sind. 1540 wird der Orden vom Papst bestätigt, 1541 Ignatius zum Ordensgeneral gewählt. Das Papsttum, auch das renaissancefreundliche, war klug genug, um diesen sich so willig darbietenden Orden an den Platz zu stellen, wo der Kampf am brennendsten war.

In einer geradezu meisterhaften Diplomatie hat Ignatius von Rom aus bis zu seinem Tode (1556) nicht nur die Entwicklung des Ordens als General im wörtlichen Sinne geleitet, sondern auch an entscheidender Stelle die Kirche beeinflusst. Nur ein einziger Zug sei als charakteristisch für die Gesamthaltung erwähnt: Im Bund mit Caraffa führte der General die Inquisition, die kirchengerichtliche Verfolgung der Ketzer mit allen ihren Schrecken ein. Er übergab sie aber nicht seinem Orden, um ihm den Hass des Volkes und die Gefahr einer fanatischen Gegenwehr zu ersparen. Verborgen an den Fürstenhöfen und in der Stille der Hörsäle, bei Verhandlungen und in den Beichtstühlen haben die Ordensbrüder ihren weit reichenden Dienst getan mit dem einen Ziel, die Herrschaft Christi in einer geeinten Kirche wieder aufzurichten.

Die Erregung, die sich im Laufe der Jahrhunderte gegen die Jesuiten entlud, gründete sich aber nicht auf die innere und äußere Disziplin der Gesellschaft, auch nicht auf das immer bekannter werdende Propagandawesen im Dienste der Gegenreformation, sondern auf den unvermeidlichen Zusammenstoß seiner praktischen Handlungsweise mit jeder anderen rechtlichen Weltordnung.

Die moralische Gefahr wird besonders am so genannten »Probabilismus« erkennbar. Dieser findet für jede Handlung ein Beispiel, das auch eine sehr anfechtbare Entscheidung möglich macht und entschuldigt. Aber auch das Zweifelhafte soll der Christusherrschaft dienen. Die Exerzitien sollen den sie Ausübenden zur Beseitigung gewohnter Maßstäbe helfen. Die Umwertung aller Werte, bis schließlich aus Schwarz Weiß wird, hat niemand ein Jahrhundert später mit so beißender Ironie geschildert wie Blaise Pascal in seinen *Lettres provinciales*:

> *»Ihr erlaubt den Menschen so viel Verbotenes durch Eure Bemäntelung. Ihr werft den Menschen die Absolution an den Hals ohne Änderung ihres Lebens . . . Ihr erklärt die Liebe zu Gott für unnötig zum Heil und behauptet endlich, dass die Dispensation von ihr der Gewinn sei, den Christus der Welt gebracht habe. Das ist der Gipfel der Gottlosigkeit.«*

Es ist den streitenden Gruppen nicht freigestellt, mit welchen Mitteln sie kämpfen wollen. Die Unterdrückung der evangelischen Strömungen, die eiserne Konzentration auf den römischen Machtwillen, die taktisch berechnende Heranziehung aller religiösen Kräfte können in diesem Zusammenhang nur zeigen, dass die Kirche der Gegenreformation ihre Weisungen nicht aus dem Neuen Testament als der einzigen Grundlage der Christenheit empfangen hat.

3. Das Konzil von Trient (1545-1563)

Die Vorgeschichte des Trienter Konzils ist für seine gesamte langjährige Haltung maßgebend geblieben: Der Kampf zwischen Kaiser und Papst – das Konzil fällt in die Pontifikate Pauls III., Julius' III., Marcellus II., Pauls IV. und Pius' IV. –, zwischen dem klugen Ausgleichswillen Karls V. und der wachsenden Erkenntnis in Rom, dass ein klarer Bruch mit dem Protestantismus unvermeidlich sei, hat den drei Tagungsperioden den Stempel aufgedrückt. Mit neunmonatiger Verspätung beginnt das Konzil. Anwesend sind nur 37 Stimmberechtigte. Die Evangelischen lehnen ihre Beteiligung ab, entsandten aber zuweilen Beobachter. In diese Zeit, von 1545 bis 1563, fällt der Schmalkaldische Krieg 1546/47, der Augsburger Religionsfrieden 1555, das Ende der Regierung Karls V. 1555/56 und der Regierungsantritt seines Sohnes Philipps II. in Spanien (1556-1598), der bald der eigentliche Kopf der katholischen Welt wird.

Hatte man noch zu Beginn des Konzils gehofft, zu einem Gespräch mit den Protestanten zu kommen – am Ende von Trient hat Rom das entscheidende Nein der Evangelischen mit einer ebenso schroffen Absage an jeden Verständigungswillen beantwortet.

In dieser Entwicklung, die mit dem Wiedererwachen eines starken, seiner Sendung bewussten Katholizismus verbunden ist, kommt noch ein anderes Moment zum Vorschein: Nicht ohne den starken Anteil der Jesuiten ermannt sich das Papsttum und wird Herr über das Konzil und damit über alle kaiserlichen und nationalkirchlichen Versuche, die Gewalt des Bischofs von Rom einzuschränken. Nicht geschwächt, sondern im Bewusstsein ihrer überragenden Bedeutung, geht die Kurie aus den Trienter Tagungen hervor. Das haben die nächstfolgenden Päpste bewiesen.

Als Ergebnisse der ersten Konzilsperiode (1545-1548) ist zusammenzufassen:

a) *Schrift und Tradition:* Die mündliche Überlieferung und die apostolische Tradition treten als zweite Glaubensquelle neben die Bibel.

b) Im Dekret über die *Erbsünde* grenzt man sich gegen Luther ab.

c) Die Rechtfertigungslehre schließt die »*guten Werke*« ein.

d) Es bleibt bei den *sieben Sakramenten* und dem römischen Verständnis ihrer Wirksamkeit.

Die theologischen Fragestellungen werden immer wieder beschattet von den miteinander streitenden Parteien. Ein ungeschütztes, offenes Gespräch hat nur an der Stelle stattgefunden, wo die Männer der italienischen Erweckung wie Gasparo Contarini das Wort ergriffen. Dieser hat seinen Vorstoß mit dem Ausschluss vom Konzil bezahlen müssen. Dass es aber hierbei gerade um die Lehre von der Rechtfertigung ging, gibt diesen Sitzungen die überragende Bedeutung.

Die Frage der Reformation bestimmt noch einmal an diesem Punkt die langen Diskussionen der Theologen zu Trient. Über Glaube und Werk, über Verdienst und den freien Willen wird gesprochen, immer mit dem Gedanken, den wahren Katholizismus als die rettende und vermittelnde Mitte vor aller Welt zu bezeugen, aber eben nicht im Sinne der Reform-Italiener, die sich schließlich den lutherischen Sätzen nähern. So werden denn bei der sechsten Sitzung die folgenden reformatorischen Erkenntnisse unter das Anathema gestellt: Das »Allein durch den Glauben« kann nicht ausschließlich im Sinne eines Vertrauens auf die

Vergebung der Sünden um Christi willen verstanden werden. Dass die guten Werke die Früchte und Zeichen der erfahrenen Rechtfertigung sind, wird bestritten. Sie sind im Gegenteil das Mittel, um die empfangene Gerechtigkeit vor Gott zu vermehren. Darum wird die reformatorische Ablehnung des Lohn- und Verdienstgedankens als unbiblisch verurteilt.

Demgegenüber ging es in Trient nun darum, positiv die römische Lehre von der Rechtfertigung zu bezeugen. Unter der Voraussetzung, dass Bibel und Tradition in gleicher Weise zu hören seien, galt es, eine scholastische Kompromissformel zu finden, die allen theologischen Schattierungen zwischen Thomas von Aquin, Duns Scotus und den Spättheologen des Mittelalters Genüge tat. Indem man sich nach Römer 5 auf die Liebe gründete, die durch den Heiligen Geist in die Herzen der Gläubigen ausgegossen sei, verband man das Werk Gottes mit dem des Menschen, die Erlösung mit dem freien Willen, die Gnade mit dem Lohn.

In langen Kämpfen, die geradezu eine Wiederholung und Zusammenfassung der gesamten Dogmengeschichte bilden, lehnte man die Heilsgewissheit im Sinn der Reformation ab. Dass sie von der Rechtfertigung nicht zu trennen, sondern vielmehr mit ihr gegeben sei, verwarfen die Theologen als schwere Ketzerei. Dann aber einigten sich die verschiedenen theologischen Richtungen auf die Aussage, dass »niemand seiner Glaubensgewissheit sicher sei, dem nicht der Irrtum unterlaufen könne, er stehe in der Gnade Gottes«.

Was ist der Sinn dieser Einschränkungen? Luther und Calvin müssen verneint werden, mit den Reformatoren darf es keinerlei Verbindung mehr geben. Dies aber ist nicht nur taktisch bedingt. Es entspringt vielmehr der katholischen Erkenntnis, dass der Christ immer in der Schwebe bleiben müsse zwischen Furcht und Hoffnung. Und dies wiederum ist unabweisbar, solange man die Seligkeit zu einem Teil auf die Tat des Menschen gründet.

Um das Konzil dem Einfluss des Kaisers zu entziehen, verlegt man es 1547/48 nach Bologna. Die Kaisertreuen bleiben in Trient. Es werden hier wie dort keine Entschlüsse gefasst, doch wesentliche Vorarbeiten geleistet. Ab 1. 5. 1551 tagt man wieder in Trient.

Im Bewusstsein, den Anforderungen der Stunde genügt zu haben, scheiden die Theologen von Trient. Man hat 1562 den *Index librorum prohibitorum* (»Verzeichnis der verbotenen Bücher«) veröffentlicht, nun folgen (neben dem Bekenntnis von Trient) 1566 der *Catechismus Romanus*, 1568 das *Brevier*, 1570 das *Messbuch; 1590 die von Sixtus V. als fehlerfrei bezeichnete lateinische Bibel (Vulgata)*, die in Wirklichkeit voller Fehler war und noch nach der Bereinigung unter Clemens VIII. (1592) ca. 2000 fehlerhafte Stellen aufwies.

Nach den Jahren schwerer Unruhen glaubte man, die Kirche auf die nimmer wankenden Grundlagen einer großen und ehrwürdigen Vergangenheit wieder festgelegt zu haben. Der Gedanke, hierbei unkirchlich gehandelt zu haben, schien den Männern von Trient nicht zu kommen. Sie trieben Restauration, sie wirkten dazu noch reformerisch in der Abschaffung zahlreicher Missstände, z.B. des Ablasses durch Geld; aber leitend war ein Ausgleichswille auf theologischem und kirchenpolitischem Gebiet.

Als die Theologen ihr Werk vollendet hatten, krönte eine letzte Frage das Konzil. »Erlauchte Herren, ehrwürdige Väter, stimmt Ihr dazu, dass diese heilige, ökumenische Synode geschlossen und die Bestätigung aller Beschlüsse von dem römischen Pontifex erbeten wird?« Auf diese Frage haben die Versammelten mit einem einstimmigen »Ja« geantwortet. Über dem Ringen und Fragen der anders Denkenden erschien der Wille der die Kirche Lenkenden. Gegenüber der noch wenig geeinten evangelischen Kirche steht die im tridentinischen Glaubensbekenntnis versammelte Kirche Roms machtvoll da.

28. Kapitel
Die Kirchen des Westens im Kampf mit der Gegenreformation

1. Englands Loslösung von Rom

Heinrich VIII. von England (1509-1547) und Franz I. von Frankreich (1515-1547) stehen um ihres starken nationalen Gepräges willen in einem zum Mindesten sehr freien Verhältnis zum Papst. In England ist man auf dem Weg zur Staatskirche. Nicht aus religiösen Gründen, sondern um seiner diversen Eheangelegenheiten wegen – Scheidung von Katharina von Aragonien, Ehe mit Anne Boleyn – sagt sich Heinrich vom Papst und seiner Rechtsprechung los und lässt sich vom Parlament 1534 zum Oberhaupt seiner Kirche erklären. Heinrich selbst schwankt zwischen Reformation und Restauration hin und her; durch seinen Berater Thomas Cromwell lässt er jeden Widerstand niederschlagen – *Thomas Morus*, der humanistische Kanzler, und der Bibelübersetzer *William Tyndale* werden 1535/36 hingerichtet. 1540 lässt Heinrich VIII. Cromwell enthaupten. Er versucht, Melanchthon nach England zu ziehen und gibt dem Druck der englischen Bibelübersetzung seine Genehmigung.

Erst nach Heinrichs Tode (1547) vermochte die evangelische Richtung vorzudringen. Maßgebend ist hierbei eine Unionstendenz zwischen lutherischen Sätzen in der Rechtfertigung und calvinischer Lehre in den Sakramenten. Zu einer das Volk erfassenden Bewegung kam es aber hierbei nicht. Unter der Herrschaft seines Sohnes Eduard VI. (1547-53) kommen Martin Bucer und andere reformierte Theologen nach England, die den lutherischen Einfluss zurückdrängen. Als sich Heinrichs Tochter

Mary – wegen ihrer radikalen Versuche der Rekatholisierung genannt die Blutige (*Bloody Mary;* 1553-58) – als Erbin des Thrones mit Philipp II. von Spanien vermählte, war es eine durchaus begründete politische Sorge, dass England nunmehr dem habsburgischen Reich einverleibt werde. Maria erlag jedoch 1558 einer Krankheit.

Der Freiheitsdrang dieses Inselvolkes bejaht nun aus tiefster Überzeugung die Regierung der großen Elisabeth I. (1558-1603), der Tochter Anne Boleyns. Dass sie es verstand, Papst und Kaiser von England fern zu halten, galt ihrem Land mehr als die vermittelnde Haltung in der Kirchenfrage. Dem konservativen Zug der Nation entsprach die Bewahrung der römischen Formen im Gottesdienst, die Betonung der bischöflichen Sukzession, die man von den Aposteln herleitete, und der gesamte hierarchische Aufbau der Landeskirche. In enger Verbindung mit der Krone baut sich diese Kirche auf. In 42 Artikeln (später in 39) bekennt sich die anglikanische Kirche zur Rechtfertigung im Sinne Luthers. Volkstümlich ist 1549 das *Common Prayer Book* (»Gemeinsames Gebetbuch«) geworden, vom Parlament erlassen, mit starkem liturgischem Akzent, aber auch mit Hilfen für das tägliche Lesen, besonders der Psalmen und der ganzen Bibel. 1559 erneuerte das Parlament die königliche Oberhoheit über die Kirche und leistete den Eid darauf.

Die *Iren* dagegen widersetzen sich der Reformation. Den aufgezwungenen anglikanischen Klerus lehnen sie ab. Sie unterhalten einen eigenen katholischen Klerus aus eigenen Mitteln.

2. Schottland

Wie Marias (der Blutigen) Ehe mit Philipp zu einer katholischen Rückentwicklung hätte führen können, so Maria Stuarts Ehe mit Franz II. von Frankreich. Die Verbindung von Schottland mit einer katholischen Großmacht hat von Anfang an der evangelischen Bewegung einen Kampfcharakter gegeben. In John Knox (ca. 1514-1572), dem kraftvollen Schüler Calvins, hat Schottland den Führer zur reformierten Staatskirche erhalten. Diese Kirche ist der englischen gegenüber eine geschlossene, auf der Selbstständigkeit der Einzelgemeinde, zugleich aber auf synodaler Verfassung aufgebaute Körperschaft. In ihr erwuchs der unausrottbare Widerstand gegen die französische Gefahr, die ihr durch Maria Stuart (1542-1587) und durch deren aus dem Haus der Guisen stammenden Mutter Maria drohte: Einflussreiche protestantische Adlige bildeten 1557 den *Covenant*, ein Schutzbündnis »zur Durchführung des Wortes Gottes und seiner Gemeinde«. Als Marias Regentin, Maria von Guise, gegen die Protestanten einschritt, kam es zum Bürgerkrieg. Verfolgungen bis zum Tod in den Flammen und auf französischen Galeeren – John Knox war 1547-49 Galeerengefangener – haben diese Kämpfer nach dem Herzen Calvins nur umso unbezwingbarer machen können.

Nach dem Tode Marias von Guise kommt es zum Vertrag von Edinburgh. Eine kleine Volkskirche behält allen politischen Mächten zum Trotz ihr evangelisches Zeugnis. Als Maria Stuart nach dem Tode Franz II. nach Schottland zurückkehrt und 1567 den Mörder ihres zweiten Mannes, den Grafen Bothwell, heiratet, muss sie zu Gunsten ihres Sohnes, Jakob VI., abdanken. Sie flieht nach England, wo sie von Elisabeth I. gefangen und hingerichtet wird (1587).

3. Der Freiheitskampf der Niederlande

In die gleiche Linie des zum Martyrium willigen Widerstandes weist der Freiheitskampf der Niederlande. Lutherische Märtyrer gibt es schon am Anfang der reformatorischen Bewegung: die Antwerpener Augustinermönche Heinrich Vos und Johann Esch (1523).

Als 1543 die Habsburger die Herren des gesamten kulturell und wirtschaftlich blühenden Landes mit seinen wichtigen Handelsplätzen für den Weltverkehr wurden, fanden sie schon in Friesland und im Norden von Holland neben den Lutheranern eine weit verbreitete Gruppe von Taufgesinnten (Mennoniten) vor. Über Frankreich drang dann später der Calvinismus in die Niederlande; dieser hat bald die Führung übernommen. Die Versuche Karls V. und Philipps II., wenigstens in diesem Gebiet die Reformation mit blutiger Strenge zu verbieten, sind fehlgeschlagen. Weder Margarete von Parma, die Philipp als seine Halbschwester zur Statthalterin ernannte, noch ihren Helfern, dem Kardinal Granvella und schließlich dem grausamen Herzog Alba, gelang es, den evangelischen Widerstand zu brechen. Die Tapferkeit des seines Standes bewussten Adels, auch der Stolz des freien Bürgertums halfen mit, dass der spanische Zwang scheiterte.

Zu nennen ist vor allem der kluge und hoch begabte Führer der Freiheitskämpfer, Graf Wilhelm von Nassau-Oranien (1533-1584), der Organisator des Kampfes. Dass sieben Provinzen im Norden das spanische Joch von sich warfen und sich durch lange Jahrzehnte hindurch ihr endgültiges Recht als unabhängige Republik erkämpften, wofür Zehntausende ihr Leben ließen, zeigt die Kraft einer Kirche vom Evangelium her. Ihr vermochte auch die Ermordung des Führers, des Grafen Wilhelm, keinen Abbruch zu tun (1584). Moritz, sein Sohn, leitet den Kampf dem siegreichen Ende zu.

Das Weltreich Spanien musste erkennen, dass eine kleine, unabhängige Republik kraft ihres religiösen Grundwillens all seinen Zugriffen gegenüber unerreichbar blieb. Diese Energie hat sich in ungeahnter Weise auch dem Wirtschaftsleben zugewandt und ebenso die geistige Bewegung, besonders der Universitäten, befruchtet.

4. Frankreich im Konfessionskampf – die Bartholomäusnacht

Die evangelische Bewegung, die unter Führung des gelehrten Verfassers biblischer Kommentare und Bibelübersetzers (1528) Lefèvre d'Etaples (= Faber Stapulensis) schon in den Zwanzigerjahren um Paris herum Boden gewann, stand in Verbindung mit dem Humanismus. Die theologische Auseinandersetzung mit dem Katholizismus wurde aber von Seiten des Staates besonders durch die Sorbonne sehr bald unterdrückt. Franz I. (1515-1547), ein ebenso absoluter Fürst wie Heinrich VIII. von England, konnte von einer Spaltung seiner Kirche nur eine Schwächung seiner Macht erwarten. Wie auch ihm das politische Ziel die religiöse Frage zu einer untergeordneten macht, zeigt vor allem seine zwiespältige Haltung in der Reformationszeit.

Während er im eigenen Lande eigentlich keine »Ketzerei« duldet, unterstützt er Lefèvre und dessen Schüler, Guillaume Briçonnet, den Bischof von Meaux, wohin Lefèvre zeitweilig vor dem Zugriff der Sorbonne flieht. Meaux wird Zentrum einer Erweckungsbewegung. Den Protestantismus im Schmalkaldischen Bund unterstützt Franz einzig darum, weil er in ihm den Gegner der Habsburger sieht. Das geht so weit, dass er 1535 Männer wie Martin Bucer und Philipp Melanchthon einlädt, obwohl die »Flugblattaffäre« (1534; Plakate gegen den »Unsinn der Messe«) harte Ketzergesetze hervorruft. Wohl auch hieraus mochte bei den Evangelischen in Frankreich die Hoffnung entstehen, das Königtum werde sich doch noch vom römischen Glauben abwenden.

Als sich Marguérite d'Angouleme (1492-1549), die Schwester des Königs, dem Protestantismus zuwandte – sie stand Briconnet nahe und gewährte Lefèvre in Navarra Schutz – und die neue Lehre im Adel bis zur nächsten Umgebung des Königs an Boden gewann, schien der Augenblick nicht fern zu sein, dass sich ein evangelisches Frankreich mit einem evangelischen König zwischen das Gefüge der habsburgischen Reiche stellt.

Mit ganzem Verlangen hat Calvin um dieses Ziel gerungen. Dafür sind seine vielen Briefe Zeuge. Für den Glauben werbend schrieb er an den König und die Königin von Navarra, Anton von Bourbon und Johanna d'Albret. Als die Königin zur reformierten Kirche übertrat und ihr Sohn, der spätere Heinrich IV., unter ihrem Einfluss heranwuchs, tragen Calvins Briefe einen ausgesprochen seelsorgerlichen Charakter. Wie viel Hoffnungen knüpfen sich an diesen Königshof für ganz Frankreich!

Inzwischen waren viele französische Flüchtlinge in Genf ansässig geworden, wo Theodor Beza Rektor der 1541 gegründeten Akademie wurde, von der viele Pfarrer nach Frankreich gesandt wurden.

In ganz besonderem Maße aber hat Calvin auf den zum Führer der Hugenotten werdenden Admiral Gaspard de Coligny aus dem Hause Châtillon Einfluss ausgeübt. In ihm gewann die protestantische Sache einen Mann mit hohen Gaben, weitem Blick, eisernem Willen und letzter Opferbereitschaft. Ein Brief Calvins an den damals von den Spaniern gefangenen Admiral vermittelt uns einen tiefen Eindruck von diesem kirchengeschichtlich hoch bedeutenden Dienst des Reformators, der zugleich auch Seelsorger ist.

> *». . . Nur bitte ich Sie, auch noch weiter daran zu denken, dass Gott Sie, als er Ihnen diese Heimsuchung (die Gefangenschaft) sandte, sozusagen beiseite nehmen wollte, damit Sie umso mehr auf ihn hören sollten. Denn Sie wissen wohl, Monsieur, wie schwer es ist, ihm mitten in der Ehre, dem Reichtum und der Gunst der Welt Gehör zu schenken. Denn diese Dinge machen uns zerstreut und wie unaufmerksam, bis er irgendein solches Mittel braucht, um uns zu sich zu ziehen. Nicht als ob zeitliches Gut und hoher Rang unvereinbar wären mit der Gottesfurcht. Vielmehr, je höher ein Mensch gestellt ist, umso*

mehr Gelegenheit ist ihm damit gegeben, seinem Gott näher zu kommen, umso mehr sollte er ihn ehren und ihm dienen... Deshalb, Monsieur, bitte ich Sie, da Gott Ihnen nun diese Gelegenheit geboten hat, in seiner Schule zu lernen, und Ihnen ganz persönlich etwas ins Ohr sagen will, so achten Sie darauf, damit Sie mehr als je merken, was seine Lehre wert ist und wie köstlich und lieblich sie uns sein muss. Halten Sie auch eifrig daran fest, sein Wort zu lesen, damit Sie daraus Belehrung empfangen und lebendige Wurzel fassen im Glauben, so dass Sie für Ihr ganzes Leben gefestigt werden zum Kampf mit den Versuchungen.« (4. Sept. 1558)

In der Tat, das Gefängnis von St. Quentin ist die Wende im Leben Colignys geworden. Als er, König Karls IX. bedeutendster Ratgeber, zu den Reformierten übertrat und dies offen bekannte, wurde den Hugenotten nicht nur der Führer geschenkt, sondern zugleich der Kampf an den königlichen Hof verlegt. Damit wurde der Versuch einer französischen Reformation für die ganze Nation zugleich eine hochpolitische Angelegenheit. Um den König stellte sich schützend und zu jedem Mittel der Gegenwehr entschlossen der alte Adel der Guisen und der Montmorencys. Der Kampf ging um die Krone und ihren nach dem Tode Franz I. schwachen Inhaber Heinrich II. Die Tatsache eines nach Genfer Vorbild gestalteten Glaubensbekenntnisses und die Bildung einer Nationalsynode zu Paris (1559) musste zu einer ernsthaften Auseinandersetzung drängen. Sie hat die nun folgenden Jahrzehnte ausgefüllt. In acht Stößen, von 1562 bis zum Edikt von Nantes 1598, haben die »Hugenotten« um ihren Glauben gekämpft. Als man dachte, durch die Ehe Heinrichs von Navarra mit Margareta de Valois, der Schwester Karls IX., werde es zu einer Entspannung kommen, machte die Bartholomäusnacht (23.-24. August 1572) allen Hoffnungen ein Ende. Coligny und viele, die zur Hochzeit geladen waren, wurden Opfer des furchtbaren Blutbades, das Maria von Medici, die Königinmutter, angestiftet hatte. Frankreich verlor einen großen Teil seiner Besten. Um König von Frankreich zu werden, trat Heinrich IV. zur katholischen Kirche über. »Paris ist eine Messe wert«, war sein armseliges Wort. Damit gewann er Paris, das er noch 1590 vergeblich belagert hatte. Um seinen ehemaligen Glaubensgenossen Erleichterungen zu verschaffen, legte er in La Rochelle und anderen Orten »Freiplätze« an, die im Notfall den Protestanten Sicherheit gewähren sollten; er erließ 1598 das Edikt von Nantes, das den Protestanten Duldung gewährte, 1683 aber wieder aufgehoben wurde. Der Kampf ging weiter.

5. Politik und Reformation trennen sich

Die zweite Ehe Philipps II. von Spanien mit Elisabeth von Valois drohte Frankreich in die Gewalt der Habsburger zu bringen. Das muss Heinrich IV. fürchten. Seine schwankende Haltung schwächt die königliche Macht. Er muss sich gegen die von Philipp unterstützte katholische Partei durchsetzen.

Aber auch Philipp II. stößt an seine Grenzen. Er hat am Ende des Jahrhunderts die wichtigsten Teile der Niederlande verloren. Das Bündnis mit Schottland entfällt mit der Hinrichtung Maria Stuarts. Ihre gescheiterten politischen Intrigen will Spanien durch den Angriff der »unüberwindlichen Armada« als katholische Aktion ausgleichen. Nun soll endlich der Schlag erfolgen, der dem Volk der Briten den Todesstoß gibt. Aber die ersten Augusttage 1588 haben alles anders gewendet, als Philipps Berechnung es wollte!

Überlegene Taktik, überraschender Sturm hat seine Flotte besiegt und vernichtet. Die spanische Seeherrschaft ist von da an beendet, die der Engländer beginnt. Von nun an lag kein durchgreifender Erfolg mehr über dem Handeln des alternden Spaniers. Heinrich IV. sagte sich von der habsburgischen Abhängigkeit los und erklärte Spanien den Krieg.

Als Philipp als Besiegter Frieden schloss und den bisher bekämpften französischen König anerkannte, war die Gegenreformation im Westen beendet. Die Welt drehte sich nicht mehr um Spanien, auch die katholische nicht. Der Papst sah in Frankreich seinen neuen Stützpunkt und das hilfreiche Gegengewicht gegen eine Lenkung der Kirche von Spanien her. Das politischnationale Ziel hatte sich überall als das lebenswichtigere erwiesen gegenüber den Versuchen, mit einer katholischen Liga oder einem protestantischen Weltbund nach Colignys Willen die Geschichte Europas zu gestalten.

Das reformatorische Anliegen entwand sich den Händen derer, die es in ihre politischen Berechnungen hineinzustellen unternahmen. Und das Papsttum dachte nicht daran, sein Schicksal auf die Dauer an die Unternehmungen eines Philipp II. zu knüpfen. So blieb die Sache des Evangeliums in noch stärkerem Maße vor einer politischen Gleichschaltung bewahrt.

6. Die Reformation in Nord- und Osteuropa

Früh kam die Reformation in den Norden. Albrecht von Preußen, der Hochmeister des Deutschen Ordens, hatte sein geistliches Amt aufgegeben, als er unter dem Einfluss Luthers evangelisch wurde und heiratete (1525). Von seinem nun säkularisierten Land, das sich schnell der Reformation erschloss, breitete sich die Reformation in den *baltischen Ländern* aus. Riga, Dorpat und Reval schlossen sich in einem Religionsbündnis zusammen. Das Luthertum wird in der folgenden Zeit von Russland und Polen bekämpft. Schweden muss dem russischen Druck im Osten weichen. Der Staat gewährte endlich dem Baltikum, seinen deutschen wie den dort beheimateten Stämmen, eine gewisse Religionsfreiheit.

In *Schweden* war die katholische Kirche dänenfreundlich. Im Prozess der Lösung von Dänemark erklärte der Nationalreichstag den Erzbischof von Uppsala für abgesetzt. Der Papst verhängte über Schweden den Bann und beauftragte mit dessen Durchführung den dänischen König Christian II. Unter dem neuen Schwedenkönig Gustav Wasa wurde die Trennung vollendet und die Reformation 1524-1527 eingeführt, auch in dem zu Schweden gehörenden *Finnland*. Finnlands eigentlicher Reformator wird Michael Agricola, der Begründer der finnischen Schriftsprache.

In *Dänemark* selbst begann die Botschaft Luthers als volkstümliche Bewegung, dann unter Christian III. als Staatskirche (seit 1536 unter Mitwirkung von Johannes Bugenhagen), dem sich auch *Südschweden*, *Norwegen* und *Island* als dänische Teilstaaten anschlossen.

Unter vielen Kämpfen fanden sich in *Polen* Lutheraner, Calvinisten und Böhmische Brüder zu einer Vereinigung zusammen (1570). Im Süden, in *Ungarn* und *Siebenbürgen*, entstanden lutherische Gemeinden. So hat die Reformation weit über Deutschland hinaus Verbreitung erfahren. Die Bibel in den Landessprachen prägt den Zusammenhalt der Gemeinden. Sie haben unter schweren Verfolgungen ihren Glauben bewahrt.

29. Kapitel
Die lutherische und reformierte Orthodoxie

1. Im Streit um die Lehre Melanchthons

Mancherlei Umstände haben zusammengewirkt, um vom Bekenntnis der Reformation zum Lehrgefüge der lutherischen bzw. reformierten Orthodoxie zu gelangen. Melanchthons humanistisches Erbe ist hierbei zuerst zu nennen. Schon 1540 erschien die *Augustana variata,* eine mit Zustimmung Luthers veränderte Form des Augsburger Bekenntnisses, der sich auch die Reformierten zuwandten. Hier waren Milderungen vorgenommen worden, die bis zur Änderung in der Abendmahlslehre gingen. Nicht nur im Blick auf Rom, sondern stärker noch, um die innerkirchlichen Unterschiede zu überwinden, suchte Melanchthon Vermittlung.

Da er das Kirchenvolk nicht für reif erklärte, in diesen Fragen zu entscheiden, setzte er in der Erziehung zum zuchtvollen Lebenswandel den besonderen Akzent. Die Visitationen in den Gemeinden zeigten, in welchem Maße falsch verstandene Freiheit zur Aufhebung der sittlichen Normen geführt hatte. Von hier aus hat die Orthodoxie das pädagogische Prinzip in den Vordergrund gestellt. Die Rechtfertigungslehre, der Schwerpunkt des lutherischen Bekenntnisses, wird bei Melanchthon zum Ja des Glaubenden, der Gott nicht mehr widersteht. Dem Werk und Willen des Menschen ist damit eine Mitwirkung zugestanden. So verstehen wir unter der Orthodoxie das Bestreben, die Botschaft der Reformation auf das lehrmäßige, zentrale Anliegen der Rechtfertigung nach allen Seiten zu bestimmen und allen Verkürzungen zu wehren.

Zur kirchengeschichtlichen Auseinandersetzung kamen nun diese Vermittlungen und Abweichungen an ganz bestimmten Lehrpunkten. Schon in den ersten Jahrzehnten der Reformation richtete sich gegen den Schematismus Melanchthons ein Angriff. *Johann Agricola* (1494-1566) wehrte sich dagegen, dass der Predigt des Evangeliums die Verkündigung des Gesetzes vorangehen müsse. Luther, der für die Gleichzeitigkeit beider Elemente der Schrift eintrat, deckte Melanchthon, weil er in Agricolas Sätzen Schwärmertum vermutete. Schärfer rückte man gegen den müde gewordenen Melanchthon vor, als er sich in den Verhandlungen nach der Mühlberger Schlacht zum Augsburger und für Kursachsen zum Leipziger Interim bereit fand (1548), zu einem der Form nach vollen Kompromiss mit dem

Katholizismus. Zwar wurden den Protestanten – nur ihnen galt der Vertrag – Priesterehe und Laienkelch vorläufig gewährt; die katholischen Zeremonien mussten aber beibehalten werden.

Damals war es Matthias *Flacius Illyricus* (1520-1575), Luthers Schüler, der den alt gewordenen Magister Melanchthon zur Zurücknahme seiner Zugeständnisse zwang. »Im Stand des Bekennens gibt es keine Adiaphora«, keine gleichgültigen Dinge, über die man so oder so denken kann.

Zwei Geistesrichtungen standen sich im jungen Luthertum gegenüber: »Sind gute Werke zur Seligkeit notwendig?«, fragten die einen, »Ist der Mensch dem göttlichen Angebot gegenüber nur ein toter Baumstumpf?« (so Flacius), die anderen. Sollte Luthers Theologie in der Hand seiner Nachfolger in einem Gemisch von Philosophie und Glauben enden? Wohl klagte Melanchthon über die Heftigkeit der Streitenden, dem Treiben auf den Universitäten stand er aber selbst ratlos gegenüber.

2. Der Heidelberger Katechismus

Mitten in diesen oft kümmerlichen Zwistigkeiten wurde es den Reformierten möglich, im *Heidelberger Katechismus* zu einem bedeutsamen Bekenntnis zu kommen (1563). Anreger war Kurfürst Friedrich III. von Kurpfalz, der die Streitigkeiten zwischen den strengen Vertretern der sog. (Gnesio-)Lutheraner und den Philippisten (Anhänger Melanchthons) und der Schweizer Protestanten beenden wollte. Zacharias Ursinus und Caspar Olevianus sind seine Verfasser. Von des Menschen Elend (1), von des Menschen Erlösung (2) und von der Dankbarkeit (3) handelt der in Frage und Antwort gegliederte Katechismus. Unvergänglich mit der an Luthers Auslegung zum zweiten Artikel des Glaubensbekenntnisses erinnernden Satz ist die erste Frage:

» *Was ist dein einiger Trost im Leben und Sterben? Dass ich mit Leib und Seele, beides im Leben und im Sterben, nicht mein, sondern meines getreuen Heilandes Jesu Christi eigen bin, der mit seinem teurem Blute für alle meine Sünden vollkömmlich bezahlet und mich aus aller Gewalt des Teufels erlöst hat, und also bewahret, dass ohne den Willen meines Vaters im Himmel kein Haar von meinem Haupte fallen kann, ja auch mir alles zu meiner Seligkeit dienen muss. Darum er mich auch durch seinen Heiligen Geist des ewigen Lebens versichert und Ihm forthin zu leben von Herzen willig und bereit macht.«*

Der Katechismus wird in Holland, in der Schweiz, in einer Reihe deutscher Fürstentümer und von den reformierten Gemeinden des Auslands aufgenommen und wird zum Band des reformierten Protestantismus in der Welt.

3. Konkordienformel und Konkordienbuch

Es gelang aber auch den lutherischen Theologen, ein Bekenntnis zu formulieren. Daran sind namentlich die Württemberger unter Führung von Jakob Andreae, die niedersächsischen und badischen Theologen beteiligt. Als die heimlich zum Calvinismus hinüberschwenkenden sächsischen Theologen ausgeschaltet waren, war der Weg zu einer Verständigung zwischen Nord- und Süddeutschland frei.

Der Name »Konkordienformel« sagt zur Charakteristik des Bekenntnisses schon das Wichtigste: Wie in der Scholastik des Mittelalters herrscht hier im ausgehenden Reformationsjahrhundert das Denken von der Mitte her. Man glaubt, die Lage dadurch zu klären, dass man die Gegner auf den radikalen Flügeln ausschaltete. So wird Flacius abgelehnt, aber auch ein Mann wie Andreas Osiander, der im Gegensatz zu Flacius die Rechtfertigung mit der Innewohnung Christi im Gläubigen verbindet. In der übrig bleibenden Mitte stehen wir nun aber noch nicht bei Luther, sondern viel eher bei Melanchthon.

Die Konkordienformel (1577) wird durch das Konkordienbuch (1580) ergänzt, in dem es die Hauptbekenntnisse der alten und der lutherischen Kirche zusammenfasst: das Augsburgische Bekenntnis, die drei altkirchlichen Bekenntnisse, die Apologie, die Schmalkaldischen Artikel, den großen und den kleinen Katechismus sowie die *Formula Concordiae*. Im Ganzen ist die Linie Melanchthons stärker betont als die Luthers. 1530, genau fünfzig Jahre zuvor, stand in Augsburg eine Schar bekennender Fürsten und Städte vor Kaiser und Reich mit dem Augsburger Bekenntnis. Jetzt versuchen einige Theologen, die auseinander strebenden Teile des Luthertums beieinander zu halten. Es ist nur teilweise gelungen. Hessen, Pfalz, Zweibrücken, Pommern und eine Reihe von Städten machten nicht mit. Ihnen schien die Bibel und die Augustana das ausreichend einigende Mittel zu sein. Viel redliches Mühen, Scharfsinn, aber auch Rechthaberei beschattet nun das folgende Jahrhundert der Orthodoxie. Um die »reine Lehre« geht es sonderlich im Kampf zwischen Abraham Calov (1612-1686) und Georg Calixt (1586-1656). Die Fakultäten Helmstedt und Wittenberg ringen um das Zentrum des Glaubens, die Rechtfertigung. Calixt stand schon ganz in der Linie der kompromissbereiten Theologie, zu Melanchthon neigend. In den Gemeinden fanden diese Auseinandersetzungen kein Interesse mehr.

Dennoch muss es der Orthodoxie gedankt werden, dass sie das lutherische Bekenntnis vor dem Zerfließen in konfessionelle Kirchen bewahrt hat. Sie hat nicht nur Rom gegenüber das evangelische Bekenntnis betont, sondern dem glaubenslosen Zeitgeist die Glaubensgewissheit bezeugt.

4. Der Kampf gegen den Arminianismus

Lenken wir von hier aus den Blick auf die Orthodoxie im Gebiet der reformierten Kirche, wie sie in der Schweiz, in Frankreich,

Schottland, in den Niederlanden und am Niederrhein sich findet: Beherrschend blieb für sie alle die Unionstendenz Calvins, die in seiner praktischen Grundhaltung liegt. Für ihn ist Kirche nicht der obrigkeitliche Apparat, der im Übrigen seine Lehrkämpfe ausficht, sondern in ganz anderem Maße tritt die Gemeinde als Kampfbund in Erscheinung, als Zeugin vor der Welt in Wandel und Wort. Das lässt naturgemäß die theologischen Fragen bei den Kirchen des Westens in die zweite Linie rücken.

Das Problem aber, an dem im Lebenskampf der Kirchen Calvins alles hing, zwang zu weitgehender Auseinandersetzung: die Lehre von der Erwählung (Prädestination). An ihr hing das Sendungsbewusstsein der todesmutigen Streiter der Gegenreformation.

Als aber die führenden Bürgerkreise in Holland die schroffe Form der Prädestination ablehnten und damit ihre Verbindung mit humanistischen Gedanken bekundeten, fanden sie in Theologen wie dem Niederländer Jakob Arminius (1560-1609) Unterstützung. Auch der große Staatsmann Hugo Grotius vertrat den Standpunkt der Arminianer. Sie sprachen vom Universalismus einer Gnade, die zu allen in der Verkündigung kommt, ohne jedoch den Einzelnen in ihre Bahn zu zwingen.

Unerwartet schnell aber wurde dieser Streit abgebrochen, als Moritz von Oranien den orthodoxen Lehrern folgte und gegen die Arminianer mit Gewalt bis zum Schafott vorging. Damals bestimmte die Synode von Dordrecht 1619 unter Zustimmung fast aller reformierten Kirchen die Ablehnung des Arminianismus und das Festhalten an der Lehre Calvins.

30. Kapitel
Durch Religionskriege zur Toleranz

1. Die Kirche im Dreißigjährigen Krieg

Der Dreißigjährige Krieg hat die Kirche unter Leiden und Sterben zur Verinnerlichung geführt. Das sagen uns die Choräle, die in dieser Zeit entstanden sind und gesungen wurden. Philipp Nicolai und Johann Matthäus Meyfarth, Johann Heermann und Martin Schalling haben in den Anfechtungen des Krieges einen tief greifenden Dienst getan. Vor allem ist der gesamten Christenheit mit Paul Gerhardt (1607-1676) der Dichter der Festlieder, des tröstenden Zuspruchs und der Freude an der Natur geschenkt worden. Luthers Erbe hat er gegen seinen reformierten Kurfürsten in Berlin verteidigt und dabei seine Kanzel an St. Nikolai verloren.

Neben dem Liedgut ist die Erbauungsliteratur für das 17. wie für die folgenden Jahrhunderte von weit greifender Bedeutung geworden. Johann Gerhards (1582-1637) »Heilige Betrachtungen« haben als Andachtsbuch vielen Generationen gedient. Johann Arndt (1555-1621) ist als Verfasser der »Vier Bücher vom wahren Christentum« bekannt geworden. Ihm ist die Mystik des späten Mittelalters nicht fremd. (Auch Luther hat aus der »Theologia Deutsch«, einem katholischen Buch, in seiner frühen Zeit Nutzen gezogen.)

Während die orthodoxe Theologie mit stärkster Hingabe an den einzelnen Lehrpunkten der Dogmatik und Ethik arbeitet, wird die Predigt allzu oft lehrhaft, trocken und gesetzlich.

2. Der Dreißigjährige Krieg und der Westfälische Friede (1618-1648)

Der Augsburger Religionsfrieden von 1555 barg in sich den Keim zu neuen, schweren Auseinandersetzungen. Die Jesuiten erkannten mit klugem Blick, wie leicht sich eine Rückgewinnung evangelischer Länder durch den Einfluss auf die Fürsten erreichen ließ. Dies gelang z.B. in Bayern und Baden, wo Gebiete in die Hände der römischen Kirche zurückgeführt wurden. Vergeblich versuchte in Köln der evangelisch gewordene Erzbischof Gebhard, Truchsess von Waldburg, die Bestimmung von Augsburg zu durchbrechen – den »geistlichen Vorbehalt«, der die konvertierenden Bischöfe aus ihrem Amt entließ.

Umfassender und für die Zukunft bedeutsamer noch war seit 1595 die Religionspolitik Ferdinands II. von Österreich, dem späteren römischen Kaiser. Mit schärfsten Mitteln schlug der von Jesuiten Erzogene den erwachenden Protestantismus in Tirol und Österreich nieder. Das absolute Landesfürstentum stellte sich in den Dienst der Gegenreformation, dem von Rom her geleiteten Jesuitenorden willig folgend. So schuf die konfessionelle Spaltung in noch höherem Maße eine Trennung der Gebiete. Nicht die Reichsgewalt wuchs an Bedeutung, sondern der eigene und oft auch kirchlich kleinliche Gesichtspunkt der zum Teil winzigen Fürstentümer.

Während England und Frankreich in starker nationaler Einheit ihren Konfessionskampf durchstehen, wird das zerrissene Deutschland das Schlachtfeld für den blutigen Streit. Die Verknüpfung von Thron und Altar *(Cuius regio, eius religio* = »wessen das Land, dessen die Religion«) musste notwendigerweise die übergreifende Einheit des Protestantismus hindern. Die wachsende Spannung zwischen Lutheranern und Reformierten tritt dem zur Seite. Deutschland scheint also wie geschaffen, das fruchtbarste Feld für die Gegenreformation zu werden, und dies nach dem Willen der spanisch-habsburgischen Macht.

Dazu kam, dass Polen und Schweden sich politisch verbanden. In Polen gewährte der *Pax dissidentium* 1573 allen religiösen Richtungen Freiheit. Aber in Stanislaus Hosius (1561 Kardinal, † 1579) und anschließend in König Sigismund III. Wasa (1587-1632) fanden die Protestanten fanatische Gegner. Durch Unterdrückung und Auswanderung sowie durch gegenseitige Bekämpfung reduzierte sich der protestantische Bevölkerungsanteil auf einen kleinen Rest, der allerdings den polnischen Staat überdauerte.

Das schwedische Königshaus Wasa liebäugelte eine Zeit lang mit dem Katholizismus, weil es die polnische Krone nicht preisgeben wollte. Der 1604 katholisch gewordene Sigismund wird verjagt und Karl IX. besteigt den schwedischen Thron. Das Luthertum in Schweden erwies sich fest genug gegenüber allen Rückführungsversuchen. Gerade von Schweden her sollte in der Stunde der größten Gefahr die Hilfe für den gesamten deutschen Protestantismus kommen.

In kurzen Zügen sei hier ein Bild des Krieges gezeichnet, der ein Menschenalter hindurch in wechselndem Geschehen den Kontinent bewegte und weit über seine Zeit hinaus in Erinnerung geblieben ist:

1618-1625: Schon vor 1618 standen wie einst in der Schweiz und in der deutschen Reformation die Bünde zum Kampf bereit. Nachdem Maximilian von Bayern die Reichsstadt Donauwörth widerrechtlich rekatholisiert und annektiert hatte, kam es 1608 zur Evangelischen Union von Ahausen unter der Führung Friedrichs IV. von der Pfalz und als Reaktion darauf 1609 zur Gründung der Katholischen Liga, deren Haupt der zusammen mit seinem Vetter, dem späteren Kaiser Ferdinand II., von Jesuiten erzogene Kurfürst Maximilian I. von Bayern wurde. In Böhmen brach der Krieg aus, als sich die protestantischen Stände in ihren heiligsten Rechten (der »Majestätsbrief« Rudolfs II. von 1609 sicherte den Protestanten weitgehende Freiheiten) verletzt sahen: Zwei evangelische Kirchen wurden vertragswidrig geschlossen. Daraufhin wählten die Protestanten den evangelischen Kurfürsten Friedrich V. von der Pfalz zum König von Böhmen. Aber das politisch haltlose Unternehmen des »Winterkönigs« schlugen die Habsburger mit überlegener Macht nieder. An der Schlacht am Weißen Berge (1620) beteiligte sich Spanien, Kursachsen und die Liga unter Ferdinand II. Die Folge war die Ausrottung der Evangelischen in Böhmen, in der Ober- und Rheinpfalz. Maximilian erhielt die Kurwürde der Pfalz.

1625-1629: Schwerer noch war die Entwicklung bis zum Jahre 1629, als Kaiser Ferdinand II. die dänisch-(Christian IV.)-holländisch-englische Einmischung zu Gunsten des protestantischen Nordens abwies und durch Tilly und Wallenstein weite Gebiete aus dem einst geistlichen Besitz wieder in die Hand der katholischen Kirche zurückeroberte. Da Sachsen und Brandenburg ihre Neutralität bewahrten, war die Sache des Protestantismus aufs Äußerste gefährdet. Im Restitutionsedikt von 1629 wurde die Rückgabe aller seit dem Passauer Vertrag (1552) eingezogenen geistlichen Güter erzwungen, der Religionsfrieden auf die Lutheraner beschränkt. Hundert Jahre nach der Reformation hatte es den Anschein, als sollte die politische Macht der Habsburger, nun auf ganz Deutschland konzentriert, zum siegreichen Ziel gelangen. Doch da kam Rettung aus dem Norden.

1630-1632: Es geschieht Gustav II. Adolf von Schweden Unrecht, wenn man ihm Unlauterkeit vorwirft, weil er nicht rein und ganz aus religiösen Motiven gehandelt hat. Er hätte sein Königsamt schlecht verstanden, wenn er die Gefahr für den Norden durch Habsburg übersehen hätte. Die Freiheit und Größe des schwedischen Reiches lag für seinen klaren und weiten Blick durchaus in der Schnittlinie der protestantischen Frage. Unausweichlich entschied die Katholisierung Deutschlands über den Glauben wie über die politische Unabhängigkeit Schwedens. In dieser Erkenntnis hat Gustav Adolf gehandelt, in seinem Vordringen aufgehalten durch die Unschlüssigkeit Brandenburgs und Sachsens, was Tilly die Einnahme und Zerstörung Magdeburgs 1631 ermöglichte.

Das Missverhältnis seiner eigenen kleinen Armee im Vergleich zur katholischen Übermacht vermag aber auch die andere Seite zu beleuchten. Gustav Adolf handelte nicht nur als schwedischer Politiker im Rahmen der Gesamtlage der protestantischen Staaten. Er wusste sich im Glauben mit seinen bedrängten Brüdern verbunden. Ein kurzer entscheidender Siegeszug über Breitenfeld, wo er 1631 Tilly schlug, nach Lützen (1632) und dort in den frühen Tod – das ist der Weg dieses Mannes, dem Deutschland die Rettung des Protestantismus verdankt. Als die Schweden bei Nördlingen 1634 geschlagen wurden, war das protestantische Übergewicht wieder dahin. 1635 schließt Kursachsen mit dem Kaiser den Separatfrieden von Prag.

Das politische Ende des Krieges: Als sich im letzten Drittel des Krieges außer Schweden auch Frankreich gegen Habsburg einschaltete, war freilich die Größe und Reinheit der Motive dahin. Was lag Frankreich am deutschen Protestantismus? Wieder überwiegen die politischen Motive und Kräfte. Sie führen zum Westfälischen Frieden von Münster und Osnabrück (1648). Er stellt im Ganzen eine gewisse Lockerung des Augsburger Religionsfriedens dar – nun wieder auf die Reformierten ausgedehnt. Freikirchliche Sammlungen blieben ausgeschlossen. Der Landesfürst bestimmt nicht mehr so streng die Konfession seiner Untertanen. Minoritäten werden geduldet. Er hat über die beiden evangelischen Bekenntnisse keine Verfügungsgewalt mehr, sobald er selbst den Glauben wechselt. 1624 soll als Normaljahr der in protestantischem Besitz gewesenen geistlichen Güter als gültiger Bestand gelten. Säkularisierungen und wesentliche Gebietsregelungen werden vorgenommen: Die Niederlande und die Schweiz werden unabhängig, Schweden erhält Bremen-

Land und Verden als weltliche Herzogtümer, Brandenburg dehnt sich nach Westen aus. Bayern behält die Oberpfalz und die Kurwürde, und die Kurpfalz wird als achtes Kurfürstentum wiederhergestellt u.a.m.

Österreich und ein Teil von Schlesien waren vom Westfälischen Frieden ausgeschlossen. Bis 1654 wurden denn auch in Schlesien über 650 evangelische Kirchen geschlossen und 500 Pfarrer vertrieben. Tausende Protestanten wanderten in die Oberlausitz aus. Die jesuitische Propaganda an den Höfen blieb in der Folgezeit nicht aus.

Weite Strecken des deutschen Landes waren nach den furchtbaren Kriegs-, Pest- und Hungerjahren zerstört. Unter dem seelischen Druck dieser Zeiten sind die Kreuz- und Ewigkeitslieder der Kirche entstanden. Die Orthodoxie suchte sich am Erbe der Väter wieder aufzurichten. Es kam auch hin und her zu Ausgleichsverhandlungen, um den Streit zwischen Lutheranern und Reformierten beizulegen. Das ernste Angesicht des Todes ist dieser Generation aufgeprägt.

Der Toleranzgedanke ist nicht nur ein philosophisches Produkt. Er ist die notwendige Reaktion gegenüber einem Zeitalter, das mit Feuer und Schwert eine Einheit zu erreichen suchte, die sich so nie und nimmer erzwingen lässt.

3. Frankreich bis zur Aufhebung des Ediktes von Nantes (1685)

Ganz anders ist die Geschichte der Kirche in Frankreich verlaufen. Kluge Kardinäle, Richelieu (1624-1642) und Mazarin (1643-1661), führen Jahrzehnte hindurch gewissermaßen das Protektorat über die Könige des Hauses Bourbon. Sie tun es in den Linien des Ediktes von Nantes (1598): Der »absolute« Staat in Verbindung mit der absoluten Kirche soll die gesamte Kultur umklammern und in die gewünschten Bahnen lenken. Damit verträgt sich sogar eine gewisse Duldung der Hugenotten. Man braucht die nationale Einheit, um desto entschlossener sich dem spanisch-habsburgischen Ring zu entziehen.

Dass sich auch im 17. Jahrhundert diese beiden großen katholischen Mächte nicht finden und jede von ihnen auf ihre Weise mit dem Papst fertig zu werden sucht, ist für den Protestantismus eine nicht zu unterschätzende Hilfe. Während aber Richelieu Macht genug besitzt, um die verschiedenen Kräfte in starker Führung unter sein Regiment zu bringen, glaubt Ludwig XIV., (1643-1715) von den sechziger Jahren an nur mit Unterdrückung der Hugenotten seinem Absolutheitsanspruch zu genügen. Die Schatten der Bartholomäusnacht und der bewaffneten Aufstände der zwanziger Jahre (La Rochelle wird 1628 von den Hugenotten heldenhaft verteidigt, nach der Einnahme gewährt ihnen Richelieu 1629 das »Gnadenedikt von Nimes«) weichen nicht mehr. Eine freie Behandlung der religiösen Fragen erscheint unmöglich. In einer Kette von einengenden Bestimmungen und Schikanen aller Art erfolgt schließlich die Aufhebung des Ediktes von Nantes im Jahre 1685. Damals hat Frankreich über eine halbe Million seiner tüchtigsten Bürger des Landes verwiesen. Sie fanden in England, Holland und namentlich auch Deutschland eine neue Heimat. Aber auch viel Blut ist in dieser Zeit um des Glaubens willen geflossen. Der absolute Wille des Königs beherrschte die französische Kirche, löste sie, so weit es eben ging, von der päpstlichen Leitung und schuf namentlich mit Hilfe der Jesuiten jene Frömmigkeit, die in Gebärde und Ton der Wahrheit entbehrte. Das aufs Schärfste zu geißeln, wurde Molière (1622-1673), selbst Jesuitenschüler, in seinen Dramen nicht müde.

In unauslöschlicher Erinnerung bleibt der heldenmütige Kampf der Hugenotten in den Cevennen um 1700. Gegenüber den Truppen des Königs waren sie – vorwiegend Bauern – jedoch zu schwach. Schwerer noch war der innere Verlust: Sie konnten ihre geistliche Kraft nicht mit den Waffen erhalten. Ein innerer Zerfall war die Folge.

4. Der geistliche Aufbruch in der katholischen Kirche

Im französischen Katholizismus gab es Kräfte genug, die den verhängnisvollen Kurs sahen. Der Bischof von Ypern, Cornelius Jansen, wagte, gestützt auf die Autorität Augustins, den Stoß gegen die verfluchende und moralisierende Theologie der Jesuiten. In Port Royal sammelte sich nach dem Tode Jansens eine Reihe seiner Anhänger, unter ihnen die Äbtissin des Zisterzienserinnenklosters Jacqueline Arnauld (Mutter Angélique), der Sorbonne-Professor Antoine Arnauld, der Dramatiker Jean Racine; der bedeutendste ist aber Blaise Pascal (1623-1662). Seine »Gedanken« (Pensées, 1669) sowie die »Provinzbriefe« (1656) haben den Weg zu vielen nachdenkenden Katholiken und Protestanten gefunden. Rücksichtslos deckte der gelehrte und geniale Mathematiker die Widersprüche im kasuistischen System des Jesuitentums auf.

Im Grunde ist der Jansenismus eine innerkirchliche Bewegung und kündigt gleichsam als Vorposten den Geist einer neuen Zeit an. Er birgt in sich ein mystisches Moment, ähnlich der mittelalterlichen Frömmigkeit. Bei Blaise Pascal verbindet sich der Glaube mit seinem philosophischen Wissen. Wohl überwindet er den Verdienstgedanken nicht, und doch ist sein Bekenntnis ein Signal, das den König seit 1660 auf den Rat Mazarins hin zusammen mit den Jesuiten gegen Port Royal agieren lässt, bis er es 1709 aufhebt und 1710 zerstört. Der Kampf richtet sich zu dieser Zeit besonders gegen ein von Paschasius Quesnel 1692 mit Anmerkungen herausgegebenes französisches Neues Testament, das von König und Papst geschätzt und doch von Clemens XI. verdammt wird. Erst die große Revolution am Ende des 18. Jahrhunderts hat Frankreich die Toleranz gebracht.

Stiller ist der Weg der Mystiker um Jeanne Marie Guyon de la Motte (1648-1717) und François Fénelon, den Erzbischof von Cambrai (1651-1715), Erzieher von Ludwigs XIV. Enkel und Verfasser des Bildungsprogramms »Telemach«. Zur Trennung von der Kirche kommt es jedoch nicht. Dazu ist das Band der Mystik zu stark. Franz von Sales (1567-1622), Verfasser der »Philothea«, eines weit verbreiteten Andachtsbuches, seit 1612 Bischof von Genf, Beichtvater der französischen Gesellschaft, vertrat die neue pietistische (= passive, stille, verinnerlichte) Frömmigkeit. Männer wie Carlo Borromeo (1538-1584) und der Jansenistengegner Vinzenz von Paul (1581-1660) wirken als Volkserzieher und in der Armenpflege in Erinnerung an Franz von Assisi. Eine weit greifende Diakonie wird in dem allen sichtbar.

Die Ordensgründungen gehen zurück. Die historisch-philosophischen Wissenschaften blühen: In den Klöstern arbeitet man an den Kirchenvätern, am alttestamentlichen und neutestamentlichen Kanon sowie an der Kirchengeschichte.

5. *England und Schottland*

Als das Reich der Königin Elisabeth von der Bedrängnis durch die Spanier befreit war, glaubte man, eine einheitliche romfreie Kirche errichten zu können. Dem schottischen Calvinismus (Presbyterianer) entsprechen in England die »Puritaner«, die »Gereinigten«, wie man sie nannte, weil sie entschlossen waren, den Mischcharakter des Anglikanismus zu beseitigen und sich dem Staatschristentum nicht zu unterwerfen. Diese z.T. hart verfolgte Gruppe fand ihren Weg nach Holland, das mehr und mehr ein Zufluchtsort der von allen Seiten Auswandernden wurde – besonders der Taufbewegungen. Die Puritaner gaben aber auch im Heimatland den Kampf nicht auf, und dies umso weniger, als nach Elisabeths Tod die Stuarts wieder zur Herrschaft kamen. Maria Stuarts Sohn Jakob VI., seit 1603 als englischer König Jakob I. (1603-1625), eint England und Schottland unter seinem Regiment, wiewohl sie als Reiche getrennt bleiben. Selten haben Könige die Bedeutung der Stunde so grundlegend verkannt wie

Jakob I. und sein Sohn Karl I. (1625-1649). Sie glaubten, durch die Hilfe der anglikanischen Staatskirche – sie setzten Bischöfe für Schottland ein! – die innere Einheit des Reiches zu erlangen, und übersahen dabei, dass man im calvinistischen Schottland keine Bischöfe einsetzen und in England den Puritanismus nicht als Belanglosigkeit beiseite drängen durfte. War es nicht von der absolutistischen, hochkirchlichen Politik Jakobs und Karls nur noch ein Schritt zum Katholizismus? Durch die Verknüpfung des politischen Zieles mit dem religiösen erreichten aber die Stuarts das volle Gegenteil, indem sich nunmehr die nationalen Gruppen auf ihr nichtanglikanisches Bekenntnis besannen und der anglikanischen Hochkirche den Rücken kehrten.

Die Zeichen standen schon bedenklich, als im Jahre 1625 Karl der Nachfolger seines Vaters wurde und die katholische Henriette Maria von Frankreich, Tochter Heinrichs IV., heiratete. Indem er zusammen mit dem Erzbischof von Canterbury, William Laud, in der immer mehr katholisierenden Hochkirche die Zukunft seines Landes zu erkennen glaubte, trieb er die Gegensätze auf die Spitze. In rascher Entwicklung geriet die Führung der Nation in die Hände des Parlaments. Hier sind es zunächst die Anhänger der presbyterianischen, dem Calvinismus nahe stehenden Kirchenverfassung, die das Übergewicht haben. Sie wollen auf organischem Wege die bischöfliche Kirche in ihr mehr reformiertes Ideal umleiten. Da wird diese Richtung in überraschender Eile von einer noch radikaleren Partei überflügelt: dem Independentismus (die »Unabhängigen«) mit seinem Führer Oliver Cromwell.

6. *Oliver Cromwell (1599-1658)*

Der Glaube an das Staatskirchentum ist im Sinken begriffen. Vor den Augen des Parlaments steht die neue Zeit. Sie zerbricht den Gewissenszwang und fordert die Toleranz; sie gibt dem Einzelnen die Freiheit und ist das Ende des Absolutismus. Sie vermittelt nicht zwischen den verschiedenen Möglichkeiten, sondern weiß sich zum Handeln berufen. Diese neue Zeit will eine totale Umwälzung im Staat und in der Kirche schaffen. Unklar in den Einzelzügen entsteht das Ideal einer staatsfreien Kirche, in der sich die Gläubigen und nur sie zu Einzelgemeinden zusammenfinden. Synoden stellen den Zusammenhang der im Übrigen gleichgeordneten, selbstständigen Gemeinden dar.

Schärfer konnte der Gegensatz zur Hochkirche nicht formuliert werden. Man hat den Eindruck, dass die ein Jahrhundert zurückgehaltene Glut religiöser Leidenschaft in diesem Augenblick mit einer unvergleichlichen Gewalt aufbricht. Nüchterne Männer, eben noch Puritaner, erschließen sich enthusiastischen Strömungen und glauben, das Tausendjährige Reich sei nahe. Ein Chaos ohnegleichen droht hereinzubrechen, bis der Heerführer und Politiker Cromwell das Heft in die Hand nimmt.

Cromwell ist ein Spross des alten englischen Landadels. In seine Jugend fällt die persönliche Begegnung mit dem Wort Gottes, wie es ihm puritanische Kreise vermitteln. Hier verbindet sich natürliche Willenskraft und Strenge mit dem Wissen um göttliche Führung im täglichen Leben.

Unmöglich erscheint von der Schau Cromwells aus ein Königtum, das zwischen Schottland und England mit dem Bürgerkrieg als letzter Waffe zur Erhaltung seiner Macht spielt. Unmöglich auch ein Parlament, das diesen König noch zu halten sucht. Der Radikalismus der »Unabhängigen« bringt schließlich über Cromwells anfängliche Bedenken hinweg den König aufs Schafott. Als »Tyrann, Verräter, Mörder und Feind des Gemeinwesens« muss Karl I. am 30. 1. 1649 sterben. Acht Tage später wird die Republik ausgerufen, die nun ganz Großbritannien umschließt; 1653-1658 besteht das Protektorat mit Oliver Cromwell als Lord-Protektor auf Lebenszeit.

Cromwell setzt nun nicht an die Stelle des absoluten Königtums das »Parlament der Heiligen«, das vom 4. 7. bis 12. 12.

1653 mit Gebet und sozialreformerischen Umsturzplänen regierte, sondern sehr bald die eigene, eisern entschlossene und sachlich überlegene Diktatur. Er findet den Weg zu Frankreich, um in der Einheit mit ihm gegen Spanien vorzugehen. Er vergisst dabei aber nicht, als protestantischer Führer zu handeln und sich der bedrängten Glaubensgenossen, der Waldenser in Italien und anderswo, anzunehmen. Cromwell ist der bedeutendste Verfechter der religiösen Toleranz, die er allerdings weder auf die Katholiken noch auf die bischöflich gesinnten Hochkirchler ausdehnte, da er ihnen politisch nicht trauen konnte. Diktatur und Toleranz[135], großbritannische Herrschaft und treueste Achtung der kirchlichen Eigenbildungen der Länder England und Schottland, vorsichtiger Anschluss an Frankreich und dennoch europäisch-evangelische Politik – diese Spannungen bezeichnen die kirchengeschichtlich bedeutsame Leistung Cromwells. Zum ersten Male wird in Europa der Gedanke der Religionsfreiheit wach.

Dennoch ist damit das Geheimnis Cromwells noch nicht erklärt. Er wusste sich von Gott gesandt und sah in der politischen Führung der Nation das ihm von Gott gegebene Amt. Gebet und Wort waren ihm dabei die tägliche Nahrung und gaben seinem Sendungsbewusstsein in den Anfechtungen und Niederlagen die immer neue Spannkraft. In diese Sendung schloss er sein ganzes englisches Volk mit ein.

In der Frage nach dem religiös-politischen Schwärmertum kommt niemand an der Beurteilung Cromwells vorbei. Er hat seine Ziele nicht erreicht. *Die Einigung des Protestantismus blieb aus.* Toleranz und Absolutismus zu vereinen ging über die Kraft seiner Persönlichkeit. Alle seine politischen Ziele liegen zerbrochen am Boden, als er stirbt. Als die Stuarts zurückkehren (1660-1688), erscheint Cromwells Zeit wie eine bedeutungslose Epoche. Alle Parteien erheben wieder ihr Haupt, und die eben

---

[135] Toleranz = Duldung

noch herrschenden Independenten[136] werden verfolgt. England soll, so sieht es aus, in den Schoß der katholischen Kirche zurückkehren. Karl II. (1660-1685) und sein Bruder Jakob II. (1685-1688) haben den Weg zur alten Kirche zurückgefunden. Aber das Evangelium kann aus dem Inselbereich nicht mehr vertrieben werden. Die Stuarts gewinnen keinen Boden mehr und müssen in der »Glorreichen Revolution« von 1688 endgültig weichen. Der Protestant Wilhelm III. von Oranien, Jakobs Schwiegersohn, wird König. Nun bricht sich der Toleranzgedanke erst recht Bahn, die Brücke zum Gesamtprotestantismus ist gefunden. Nun ist auch Schottland mit England verbunden.

Cromwell ist denen verwandt, die in irgendeiner Weise mit dem Täufertum verbunden sind. George Fox (1624-1691), der Begründer der Quäker, der »Gesellschaft der Freunde«, verkündigt in prophetischer Haltung das baldige Kommen des messianischen Reiches. Ekstase und inneres Licht spielen in diesem Kreis eine große Rolle.

William Penn hat einen Teil der Quäker nach Amerika hinübergeführt. Der enthusiastische Zug des Anfangs weicht aber bald einer durchdachten Organisation, der Prophetismus einer strengen, asketischen Haltung. Die große Liebestätigkeit der Quäker ergänzt die sonst auffallende Zurückgezogenheit ihres Lebens.

Die Quäker haben dem Staat gegenüber bis zur Verweigerung des Eides und des Kriegsdienstes scharfe Grenzen gezogen. Sie sind aber von dogmatischen Bindungen frei, Boten des Toleranzgedankens, Bekenner des freien Individualismus und darum Kinder der neuen Zeit. Das gilt ebenso auch von den Independenten aus der Zeit der Restauration unter Karl II., der 8000 Dissidenten mit Gefängnis, 60000 mit anderen Strafen belegt. Hier ist der Puritaner Richard Baxter (1615-1691) zu nennen und vor allem John Bunyan (1628-1688), der zwölf Jahre

---

[136] Unabhängige

Gefangenschaft erduldet. Die Frucht der Verfolgungszeiten sind jene weltweit verbreiteten Erbauungsbücher geworden, die von der »Ewigen Ruhe der Heiligen« (Baxter 1649) und der »Pilgerreise« (Bunyan 1678) des Christen handeln. Es lag im Wesen dieses Independentismus, dass es ihm versagt blieb, eine Volkskirche zu gründen. Er hat aber zweifellos reinigend und vertiefend auf die widerstehende anglikanische Bischofskirche gewirkt.

Die Toleranzakte Wilhelms III. von Oranien (1689) zieht den Schlussstrich unter die wechselvolle Entwicklung in England und unter die europäischen Religionskriege überhaupt. England hat sich zu einer weitgehenden Duldung der Nebenkirchen durchgerungen. Wohl bleiben ihren Mitgliedern die öffentlichen Ämter versagt. Die anglikanische Staatskirche ist das im Ganzen bestimmende Gefüge geblieben. Man darf aber nicht vergessen, dass die Stillen im Lande nach einer verantwortlichen Position im staatlichen Leben zunächst kein Verlangen haben. Sie sind und bleiben deshalb keineswegs ohne Einfluss. Im Gegenteil, in England, Holland und Amerika weisen gerade sie in neue Bahnen. In ihnen wohnt ein Lebensgefühl, das durchaus nicht weltfremd die Dinge des Alltags zu sehen und zu meistern versteht. In kluger, psychologisch eindringender Weise haben die Vertreter dieser neuen und andersartigen »Renaissance« – man denke z.B. an die heute noch packende »Pilgerreise« von Bunyan, aber auch an John Milton (1608-1674, Staatssekretär Cromwells), den Verfasser des »Verlorenen Paradieses« – die Brücke gefunden, die sie mit den Führern der geistigen Bewegung und hier besonders mit den Philosophen ihrer Zeit verbunden sein lässt. So bleibt auch nicht nur der Politiker, sondern ebenso der Christ Cromwell in seinen Auswirkungen auf lange Sicht hin bedeutsam. Ohne den Puritanismus und den Independentismus wäre die anglikanische Kirche erstarrt, wiewohl die Liturgie mit ihrer starken Anbetung lebendig blieb.

7. Der Weg zur Aufklärung durch Descartes und Spinoza

Zwei Ereignisse im Raum der Geisteswissenschaften bestimmen die Jahrhunderte nach der Reformation.

Die naturwissenschaftliche Entdeckung, die der Erde ihre Mittelpunktstellung im All nimmt, zerbricht das Weltbild der Kirche. Nikolaus Kopernikus (1473-1543) hatte damit den Anfang gemacht, Giordano Bruno (1548-1600), Johannes Kepler (1571-1630) und Galileo Galilei (1564-1642) setzen diese Arbeit fort, aber unter dem Widerspruch der Kirche. Kein Wunder, dass man das Mittelalter, aber auch Luthers Zeit als eng und pessimistisch empfand. Eine in den Urkräften des Kosmos Nahrung suchende Philosophie wehrt sich gegen das Dogma von der Erbsünde und der mit ihr verlorenen Welt.

Die Philosophie bestimmt das Bild dieser Zeit, vor allem René Descartes (1596-1650) und Baruch Spinoza (1632-1677). Der Franzose Descartes wird wegen seiner Methode des radikalen Zweifels und des Rückzugs auf die einzig sichere Erkenntnis »Ich denke, also bin ich« (*cogito ergo sum*) als Vater des neuzeitlichen Denkens bezeichnet. Er betonte die vorbildliche Bedeutung der Mathematik für alle wahrhafte Forschung und entwickelte eine mechanistische Natur- und Weltauffassung.

Spinoza kam aus dem holländischen Judentum. Als er sich mit der Synagoge überwarf, erschloss sich ihm das bergende Weltgefühl des Pantheismus, der All-Einslehre: »Gott – oder was dasselbe ist, die Natur« (*Deus sive natura*). In der Natur die unendliche Harmonie aller Gegensätze zu erkennen und liebend in dieser Unveränderlichkeit alles Seins zu versinken – das ist des Menschen Erlösung aus aller Qual. Aber damit erlischt im Grunde der Wille, das Selbstbewusstsein, die Geschichtsverantwortung, die Belastung von der Sünde her; damit auch der Glaube an den persönlichen Gott und an den Mittler Jesus Christus. Der Mensch ist zum Staunen gelangt, ist in Wahrheit ein Weltkind geworden. Es ist wieder alles »sehr gut«. Wir wissen, mit welcher berauschenden Macht diese Gedanken auf Schleiermacher und Goethe gewirkt haben.

Ein gewaltiger Kampf, ungleich ernster als die gesamte Gegenreformation, brach damit für die Kirchen Luthers und Calvins an. Philosophie will über der Religion stehen; man muss alles mit dem Maßstab seines Denkvermögens beurteilen. Die Philosophie will alles glauben, was »vernünftig« ist. Darum sind ihr die geschichtlichen Religionen verdächtig, und ihr Absolutheitsanspruch erscheint ihr als Beleidigung des natürlichen Empfindens. Allen geschichtlichen religiösen Erscheinungen liege die Naturreligion zugrunde, der Glaube an den ursprünglichen, naiven Menschen. So haben Thomas Hobbes gedacht und nach ihm John Locke und John Toland. Sie wollen, wie später Leibniz, noch dieses und jenes Stück des christlichen Glaubens, der kirchlichen Überlieferung festhalten, aber ihr Rationalismus treibt sie über diese Vermittlungsversuche hinaus. Sie müssen schließlich wie David Hume die Religion als ein Angstprodukt des Menschen erklären. Der Geist der neuen Zeit hebt das Individuum auf den Thron und zerstört die ehrwürdigen Autoritäten in Staat und Kirche und Kultur. Dem Menschen wird Freiheit, Glück und Macht versprochen, wenn er die alten Fesseln löst. Die bittere Frucht aber ist es, dass diese Philosophie nun mit voller Wucht den zersetzenden Gewalten des Diesseits ausgeliefert ist.

So schließt die Geschichte der Reformation und der Gegenreformation mit der eigentümlichen Feststellung eines neuen, unerhört starken Gegenstoßes aus der Tiefe des menschlichen Geistes, ob wir ihn nun »Individualismus« oder schon den beginnenden »Säkularismus« nennen. Wieder zeichnet sich ein Bild ab, das für den Protestantismus katastrophal genannt werden muss, sobald wir ihn mit der Geschlossenheit der römischen Kirche vergleichen. Auf allen Gebieten ist seine Gespaltenheit unverkennbar.

Der Protestantismus hat die Kirche der Urchristenheit wohl bejaht in seinen Bekenntnissen, doch nun zerfällt er in eine Unsumme von Kirchen und Kirchlein. Er hat die Theologie wieder auf das Wort gegründet, aber zu einer gemeinsamen Grunderkenntnis gelangt er kaum. Der Streit der Fakultäten und ihrer Lehrmeinungen beherrschte das Bild. Er hatte sich mit den politischen Gewalten, mehr als es gut für ihn war, eingelassen, aber die Zerrissenheit war dadurch nur gewachsen. Und nun dringt der Zeitgeist bei ihm ein und webt die Fäden zwischen Evangelium und Philosophie, die soeben noch durch die Reformation getrennt oder wenigstens gelockert waren.

Und dennoch, in dieser armseligen Gestalt, umstürmt von allen Seiten und, menschlich gesehen, keiner Zukunft fähig, hat es Gott gefallen, sein Werk zu tun.

Teil IV

Die neue Zeit

31. Kapitel

Der Pietismus

Mit dem Pietismus des ausgehenden 17. und beginnenden 18. Jahrhunderts sind mancherlei Ströme der Vergangenheit verbunden. Er ist zweifellos eine Reaktion gegenüber einer erstarrten Orthodoxie, der Aufbruch des Subjekts, das sich der Last des nur Objektiven zu entziehen sucht.

Tief greift der Einfluss der Mystik vom Mittelalter, der durch die Reformation neuen Auftrieb bekam. Johann Arndts (1555-1621) »Vier Bücher zum wahren Christentum« betonen besonders die Gebetsmeditation, in der wir die Jesusliebe erfahren. Die konfessionelle Grenze wird gewahrt und doch schon in der Zurückstellung des lutherischen Bekenntnisses langsam überwunden.

Freudig wird die Kunst des Barock aufgenommen und durch die Musik im Gottesdienst verstärkt: Heinrich Schütz (1585-1672) und Johann Hermann Schein (1586-1630) sind hier als Vorläufer von Johann Sebastian Bach (1685-1750) und Georg Friedrich Händel (1685-1759) zu nennen.

Die Frage an den Pietismus muss aber noch weiter greifen: Wird in seiner geschichtlichen Gebundenheit noch etwas anderes deutlich, etwas von der Gemeinde des Neuen Testaments und dem Zeugnis der Reformation?

1. Der reformierte Pietismus: Johannes Coccejus und Gerhard Tersteegen

Älter als der lutherische Pietismus ist der reformierte. Als seinen theologischen »Initiator« kann man den deutschen, in Holland wirkenden Bremer Professor Johannes Coccejus (eigentlich: Coch, 1603-1669) bezeichnen. Als gründlicher Alttestamentler erkennt er den großen Zusammenhang der Schrift in den Bundesschlüssen mit ihrer Verheißung und Erfüllung (»Föderaltheologie«). Das eschatologische Ziel ist in der Geschichte Israels als Heilsgeschichte verstanden. Der Ertrag dieser Theologie wird im missionarischen Auftrag der Kirche praktisch deutlich. Auch Israel ist in diese Schau der Bibel für die Gegenwart einbezogen (Judenmission).

Auf deutschem Boden hatte vor allem der Bandwirker Gerhard Tersteegen (1697-1769) in Mülheim an der Ruhr von Seiten des reformierten Pietismus großen Einfluss. Im Lauf seines Lebens ist er von der Mystik und dem Separatismus freier und zu dem mit seiner reformierten Kirche verbundenen Erweckungsprediger geworden. Am Rhein und bis nach Holland sammelt er in vielen Hauskreisen eine große Gemeinde. In einem dreibändigen Werk »Auserlesene Lebensbeschreibungen heiliger Seelen« hat er aus der katholischen Mystik ein lebendiges Bild zahlreicher Zeugen der Heilandsliebe gegeben. Am bekanntesten sind seine herrlichen Lieder, die im Gesangbuch der Kirche ihre bleibende und erweckende Bedeutung behalten haben.

2. Der lutherische Pietismus

a) Philipp Jakob Spener (1635-1705)

Man wird Spener als den Vater des deutschen Pietismus in den lutherischen Ländern ansprechen dürfen. Er ist Elsässer mit der

Veranlagung, Gedanken unterschiedlichster Art in sich aufzunehmen.

Durch Jean de Labadie (1610-1674) kamen freikirchliche Ideen hinzu und sind für die spätere Gestalt seines Kirchen- und Gemeindebildes wichtig. Im Briefwechsel mit dem Philosophen Leibniz nimmt er am geistigen Leben seiner Zeit teil. Dabei ist ein anderer Eindruck zum Gesamtverständnis Speners nicht zu unterschätzen: Er sieht die vom Westen her drohende Gefahr des sittlichen Zerfalls im Zeitalter des »Sonnenkönigs« Ludwig XIV.

Die Kirche Frankreichs mit Ausnahme der Hugenotten und Jansenisten hat dem nichts entgegenzusetzen. Für Deutschland lautet die Frage, was die Orthodoxie dem Zerfall der Ordnungen in den öffentlichen Ämtern gegenüberstellt. Die »Stände« versagen: der weltliche, dem die Sorge um die Kirche mit anvertraut ist, aber auch der geistliche, der sich in Streitigkeiten verliert. Wie soll dann das Gemeinschaftsleben in der Liebe untereinander in Ordnung sein? Das ist der Ansatzpunkt für die bekannteste Schrift Speners, die »Pia desideria« oder das »herzliche Verlangen nach gottgefälliger Besserung der wahren evangelischen Kirche« vom Jahre 1675.

Unverkennbar ist die Nähe zur Reformation und ihrem Vorstoß gegen das römische Kirchenwesen. Wohl weiß sich Spener in der Rechtfertigungslehre mit Luther eins, und doch meint er in seiner Schrift, den Angriff auf das Gebiet der sittlichen Besserung, der strengen Zucht und größeren Verinnerlichung in der Heiligung legen zu müssen. Da ist zunächst die Reihe seiner praktischen Vorschläge und neuen Einrichtungen, z.B. die Vermehrung der Wortverkündigung, besonders durch die Gründung von Hausbibelstunden. Betont wird das allgemeine Priestertum der Gläubigen im Gegensatz zum »angemaßten Monopol des geistlichen Standes«. Notwendig ist die Abkehr von den konfessionalistischen Religionsstreitigkeiten, die die Predigten bis zum Überdruss füllten.

Im Ganzen ist zu sagen: Ein Reformator ist Spener nicht, eher ein Wächter, der von Last und Not der Zeit bedrängt, helfen möchte, ehe es zu spät ist. Auf die Jugend ist Speners Blick besonders gerichtet. Er hat der Konfirmation eine Bedeutung beigemessen, die sie bis dahin noch nicht hatte.

Aber dieser Pfarrer in hohen, verantwortlichen Kirchenämtern hat es nicht nur mit einigen äußerlichen Veränderungen zu tun. Er lenkt zu Luthers nicht ausgeführtem Vorschlag von der Gemeinde derer, die mit Ernst Christen sein wollen, zurück. Wiewohl er die Gefahr des Separatismus, den geistlichen Hochmut und die Kritiklust der kleinen Kreise, durchaus sieht, drängt er doch auf diese Sammlung am Wort als auf die entscheidenden Quellen des neuen Lebens in der Kirche. Darin ist er mit dem englischen Puritanismus und mit Jean de Labadie eins. Er ist aber im Gegensatz zu diesen seinen Geistesverwandten an die sichtbare und vom Staat geleitete Kirche gebunden und sucht nun in dieser Spannung den neuen Weg.

Mit alledem ist aber Spener noch nicht in seinen ungemein bedeutsamen Wirkungen verstanden. Mag seine natürliche Art eher zur Zurückgezogenheit als zum kirchlichen Führerdienst neigen, so muss man doch fragen, wie der überragende Einfluss zu deuten ist, den er auf die verschiedenartigsten Zeitgenossen ausgeübt hat, so dass er dem Kurfürsten unbequem wurde. Die Orthodoxie war nicht so verschlossen, dass sie sich seinen Vorschlägen einfach versagt hätte. Ungleich wichtiger aber war es, dass sich um Spener eine große Zahl Gleichgesinnter scharte, und dies namentlich im Zusammenhang mit August Hermann Francke, dem großen Organisator.

Was war dieses Beste, das beide bei aller Verschiedenartigkeit verband? Was gab den Pietisten, wie man sie bald spottweise nannte, das Bewusstsein, Luther näher zu stehen, als die Orthodoxie es für sich beanspruchte? Man wird zuletzt das Eine nennen müssen: Sie erkannten, dass der Glaube aus dem Wort kommt und nicht ein Wissen, sondern ein Leben mit Christus ist, und dass dieses Leben einen vollständigen Bruch mit dem alten Menschen bedeutet, eben eine neue Geburt.

Die immer wieder aufkommende Lehre von der Sündlosigkeit des Wiedergeborenen hat Spener ausdrücklich abgelehnt. Mit dem »Ablegen der Sünde« (1 Petr 2,1) hat auch der Wiedergeborene täglich zu tun. Hier war er mit Luther eins. Was ihn charakterisiert, ist mit dem Wort »Erweckung« ausgedrückt. In ihr wird das sehnliche Verlangen nach einer Erneuerung der Kirche und im persönlichen Leben des Christen zum Ausdruck gebracht.

b) August Hermann Francke (1663-1727)

August Hermann Francke ist eine ausgesprochene Kämpfernatur. Das hat er in seiner scharfen Auseinandersetzung mit der theologischen Fakultät von Leipzig bewiesen. Er ist nicht gewillt, den Pietismus in den stillen Kreisen Speners zu lassen. In ihm lebt ein starker Wille, dem ganzen Volk, ja den Völkern der Erde die Heilsbotschaft zu verkünden. Charakteristisch ist Franckes Bekehrung nicht nur, weil sie als typisch aufgefasst wurde, sondern weil sie den Durchbruch zum Glauben zeigt. Wir hören hier sein eigenes Zeugnis über jene bekannt gewordene Begebenheit in Lüneburg. Er hatte eine Predigt angenommen über Johannes 20,31: »Diese aber sind geschrieben, damit ihr glaubt, dass Jesus der Christus ist, der Sohn Gottes, und damit ihr durch den Glauben das Leben habt in seinem Namen.«

»Bei diesem Text gedachte (ich) sonderlich, Gelegenheit zu nehmen, von einem wahren, lebendigen Glauben zu handeln und wie solcher von einem bloßen menschlichen und eingebildeten Wahnglauben unterschieden sei. Indem ich nun mit allem Ernst hierauf bedacht war, kam mir zu Gemüt, dass ich selbst einen solchen Glauben, wie ich ihn erfordern würde in der Predigt, bei mir nicht fände.«

Vom Verlauf der nun einsetzenden inneren Kämpfe und Bußqualen bekennt er:

> *»Es war nicht etwa bei mir solche Ruhelosigkeit, dass ich aus weltlich gesinntem Herzen die Wahrheit Gottes in den Wind geschlagen hätte. Wie gern hätte ich alles geglaubt, aber ich konnte nicht.«*

Trotz gelegentlicher Hilfe aus dem Wort muss er eingestehen:

> *»Aber mein atheistischer Sinn brauchte bald die verdorbene Vernunft zu seinem Werkzeuge, um die Kraft des göttlichen Worts wieder aus dem Herzen zu reißen.«*

Hier ist der Unterschied zu Luthers Glaubenskampf sichtbar! Der Reformator zweifelte nicht an Gott, wohl aber an seiner Erwählung. Bei Francke ist der Einfluss Descartes zu bemerken, die starke Beschäftigung mit den Bewusstseinszuständen. Aber dann fährt er fort:

> *»In solcher großen Angst legte ich mich nochmals am erwähnten Sonntagabend auf meine Knie und rief an den Gott, den ich noch nicht kannte noch glaubte, um Rettung aus solchem elenden Zustande, wenn anders wahrhaftig ein Gott wäre. Da erhörte mich der Herr, der lebendige Gott von seinem Throne, da ich noch auf meinen Knien lag. So groß war seine Vaterliebe, dass er mir nicht nach und nach solchen Zweifel und Unruhe des Herzens wieder benehmen wollte, sondern damit ich desto mehr überzeugt würde und meiner verirrten Vernunft ein Zaum angelegt würde, gegen seine Kraft und Treue nichts einzuwenden; so erhörte er mich plötzlich. Denn wie man eine Hand umwendet, so war all mein Zweifel hinweg, ich war versichert in meinem Herzen der Gnade Gottes in Christo Jesu, ich konnte Gott nicht allein Gott, sondern meinen Vater nennen.«*

Man vergesse nicht, dass Francke gerade zu diesem Bericht hinzufügt, dass er die Wahrheit des Lutherwortes aus der Vorrede zum Römerbrief jetzt erst erfasste: »Glaube ist ein göttlich Werk in uns ... ist eine lebendige, verwegene Zuversicht auf Gottes Gnade.« Aus dem eigenen Kreis seiner Gedanken hatte ihn Gott mit gewaltigem Griff herausgerissen.

»Seit jener Stunde habe ich auch erst erkannt, was Welt sei, und worin sie von den Kindern Gottes unterschieden sei.«

Franckes weiteres Leben und Wirken hat von dieser Bekehrung her die Prägung empfangen. Vom Waisenhaus in Halle konnte er rückblickend von einer Glaubensführung sprechen:

»Und ist demnach das Waisenhaus weder auf ein schon vorhin gegenwärtiges Kapital noch auf ein gewisses Versprechen hoher Personen, sondern auf den lebendigen Gott im Himmel bloß und lediglich angefangen und gegründet worden.«

Was diese Anstalt für die Kirche bedeutet hat als eine Burg mitten im rationalistischen Zeitalter, kann nicht übersehen werden. Mag man an der Pädagogik Franckes auch vieles aussetzen, die Größe eines auf das Ganze des Reiches Gottes und seiner Ausbreitung gerichteten Werkes ist den Lehrern und Schülern nicht verborgen geblieben. Friedrich Wilhelm I. (1688-1740) war weitblickend genug, um bis in sein Testament hinein eines so wichtigen Unternehmens zu gedenken. Was wir heute unter der Inneren Mission und der Weltmission verstehen, den praktischen Zugriff mit dem Wort und der Tat ins Volk hinein und zu den Völkern, das hat Francke pionierartig begonnen. Die Bibelverbreitung gemeinsam mit Baron von Canstein, die Gründung der Cansteinschen Bibelgesellschaft, die Schriftenmission, die Schulfragen und das Ringen um den theologischen Nachwuchs und nicht zuletzt der Anteil an der dänischen Tamilenmission durch die Sendung des ersten deutschen Missionars: Das alles ist nicht nur im Kampf gegen die Aufklärung zu verstehen, sondern von dem neu gewonnenen Glauben her, der ihn in den rastlosen und vielseitigen Dienst zwang.

Freilich, auch bei Francke und mehr noch bei ihm als bei Spener wird die Frage wach, ob sich nicht doch mitten im Evangelium ein gewisser Psychologismus eingeschlichen hat. Eine damit verbundene Gesetzlichkeit hat Zinzendorf als Schüler der Anstalt schmerzlich empfunden. Man vergesse aber nicht, dass Francke als Professor der orientalischen Sprachen in Halle das Studium der Bibel in die Mitte stellte und dadurch für die Ausbildung der Theologen einen bedeutsamen Schritt getan hat.

Beauftragt durch den dänischen König Friedrich IV. und unter geistlicher Obhut von August Hermann Francke wurden im Jahre 1705 die Missionare Bartholomäus Ziegenbalg und Heinrich Plütschau nach Tranquebar/Indien ausgesandt. Francke war Berater der Missionare und sammelte in Deutschland Beter für sie. Ab 1710 veröffentlichte er regelmäßige Missionsberichte. Von Anfang an wurde ihre Missionstätigkeit durch die kirchliche Orthodoxie behindert.

Die Pioniermissionare brauchten eine Zeit, bis sie ihre Strategie entwickelt hatten. Begannen sie anfänglich im Stil mittelalterlicher Missionare mit der Zerstörung von Götzenfiguren, erkannten sie bald, dass eine intensive Auseinandersetzung mit der heidnischen Kultur und Religiosität von äußerster Wichtigkeit war. Ziegenbalg verfasste eine umfangreiche Schrift über das »Malabarische Heidentum«, unter anderem mit dem Ziel der Vorbereitung zukünftiger Missionare. Francke war allerdings der Überzeugung, dass solch eine Information eher schädlichen Charakter besäße.

Innerhalb eines Jahrhunderts wurden von Halle weitere 60 Missionare ausgesandt. Schwierigkeiten bekam die pietistische Mission durch die Orthodoxie. An der Wittenberger Fakultät wurden die Missionare 1708 als »falsche Propheten« bezeichnet. Der Hamburger Erdmann Neumeister (Dichter des Liedes »Jesus nimmt die Sünder an«) beendete 1722 eine Himmelfahrtspredigt, in der er »bewiesen« hatte, dass Mission nicht mehr nötig sei, mit dem Satz: »Vor Zeiten hieß es wohl: geht hin in alle Welt; jetzt aber: bleib allda, wohin dich Gott bestellt.«

c) Nikolaus Ludwig Graf von Zinzendorf (1700-1760)

Zinzendorf stammt aus einem alten reichsgräflichen Geschlecht in Österreich und später in Sachsen. In lutherisch-pietistischer Umgebung wächst er im Haus der Großmutter von Gersdorf in Großhennersdorf (Oberlausitz) auf. Sein Vater stirbt kurz nach seiner Geburt, seine Mutter geht einige Jahre danach eine zweite Ehe ein. Mit zehn Jahren kommt er in die Franckesche Schule nach Halle. Seinem zur Freiheit drängenden Willen widersteht der etwas gesetzliche Zug der Anstalt. Früh versucht er seine Mitschüler um die Bibel zu sammeln, aber sie fügen sich seiner sprunghaften Art nicht.

Statt Theologie muss er nach dem Willen seines Vormunds Jura studieren. Bei einer Reise erfasst ihn in Düsseldorf die Unterschrift unter einem Bild des Gekreuzigten: »Das tat ich für dich, was tust du für mich?« Diesem Herrn zu dienen sollte nun das Ziel seines Lebens sein. Dazu setzt er sich in Dresden neben seinem juristischen Amt in Wort und Schrift ein.

Eine Wendung seiner Lebensführung bedeutet die Ankunft böhmisch-mährischer Flüchtlinge auf seinem Oberlausitzer Besitz. Er gewährt den um ihres Glaubens willen Verfolgten auf seinem Patronatssitz Berthelsdorf Unterkunft, auf dem Hutberg. Damit beginnt die Geschichte von Herrnhut (1722).

Die Sammlung konfessionell verschiedener Menschen führt bald zu Streitigkeiten. Sie enden am 13. August 1727, als beim Gottesdienst Andreas Rothes in der Kirche von Berthelsdorf die Versöhnung stattfindet: »Wir lernten lieben.« Das ist der Gründungstag der »Gemeine« von Herrnhut. Unter Aufgabe seiner Dresdener Tätigkeit wird Zinzendorf 1732 Leiter der eigenartigen Sammlung in seinem kirchlichen Patronat.

Ein reiches Gemeinleben auf Grund einer Erweckung entsteht am Hutberg. Wort, Gebet und Lied, Seelsorge und brüderliches Liebesmahl sammeln die rasch wachsende Gemeine. In den »Chören«, nach Geschlecht getrennt, findet das allgemeine Priestertum der Gläubigen seinen Ausdruck. Gemeint sind damit die Hauskreise für Männer und Frauen, Kinder und Alte. Hier hat die Diakonie ihren Platz. Hier ist aber auch der Quellort für die Weltmission.

»Ich habe nur eine Passion, und die ist Er, nur Er!« Im »Heiland der Sünder«, am Kreuz des Lammes Gottes ist für Zinzendorf Rechtfertigung und Heiligung zusammengefasst. Von Wesley trennte ihn dessen Überbetonung der Heiligung. Mit Eifer erstrebt er die Anerkennung als lutherischer Theologe. Die Tübinger Fakultät erteilte sie ihm zur freien Verkündigung des Evangeliums. Dass innerhalb der Kirche sich eine selbstständige und doch zu ihr gehörende Gemeine bildete, gab zu wachsender Kritik Anlass. Zinzendorf wird verleumdet, 1736 verbannt und schließlich 1738 aus Sachsen ausgewiesen. Herrnhut blieb geduldet.

Auf Reisen durch Ostseeprovinzen, England und Nordamerika wirbt er für die Brüdergemeine. Als die von ihm befürwortete Generalkonferenz die Gemeine als religiöse Sekte einordnet und 1742 dulden lässt, nimmt er die Leitung an sich. 1747 wird ihm die Rückkehr nach Sachsen gestattet. Nachdem die Gemeine 1748 das Augsburger Bekenntnis voll anerkannt hat, wird sie 1749 in Sachsen staatlich anerkannt, und zwar nicht als Sekte wie in Preußen und England, sondern als »Augsburgische Konfessionsverwandte«!

In langjährigem Aufenthalt in London blieb der Graf mit seiner nach Hessen (Wetterau) ausgewanderten Gemeine in enger Verbindung. Sie war besonders nötig, als dort, in Herrenhag bei Hanau, eine schwärmerische Bewegung entstand, die die »Lammestheologie« ins Unnüchterne steigerte. Dass Zinzendorfs begabter Sohn Renatus dabei nicht unbeteiligt war, hielt den Vater nicht zurück, mit scharfer Zucht einzugreifen. Hier wusste er sich als lutherischer Theologe seinem Bekenntnis verantwortlich.

Unter den vielerlei Urteilen über den Gründer der »Brüdergemeine« ist das von Lessing und Kant beachtlich. Goethe sagte über ihn: »Er ist kein Phantast.«

> *»Wenn nicht alles trügt, ist eben das die gewiss prophetische Intuition des Grafen Zinzendorf bei der Gründung seiner merkwürdigen Brüdergemeine gewesen: nicht die Konfessionskirchen zu sprengen, nicht sie durch eine Superkirche zu ersetzen, sondern sie, in treuen Gliedern verschiedener Senderkirchen in Freiheit zusammengetreten, unter dem wunderlich genug zu ihrem »Generalältesten« gewählten Jesus Christus zunächst exemplarisch mit ihrer nicht verloren gegangenen und faktisch unverlierbaren Einheit zu konfrontieren. Es wird schon kein Zufall sein, dass derselbe Mann, der in seiner Predigt, Dichtung und Dogmatik (sofern er eine solche hatte), der größte – und vielleicht der einzige ganz echte – Christozentriker der Neuzeit gewesen ist, vielleicht auch der erste echte, d.h. ganz von der Sache aus denkende und redende Ökumeniker genannt werden muss.«* (Karl Barth, Kirchliche Dogmatik IV,1,763)

Die Bruderliebe der Herrnhuter, die sie vom Neuen Testament her begründet fanden, galt den Kranken, Alten, Flüchtlingen in gleicher Weise.

Die ersten Missionare der Herrnhuter Brüdergemeine waren David Nitzschmann und Leonhard Dober. Sie fuhren 1732 in die Karibik mit dem Ziel der Mission unter schwarzen Sklaven. 1734 wurden eine ganze Schar weiterer Missionare (auch Frauen) in die Karibik entsandt. Die Arbeit fordert Opfer durch Malaria, Gefängnis durch politische Machthaber, aber auch Befreiung und Trost durch das persönliche Eingreifen des Grafen.

In der folgenden Zeit wurden immer weitere Missionsgebiete

in Angriff genommen. Die meisten Missionare hatten kaum eine spezielle Vorbildung. Nach Art der Brüdersiedlungen in Deutschland wurden die neu bekehrten Christen gesammelt. Zu den Missionsgebieten gehörten Nord-, Mittel- und Südamerika, Nord-, West- und Südafrika und Vorder-, Süd- und Hinterasien.

In Grönland leitete *Christian David* eine Missionsmannschaft. Die Herrnhuter trafen 1733 in Grönland ein. 1738 begann eine Erweckungsbewegung, in deren Verlauf hunderte Eskimos Christen wurden.

Als Zinzendorf im Jahre 1760 starb, stand Friedrich II. auf der Höhe seines Ruhmes im Siebenjährigen Krieg. Es blieb ihm auch im Kreis seiner gläubigen Generäle – Männer wie Zieten, Schmettau und Schwerin – nicht verborgen, dass eine neue Zeit angebrochen war, die den Geist seiner eigenen Jugend, der englisch-französischen Aufklärung, ablehnte. Dazu kam, dass sich die Arbeit nach dem Tod der beiden Gründer Francke und Zinzendorf nicht nur in Halle, sondern unter Bischof Spangenbergs Leitung auch in Herrnhut weiter ausbreitete und in ruhiger Bestimmtheit befestigte.

In seiner »Evangelischen Missionskunde« stellte Julius Richter 1927 fest:

> »*Die kleine, nur wenige tausend Mitglieder zählende Brüderkirche hat im 18. Jahrhundert mehr für die Heidenmission geleistet als der ganze übrige Protestantismus zusammen seit den Tagen der Reformation.*« [137]

3. Der schwäbische Pietismus – die »Stunde«

Weitere Verstärkung erhielt der Pietismus von Württemberg her, wo die Dinge wesentlich friedlicher liefen und sich nicht in

---

[137] Julius Richter, *Evangelische Missionskunde*, Leipzig; A. Deichertsche Verlagsbuchhandlung D. Werner Scholl, 1927. S. 13

erster Linie unter dem Adel, sondern unter Theologen, Bürgern und Bauern verbreiteten. Von Anfang an nahm hier das Kirchenregiment eine im Ganzen freundliche Stellung zu der neuen Bewegung ein. Johann Albrecht Bengels (1687-1752) abwägende und auf gründliches Schriftstudium zielende Arbeit hat hier segensreich gewirkt. Verstieg er sich auch manchmal ins Spekulative und war von apokalyptischen Berechnungen nicht fern (den Beginn des Tausendjährigen Reiches »errechnete« er für das Jahr 1836), so hat dies weder bei ihm noch bei anderen württembergischen Pietisten wie etwa Friedrich Christoph Oetinger (1702-1782) das Gesamtbild bestimmt. Bengels nüchterner Schriftsinn in der Erkenntnis des einzelnen Wortes zeigt sich besonders in seinem »Gnomon (Zeiger) zum Neuen Testament« (1742).

Seit 1743 gibt es in diesem Gebiet die *»Stunden«*, die die nach Russland Auswandernden in die Ukraine mitgenommen haben.

4. Radikaler und schwärmerischer Pietismus

Während der Drang zur Gemeinschaft bei allen Gruppen bisher das Charakteristische war, hat es dem Individualismus der Zeit gemäß auch an sehr eigenartigen und radikalen Ausprägungen des Pietismus nicht gefehlt. Am bedeutsamsten ist *Gottfried Arnold* geworden, der Verfasser der »Unparteiischen Kirchen- und Ketzer-Historie«. Ihn wies die Kritik an der orthodoxen Kirche in die Reihen der Separatisten. Aber auch er fand schließlich den Weg zur Kirche zurück. Seine Lieder sind von Kampf und Entsagung erfüllt und klingen zumeist in der Erwartung des endgültigen Sieges am Jüngsten Tag aus: »Wenn die Freiheit bricht herein«.

Auf Grund von Offenbarungen, »dem inneren Licht«, betonte *Johann Conrad Dippel* im Zusammenhang mit der Naturphilosophie Jakob Böhmes (1575-1624) die allumfassende, niemand ausschließende Liebe Gottes. Von hier aus ist die Verkündigung der »Allversöhnung« *(Apokatastasis pantôn)* nur ein Schritt.

5. Das Gesamtbild: Weite und Grenze des Pietismus

In eine müde gewordene Christenheit brach der Pietismus wie ein frischer Wind ein. War das Evangelium in Theologie und Predigt vielfach zu einem rational begreifbaren Lehrgebäude geworden, so wurde nun das persönlich treffende Wort der Ursprung der Erweckung. Stand im Vordergrund die Erfahrung, so griff sie doch auf das biblische Fundament zurück. War das Gefühl oft stark beteiligt, so rief der Einsatz in die Diakonie und Mission zum schlichten Handeln. Sah man mit Sorge das Anwachsen einer Pastorenkirche, so hat demgegenüber der Pietismus das allgemeine Priestertum der Laien gefördert, von den Hauskreisen an bis zu den Boten in den Missionsländern.

Es sind der sich rasch ausbreitenden Bewegung viele Gaben geschenkt, aber auch die Grenzen aufgezeigt worden, wie etwa der Mangel, die neue Erkenntnis theologisch gründlich zu verarbeiten. Dadurch blieb auch die Auseinandersetzung mit dem gleichzeitig um sich greifenden Rationalismus und Atheismus nur sehr schwach. Von Herrnhut und Halle aus ist aber der ökumenische Zug unverkennbar. Das Luthertum des Grafen Zinzendorf war weit genug, um die Gemeine vor Enge und Selbstgefälligkeit zu bewahren. Der Perfektionismus hatte jedenfalls dort keinen Raum, wo das Evangelium vom Retter der Sünder in der Mitte stand. Damit liegt im Pietismus auch nicht so sehr die Gefahr, die konfessionellen Trennungen zu verstärken. Die einende Kraft des Evangeliums erwies sich stärker als theologische Abgrenzungen.

32. Kapitel

Die Aufklärung und ihre Überwindung

1. Gottfried Wilhelm Leibniz (1646-1716)

Als das Evangelium in die Welt trat, hat sich sofort die Frage nach seinem Verhältnis zur Vernunft des Menschen gestellt. Unaufhörlich empfand der griechische Geist die Botschaft vom Kreuz als eine Torheit, unerträglich erschien aber auch den Germanen die Kunde von diesem wehrlos Gemarterten. Aber Rom verstand es, Vernunft und Glaube zusammenzubringen. Plato und Aristoteles wurden nicht als Heiden verstanden, sie gaben im Gegenteil dem Denken der Theologen die Form.

Philosophie, Renaissance und Humanismus, die im Geist der Antike wurzeln, werden darum von der Kirche in jeder Hinsicht bejaht. Die Reformation vollzieht den Bruch mit dem Aufklärungserbe Roms. Dennoch, auch sie zahlt im Verlauf ihrer Geschichte, beginnend mit Melanchthons Beitrag, einen Tribut, der in der Folgezeit von größter Auswirkung ist. Durch die Orthodoxie und selbst auch durch den Pietismus hindurch geht ein Strom von Rationalismus, der immer wieder von der Ebene des Menschen aus die Taten Gottes begreifen und begründen will. Diese Entwicklung wird nun im 19. Jahrhundert dadurch gefördert, dass das philosophische Denken von England her in steigendem Maße in die Kirche einbricht und dort eine Führungsrolle einnimmt.

Mit den naturwissenschaftlichen Erkenntnissen und Entdeckungen, wie sie im neuen Weltbild seit Galilei und Kepler verankert waren, nimmt der Drang zu, sich von der mittelalterlichen kirchlichen Bevormundung zu lösen. Ein Gebiet nach dem andern trennt sich von dem dogmatisch gebundenen Denken. Staatliche Toleranz bedeutet in diesem Zusammenhang, sich von den beengenden Schranken der Kirchenlehre zu befreien und in der Politik lediglich irdische Maßstäbe anzuwenden. Was durch Descartes, Hobbes, Locke und Spinoza begonnen war, setzen Leibniz, Hume und Kant mit durchschlagendem Erfolg fort.

Glaube und Wissen treten bei Leibniz in einen Verschmelzungsprozess. Wenn auch die Dinge des Glaubens höher sind als unsere Vernunft, so sind sie doch auch nicht gegen sie, und letzten Endes muss sich die Offenbarung von der Vernunft rechtfertigen lassen. Dies geschieht bei Leibniz so, dass er in der gesamten Schöpfung eine »prästabilisierte Harmonie« erkennt, d.h. eine wunderbare Ordnung und Einheit, die schon vor Anbeginn der Welt gesetzt ist. Darin ist alles wie in einem genialen Musikwerk aufeinander abgestimmt. Was scheinbar disharmonisch ist, löst sich beim Anhören des gesamten Vorgangs in Wohlklang auf. Damit ist auch dem Bösen sein Ort, und zwar sein notwendiger, in der Welt gegeben. Darin mündet die berühmte Theodizee bei Leibniz. Er sieht die Geschichte als unaufhaltsamen Ablauf von Prozessen, wie sie in den Monaden, d.h. den einzelnen Kraftzentren im Menschen, gesetzt sind. Unabhängig voneinander streben diese Monaden nach göttlichem Plan einem gemeinsamem Ziel zu. Wie in der Natur so wirken auch in der Geschichte alle Kräfte aus innerer Notwendigkeit zur Ehre Gottes.

Leibniz hat damit dem 18. Jahrhundert einen gewaltigen Optimismus mit auf den Weg gegeben. Der erschütternde Gerichtsernst der reformatorischen Verkündigung ist einem Bewundern und Staunen über die schöne Harmonie der Welt gewichen. Der Glaube an die Vorsehung, daran, auf der »besten aller Welten« zu leben, lässt die Botschaft vom Sündenfall und vom Heil zurücktreten. Aber hinter dieser beruhigenden Weltauskunft verbirgt sich die unheimliche Ungewissheit, wohin denn das Ziel der gesamten Bewegung gerichtet ist. Der von Spinoza übernommene Weltmechanismus verdrängt die christliche Lehre vom Ende, vom Gericht und von der Vollendung. Der Monade kann darum kein anderer Trost geboten werden als die »Zufriedenheit«.

Es ist begreiflich, dass sich an den Namen Leibniz alle jene Bemühungen seiner Zeit heften, die Einheit der christlichen Konfessionen zu erreichen. Wer so wie er das Dogma an eine untergeordnete Stelle rückte – obwohl er es verteidigt –, vermochte über eine Union mit Rom zu verhandeln. An der Zähigkeit der Gegensätze zwischen den Reformierten und Lutheranern musste er aber erkennen, dass nicht einmal diese Grenzen überwindbar waren. Sah er richtig, wenn er für die Zukunft an eine solche Vereinigung glaubte, oder leitet ihn auch hier nur sein Glaube an die Verklärung der Welt, an jene geheimnisvollen Kräfte, die schließlich diese Erde unter Ausschaltung aller Widersprüche zur vollen Harmonie gestalten würden? Wenn er die Anfänge der Heidenmission mit Interesse verfolgte, so war wohl auch hier der philosophische Gedanke der geistigen Weltdurchdringung wirksam.

2. Das Naturrecht als Basis des gesamten Lebens

Neue Ereignisse in der politischen Geschichte des 18. Jahrhunderts schaffen neue Erkenntnisse. Es verblasst die innerlich schon längst unwahre und hohle Reichsherrlichkeit des Sonnenkönigs Ludwig XIV. (1643-1715) und mit ihm sinkt die von seiner Gunst lebende französische Kirche. Dafür treten die protestantischen Reiche, England und Preußen, in den Vordergrund. Aber auch die katholischen Länder, Österreich und Spanien, lösen sich von der französischen Führung. Im Osten erhebt sich das Russland Peters des Großen, um neben dem mit Sachsen verbundenen Polen die Bühne Europas zu betreten. Überall werden selbstständige Kräfte sichtbar. Der Mensch, und hier der den Adel überflügelnde neue Stand, der Bürger, fühlt sich den Mächten dieser Welt in erhöhtem Maße gewachsen, denn er hat sie mit seiner Vernunft durchschaut. Solange er religiös gebunden war, im Halbdunkel der alten Kirche, hielt er am Geheimnis, am Unbegreiflichen und Unerforschlichen fest. Nun aber fordert die Würde des Menschen, dass die Schleier fallen und die feine Bildung, das Gestaltungsvermögen und Freiheitsbewusstsein endlich vor aller Welt kundtun, was wirkliche Humanität sei. Das Wissen von der Sendung des Menschen führt zu einer Kultur und Religionskritik sondergleichen.

Das 18. Jahrhundert endet in den Schrecken der Französischen Revolution. Sie entspricht dem Gesamtgeist, der das Recht des Menschen, »das mit uns geboren ist« (Goethe), in den Vordergrund stellt. Dieses »Naturrecht« ist es, um das lange vor Rousseau das zu seiner persönlichen Freiheit und Selbstbestimmung erwachte Individuum kämpft. Hierbei werden Naturrecht und Vernunft gleichgesetzt. Hatte man den Staat bis zur Reformation und über sie hinaus als göttliche Stiftung und den Herrscher als von Gott eingesetzt verstanden, so sieht man nun beide unter dem Einfluss der englischen Philosophie als eine menschlich gewirkte und begreifliche Einrichtung, als den »sozialen Vertrag« (*contrat social* – Rousseau). Die Säkularisation schreitet fort und erobert auch die Wirtschaftslehre, die das nützliche Zusammenwirken aller Kräfte neu erfasst. Sie steht auch vor der Erziehungsfrage nicht still, indem man alles Gute im Kind selbst vorfindet und es nur auf die rechte Weise glaubt, herausholen zu müssen und zu können.

3. Jean-Jacques Rousseau

Die Tatsachen des Lebens lassen sich idealisieren. Verhängnisvoller ist es, den Menschen auf eine nahezu vollkommene Ebene zu rücken, wie es von Frankreich her vor allem Rousseaus Gedanken getan haben. *Jean-Jacques Rousseau* (1712-1778) hat ähnlich wie Voltaire den englischen Deismus, die Ablösung vom

Christentum der Kirche zu Gunsten einer Natur- und Vernunftreligion, in volkstümlicher Weise weiten Kreisen zugänglich gemacht.

Gegenüber dem populären Entwicklungsgedanken, der die Menschheit in jeder Beziehung emporsteigen sieht, hat er in seiner Bearbeitung der Preisfrage der Universität Dijon, ob denn der Kulturfortschritt die Sitten gehoben habe, zum Erstaunen seiner Zeitgenossen mit einem glatten »Nein« beantwortet (1750). Rousseau steht der von den Bindungen des gesellschaftlich unwahren Lebens befreite Mensch vor Augen, der nur den einen Schritt »zurück zur Natur« – *retournons à la nature!* – zu tun hat, um in den Kindheits- und damit Glücks- und Gleichheitsstand der Urmenschheit zurückzufinden.

Diesem Ideal dient alles, was Rousseau über den Staat, über die Religion und auch über die Erziehungsfrage zu sagen hat. Indem seine Kritik die gegenwärtige Ordnung aufs Tiefste erschüttert, macht er den Weg zur Revolution frei, ja, er gibt ihr im gewissen Sinne die Weihe, die Hoffnung auf den Anbruch des Paradieses. Wenn schon sein Menschenbild Natur und Vernunft als schärfste Gegensätze zur Kultur und Zivilisation schildert, so muss erst recht seine Gottesvorstellung von diesem seinem Enthusiasmus ergriffen sein. Im »Glaubensbekenntnis des savoyischen Landpfarrers« finden wir Stellen von hinreißender Schönheit der Sprache und Gewalt der Empfindung.

»Ich nehme Gott überall wahr in seinen Werken; ich fühle ihn in mir, ich sehe ihn rings um mich; aber sobald ich ihn in sich selbst betrachten will, wo er ist, was er ist, welches seine Substanz ist, entzieht er sich mir, und mein verwirrter Geist erfasst nichts mehr.«

Seinen Gott findet Rousseau in der Stimme des Gewissens, aber auch im Bilde des leidenden Erlösers:

»Ja, wenn Sokrates' Leben und Tod ihn als den Weisen zeigen, so zeigen Leben und Tod Jesu den Gott. Oder soll man anneh-

men, die Geschichte des Evangeliums sei nur so erfunden worden? Mein Freund, so erfindet man nicht!«

Aber wenn man nun meinen soll, Rousseau verlasse hier den Standort der Aufklärung, so setzt schon der bald folgende Satz die Schranke:

»Bei allem ist dies nämliche Evangelium voll unglaublicher, der Vernunft widerstreitender Dinge, die jeder vernünftige Mensch unmöglich begreifen oder annehmen kann. Was soll man tun inmitten aller dieser Widersprüche? Immer zurückhaltend und vorsichtig sein, mein Sohn; in der Stille achten, was man weder verwerfen noch begreifen kann, und sich demütigen vor dem großen Wesen, welches allein die Wahrheit weiß.«

So geht Rousseau am Ärgernis des Evangeliums vorbei. Was ihm übrig bleibt, ist trotz aller Bewunderung und Empfindung auf dem religiösen Gebiet das vernünftige Denken, das die Offenbarung kraft der Weltüberlegenheit des Menschengeistes ablehnen muss. Schließlich sind ihm alle geschichtlich erscheinenden Religionen der Ausdruck des »Klimas«, der Regierungsform, des Volksgeistes oder irgendeiner anderen Ursache.

»Ich halte sie alle für gut, wenn man Gott damit in entsprechender Weise dient. Der wesentliche Gottesdienst ist der des Herzens.«

Rousseau ist der am weitesten verbreitete Typus des religiös Suchenden geworden und hat bis tief in den deutschen Idealismus hinein gewirkt. Er liebte die Toleranz und kämpfte ähnlich wie Voltaire für die Freiheit des Glaubens gegenüber katholischen Übergriffen. Den Gebildeten, namentlich auch in Deutschland, täuschte er damit eine Religion vor, die man jenseits der Kirche, im Schrein des frommen Herzens und im Raum der Vernunft besitzen könne. Die Flucht der denkenden Menschen aus der Kirche ist nicht nur eine Folge der Kritik an ihrem Dogma, sondern sie ist dem trügerischen Reiz zuzuschreiben, den diese neue Religion dem Individuum versprach.

4. David Hume, Immanuel Kant und Gotthold Ephraim Lessing

Der Stoß gegen diese Religion der Empfindung blieb aber nicht aus. Für David Hume (1711-1776) geht der Ursprung der Religion auf die Angst des Menschen und auf seine »Scheu vor dem Leeren«, d.h. vor einer nicht ausgefüllten Zukunft, zurück. Logisch kalt und letzten Endes in der Haltung des Atheismus bringt seine Philosophie des Empirismus, d.h. der Erfahrung, das Wissen selbst zur Strecke.

Hume und Kant bewegt die gleiche Frage: Wie verhält sich unser Denken zu unserer Erfahrung? Gegenüber dem oft hohl klingenden Reden der Aufklärer über Gott und Welt mutet ein schlichter Satz Kants (1724-1804) wie eine völlig andere Erkenntnis, ja wie ein echt protestantischer Wahrheitsdienst an:

> *»Ich fand allmählich, dass viel von den Sätzen, die wir als objektiv ansahen, in der Tat subjektiv seien, d.i. die Konditionen – Bedingungen – enthalten, unter denen wir allein den Gegenstand einsehen oder begreifen.«*

Kants bekannte Lösung ist nun die, dass er unterscheidet zwischen der Sinnenwelt, die wir in Raum und Zeit vor uns haben, und der Welt der Dinge an sich, d.h. zwischen dem, was unsere in diese Raum- und Zeitwelt gebundenen Sinne erfassen können, und dem, was darüber hinaus in das Reich des intelligiblen, d.h. nur durch den Geist erkannten Denkvermögens gehört. Hier sah Kant den Ort der Religion. Je strenger die Grenze zwischen beiden Welten gehalten wird, desto freudiger darf der Philosoph von den Dingen künden, die sein Gemüt mit Bewunderung und Ehrfurcht erfüllen: »Der bestirnte Himmel über mir und das moralische Gesetz in mir.«

Von der Wirklichkeit einer anderen Welt ist aber Kant dennoch entfernt:

> *»Aufklärung ist der Ausgang des Menschen aus seiner selbstverschuldeten Unmündigkeit – der Mut, sich seines Verstandes zu bedienen.«* (1784)

Die Wogen der Französischen Revolution schlugen schon sehr hoch, als Kant seine »Religion innerhalb der Grenzen der bloßen Vernunft« schrieb (1793). Wie er in seiner früheren Kritik in vielem an Hume anknüpfte, so ist jetzt der Einfluss Gotthold Ephraim Lessings (1729-1781) unverkennbar. Beide leben im Grunde in ihrem Denken jenseits der Kirche und wollen sie dennoch als zumindest als wohltätige Volksanstalt nicht preisgeben. Der Satz: »Dem Volk muss die Religion erhalten werden«, spiegelt schon im 18. Jahrhundert die Verbindung von Thron und Altar in verhängnisvoller Weise wider. Für Lessing steht fest, dass sich die Gewissheit der Religion nie und nimmer auf »zufällige Geschichtswahrheiten« gründen könne, denn sie sind nun einmal nicht der Beweis von »notwendigen Vernunftwahrheiten«.[138] »Wann wird man aufhören, an den Faden einer Spinne (d.h. an die Wunderberichte der Evangelien) nicht weniger als die ganze Ewigkeit hängen zu wollen!« Indem er die Religion von der Bibel trennt, liefert er sie der Vernunft aus, denn »die innere Wahrheit« beweist sich aus sich selbst. Aber dieses »sich selbst« stellt eben doch der Mensch fest. In seinem berühmten Drama »Nathan der Weise« (1779) stellt er in der Geschichte von den drei nicht zu unterscheidenden Ringen die Gleichberechtigung von Judentum, Christentum und Islam dar – eine

---

[138] »Über den Beweis des Geistes und der Kraft« 1777

dem Neuen Testament widersprechende, die Mission lähmende Nivellierung.

In der Schrift »Erziehung des Menschengeschlechts« (1780) hat Lessing die letzten Grundlinien seines Denkens dargestellt. Erziehung, d.h. alles, was durch philosophische Unterweisung dem Menschen beizubringen ist, wird vom Begriff der Offenbarung, dem Bereich der geschichtlichen Religion, abgegrenzt. Brauchte die Menschheit zu ihrer Hebung gewisse Elementarbücher, zu denen nacheinander das Alte und das Neue Testament gehört, so ist doch die Bibel nur für ein gewisses Alter brauchbar.

»Das Kind wächst darüber hinaus kraft seiner höheren Vernunft. Nein, sie wird kommen, sie wird gewiss kommen, die Zeit der Vollendung, da der Mensch, je überzeugter sein Verstand einer immer besseren Zukunft sich fühlt, von dieser Zukunft gleichwohl Bewegungsgründe zu seinem Handeln zu erborgen nicht nötig haben wird; da er das Gute tun wird, weil es das Gute ist, nicht weil willkürliche Belohnungen derart gesetzt sind, die inneren, besseren Belohnungen derselben zu erkennen. Sie wird gewiss kommen, die Zeit eines neuen, ewigen Evangeliums, die uns selbst in den Elementarbüchern des Neuen Bundes versprochen wird.«[139]

Lessing denkt dabei an die Verheißungen des Tausendjährigen Reiches.

5. Die moralische Religion als Befreiung vom Dogma der Kirche

So ist denn der Kirche noch eine vorübergehende Wirksamkeit zugebilligt. Aber den Gang der Ereignisse bestimmt schon die rastlos vorwärts schreitende Vernunft, die anderer Stützen bald

---

[139] ebd.

nicht mehr bedarf. In diesen Bahnen hat Kant, gewissermaßen als Krönung seines gesamten Werkes, die Religion beschrieben. Christi Gebote sind deshalb leicht, weil und sofern »jeder die Notwendigkeit ihrer Befolgung von selbst einsieht«. Von diesem Obersatz aus bestimmt der Königsberger Philosoph in der »Religion innerhalb der Grenzen der bloßen Vernunft« (1793) den Raum der »moralischen Religion«. Sie lebt nicht von unmöglichen Gottesbeweisen, sie bedarf auch keiner Erlösung, denn hier gilt der Grundsatz, »dass ein jeder so viel, als in seinen Kräften ist, tun müsse, um ein besserer Mensch zu werden«. Das Übrige, »was nicht in seinem Vermögen ist, werde durch höhere Mitwirkung ergänzt werden«. Echt katholisch mutet diese Addition an, aber der Stoß geht doch noch nach einer anderen Richtung, eben in die von Lessing angeregte Aufhebung alles Kirchenglaubens:

»Alles, was außer dem guten Lebenswandel der Mensch noch zu tun, zu können vermeint, um Gott wohlgefällig zu werden, ist bloßer Religionswahn und Afterdienst Gottes ...«

Der Kirchenglaube muss eben klar bekennen, dass es ihm um nichts anderes geht, als

»... die Religion des guten Lebenswandels als das eigentliche Ziel, um jener – der kirchlichen Religion – dereinst gar entbehren zu können, herbeizuführen.« [140]

Gegen die positive, d.h. auf Geschichte beruhende Religion hat Kant sich damit zu der Zukunft bekannt, in der allein »die reine Vernunftreligion« zuletzt über alle herrsche, »damit Gott sei alles in allem«. Dann erst wird das Priestertum ausgerottet sein, denn nun werden alle durch die Vernunft in der wahren Freiheit stehen.[141]

---

[140] Religionen innerhalb der Grenzen der reinen Vernunft IV, 252
[141] ebd. III, 7

6. Der kategorische Imperativ

Es ist schwer, den kirchengeschichtlichen Ertrag des kantischen Denkens zu ermessen. Es weist die Gotteserkenntnis in enge Grenzen, weil es nach seiner Überzeugung in der Welt der Erscheinung keinen Erweis für das Dasein Gottes gibt. Und doch ist Kant kühn genug, durch Postulate, d.h. logische Forderungen der praktischen Vernunft, einen Gottesgedanken in Verbindung mit dem Gedanken an Freiheit und Unsterblichkeit aufzustellen. Er bekennt sich zum »radikalen Bösen« im Menschen gegenüber dem optimistischen Bild der Aufklärung, aber er führt doch nicht über die moralisch-heroische Haltung hinaus, dass der Mensch an seiner Besserung arbeiten müsse, »denn er kann, was er soll«. Er verwirft den Eudämonismus (das auf Lohn gerichtete Glückseligkeitsverlangen), aber die Ehrfurcht des mit Gott verschmelzenden Gemütes unter dem Sternenhimmel und das moralische Gesetz im Menschen sind ihm Lohn genug. Er verwirft das Gebet, weil er einen persönlichen Gott, der in dieses Weltgeschehen eingreift, ablehnt, aber er glaubt mit schier kindlicher Gläubigkeit an die wirkende Kraft und Wesenhaftigkeit der Vernunft.

Mit diesen Gegensätzen ist das Geistesleben der Gebildeten durchzogen worden. Die einen sind dadurch in den Nihilismus getrieben, weil ihnen die Kritik alles zerbrach und nichts an ihre Stelle zu setzen vermochte. Hier ist Schopenhauer der Erbe Kants, der ihn unbedingt pessimistisch verstanden hat. Die andern ergriffen die ideale Seite des Meisters, den Glauben an den Sieg der Vernunft, an das in uns wohnende, alles bestimmende moralische Gesetz des kategorischen Imperativs: »Du kannst, denn du sollst!« Sie sind mit Fichte, Hegel und Schelling diesen Weg der Selbstvergottung des Menschen über Kant hinaus gegangen.

7. Gottsched und Gellert

Während sich der Hallesche und Herrnhuter Pietismus gegen die wachsende Flut der Aufklärung wehrte, ohne ihren Einwänden gewachsen zu sein, haben im zweiten Drittel des Jahrhunderts Männer wie Johann Christoph Gottsched (1700-1766) und Christian Fürchtegott Gellert (1715-1769) die Vereinigung von Glauben und Zeitgeist in nicht unerheblichem Maße gefördert. Gottsched sucht alle Anstöße und Ärgernisse aus dem Weg zu räumen und geht so weit, sogar den Erlösergott auszuschalten. Eine blutige Sühne kann mit der Gerechtigkeit Gottes nicht in Einklang gebracht werden, zumal wenn ein Unschuldiger dabei leiden muss.

Gellert ist weniger kritisch als sein Leipziger Kollege Gottsched, aber bei aller echten Ehrfurcht und Bewunderung in seinen Liedern über die Größe und Herrlichkeit der Natur – »Wenn ich, o Schöpfer, deine Macht...« – ja, selbst in seinen Festgesängen, bleibt er oft in einer gewissen gesetzlich-moralischen Haltung. Und gerade sie wird der Durchschnitt der kirchlichen Verkündigung und Seelsorge.

8. Die Bibelkritik des Samuel Reimarus

Auf dem Hintergrund dieses verkürzten Evangeliums kann man erst die Arbeit und den Vorstoß der Gruppe von Theologen verstehen, die man unter dem Namen der »Neologen« zusammenfasst. Sie setzen die Arbeit Gottscheds fort, die kritische Behandlung der Heiligen Schrift und des Dogmas. Nicht als ihr Vertreter und doch im Grunde mit ihnen einig steht der Hamburger Gymnasialprofessor Samuel Reimarus (1694-1768). Ihm war es nicht genug, an das allmähliche Aussterben der geschichtlich überlieferten Offenbarungsreligion zu glauben. Er hat in seiner Schutzschrift für die vernünftigen Verehrer Gottes die Gedanken des englischen Deismus (Hume) wiederholt und weithin die Kritik des 19. Jahrhunderts vorweggenommen, indem er vom Standort der Vernunft und Moral aus in der Bibel zu streichen begann, was an Wundern, an Übernatürlichem, besonders auch im Bilde Jesu, zu finden ist. Dieser Hass gegen alles Übervernünftige machte auch vor der Wahrhaftigkeit der Jünger nicht Halt und erklärte sie als zum Mindesten betrogene Betrüger. Als Lessing diese »Fragmente« in den Jahren 1774 und 1777 herausgab, war der Sturm der Entrüstung so groß, dass selbst die Neologen, die Vertreter der Aufklärungstheologen, besonders Johann Salomo Semler (1725-1791), mit diesem Radikalismus nicht mitkonnten.

9. Toleranz als Erziehungsfaktor

Aber die Linie, wohin die Kritik zielte, lag plötzlich vor aller Augen. Sie wäre noch ganz anders zum Vorschein gelangt, wenn nicht der freiheitliche Friedrich II. von Preußen selbst Einhalt geboten hätte. Bei aller Gleichgültigkeit gegenüber den theologischen Strömungen und bei aller gründlichen Verachtung der »Pfaffen« und »evangelischen Jesuiten« legte ihm doch die Staatsraison als höchstes Prinzip seines Handelns bestimmte Grenzen auf. Er konnte im Gegensatz zu andern Ländern den Jesuitenorden in Preußen belassen: »Sie können für meine Person ohne Sorge sein, ich habe von den Jesuiten nichts zu fürchten.«[142] Er konnte aber auch in seinem »Fürstenspiegel« schreiben: »Hüten Sie sich also vor dem Fanatismus der Religion, der Verfolgungen hervorruft!« Friedrichs Toleranz geht genauso weit, wie das Staatsinteresse sie gestattet, obwohl er schon 1740 als bekannte Randnote bemerkt:

---

[142] an d'Alaembert 1768

> *Die Religionen müssen alle toleriert werden, und muss der Fiskal nur das Auge darauf haben, dass keine der anderen Abbruch tue, denn hier muss jeder nach seiner Façon selig werden.«*

Oder ob er an den Major von Borcke die Instruktion gibt:

> *Der Erzieher muss seinem Zögling in geschickter Weise fühlbar machen, dass nichts gefährlicher ist, als wenn die Katholiken in einem Land die Oberhand haben, wegen der Verfolgungen, wegen des Ehrgeizes der Päpste, und dass ein protestantischer Fürst weit mehr Herr bei sich ist als ein katholischer.«*

Die Freiheit des Individuums und die Freiheit der Kirchen ist demgemäß nur sehr bedingt. Das wird am Ende des Jahrhunderts besonders deutlich, als das von Friedrich Wilhelm II. erlassene, von Pfarrer Wöllner verfasste Religionsedikt aller Kritik am orthodoxen Glauben plötzlich das staatliche Verbot entgegensetzte. Damals hielt es auch Kant für angezeigt zu schweigen. Der Gedanke, dass solche Kämpfe, die schließlich die Staatsautorität in Frage stellten, nicht vor das Volk gehörten, leitete ihn und viele Gebildete umso mehr, als man in einer doppelten Welt lebte, die, wie der Hallesche Theologe Semler es aussprach, dem schlichten Mann eine andere Erkenntnis zubilligte, als sie der Weise und Unterrichtete nachzuvollziehen vermochte. Dass hier die Preisgabe der Kirche an einen Erziehungsgedanken zweifelhafter Art lag, war der Halleschen Fakultät noch deutlich. Als sie es ablehnte, ihre kritische Theologie von heute auf morgen zu ändern, erwies es sich, dass auch in dieser Wissenschaft der Aufklärung etwas von dem bekennenden Mut der pietistischen Vergangenheit steckte, indem man den Wahrheitsgedanken um keinen Preis fallen ließ.

Die Predigt unter der Wirkung der Aufklärung ist als moralisierend-gesetzlich bis hin zur Lächerlichkeit bekannt. Das Gesangbuch mit seinen namentlich dem 16. und 17. Jahrhundert entstammenden Liedern muss sich derbe Eingriffe gefallen lassen. In der Schule herrschen der Stock und die Lernmethode; es fehlt das Gespräch. Wie anders ist der Geist Herrnhuts, wo die Freude noch nicht verschwunden und Lied und Gebet lebendig sind!

10. Friedrich II. und der Protestantismus

Aber wenn auch Friedrich II. mit seiner Kirche so gut wie zerfallen war und darin die Reaktion zu seiner verkehrten Jugenderziehung nicht weniger als der französische Einfluss von Voltaire her deutlich wurde, so ist er dennoch, ohne es zu wollen, weit über seine Staatsraison hinaus zum Schirmherren des Protestantismus geworden. Und dies geschah, als er im Dreifrontenkrieg gegen das katholische Österreich und Frankreich und gegen das griechisch-orthodoxe Russland dem evangelischen Preußen den Platz an der Sonne sicherte und im Bund mit England einer neuen Gegenreformation den Riegel vorschob. Auf den Schlachtfeldern der drei Schlesischen Kriege entschied es sich, dass die Zurückeroberung Deutschlands zur römischen Kirche nicht vollzogen wurde.

Eine neue Zeit ist inzwischen angebrochen. Der deutsche Idealismus entzieht sich der Aufklärung. Das Zeitalter Goethes und Schillers ist da. In diese wunderbare Welt stößt der schrille Ton der Revolution von Frankreich her. Er stellt zum Mindesten die Frage, ob die Vernunft die Zeichen der Zeit wirklich zu deuten verstand oder ob sie sich in ganz anderen Räumen bewegte. Die Revolution ist aber auch die Frage an die Kirche, ob sie die ihr eigene Aufgabe noch gesehen hat oder sich von den Idealen der Gegenwart blenden ließ.

33. Kapitel

Die römisch-katholische Kirche im 18. Jahrhundert

1. Mission in Asien durch den Jesuitenorden

Das Konzil von Trient (bis 1563) und der Westfälische Friede des Jahres 1648 bilden den theologischen und politischen Abschluss der Gegenreformation. Es ist der römischen Kirche nicht gelungen, den für sie so verhängnisvollen Riss wieder zu heilen. Sie konnte und kann nie irgendwelche Zugeständnisse machen oder Bündnisse mit anderen Konfessionen schließen. Das aber vermochte sie: sich mit ernstem und kraftvollem reformerischem Willen auf ihre eigentliche Aufgabe zu besinnen, so wie sie ihr durch den Jesuitenorden vor Augen gehalten wurde. Unter seiner Führung wird die Ausbreitung des Katholizismus nicht nur in den wiedergewonnenen Ländern Europas vorgenommen. Das Ziel wird in enger Verbindung mit der Kolonialpolitik in den neu entdeckten Ländern Südamerikas, Vorderindiens, Japans und Chinas als Missionierung der ganzen Welt klar erkannt und durch die Orden mit allen Mitteln erstrebt. Franziskaner und Dominikaner, vor allem aber die Jesuiten und ihr bedeutsamster Missionar Francis Xavier (1506-1552) sind hier zu nennen.

Auch die katholische Geschichtsschreibung verschweigt nicht, wie viel äußerliche, ja dem Heidentum sich anpassende Missionspropaganda, die auf eine rasche Ausbreitung der römischen Kirche drängte, in diesen Feldzügen getrieben worden ist. Die schwersten Rückschläge, namentlich in Japan, blieben infolgedessen nicht aus. Lediglich in China gelang es, auch durch die

Zeiten des Verfalls und der Verfolgung hindurch eine römische Christenheit zu erhalten. Sichtbar wurde dadurch vor aller Welt bezeugt, dass die eine katholische Kirche durch den Kampf in Europa nichts von ihrem umfassenden Anspruch preisgegeben hatte.

2. Die Ausweisung des Jesuitenordens

Der Orden, auf den Rom seine Hoffnung setzte, trägt die Hauptverantwortung für den Niedergang. Sah er im Beichtstuhl seine besondere Aufgabe, so musste gerade an ihm der Widerstand entstehen, als die Aufklärung von der Vernunft her andere Beurteilungsmaßstäbe in den Vordergrund rückte. Das Beichtbuch von Alfonso de Liguori (1696-1787, Gründer des Ordens der Redemptoristen) mit seinen Anweisungen auf dem Gebiet der geschlechtlichen Moral ist auch innerhalb der katholischen Kirche auf Widerspruch gestoßen. Was halfen demgegenüber die Übertritte von August dem Starken in Sachsen-Polen und Karl Alexander in Württemberg. Ihre Länder hielten erst recht am evangelischen Bekenntnis fest. Aber der Sturm gegen den Jesuitenorden, der zu seiner vorläufigen Auflösung führte, vollzog sich auf politischem Gebiet. In Paraguay hatten die Jesuiten versucht, eine eigene Wirtschaftsordnung aufzurichten. Das zwang den portugiesischen Minister Pombal, die Ausweisung des Ordens anzuordnen (1759).

Als auch Frankreich und Spanien diesem Schritt folgten, sah sich nach langem Zögern Papst Clemens XIV. zur Aufhebung des Ordens gezwungen (1773). Friedrich II. und Katharina II. von Russland gewährten trotzdem dem Orden das Asylrecht im Bewusstsein ihrer Staatsmacht.

3. Versuche des deutschen Episkopats, sich von der Kurie zu lösen

Die Aufklärung machte auch vor der römischen Kirche nicht halt. Die unter dem Pseudonym »Justinus Febronius« erschienene Schrift des Trierer Weihbischofs Nikolaus von Hontheim »Über den Zustand der Kirche und die rechtmäßige Gewalt des römischen Bischofs« (1763) hinterließ keinen Zweifel, dass der Wille zu einem übergeordneten Konzil im Gegensatz zur unumschränkten Herrschaft des Papstes nicht erloschen war. Der Bischof erhoffte vom Zusammenschluss mit den Fürsten eine Hilfe. Auch nach dem Widerruf seiner Schrift wandten sich west- und süddeutsche Bischöfe gegen die Errichtung einer Münchener Nuntiatur, d.h. einer vom Papst eingesetzten Stelle, um die Kirche wie den Staat zu beobachten und in diplomatischen Fragen zu lenken. Die berühmt gewordene Emser Punktation (1786) fasste den Protest der Erzbischöfe dahin zusammen, man wolle dem Papst nur insoweit Gefolgschaft leisten, als es mit dem Ausschluss der als Fälschung erkannten Isidorischen Dekretalien gegeben sei. Ein vom Kaiser einzuberufendes Konzil sollte die Macht des Papstes festlegen.

Die Dinge schienen zu Gunsten der Freiheit der Nationalkirche und gegen den römischen Machtanspruch zu laufen, als sogar Kaiser Joseph II. sich auf die Seite der Erzbischöfe stellte. Dennoch ist das Papsttum als Sieger aus diesem Kampf hervorgegangen. Es hat es verstanden, wie einst im Mittelalter, die Spannung zwischen den Erzbischöfen und Bischöfen auszunutzen und seine Nuntien mit den Bischöfen gegen die Männer der Emser Punktation zu verbünden. Vor allem aber kamen der Kurie die nun einsetzenden Revolutionsjahre zustatten, die mit der Aufhebung der geistlichen Kurfürstentümer endeten (1803). Der feste Wille eines Amtes hatte sich durchgesetzt, das im Glauben an seine uralte Tradition allen Veränderungen trotzen wollte.

4. Das Toleranzpatent Josephs II.

Ernster wurde jedoch die Lage, als im Österreich Josephs II. die Gedanken der neuen Zeit an Boden gewannen. Der Sohn und Nachfolger von Maria Theresia und Bewunderer Friedrichs II. meinte, die vernünftigen und humanen Gesichtspunkte der Aufklärung in der Kirche zur Geltung bringen zu sollen. Die katholische Staatskirche ist das Ziel einer großen Anzahl seiner Reformen. Er wollte eine national bestimmte (von romfreien Einflüssen geleitete) Erziehung der Jugend und sonderlich der Geistlichen erreichen, eine Kirche, die in der Berufung der Bischöfe von ihrem Landesherrn abhängig ist. Ohne Zweifel, Josephs Reformen kamen nicht aus einer antikatholischen, keinesfalls aus einer religionsfeindlichen Stellung. Im Gegenteil, er sah, wie gering die sittliche Haltung und wirkliche Bildung des Klerus war, er wollte vertiefen, verbessern, aktiver machen, was in den Kirchen und Klöstern und Schulen vielfach brachlag und an den Aufgaben der Gegenwart vorbeiging. Er erließ darum in dieser Sicht das Toleranzpatent (1781), das den lutherischen, reformierten und griechisch-unierten Gruppen eine beschränkte Duldung verlieh, ausländischen (also auch römischen) Einflüssen wehrte, die Klöster von 2163 auf 1425 reduzierte, die »bloß beschaulichen« Orden beseitigte, das eingezogene Vermögen für Erziehung, auch für die Klerikerausbildung, bestimmte, ferner die Reform des Kultus und des Eherechtes.

Hellwach sah Pius VI., was durch diesen »Josephinismus« der Kurie drohte. Der Papst erschien selbst in Wien. Die kritische Situation ist aber nicht durch einen päpstlichen Machtspruch erledigt worden. Dazu war Pius zu klug. Er vertraute der Zeit und ihrem klärenden Einfluss und hat darin Recht behalten. Größere Fragen ließen die Epoche Josephs II zurücktreten: Die Französische Revolution pochte an die Tore der Nationen (1789).

5. Die katholische Kirche im Kampf mit der Revolution

In der Französischen Revolution mit dem Sturz des Königtums und des Adels verlor die mit beiden verkettete Kirche ihre Macht. Das Bürgertum stand in der 1789 beginnenden Revolution auf und forderte dem Geist der Aufklärung gemäß seine Rechte. Was Joseph II. nicht durchzusetzen vermochte, schien jetzt im Sturmschritt verwirklicht zu werden in der Verwandlung des Kirchengutes zum Nationaleigentum, in der Auflösung der Orden und Klöster und in der völligen Umgestaltung der kirchlichen Gliederung der französischen Bistümer.

Als aber der Klerus aufgefordert wurde, auf die neue Verfassung den Eid zu leisten, erwies es sich, dass sich der weitaus größte Teil eher des Amtes entheben ließ, als dem Papst den Gehorsam zu versagen. In den daraufhin folgenden Bedrängnissen gewann die Kirche ihre verlorene Würde zurück. Je furchtbarer die Revolution ihr dämonisches Angesicht enthüllte bis hin zur Abschaffung des Christentums und zur Einsetzung des Kultus der Göttin Vernunft, umso mehr gewann die Kirche an innerer Kraft. Nach den Zeiten der größten Schrecken erklärte das Direktorium (1795-99) die Religionsfreiheit, während sich die Republik, die Staatsmacht, als religionslos bekannte.

Nicht geschwächt, sondern mit neuer Kraft geht die Kirche Frankreichs aus diesen zehn Jahren hervor. Daran ändert auch die vorübergehende Aufhebung des Kirchenstaates und die Verbannung des Papstes Pius VI. nichts (1798). Als die Welle der Revolution nach den Niederlanden (1795 Batavische Republik), nach Italien (1797 ligurische und cisalpinische Republik, 1798 Römische Republik), nach der Schweiz (1798 Helvetische Republik) und nach Deutschland übergreift und die geistlichen Fürstentümer durch den Reichsdeputationshauptschluss (1803) dahinsinken, als sang- und klanglos ohne Protest des katholischen Volkes das von Otto dem Großen begründete fast tausendjährige Bündnis zwischen Staat und Kirche gelöst wird, ist es keineswegs um die römische Kirche geschehen. Es erweist sich im Gegenteil, dass ihre Macht nicht in den Gütern dieser Erde liegt, die nun staatlicher Aufsicht unterliegen, nicht in der Kraft ihrer Organisation, die sich Napoleon nun zu Nutze macht, auch nicht im Vertrauen ihres Kirchenvolkes.

Aus dem Verfall von Sitte und Recht um die Jahrhundertwende, aus Verfolgung und Schmähung der Geistlichen und der Heiligtümer der Kirche entstand ein unaustilgbares Verlangen nach innerer Führung, nach ewigem Grund und unerschütterlicher Autorität.

Der Boden war reif für Strömungen, die aus der Mystik kamen und vielfach den Zusammenhang mit dem evangelischen Pietismus betonten. Es ist die Zeit, in der man oft die Gotteshäuser der Konfessionen gemeinsam benutzte (Simultankirchen). Die religiös sehr wirksame katholische Fürstin Gallitzin in Münster ist befreundet mit dem evangelischen Johann Georg Hamann, den sie in seinem letzten Lebensjahr (1788) aufnimmt, und mit dem Pempelforter Freundeskreis um Friedrich Heinrich Jacobi.

Der Toleranzgedanke ergriff weite Kreise der römischen Christenheit. Im Geist einer innerlichen Versöhnung zwischen den Konfessionen wirkte der spätere Bischof von Regensburg, Johann Michael Sailer (1751-1832), und der von ihm beeinflusste, später evangelisch gewordene Johannes Evangelista Goßner, der schon in die Erweckungsbewegung hineinragt und in Berlin die nach ihm benannte Mission gründet. Die Romantik schuf hier die weiteren Verbindungen, als Graf Friedrich Leopold von Stolberg zum Katholizismus übertrat (1800) und Männer wie Friedrich Schlegel das Ideal der Zeiten im Mittelalter zu sehen meinten. Während aber diese historisch rückwärts gewandten Geister ihrer unsicher gewordenen Gegenwart durch solche Restauration, d.h. durch den Griff in die Vergangenheit, zu entrinnen trachteten, betrat der Mann das Schlachtfeld, der mit vorwärts stürmender, alles überrennender Macht sein Zeitalter überrollte: Napoleon Bonaparte.

6. Napoleons Verhältnis zur Kirche

Er sah mit klarem, aber der Religion innerlich abgewandtem Blick die Unmöglichkeit, den französischen Staat ohne die Kirche zu bauen. Eine Lage wie die unter Konstantin wiederholte sich. Der Unterschied war jetzt nur der, dass dem politischen Machthaber das kirchliche Oberhaupt gegenüberstand, Pius VII. (1800-1823) und sein Kardinalstaatssekretär Ercole Consalvi. Nicht ohne starke Schwierigkeiten kam es zum Konkordat zwischen Kurie und Republik (1801). Die römische Kirche wird darin als die »Religion der großen Majorität der französischen Bürger« vom Staat anerkannt. Sie erhält den Rechtsschutz und die finanzielle Sicherung. In allen übrigen Punkten erscheint allerdings auf den ersten Blick der Staat als der Herr der Situation. Er ernennt die Erzbischöfe und Bischöfe, fordert den Treueid von ihnen und überwacht alles bis hin zu den Pfarrwahlen. Nachdem Napoleon dies ohne den Papst abschloss und darin in Richtung einer von ihm überwachten Nationalkirche vorging, begann er die Politik der nun folgenden Jahre. Sie sind für Pius eine Kette von Demütigungen geworden, von der Teilnahme an der Kaiserkrönung (1804) bis zu seiner Gefangennahme (Avignon) und zur Aufhebung des Kirchenstaates. Mit dem Sturz des Kaisers 1814 aber richtete sich das Papsttum wieder auf und erklärte alle erzwungenen Maßnahmen für ungültig.

So ging auch hier die Kurie mit neuem, fast märtyrerhaftem Glanz, durch die Verfolgungen gestärkt, aus den Kämpfen hervor. Zur gleichen Zeit erstanden ihr aus dem französischen Klerus zwei sehr wirksame Vertreter, die z.T. im Zug der Romantik einer neuen persönlichen Frömmigkeit Ausdruck gaben. Diese Religiosität gewann namentlich in François René de Chateaubriand, einen an Rousseau erinnernden Publizisten, Einfluss. Bedeutender als er ist Joseph-Marie de Maistre. In seinem Buch »Vom Papst« hat er als Ertrag seines Zeitalters die Verbindung zwischen Rom und der französischen Kirche in so leuchtenden Farben dargestellt und sogar die Idee der Unfehlbarkeit des Papsttums mit glühender Begeisterung derart gepriesen, dass man ihn in Richtung auf das erste Vatikanum nie vergessen hat. Diese Schriftsteller sind die Begründer des Ultramontanismus: »Jenseits der Berge«, in Rom, ist die Kirche felsenfest verankert.

Sieht man von der Kurie her die Entwicklung der rund hundert Jahre zwischen dem Tode Ludwigs XIV. und dem Ende Napoleons, so muss man staunen, mit welcher Ruhe eine mit Jahrhunderten rechnende Kirchenleitung dem Ansturm der Aufklärung, der Revolution und der kaiserlichen Diktatur begegnet. Diese Überlegenheit kommt aus dem Geheimnis des in der Messe gegenwärtigen Christus, aus dem Glauben an die jetzt schon triumphierende Kirche.

34. Kapitel
Der Idealismus

1. Hamann und Herder in Auseinandersetzung mit Kant

Was unterscheidet den Idealismus von der Aufklärung? Der aufgeklärte Mensch glaubt, mit seiner Vernunft die Welt zu *erkennen*, während der Idealist die Unendlichkeit zu *schauen* meint. Kant ist die Brücke zwischen beiden. Da, wo er die Grenze zeigt, die uns in Raum und Zeit gefangen hält, bejaht er die rationale, mit unserem Verstand umschlossene Welt. Wo er aber den Ausgleich der Gerechtigkeit mit den Postulaten der praktischen Vernunft fordert, steigt er zu »höheren Welten« empor, in das Reich des Idealen. Dieser Aufbruch bleibt bei Lessing und Kant noch stark im Moralischen gebunden. Demgemäß vertrocknet auch das Zeugnis der von der Aufklärung bestimmten Kirche in nützlichen Anweisungen, dieses Lebens Herr zu werden. Erst der Höhenflug zu den geheimnisvollen Hintergründen der Welt, eben zu dem »Ding an sich«, das wir mit unseren Sinnen nicht begreifen können, gibt dem Idealismus den neuen Schwung, dieser reichlich verödeten Erde zu entfliehen.

Der Geist von Weimar – Herder, Goethe, Schiller – die Zeit der deutschen Erneuerung – Schleiermacher und die Romantiker – die Philosophie Fichtes, Hegels und Schellings –, damit ist der Rahmen dieses Abschnittes beschrieben. Deutlicher als im Jahrhundert der Aufklärung wird in dieser Epoche die Arbeit der Theologen. Aber nicht nur Herder und Schleiermacher, sondern auch die Philosophen ziehen nun die Glaubensfrage in ihr Denken hinein.

Dem Königsberger Philosophen Kant treten noch zu seinen Lebzeiten zwei seiner Landsleute als Bahnbrecher der neuen Epoche entgegen: Johann Georg Hamann (1730-1788) und Johann Gottfried Herder (1744-1803).

a) Johann Georg Hamann

Es sind zwei mächtige Ströme, die Hamanns Denken bestimmen. An der Begegnung mit der Bibel erfährt er die Umkehr seines Lebens, die persönliche Begegnung mit Gott. Selten hat einer seit Luther die Sprache des Alten Testaments in dieser Kraft als lebendig-gegenwärtiges Wort vernommen!

> *»Es gehört zur Einheit der göttlichen Offenbarung, dass der Geist Gottes durch den Menschengriffel der heiligen Männer, die von ihm getrieben waren, sich ebenso erniedrigt und seiner*

Majestät entäußert als der Sohn durch die Knechtsgestalt, und wie die ganze Schöpfung ein Werk der höchsten Demut ist. Wenn also die göttliche Schreibart auch das Alberne – das Seichte – das Unedle – erwählt, um die Stärke und Ingenuität (Begabung) der Profanskribenten zu beschämen, so gehören freilich erleuchtete, begeisterte, mit Eifersucht gewaffnete Augen eines Freundes, eines Vertrauten, eines Liebhabers dazu, in solcher Verkleidung die Strahlen himmlischer Herrlichkeit zu erkennen.«

Das ist die eine nachhaltig wirkende Seite bei Hamann. Er hat das entscheidende Anliegen Luthers und des Pietismus, soweit es um die Entdeckung des Wortes geht, verstanden und durch mancherlei Kanäle hindurch weitergegeben.

Was ihm den Namen »Magus des Nordens« eintrug, ist aber nicht nur sein »sibyllischer Stil« (Goethe), sondern mehr noch sein philosophischer Versuch, der ihn in Gegensatz zu Kant versetzte. Von seiner biblischen Gesamtanschauung her unternimmt es Hamann, das abstrakte Denken seines Gegners zu durchbrechen und in der Geschichte wie in der Offenbarung den Sinn des Geschehens zu erfassen. Damit hat er aber das hohe Ziel des Idealismus aufgenommen, von einem Punkt her die gesamte Welt zu verstehen. Mangelte es ihm hierzu auch an der inneren und äußeren Kraft und Klarheit der Darstellung, so hat er doch auf seine Zeitgenossen eine spürbare Wirkung ausgeübt, besonders auf Herder und Goethe.

Es ist Hamann zu verdanken, dass die Fragen der Bibel nach dem Woher und Wozu und Wohin des Menschen wieder unübersehbar in den Mittelpunkt des Denkens gestellt werden. Nicht die Kirche bewegt diesen Individualisten, wohl aber das Verhältnis von Zeit und Ewigkeit, von Gotteswort und Geschichte, von Geist und Leib. Hamann hat der Welt wieder zu sagen vermocht, dass es Geheimnisse gibt, von denen sich die Aufklärung nichts mehr träumen ließ.

b) Johann Gottfried Herder

Den einen Grundgedanken Hamanns hat Herder durch sein Leben hindurch verfolgt und zu hoher Fruchtbarkeit gebracht: In der Sehnsucht nach dem großen Wurf, nach der durchschlagenden Idee sich schier verzehrend, hat er in der Bibel immer wieder den Ort gefunden, wo das Höchste und geistig Bedeutsamste zu uns spricht. Den »Geist der hebräischen Poesie« wusste er in Hamanns Bahnen den Zeitgenossen in einer überaus eindrucksvollen Weise darzulegen. Aber sein faustischer Drang lässt ihn dabei nicht stehen bleiben. Über Kant hinausgehend, sucht er in der Intuition, in der lebendigen Kraft des Genies die Quelle, aus der das Innerste seine Deutung empfängt. Das Unbewusste weist den Menschen in der Erfassung der religiösen Überlieferung zur geschichtlichen Tat-Offenbarung, zum lebendigen Gott.

Aber der Bückeburger Oberpfarrer und Weimarer Generalsuperintendent bohrte gerade an dieser Stelle nicht weiter. Sein Idealismus führt ihn zum Humanitätsgedanken und zum Universum. In seinen »Ideen zur Philosophie der Geschichte der Menschheit« (1784) sucht er den Individualismus zu überwinden und den Einzelnen als Glied des großen Ganzen zu verstehen. Die Anschauung des Universums erfüllt ihn, Spinoza ähnlich, mit Anbetung. In dieser Weltweite fühlt Herder die Geborgenheit. Von da aus gewinnen Geschichte und Gemeinschaft, die positive Religion und das individuelle Wort einen Sinn. Ist aber damit das eigentlich Christliche erreicht? Gerade Herder hat sich in den Bahnen Rousseaus gegen das radikale Böse im Menschen, wie es noch Kant sah, gewehrt. Im Verlangen, die einigende Formel für den Geisteskampf seiner Zeit zu finden, opfert Herder schließlich doch das Geheimnis, das Ärgernis der Gemeinde und ihrer Botschaft. Die Weimarer haben seine Verkündigung kaum als einen Angriff empfunden, war und wurde sie doch mehr und mehr zur Weltdeutung im idealsten Licht. An

Herder mochte zuletzt deutlich werden, dass der Idealismus geradlinig eine Überhöhung der Aufklärung ist. Was die Vernunft nicht erkennen kann, ergreift das Gefühl in überwältigender Macht.

2. Schiller und Goethe

Friedrich Schiller (1759-1805) und Johann Wolfgang von Goethe (1749-1832) bleiben dem kirchlichen Zeugnis fern. Sie suchen in der Geschichte (Schiller) und in der Natur (Goethe) dem Geheimnis der Welt nahe zu kommen. Schiller ist in der Linie Kants der vom Christentum Entferntere. Ihm ist die Religion der Vernunft, des Willens und das im Menschenherzen Ruhende ungleich mehr als eine geschichtlich begründete Religion.

> *» Welche Religion ich bekenne? Keine von allen, die ihr mir nennt! Und warum keine? Aus Religion!«*

Dazu ein zweites Zitat:

> *» Alles wiederholt sich nur im Leben,*
> *ewig jung ist nur die Phantasie,*
> *was sich nie und nirgends hat begeben,*
> *das allein veraltet sie. «* (Mein Glaube, 1796)

Schiller kann sich wohl in ästhetischer und moralischer Hinsicht vor dem christlichen Glauben verneigen, aber sein eigenes Denken spricht sich in folgenden Sätzen 1797 Goethe gegenüber aus:

> *»Ich muss gestehen, dass ich in allem, was historisch ist, den Unglauben zu jenen Urkunden gleich so entschieden mitbringe, dass mir Ihre (Goethes) Zweifel an einem einzelnen Faktum (dem vierzigjährigen Wüstenzug Israels) noch sehr raisonnable vorkommt. Mir ist die Bibel nur wahr, wo sie naiv ist;*

in allem anderen, was mit eigentlichem Bewusstsein getrieben ist, fürchte ich einen Zweck und einen späteren Ursprung.« (1797 an Goethe)

Schwierig ist es, in Goethes langer Entwicklung die entscheidende Linie aufzuzeigen. Seine Jugendbriefe an den Leipziger Mitstudenten Ernst Th. Langer in den Jahren 1768-1771 zeigen, wie nahe er unter dem Einfluss der Herrnhuter vor der religiösen Entscheidung stand. »Mich hat der Heiland endlich erhascht, ich lief ihm zu lang und zu geschwind, da kriegt er mich bei den Haaren« – schreibt er. Und dennoch, im Kampf zwischen dem Genius in ihm, der sich seiner Kraft bewusst ist, und dem Anspruch des Christus, »alles zu verkaufen«, glaubte er, sich für den schöpferischen Menschen entscheiden zu müssen. War es nur die weltflüchtige Enge des Pietismus, die ihm hier, in Frankfurt und Straßburg begegnete? War es nicht doch das Entweder-oder, das ihn, wie er es ausdrückte, zu einem »Christentum zum Privatgebrauch« drängte? Er hat es als das »Pelagianische« bezeichnet und den Unterscheidungspunkt in der Verwerfung der menschlichen Natur, die durch den Sündenfall völlig verdorben sei, gesehen. Dem widersetzte er sich:

»Pelagius gab zwar die erblichen Mängel der Menschen sehr gern zu, wollte aber der Natur inwendig noch einen gewissen Keim zugestehen, welcher, durch göttliche Gnade belebt, zu einem frohen Baume geistiger Glückseligkeit emporwachsen könne.«

Damit ist für Goethe der Bruch mit Paulus und Luther gegeben und gleichzeitig die Nähe zum Katholizismus mit seinem Sowohl-als-auch. Er hat diese Linie bis zum zweiten Teil des Faust eingehalten. Die berühmte Stelle: »Wer immer strebend sich bemüht, den können wir erlösen« hat Eckermann noch im Jahr 1831 gedeutet:

»In diesen Versen ist der Schlüssel zu Fausts Rettung enthalten, in Faust selber eine immer höhere und reinere Tätigkeit bis ans Ende und von oben herab: die ihm zu Hilfe kommende ewige Liebe. Es steht das mit unseren religiösen Vorstellungen durchaus in Harmonie, nach welchen wir nicht bloß durch eigene Kraft selig werden, sondern durch die hinzukommende göttliche Gnade.«

Und doch, der Schwerpunkt in Goethes religiösen Gedanken liegt nicht in der Angleichung an christliche Vorstellungen. Gewiss hat er da als der Weise von Weimar bewundernde und ehrfürchtige Worte gefunden über »die Hoheit und sittliche Kultur des Christentums, wie es in den Evangelien schimmert und leuchtet«. Aber er ist in den Bahnen Herders weitergegangen und hat mit ihm im Gegensatz zu Kant seine Basis nicht in die Geschichte, sondern in die Betrachtung der Natur verlegt. Nicht, dass er Gott und die Natur wie Spinoza gleichsetzte. Er sah aber in der Natur die Offenbarung des rastlos drängenden Lebens, den Urgrund alles Seins und Werdens, in dem wir die »Breite der Gottheit«, des sonst Namenlosen, Unerkennbaren in etwa abzulesen vermögen. Vor die Person des weltüberlegenen, seiner Welt mächtigen Gottes stellt sich bei Goethe der dem Pantheismus nahe Gedanke von der in Gott ruhenden und bewegten, ja von ihm durchwebten Schöpfung.

Im Universum findet Herder den entscheidenden Punkt, im Kosmos und seiner Gott auf vielgestaltige Art offenbarenden Mächtigkeit sucht Goethe die Deutung des Lebens. Beide lehnen die philosophische Spekulation ab.

Goethe war wie Herder wahrhaftig genug, um auch die Grenzen solcher Weltbetrachtung nicht zu übersehen. Indem er an die Stelle: »Am Anfang war das Wort«, das er »so hoch unmöglich schätzen« konnte, den Sinn und die Tat zu setzen unternahm, ergab er sich der Endlichkeit dieses Daseins, das ihm doch den Augenblick, das »Verweile doch, du bist so schön«, versagen musste. Er vermag die Sehnsucht nach der Ewigkeit nicht loszuwerden, aber indem er sie in der Zeit zu stillen hofft an den Brunnen der Lust, des Forschens und schließlich des praktischen Dienstes, bleibt jener »Erdenrest zu tragen peinlich«, den uns der Dichter nicht verschwiegen hat. Darum klingt die Weisheit des alten Goethe mehr und mehr im Ton der ehrfürchtigen, ergebungsvollen Einordnung in die unabänderlichen Notwendigkeiten der Naturgesetze aus. Das »Stirb und Werde« in der Verbindung mit der orientalischen Mystik verstärkt diesen Zug. Er hat es, seiner Grundlinie getreu, gedeutet:

> *»Von der Gewalt, die alle Wesen bindet,*
> *befreit der Mensch sich, der sich überwindet.«*

3. *Schleiermacher*

Von den Weimarern her muss man den Ansatz verstehen, den Friedrich Ernst Daniel Schleiermacher (1768-1834) unternahm. Er ist um eine Generation jünger als Goethe und bis fast an sein Ende dessen Zeitgenosse. Auf Schleiermachers vielgestaltigen und beweglichen Geist stürmte von Jugend an eine Fülle von Eindrücken, die er in sich zu verarbeiten suchte. Dem Einfluss der herrnhutischen Anstaltserziehung entflieht er ganz bewusst, behält aber doch von daher einen auf Christus als auf das Zentrum des Glaubens gerichteten Blick. Kant zieht ihn dann in seine kritische Bahn, ohne bestimmend für ihn zu werden. Spinoza wirkt weit mächtiger auf ihn. Vor das Wissen tritt, wie bei Herder und Goethe, Anschauung und Empfindung. In diesem Stadium seiner Entwicklung trifft den fast Dreißigjährigen in Berlin der Kreis der um Friedrich Schlegel versammelten Romantiker. Von einem neuen idealistischen Lebensgefühl her wird hier die klassische Literatur, Plato und Shakespeare, kraftvoll ergriffen. Was aus den unbewussten Tiefen der Seele das Leben frei und individuell gestaltet, wird als das bewegende Prinzip aufgenommen.

Aus dem aus Christen und Juden bestehenden Kreis erhob sich Schleiermacher, damals Pfarrer an der Charité zu Berlin, um in seinen berühmt gewordenen »Reden über die Religion, an die Gebildeten unter ihren Verächtern« den großen Wurf zu tun (1799), den er dann durch die »Monologe« (1800) weiterführte.

Was gab diesen »Reden« die nachhaltige Durchschlagskraft? Er sah den Jammer der Aufklärung mit ihrem hohlen Wissen und die Kälte des Idealismus mit seiner Beseitigung der geschichtlich-individuellen Religion. Er sah unter den Gebildeten das Ende der Religion. Frömmigkeit ist ihm kein Wissen und auch kein Wollen, nein, sie quillt »aus dem Innern jeder besseren Seele notwendig von selbst«, sie gehört »einer eigenen Provinz im Gemüt an, in welcher sie unumschränkt herrscht«. Diese Frömmigkeit ist ihrem Wesen nach weder Metaphysik, d.h. eine Deutung des Seins von einer jenseitigen Warte aus, sie ist auch nicht Moral, sondern sie ist »Anschauung und Gefühl«. Was schaut sie an? Das Universum! Was fühlt sie? Den »Sinn und Geschmack fürs Unendliche«. Und in beidem die wunderbare Harmonie des Daseins, die uns beseligt. Schleiermacher ist nicht bei diesen beiden genannten Jugendschriften stehen geblieben, sie sind aber ein gewaltiger Anstoß für die weitere Entwicklung geworden.

Etwas anderes ist die Frage, wie es sich mit der Christlichkeit dieser »Reden« und »Monologe« verhält. Schleiermacher vermeidet es, auf das Evangelium einzugehen. Ihm ist das religiöse Anliegen wichtiger als das neutestamentliche. Dadurch erreicht er ungemein rasch die Versöhnung mit dem Zeitgeist, die Verbindung mit dem Idealismus, vor allem mit seinem Humanitätsideal: »Mitten im Endlichen eins sein mit dem Unendlichen, das ist die Unsterblichkeit der Religion.« Ihm ist der Wurf gelungen, nach dem sich Herder zeitlebens sehnte. Es bleibt aber die Frage, ob mit diesem Brückenschlag nicht alles verraten ist, was nun wirklich unaufgebbares Gebiet der Kirche und ihrer Verkündigung ist.

Über zwanzig Jahre waren vergangen, als Schleiermacher 1821 sein grundlegendes Werk veröffentlichte: »Der christliche Glaube«. Dazwischen liegt das Erleben der Befreiungskriege, der äußeren und inneren Erhebung des Volkes, der tief gehende Eindruck von der Gegenwart des lebendigen Gottes im Weltgeschehen. Dazwischen liegt auch die Übernahme der theologischen Professur an der neu gegründeten Universität in Berlin und des Pfarramts an der Dreifaltigkeitskirche. Als weiterer Faktor ist auch die Union zu nennen, die seit 1817 in Preußen zwischen den Konfessionen vom König betrieben wird und zu der sich Schleiermacher grundsätzlich stellt.

Aber trotz all dieser bedeutsamen Anregungen ist er im Wesentlichen nicht über seinen ersten Ansatz hinausgekommen. Indem er die christlichen Glaubenssätze »als Auffassungen der christlich frommen Gemütszustände« beschrieb und die dogmatische Theologie als »die Wissenschaft von dem Zusammenhang der in einer christlichen Kirchengesellschaft zu einer gegebenen Zeit geltenden Lehre« feststellte, empfängt seine Glaubenslehre einen mehr psychologischen als theologisch-zeugnishaften Charakter. Das »schlechthinnige Abhängigkeitsgefühl« ist ihm nun das Kennzeichen der von Christus bestimmten Religion. Damit ist wohl das Woher, aber nicht der Zielgedanke zum Ausdruck gebracht. Weil alles auf das religiöse Bewusstsein in uns bezogen ist, muss nicht nur das Alte Testament weithin beiseite bleiben, sondern alle Aussagen der neutestamentlichen Verkündigung, die das Wunder, die Existenz der Engel, des Satans, aber auch das Wunder an Christus, seine Geburt aus der Jungfrau, seine Auferstehung und Himmelfahrt und Wiederkunft bezeugen, werden gegenstandslos. Die an sich kraftvolle Konzentration der Glaubenslehre auf Christus bleibt schließlich doch ein Rückzug auf das stets gleich bleibende Gottesbewusstsein Christi, in das wir aufgenommen werden.

Bezeichnend ist es, dass die von der Erweckung erfassten Zeitgenossen Schleiermachers, Männer wie Ernst Moritz Arndt und Claus Harms in Kiel, sich nach anfänglicher Begeisterung von dieser Theologie zurückgezogen haben. Sie spürten, wie sich über das Evangelium eine Philosophie lagerte und über dem Reden vom frommen Bewusstsein das persönliche Handeln Gottes und seines Christus in den Hintergrund trat.

Bei allem lässt sich fragen, ob Schleiermacher nicht doch im subjektiven Empfinden stecken blieb, während er den Glauben der Gemeinde beschreiben wollte. Des Weiteren, ob er nicht doch der Psychologie erlag, während er die Religion auf sich selbst zu stellen unternahm. Und schließlich, ob er nicht doch an der Geschichte, am Christus der Evangelien, vorbeisah, während er das Individuelle im Bewusstsein festzuhalten suchte.

Die ruhende Anschauung, die Gemeinde im Genuss ihres religiösen Besitzes, die Erbauung als Darbietung des Vorhandenen – das alles hat jedenfalls verhängnisvoll auf die Folgezeit gewirkt und die lebendigen Anliegen überschattet, für die die Kirche einem Schleiermacher immer zu danken haben wird. Wenn er die doppelte Front bekämpft, die oft geistlose Rechtgläubigkeit der Orthodoxie und die Moralreligion der Aufklärung, dann liegt wohl in der Auffindung der entscheidenden Fragestellung seine geschichtliche Größe.

4. *Fichte, Hegel und Schelling*

In welcher Zeit Schleiermacher lebte und mit welchen Mächten er rang, wird erst vollends deutlich, wenn wir uns in kurzen Zügen den drei bestimmenden Philosophen dieser Zeit zuwenden: Fichte, Hegel und Schelling.

a) Johann Gottlieb Fichte (1762-1814)

Johann Gottlieb Fichte, 1794 Professor in Jena, 1810 Professor in Berlin, steht mitten in der Bewegung, die vom Idealismus zur deutschen Erhebung in den Freiheitskriegen führt. Unvergessen bleiben aus den dunkelsten Tagen 1807/08 seine »Reden an die deutsche Nation«. Was er hier vom Ausharren im Glauben und in der Liebe »nach hundertfältigem Misslingen« sagt, gründet er auf etwas, was nicht zweckbestimmte Sittlichkeit ist, »sondern es ist die Religion, die Ergebung in ein höheres, uns unbekanntes Gesetz, das demütige Verstummen vor Gott, die innige Liebe zu seinem in uns aufgebrochenen Leben ...« Die praktische Folgerung dieser zum Widerstand aufrufenden Sätze lautet: »Nicht die Gewalt der Arme noch die Tüchtigkeit der Waffen, sondern die Kraft des Gemüts ist es, welche Siege erkämpft.«

Woher empfängt aber das Gemüt solche Kraft? Fichte kam von Kant und deutete ihn so, dass wir vom Unendlichen her einen Strahl in unserem Gewissen empfangen und dadurch zur persönlichen Tat und Pflicht unseres Lebens berufen werden. Zur Bibel fand er den besonderen Zugang, ähnlich wie Schleiermacher, im Johannesevangelium. Hier aber wird sofort deutlich, wie sich der Philosoph mit seinem denkenden, die gesamte Außenwelt erfassenden Ich über alle Theologie erhaben wusste:

> *»Nur mit Johannes kann der Philosoph zusammenkommen, denn dieser allein hat Achtung für die Vernunft und beruft sich auf den Beweis, den der Philosoph allein gelten lässt: So jemand will den Willen tun des, der mich gesandt hat, der wird inne werden, dass diese Lehre von Gott sei.«* (Joh 7,17)

Diesen Christus richtig zu erkennen, ist wichtiger als alle äußeren Wunderbeweise.[143] Aber die Christuserkenntnis findet Fich-

---

[143] Anweisung zum seligen Leben, 1806

te außerhalb des historischen Jesus. Die paulinische Rechtfertigung ist nur am Armsündertum schuld. In der moralischen Weltordnung und hier vor allem in der Liebe und letzten Endes im eigenen Ich und seiner Selbstvollendung ist die wirkliche Rechtfertigung gegeben. Hier gelangt der Mensch in das Kraftfeld des absoluten, weltsetzenden Geistes.

Die Anklage auf Atheismus, die beim Bekanntwerden dieser Gedankengänge erhoben wurde, hat Fichte mit Energie zurückgewiesen. Den Eindruck, dass der Gott der Philosophen ein anderer sei, einer, dem Persönlichkeit und »besonderes Wesen« ermangele, hat der sich Verteidigende aber nicht verwischen können. Am Atheismusstreit 1799, dem Anlass für den Verlust der Jenenser Professur, musste offenbar werden, dass die von Kant so hart gerügte Grenzüberschreitung zwischen Religion und Philosophie unter seinen Schülern wieder in vollem Gange war.

Vorwärts trieben die Gedanken Fichtes die beiden Schwaben Friedrich Wilhelm Hegel und Friedrich Wilhelm Joseph Schelling. Bei beiden hat ein hohes spekulatives Vermögen die Brücke zwischen Philosophie und Theologie zu schaffen versucht.

b) Georg Friedrich Wilhelm Hegel (1770-1831)

Hegel – 1801 Dozent in Jena, ab 1818 Professor in Berlin – wurde der führende Mann in der geistigen Begründung des preußischen Staates nach den Befreiungskriegen. Mit tiefem Verständnis für die Geschichte – im Gegensatz zu Goethe und Schleiermacher – sieht er in ihr die Offenbarung des absoluten Geistes, der in leidender und überwindender Weise in der Endlichkeit um seine Gestaltung ringt (»Phänomenologie des Geistes«, 1807). Von hier aus ist der Schritt zur Religionsphilosophie nahe. Wie in der Philosophie so kämpft auch in der Religion der absolute Geist darum, zur Gestaltung zu gelangen, dort im Begriff, hier in mehr gegenständlich-anschaulicher Form. Ausgehend von dem Ziel »die Vernunft zu versöhnen mit der Religion und diese in ihren mannigfachen Gestaltungen als notwendig zu erkennen« unternimmt es Hegel, die christlichen Dogmen von der Dreieinigkeit, von den beiden Naturen in Christus und von der Kirche als notwendige und vor dem Denken des absoluten Geistes gerechtfertigte Wahrheiten darzustellen. Als Grundgesetz erkennt er hier wie überall in der Geschichte die Entwicklung des Menschengeistes, der sich durch Gegensätze hindurch immer neu zur höheren Einheit emporringt und dadurch Gott, d.h. aber den absoluten Geist, offenbart (These, Antithese, Synthese).

Eindrucksvoll ziehen die Gedanken Hegels einher, die Zeitgenossen mächtiger packend als Schleiermacher. Und doch befand sich die Kirche dieser Philosophie gegenüber in ähnlicher Lage wie anderthalb Jahrtausende zuvor, als Origenes ihr sein System darbot. Nahm sie es an, so war es um ihre Selbständigkeit geschehen. Die Theologie unterstand dann dem Schutz der Philosophie. Wer in Hegel den Retter des orthodoxen Dogmas sah, verzichtete gleichzeitig auf eine ernsthafte Auseinandersetzung mit dem Idealismus und verkaufte den Heiligen Geist an die Philosophie.

c) Friedrich Wilhelm Joseph Schelling (1775-1854)

Schellings Leben, das früh und verheißungsvoll zu höchster Blüte strebt, endet in langem, geistigem Siechtum, zumeist zum produktiven Schaffen unfähig: 1798 ist er Professor in Jena, später in Würzburg, Erlangen, München, seit 1840 in Berlin. In diesem häufigen Ortswechsel kommt sein schwerer innerer Kampf ans Licht, das Ringen zwischen Natur und Geschichte, zwischen Idee und Offenbarung in seinem Denken. Wie Hegel versucht er, das Christentum philosophisch zu deuten und als seine Zentralidee die Menschwerdung darzustellen. Der historische Jesus von Nazareth, wie er als Mensch gelebt und gelehrt hat, ist ihm aber nicht das Wesentliche des Christentums, sondern Gott kommt im Menschen überhaupt zum Bewusstsein. Menschwerdung ist ein sich ewig wiederholendes Ereignis. Dazu muss Schelling die gesamte Geschichte als Offenbarung erklären. Griechen und Inder haben Wahrheitskeime der christlichen Verkündigung in ihren religiösen Überlieferungen.

Über die Geschichte hinaus wird Schelling zum Mythos geführt als der eigentümlichen Heimat des Religiösen. Durch diese Wendung seiner Philosophie enttäuscht er in den vierziger Jahren alle, die von ihm in Berlin eine Hilfe gegenüber den Hegelschen Gedanken suchten. Es sollte auch bei Schelling sichtbar werden, dass eine Kirche verraten ist, die ihr Evangelium in die Hand der Philosophen gibt. Wird das christliche Dogma von ihnen gedeutet, dann muss es eben doch auf denknotwendige Vernunftwahrheiten hinauskommen bis hin zu Schellings These: Gott ist auch die Ursache der Sünde, und Sünde ist nicht nur Wirklichkeit, sondern Notwendigkeit.

Gegen diesen Gottesgedanken vom Denken des Menschen her musste die Theologie Front machen. Dass sie es nur mit schwachen Kräften tat, lag an dem Doppelten: Hegel wie Schelling erschienen den Vertretern des alten Glaubens als Retter in der Stunde der Not im Kampf gegen den allgemeinen Unglauben der Zeit. Und andererseits: Unter dem nachwirkenden Einfluss Schleiermachers beabsichtigte man gar nicht, gegen den Idealismus eine scharfe Frontstellung einzunehmen. Der Bund zwischen Weimar und der Kirche schien für ein Jahrhundert durch die Philosophie gesichert zu sein. Die Frage bleibt, inwieweit die Erweckung zusammen mit der nationalen Erhebung in dieses Gefüge brach und der Kirche den Weg zur Freiheit und Sendung zu weisen vermochte.

35. Kapitel
Die Erweckung im 18. und 19. Jahrhundert

1. Der Methodismus als Erweckungsbewegung

Was wir unter dem Namen »Erweckung« zusammenfassen, ist mehr als eine einzelne, örtlich begrenzte kirchengeschichtliche Erscheinung. Wir stehen vor der Tatsache, dass im 18. und 19. Jahrhundert von England und Amerika aus eine Bewegung nach dem europäischen Kontinent hin im Gange ist, die der Kirche ein Aufwachen, ein neues Leben vermittelt. Sie ist verbunden mit den Strömungen, die vom Pietismus her stammen. Und doch kann die Erweckung damit nicht einfach erklärt werden. Sie ist überall von führenden Persönlichkeiten bestimmt. Wer aber in ihnen die Wurzel der Ereignisse zu suchen unternimmt, bleibt bei einer menschlichen, psychologischen Deutung stehen. Gewiss ist sie – wie einst der Pietismus um die Wende des 17. Jahrhunderts – im bewussten Gegensatz zur Aufklärung oder zur starr gewordenen Orthodoxie entstanden. Wir würden jedoch auch damit noch keinen ausreichenden Grund für eine so kraftvolle religiöse Erneuerung finden.

Mit dem Methodismus in England fängt die neuere Erweckung an. Auf die Zeiten Cromwells mit ihren religiösen Wellen war die Aufklärung, der Deismus und damit eine allgemein um sich greifende innere Gleichgültigkeit gefolgt. Man hatte die kirchlichen Formen, aber das Leben nährte man aus anderen Quellen. Das Wissen schied die Gebildeten von den schlichten Menschen in den Gemeinden. Der Genuss, wie ihn Reichtum und Sinnlichkeit ermöglichten, trennte von einem wirklichen Hören auf das Wort. Die soziale Lage der im Beginn der Industrie ausgebeuteten Arbeiterschaft (14-16 Stunden Tagesleistung bei niedrigen

Löhnen, Kinderarbeit) ist ein wesentlicher Grund für die Aufgeschlossenheit dieser Schicht. Wesley war ihr eine Verheißung!

Man nannte die Brüder John und Charles Wesley schon damals spottweise »Methodisten«, als sie ihre Studien in Oxford mit Andachtsübungen und einem asketischen Leben verbanden. Was daran gesetzlich war, konnte John Wesley, als er mit herrnhutischen Kreisen in Berührung gekommen war, zum Teil abtun. In ihrer Verkündigung wird ihm die Heilsgewissheit als das zentrale Anliegen deutlich. Sie wird ihm selbst geschenkt an jenem 24. Mai 1738, als er bei den Herrnhutern in London Luthers Vorrede zum Römerbrief hörte, das Wort, das 40 Jahre zuvor Francke getroffen hatte.

Es war für die anglikanische Kirche ein schwerer Schlag, als in ihrer Mitte eine Bewegung entstand, die mit ihrem Ruf »Bekehre dich heute!« auf offener Straße die Fabrikbevölkerung in den Städten wie die auf den Dörfern Lebenden erfasste. John Wesley, der Führer und Organisator (1703-1791), und sein Bruder Charles (1707-1788) und der evangelistisch begabte George Whitefield (1714-1770) haben nicht nur in England und Schottland, sondern auch in Amerika Gemeinden gegründet, die in Übersee zu einer großen Kirche geworden sind. Die Frage nach der Trennung von der Kirche von England wurde durch die Berufung von Laienpredigern, durch die Ordination von Brüdern und eigene Ausbildungsstätten immer mehr akut. Die Brüder Wesley haben sich nach dem Vorbild von Herrnhut verstanden: innerhalb der Kirche und doch als freie Gemeinde. Erst nach John Wesleys Tod – 1791 – ist die methodistische Kirche in England gegründet worden, während sie in Amerika als Freikirche neben den andern schon sehr bald Gestalt gewann.

Ähnlich wie Francke hat John Wesley aus seinem persönlichen Leben die Norm für das Werden und Wachsen des Christen gelehrt: Mit der Bekehrung setzt eine Entwicklung ein, die zur Vollendung zielt. Im Gespräch mit Zinzendorf (1741) wurde der Gegensatz in der Rechtfertigung deutlich. Es ging dabei um den neuen Menschen. Zinzendorf sah ihn vom Kreuz her mit Luther als »gerecht und Sünder zugleich«. Wesley sprach von der Rechtfertigung, die der Gläubige in seiner Erfahrung wahrnimmt. Wesley betonte mehr die Heiligung und so warf, Luther folgend, Zinzendorf ein: Unser Rechtsgrund am Kreuz erlaubt uns nicht die Selbstbeobachtung. Sie wird immer wieder zur Ungewissheit führen oder zur Überheblichkeit. Wesley stand Pelagius und Arminius näher und musste sich dabei die Kritik Zinzendorfs zuziehen.

Gewiss sind die Nachfolger Wesleys nicht bei seiner Theologie in allen Teilen geblieben. Aber der missionarische Akzent einer im Glauben geeinten Gemeinde hat den Methodismus weltweit in die Heidenmission gesandt. Auch darin war er den Herrnhutern verwandt. Was er in der Bekämpfung der Armut geleistet hat, entsprang schlicht der Bruderliebe.

2. Die Erweckung in Deutschland

Ein lebendiger Strom geistlichen Lebens durchzieht um die Wende zum 19. Jahrhundert große Teile Deutschlands. Goethe begegnet in Straßburg und später, 1778, in Elberfeld dem Augenarzt *Johann Heinrich Jung-Stilling* (1740-1817), einem Menschen, für den das Gebet und seine Erhörung eine Wirklichkeit sind. *Johann Kaspar Lavater* (1741-1801), ein Schweizer, theologischer Schriftsteller, wirkt auf weite Kreise durch sein Zeugnis. Um den rheinischen Arzt *Samuel Collenbusch* (1724-1803) und den Pfarrer *Gottfried Menken* in Bremen (1768-1831) sammeln sich Bibelkreise. In Berlin sind es *Baron Hans Ernst von Kottwitz* (1757-1843) und *Johannes Jänicke,* die in Seelsorge und Verkündigung in weite Kreise, auch unter der Studentenschaft, wirken.

Was hier in einzelnen Kanälen fließt, fasst in Basel *Johann August Urlsperger* (1728-1806) in der »Deutschen Christentumsgesellschaft« (1780) zusammen. Die Bibelgesellschaft in Basel ist eine der Quellen, aus der die Missionsgesellschaft dort entstanden ist. Wenn auch nicht unmittelbar zur Erweckung gehörend, so doch von ihr beeinflusst, wurde der »Wandsbecker Bote« von *Matthias Claudius* (1740-1815). Es ist der »biblische Realismus«, der wie bei vielen so auch bei ihm den Idealismus Goethes überwindet und in schlichtem Glauben von frohem Leben und seligem Sterben erfüllt ist.

Die Wende zum 19. Jahrhundert riss nun im Zuge des großen weltgeschichtlichen Geschehens der napoleonischen Zeit diese einzelnen Bäche und Ströme in eine Gesamtbewegung hinein. In der inneren Entwicklung *Ernst Moritz Arndts* (1769-1860) wird dieser Umbruch deutlich sichtbar. Er hat so ziemlich alle Stadien von der Aufklärung bis zur lutherischen Konfession durchlaufen. In der großen Zeit der Befreiungskriege hören wir diese Tonart: »Der Gott, der Eisen wachsen ließ« und »Wer ist ein Mann? Wer beten kann«, die wie ein mächtiges Signal das Land durchziehen. Bald darauf aber vertieft sich sein Lied und findet aus der Schrift ein zentrales Bekenntnis: »Ich weiß, woran ich glaube.«

Nur in kurzen Umrissen kann angedeutet werden, wie dieser Sturm der Erweckung auch in der Mitte des 19. Jahrhunderts durch Deutschland zog.

Im Westen sind als Zentren der Erweckung das *Wuppertal*, das *Siegerland* und *Minden-Ravensberg* zu bezeichnen. Es war, als ob auf ein ausgedörrtes Land ein fruchtbarer Regen fiel. *Gottfried Daniel Krummacher* (1774-1837) in Elberfeld und *Johann Heinrich Volkening* (1796-1877) im westfälischen Jöllenbeck haben durch ihre Erweckungspredigt vielen, die im Kirchenschlaf gefangen lagen, ein Erwachen bewirkt. In Bremen wirkte *Ludwig Mallet* (1792-1865), Hannover verdankt *Ludwig Harms* (1808-1865) die Gründung der *Hermannsburger Mission*. In Pommern sind Männer aus dem Adel die Führer, wie vor allem Adolf von Thadden-Trieglaff. Hier ist Bismarcks geistliche Heimat. In Württemberg sind der früh gestorbene *Ludwig Hofacker* (1798-1828) und der Liederdichter *Albert Knapp* (1798-1864) zu nennen. Sie stehen im Zusammenhang mit den Vätern des 18. Jahrhunderts: Oetinger und Bengel. In Baden ist es der frühere katholische Priester *Aloys Henhöfer* (1789-1865), in Bayern wird mit der Rückkehr zu Luther eine Belebung unverkennbar. Hier ist vor allem *Wilhelm Löhe* (1808-1872) zu nennen, der Gründer des Neuendettelsauer Diakonissenhauses und Betreuer der nach Amerika ausgewanderten Lutheraner.

Bad Boll wird nach der Erweckung im schwäbischen Möttlingen die Stätte eines reichen Wirkens der *Blumhardts*, Vater *Johann Christoph* (1805-1880) und Sohn *Christoph* (1842-1919) in Krankenheilung und Seelsorge.

Die theologischen Fakultäten erfahren eine Wendung an vielen Orten: Halle durch *August Tholuck* (1799-1877), Tübingen durch *Johann Tobias Beck* (1804-1878), Erlangen durch *Johann Christian Konrad von Hofmann* (1810-1877) und *Gottfried Thomasius* (1802-1875).

Während die Predigt Schleiermachers das fromme Selbstbewusstsein der Gemeinde darstellen will, wagt die Erweckungspredigt das Wort der Entscheidung zu verkündigen. Warum hat dieser mit brennender Liebe laute Ruf nicht die ganze Kirche erreicht? Sehr viele Gebiete in Deutschland bleiben fast unberührt.

Gewiss hielt sich der Idealismus der Gebildeten in Goethes Bahnen von diesem Angebot fern. Wer von Kant lebte, behauptete sich mit der Vernunft als mündiger Mensch. Dennoch darf nicht übersehen werden, dass es den Boten der Erweckung an bestimmten Punkten gefehlt hat. Merkten die Professoren und Pfarrer zu wenig von der Last der mit dem Aufkommen der Industrie überforderten Arbeiterschaft? Der Staat und zum Teil auch die Kirche hatten wenig Verständnis für die Arbeit der Diakonie und der Mission. Und endlich: Wo war die biblizistische

Theologie mit dem Geist ihrer Zeit, also mit Rationalismus und Idealismus, in ein Gespräch gekommen, um ihn geistlich zu überwinden? Das gilt im Blick auf die fehlende Auseinandersetzung mit Hegel und Karl Marx. Trotz allem: Die Erweckung bleibt für ihre Vertreter ein Ereignis, das ihnen selbst als Wunder Gottes zuteil wurde.

36. Kapitel
Restauration und Union

1. Kritik an der Erweckung

Der preußische Kultusminister *Altenstein* beurteilte die Erweckungsbewegung folgendermaßen:

> *»Frömmelei führt leicht zum Liberalismus; jede Entfernung von der gewöhnlichen Ordnung und jedes Selbstgefühl, dass man das Bessere ergriffen hat, ist nach der menschlichen Ordnung bedenklich.«*

In einem Schulerlass vom Jahre 1825 nimmt er Stellung gegen

> *». . . die gemeinhin so genannte pietistische Richtung, wo bei überspannten und einseitigen Vorstellungen teils von der Natur des sündlichen Verderbens, teils von den Wirkungen der göttlichen Gnade, des Gebets und des Glaubens entweder eine dumpfe, trübe und ängstliche Lebensansicht oder der Wahn eines begünstigten, unmittelbaren Verhältnisses zu Gott und einer bevorzugten Erwählung, eben damit aber sowohl Unduldsamkeit, liebloses Urteil und Splitterrichterei als geistlicher Dünkel, Stolz und Selbstgenügsamkeit hervorgebracht werden.«*

In diesen Sätzen sind gewiss manche richtige Beobachtungen enthalten, wie sie schon Spener zu seiner Zeit gemacht hat. Aber der Grundton kommt doch von dem Geist her, den wir in den Jahren nach den Befreiungskriegen als den der Restauration bezeichnen, d.h. den Versuch, einen früheren, als ideal bezeichneten Zustand wieder zu erreichen. Charakteristisch dafür ist die Abwehr aller Strömungen, die in den Bahnen einer vorwärts gewandten und erneuernd freiheitlichen Bewegung liefen. Die Geschichte der Burschenschaften ist hierfür ein Beispiel. Man fürchtete ganz offenbar in den Kreisen der Regierung die Rückkehr zur Revolution und sah nicht, dass man gerade diejenigen Kräfte zurückstieß, die am Aufbau des neuen Staates in den Freiheitskämpfen ihr Bestes geleistet hatten. Männer wie Karl Freiherr vom Stein in ihrer politischen Tätigkeit, aber auch ein führender Mann der Erweckung wie Adolf von Thadden-Trieglaff haben die harte Ablehnung von Seiten der Restauration bis hin zu Geldstrafen für Gebetsstunden erfahren müssen. Was lebendige Kirche werden wollte, wurde mit wachsendem Misstrauen angesehen und verdächtigt.

In diesen Jahren wuchs *Bismarck* auf. Als Schleiermachers Konfirmand blieb ihm die Verbindung mit dem neuen Glaubensleben fern. Das Gebet warf er im Zuge seiner pantheistischen Gedanken schon mit 16 Jahren als innere Unwahrhaftigkeit fort. Während der Idealismus mit seinen gemeinschaftsfernen, individualistischen Zielen den Gebildeten aus der Kirche trieb, gab z.B. Hegels Philosophie den Rat, dem Volk die Religion zu erhalten.

Das lag aber auch daran, dass Ernst Moritz Arndts religiöse Gedanken im »Katechismus für den Deutschen Krieg- und Wehrmann« (1812) darauf hinzielten, den konfessionellen Streit zwischen den Papisten, Lutheranern und Calvinisten durch eine Nationalkirche zu beenden. Ähnliche deutsch-christliche Ideen wurden in den Kreisen der Burschenschaft genährt. Was Richard Rothe in Heidelberg theologisch vertrat, die Kirche müsse im Staat, im Volk aufgehen, war nicht nur der Gedanke eines Gelehrten. Gegenüber diesen Gärungen sah sich die Restauration als Hüterin von Staat und Kirche berufen, allen Bewegungen Widerstand zu leisten, die das Kräfteverhältnis der beiden Größen verändern wollten. Wenn parallel zur politischen Entwicklung, etwa im Sinn der Steinschen Reform, das Selbstverwaltungsrecht der Gemeinden betont wurde, wenn Schleiermacher für den synodal-presbyterialen Aufbau der Kirche eintrat und damit viel Zustimmung fand, besonders im Rheinland und in Westfalen, aber auch in der Kurmark, so mussten die nächsten Jahre lehren, dass die Kirchenregierungen hierfür wenig Verständnis zeigten.

2. Union nach königlichem Willen

In diesem Zusammenhang ist das Unternehmen des Preußenkönigs Friedrich Wilhelm III. zu sehen, der seinem Volk zum Jubiläum der Reformation im Jahre 1817 die Union der beiden Bekenntnisse unter Wahrung ihrer Selbstständigkeit, aber mit einer einheitlichen Liturgie durch die von ihm selbst geschaffene Agende geben wollte. Man darf auch hier nicht vergessen, dass die Hohenzollern seit 1613 reformiert waren und seitdem darauf sannen, die konfessionelle Kluft in ihren Landen zu beseitigen. Hatte die Aufklärung und auch der Pietismus auf Aufweichung dieser Gegensätze hingewirkt, lebten auch im Idealismus und in der Romantik durchaus keine trennenden Ideen in dieser Frage, sondern eher einigende Momente, so schien nun wirklich der geschichtliche Augenblick gekommen zu sein, um die *eine* Kirche zu schaffen. Der König erklärte:

> »... *eine Vereinigung, in welcher die reformierte nicht zur lutherischen, und diese nicht zu jener übergehe, sondern beide eine neu belebte evangelische christliche Kirche im Geist ihres heiligen Stifters werden.*«

Ein Verschmelzungsprozess sollte die getrennten Gruppen ohne Zwang zusammenführen, so wie man sich in gemeinsamen Abendmahlsfeiern in Berlin 1817 verband. Auch Schleiermacher trat als Befürworter der Union für diese Entwicklung ein.

3. Die lutherische Gegenwehr

In diesem Augenblick kam durch den Kieler *Claus Harms* (1778-1855), einen nach der Lektüre von Schleiermachers »Reden« Erweckten, der Angriff in seinen berühmten »95 Thesen« gegen die Aufklärung und gegen die Union.

> *»Mit der Idee einer fortschreitenden Reformation, so wie man diese Idee gefasst hat . . ., reformiert man das Luthertum ins Heidentum hinein und das Christentum aus der Welt hinaus.«*
> (die dritte These)

Man kann in dieser Grundanschauung Claus Harms zustimmen und hier den Punkt erkennen, der ihn von Schleiermacher schied. Wer das Schwergewicht in das religiöse Bewusstsein legt, muss die Lehre nach dem Menschen formen, und das bedeutet »dem veränderten Zeitgeist gemäß« (These 1). Eine Verkündigung, die Gegensätze nur durch Kompromisse ausgleichen will, hat ihren Auftrag preisgegeben. Man darf aber auch nicht übersehen, dass diese Thesen den Aufbruch zu einer neuen konfessionellen Entwicklung bedeuten:

> *»Die evangelisch-katholische Kirche ist eine herrliche Kirche. Sie hält und bildet sich vorzugsweise am Sakrament. Die evangelisch-reformierte Kirche ist eine herrliche Kirche. Sie hält und bildet sich vorzugsweise am Worte Gottes. Herrlicher als beide ist die evangelisch-lutherische Kirche. Sie hält und bildet sich am Sakrament wie am Worte Gottes.«*

Die besondere Wertung der Sakramente wurde für Harms charakteristisch.

4. Lutherische Freikirche und rheinisch-westfälische Synodal- und Presbyterialordnung

Es konnte nicht ausbleiben, dass sich gegen die Kirchenpolitik des Staates Widerspruch erhob. Er hat zur Gründung einer lutherischen Freikirche geführt. Johann Gottfried Scheibel (1783-1843), Pfarrer und Professor in Breslau, und der Jurist Professor Philipp Eduard Huschke (1801-1886) erreichten nach langem Kampf 1845 die staatliche Anerkennung. Mitten in der Union blieb diese Freikirche der aufgehobene Finger, und zwar nicht für irgendeine Sonderlehre, sondern für das Zeugnis einer Kirche, die Verfassung und Bekenntnis nicht als zwei getrennte Größen ansah. Mehr wollte Huschke nicht sagen, wenn er das göttliche Recht des Kirchenregiments lehrte.

Einen ebenso bedeutsamen Sieg hatten zehn Jahre zuvor die Kirchenprovinzen Rheinland und Westfalen errungen (1835), als sie allen Einordnungsversuchen des Königs zum Trotz die synodal-presbyteriale Kirchenordnung zur staatlichen Anerkennung brachten. Gerade auch vom reformierten Verständnis der Kirche her musste das Unternehmen der Hohenzollern als unkirchlich abgelehnt werden. Das landesherrliche Kirchenregiment, der König als Bischof seiner Kirche, wurde durch diese Maßnahmen unglaubwürdig. Das Staatschristentum ist jedenfalls durch die Synodalordnung in eine verschärfte Krise geraten. Die Laienwelt, die sich auf das Jahr 1848 hin entwickelte, hatte kein Verständnis mehr für eine staatliche Kirchenführung. Die Theologen aber vermochten nur mit verschwindenden Ausnahmen ein begründendes Ja zur Union zu finden. Während man den 300. Jahrestag des Augsburger Bekenntnisses (1830) zu einer neuen Bezeugung der Einheitsbestrebungen benutzte, regte sich in der ernsten Besinnung auf Luther und sein Werk an manchen Orten, z.B. in Hannover, das konfessionelle Bewusstsein. Entwand sich damit die Kirche dem staatlichen Druck, so zog sie gleichzeitig auch den Trennungsstrich zum Rationalismus. Sie fand aber auch mit dem Pietismus nicht die Verbindung. Damit treten Erweckung und Luthertum, die sich einen Augenblick berührten, im zweiten Drittel des 19. Jahrhunderts bald wieder auseinander.

37. Kapitel

Die Innere Mission

1. Johannes Falk und Johann Hinrich Wichern

Der Pietismus hat durch seine Anstalten in Halle und bei den Herrnhutern eine tief greifende Erziehungsarbeit übernommen. Aber auch der Humanitätsgedanke, wie ihn namentlich der Schweizer Pädagoge Johann Heinrich Pestalozzi (1746-1827) pflegte und praktisch in hingebender Weise verwirklichte, hat vielen die Augen geöffnet, dass man sich der Kinder, der Armen und Waisen annehmen müsse. In seinen Bahnen ging *Johannes Falk* (1768-1826) mit der »Gesellschaft der Freunde in der Not« in seiner Anstalt in Weimar für verwahrloste Kinder. Durch den Tod seiner eigenen Kinder wurde seine Liebe für die durch die napoleonischen Kriege Verwaisten geweckt. Was nun hier und anderswo in bescheidenster Weise begonnen wurde, was Amalie Sieveking (1794-1859) in Hamburg in der Kranken- und Armenpflege auf dem Weg von Vereinsbildungen unternahm, das hat als Vater und Bahnbrecher der Diakonie *Johann Hinrich Wichern* (1808-1891) als »Innere Mission« der evangelischen Kirche ins Leben gerufen. »Die Kirche erkläre, die Liebe gehört mir wie der Glaube!«

Wichern (1808-1881) ist Hamburger, ein Mann der praktischen Tat und des weiten Blicks. In Berlin ergriff den Studenten mehr die Arbeit des Barons Hans Ernst von Kottwitz als die Theologie Schleiermachers. In fünfzehnjährigem Dienst hat er dann bis 1848 im Hamburger »Rauhen Haus« (gegründet 1833) die reichen Erfahrungen in der Rettungsarbeit an verwahrlosten und straffälligen Kindern gesammelt und damit die Grundsätze einer evangelischen Erziehung von dem Wunder der Vergebung her praktiziert, Erfahrungen, die für seine weitere Wirksamkeit bedeutsam wurden. Die Begründung der männlichen Diakonie, des Zentralausschusses für die Innere Mission und die Arbeit an der Erneuerung des Gefängniswesens als vortragender Rat im Ministerium zu Berlin, das sind die äußeren Etappen seines Lebens.

Kirchengeschichtlich gesehen steht Wichern am Wendepunkt, als man mit dem Aufkommen des »vierten Standes«, der Fabrikarbeiter, mit dem Beginn der sozialen Frage im Zeitalter der Maschine, der werdenden Großstadt, dem Problem der Vermassung und Verelendung ganz neue Aufgaben für die Christenheit erkennt. Er sah mit dem Auge dessen, der in der Kleinarbeit in Hamburg erkannt hatte, dass die riesige Not eines Volkes durch Krieg und Sieg nicht gemildert wird. Ihn packte der Jammer um die zerrütteten Familien, um die zum inneren und äußeren Ruin bestimmten Kinder. Er rief es ihnen bei ihrer Aufnahme im »Rauhen Haus« zu:

»Mein Kind, dir ist alles vergeben! Sieh um dich her, in was für ein Haus du aufgenommen bist! Hier ist keine Mauer, kein Graben und kein Riegel; nur mit einer schweren Kette binden wir dich hier, du magst wollen oder nicht; du magst sie zerreißen, wenn du kannst: Diese heißt Liebe, und ihr Maß ist Geduld!«

2. Der Wittenberger Kirchentag 1848

Als Wichern auf dem »Wittenberger Kirchentag zur Gründung eines deutschen evangelischen Kirchenbundes« (September 1848) seine berühmte Rede hielt, jenen gewaltigen Bußruf für die Pfarrer und die Gemeinden, sich auf ihre Liebespflicht zu besinnen, lagen die Grundlinien seines Programmes schon fest. Er verstand die Innere Mission als eine Lebensäußerung der Kirche. Und er stellte andererseits die Kirche in das Volk und in den Staat mit der Aufgabe, ihn mit christlichem Geist zu durchdringen und dadurch in Wahrheit zum christlichen Staat zu machen. In diesen Linien wirkt sich die Größe, aber auch die Tragik des Wichernschen Werkes und damit auch der Inneren Mission aus. Wenn er das »heilserfüllte Volk« aufrief, dem »heillosen Volk« die Botschaft durch Wort und Tat zu bringen, damit »zuletzt im Umkreis der evangelischen Kirche kein Glied derselben mehr sei, das nicht das lautere Wort Gottes in rechter, d.h. gerade ihm sich eignender Weise hörte«, dann fragt man sich, ob Wichern die Kraft der Kirche nicht doch überschätzte, als er ihr den volksmissionarischen Dienst in dieser Weite zuwies. Rührt nicht von daher gerade das Misstrauen der Erweckten gegen ihn? Und spannte er nicht doch den evangelischen Dienst allzu schnell in die Idee einer umfassenden Volksdurchdringung, die damit starke Berührung mit der Erweckung hatte?

Tatsächlich wurde es die schmerzliche Enttäuschung seines Lebens, dass die Kirche, der er sich ganz zugehörig wusste, seinem stürmischen Drang zur Tat nur langsam, z.T. auch unter Widerstand, folgte, weil die Kräfte der Restauration auch dabei hemmend wirkten. Stärker noch musste er aber die Zusammenarbeit mit dem Staat als die Fehlentwicklung seines persönlichen Wirkens empfinden. Wohl wehrte er die Überordnung der wirtschaftlichen Fragen über die christlichen ab und trat dadurch in Gegensatz zu seinem Freund Viktor Aimé Huber. Und dennoch wurde es ihm als Ministerialrat in Berlin seit 1857 immer deutlicher, dass der Staat und in ihm Friedrich Wilhelm IV. mit seiner christlichen Romantik dem christlich-sozialen Geist fremd gegenüberstand.

Hinzu kam, dass sich Wichern als Bürger gegen den neu aufkommenden Stand des Proletariats stellte und den Kommunismus sofort als Atheismus qualifizierte, d.h. den politischen mit dem religiösen Kampf verband. Indem er in Liebe um sein Volk rang, musste er sich wie nach ihm Adolf Stoecker daran zerreiben, für Thron und Altar zu streiten und doch im letzten Grunde gerade dadurch seine Basis zu erschüttern, die ihn einst allein vom Evangelium aus zu den Armen getrieben hatte.

3. Diakonie als umfassende Hilfe

Man muss sich, um den Begriff »Innere Mission« in Wicherns Sinn inhaltlich zu füllen, auch die Neugründung des Diakonissenwesens durch *Theodor Fliedner* (1800-1864) in Kaiserswerth (1836) und *Wilhelm Löhe* (1808-1872) in Neuendettelsau als lebendiges Bekenntnis der Kirche erkennen. Indem sich die überall entstehenden Mutterhäuser im Kaiserswerther Verband (1861) zusammenschlossen, gewannen sie einen wachsenden Reichtum von Dienstmöglichkeiten. Und wo sie aus der Erweckung ihre Quellen empfingen, wurden sie für das innere Leben der Kirche von besonderem Segen. Der Dienst der Frau in der Gemeinde, von den Kindern bis zu den Alten, Kranken und Einsamen, ist ein Arbeitsfeld, ohne das die Innere Mission der Kirche nicht mehr gedacht werden kann. Bedeutsam für die Kinderarbeit ist das in einer Erweckung im oberschlesischen Miechowitz entstandene Diakonissenhaus, gegründet von *Eva von Tiele-Winckler* (1866-1930).

Wicherns Gedanken waren aber weiter auf die Gesundung des gesamten Volkslebens, auf die Reinigung und Stärkung der Familien, auf den gewerkschaftlichen Zusammenschluss der

Handwerker, der in der Lehre befindlichen Jugend, auf Unterkunft für die auf der Wanderschaft Heimatlosen (der Bonner Jurist *Clemens Theodor Perthes* gründet die »Herbergen zur Heimat«) gerichtet. In die Breite des Volkes sollte auch das gedruckte Wort der Sonntagspresse seinen Weg nehmen. Außerordentliche Wortverkündigung sollte die Taten der Nächstenliebe begleiten.

Das sind Gedanken, die namentlich *Adolf Stoecker* (1835-1909) mit brennendem Herzen aufgriff. Wie Wichern ein Kind des Volkes, so wurde auch er von der wirtschaftlichen und sittlichen Not in den Jahren nach dem Krieg mit Frankreich 1870/71 ergriffen. Diese »Gründerjahre« Berlins – die hohen Wiedergutmachungszahlungen Frankreichs flossen ins Reich und verursachten einen Boom von Firmengründungen der Industrie und des Handels – haben die in die Großstadt strömenden Massen von der Kirche losgerissen und der von Karl Marx erzogenen Sozialdemokratie und ihrer atheistischen Weltanschauung ausgeliefert. Der Jammer um sein Volk warf den Hofprediger Stoecker in die Spannung seines Wirkens, Mann der Domkanzel und Volksredner zu sein, der sich für die Arbeiterschaft einsetzte. Er musste ähnliches wie Wichern erleben. Seine sozialen und auch die wirtschaftlich und politisch, nicht religiös, verstandenen antisemitischen Tendenzen rissen die Berliner Bewegung in den Strudel des politischen Lebens. Bismarck, der deutsche Reichskanzler (1815-1898), konnte von seinem konservativen Verständnis der Lage her, in Stoecker keinen brauchbaren Mitkämpfer finden und überzeugte den erst von seinem Hofprediger begeisterten jungen Kaiser Wilhelm II. von dem »Unsinn« des parteimäßig verstandenen »Christlich-Sozialen«. Wie der Kanzler mit staatlicher Macht das katholische Zentrum zu besiegen glaubte, so hielt er auch nichts von einer Abwehr des Sozialismus durch Stoecker. In den Jahren bis 1890, als es mehrfach um die Entlassung des unbequem gewordenen Hofpredigers ging, schrieb Pastor

Friedrich von Bodelschwingh an den damaligen Kronprinzen Friedrich:

> »*Wenn das Banner sich im Kampf neigen sollte, das Stoecker erhoben, so sind auch die Tage des christlich-deutschen Kaiserreiches und die Tage unseres geliebten Hohenzollernhauses gezählt, was Gott in Gnaden verhüten möge.*« (1885)

Wohl hat der unerschrockene Volksführer auch nach seiner Entlassung vom Hofpredigeramt das Banner ein halbes Menschenalter hindurch noch hoch gehalten. Er wirkte im Land- und Reichstag, im politischen und kirchlichen Leben; aber es lag doch zuletzt eine Wehmut über dem einst so tatenfrohen Mann. Er sah die Trennung von Staat und Kirche als notwendig an, wenn anders die Kirche ihrer Sendung getreu bleiben wollte. Darum galt dem freien Verein der Berliner Stadtmission, die er seit 1877 leitete und die sein Lebenswerk wurde, bis zuletzt seine ganze Liebe und mit ihr der volksmissionarischen Arbeit im Sinn der Verkündigung und Seelsorge.

Gegen Stoecker stand die Restauration in der Leitung der Kirche (im »Oberkirchenrat«), der politische Konservatismus, dem das Wort »sozial« ein Gräuel war, aber auch das Judentum (Stoecker bekämpfte es wegen seines Einflusses in der Presse und in den fahrenden Schichten) und schließlich neben der Sozialdemokratie auch der wachsende Kreis der jungen Generation um *Friedrich Naumann* (1860-1919). Naumann sah die Hilfe in einem Zusammengehen von Demokratie und Kaisertum auf dem Boden eines nationalen und christlich-sozialen Geistes. Im Bindestrich zwischen beiden Worten liegt die Gefahr, das Evangelium nicht als die umfassende, bestimmende Größe anzuerkennen.

Martin Kähler sah die Verfälschung der evangelischen Botschaft in Gestalt eines protestantischen »Zentrums« in Parallele zur katholischen Partei. Wird der christlich-soziale Gedanke zu einer Parteibildung im Parlament, ist es um die geistliche Substanz geschehen.

4. *Friedrich von Bodelschwingh d. Ä.*

Friedrich von Bodelschwingh (1831-1910) hat mit der Anstalt Bethel ein unübersehbares Zeichen für die Diakonie aufgerichtet. Es sind vor allem die Epileptiker, denen der Dienst der Liebe gilt. Aber auch für die Masse der irgendwie Gestrauchelten, der »Brüder der Landstraße«, der Alkoholiker und geistig Behinderten hatte er ein Herz. Ihnen nicht nur eine Heimstätte zu bieten, sondern durch »Arbeitstherapie« nach dem Maß ihrer Kraft ein sinnvolles Dasein zu geben, ist Ungezählten unter der Verkündigung der Weg zu einem erfüllten Leben geworden.

Bodelschwinghs Blick war auch auf die ganze Kirche gerichtet. So hat er durch die Gründung der »theologischen Schule« eine sprachlich gründliche und zugleich positiv-lebendige Ausbildung neben den staatlichen Fakultäten geschaffen (1905).

38. Kapitel
Die römisch-katholische Kirche im 19. und 20. Jahrhundert

1. *Staat und Kirche*

Im Jahr 1814 trat der Wiener Kongress zusammen. Er ordnete nicht nur die durch Napoleon umgestaltete politische Situation in den Siegerstaaten. Es gelang der geschickten Hand des päpstlichen Kardinalsekretärs Ercole Consalvi, den Kirchenstaat wieder herzustellen. Überblickt man die Jahre bis zu seiner Aufhebung 1870, so muss man aber zum Ergebnis kommen, dass dieses mittelalterliche Reich dem Papsttum kein Ansehen und Gewinn verschafft hat. Im Gegenteil, eine Unsumme politischer Zerwürfnisse in Italien selbst und mit Österreich, eine Fülle von wirtschaftlichen und kulturellen Schwierigkeiten sind die Folge einer Regierung geworden, die mit Maßstäben der Vergangenheit sich der Neuzeit bewusst entgegenstellte. In dieser Linie wurde aber das Papsttum bestärkt, als 1814 Papst Pius VII. sich mit der Wiederbestätigung des Jesuitenordens dem Geist der Restauration noch intensiver verschrieb. Im Widerspruch zu den katholischen Reichen Spanien und Österreich, gegenüber immer neuen Ausweisungen des Ordens in diesen Ländern, ist die Kurie dennoch ihren Weg gegangen, sich der Leitung der Jesuiten anzuvertrauen, die ihr so großen Einfluss versprachen. Der Ultramontanismus verankert die Völker im Papsttum in Rom.

Während die evangelischen Kirchen ein Teil der Staatsverwaltung waren, ergaben sich in der Neuordnung nach 1815 für das Verhältnis zwischen den Staaten und der römischen Kirche eine nicht unbedeutende Menge von Auseinandersetzungen. Consalvi ist ihrer Herr geworden, indem er eine Anzahl Konkordate abschloss: mit Bayern (1818), Preußen (1821) und anderen Ländern. Wohl wussten die Staaten im Allgemeinen ihre politischen Hoheitsrechte zu wahren und ebenso die Rechte ihrer evangelischen Untertanen. Dennoch haben die mit der Kurie Verhandelnden die Diplomatie und Macht ihres Partners oft unterschätzt. Sie ahnten nicht, wie bald sich der Ultramontanismus auf Grund eines Konkordats mit Forderungen bemerkbar machte, die eine Kette von Misshelligkeiten im Gefolge hatten.

Auf dem Gebiet der Mischehen kam es zum Kampf. Als 1825 das preußische Gesetz auch für den Westen die Konfession des

Vaters in Bezug auf den Glauben der Kinder für maßgebend erklärte, erhob sich ein scharfer Protest von katholischer Seite. Der Konflikt spitzte sich zu unter dem Erzbischof Freiherr von Droste-Vischering in Köln, einem Gegner dieser preußischen Gesetzgebung. Er wurde berühmt, als ihn die Regierung schließlich gefangen setzte und Joseph von Görres, Roms begabtester Publizist, in seiner Broschüre »Athanasius« für ihn eintrat. Die Massen des katholischen Kirchenvolkes errangen hier erstmalig einen Sieg über den evangelischen König, der sich nun der römischen Mischehenpraxis nicht mehr entgegenstellte.

2. England und Italien

Ruhiger verlief die Entwicklung in England. Dort kam es zu einer Befestigung der römischen Kirche durch die von *Edward Pusey* (1800-1882) und Kardinal *John Henry Newman* (1801-1890) geführte Oxford-Bewegung. Sie stellte gewissermaßen eine Verbindung zur Hochkirche dar. Während sich die römische Kirche hier anzupassen wusste, erwies sie sich als unduldsam überall dort, wo sie die Mehrheit bildete, so vor allem in den romanischen Ländern des Kontinents, aber auch in Südamerika.

Freilich musste sie häufig genug auch politische Rückschläge erfahren. Dies war vor allem in Italien der Fall, wo sich gerade der liberale Papst *Pius IX.* (1846-1878) im Verlauf des Revolutionsjahres 1848, als die römische Republik ausgerufen wurde, nicht mehr in seinem Kirchenstaat halten konnte. Er hat Rom erst zwei Jahre später mit Hilfe französischer und österreichischer Waffen wieder betreten und blieb seitdem in enger Gefolgschaft der Jesuiten und dadurch von der nationalen Bewegung Italiens getrennt. Die Auflösung des Kirchenstaates 1870 erlebte er im Vatikan, den er seitdem nicht mehr verließ.

3. Erwachen im Kirchenvolk

Der Umschwung Pius IX. vom Liberalismus zum streng konservativen Katholizismus wirkte sich in der gesamten Kirche aus. Er gab auch dem Ultramontanismus neuen Auftrieb. Hinzu kamen die von Hunderttausenden besuchten Wallfahrtsstätten, die wie in Lourdes durch Wunderzeichen eine starke Anziehungskraft besaßen. Der »ungenähte heilige Rock Christi« in Trier oder die sich öffnenden Wundmale Christi der Nonne *Katharina von Emmerick* begeisterten die Menge.

Zugleich traten im Zug sozialer Hilfeleistungen die Bonifatius- und Piusvereine in Aktion. Die »Katholikentage« seit 1848 hielten das Bewusstsein wach, in einem Kampf zu stehen, der letzten Endes der katholischen Wiedereroberung Deutschlands dienen sollte. Es kann demgegenüber die Arbeit des *Gustav-Adolf-Vereins* (seit 1832) und des *Evangelischen Bundes* (seit 1887) nur von denen als unnötig erachtet werden, die vom Kampf der Diaspora nichts wissen. Wie weit eine katholische Regierung dort gehen konnte, wo sie die Macht zu besitzen glaubte, zeigt die bayerische Kniebeugungsorder (1838), die den evangelischen Soldaten zwang, vor der Hostie niederzufallen.

4. Neue Dogmen

a) Das Mariendogma

Seine eigentlichen Absichten tat Pius IX. der Welt kund, als er 1854 das Dogma von der unbefleckten Empfängnis der Maria veröffentlichte. Ein langer theologischer Streit wurde durch diesen Machtspruch zu Ende geführt. Dass Maria wie Christus von Erbsünde frei ist, steht nun für den Katholiken fest. Ihre Auferstehung und Himmelfahrt bedarf nur noch der Dogmatisierung.

b) Der Syllabus

Den zweiten Stoß bildet zehn Jahre später der *Syllabus* (1864), ein Verzeichnis der nach Ansicht der katholischen Kirche hauptsächlichsten Irrtümer unserer Zeit. Gegen achtzig Irrlehren und Irrtümer wird hier Protest erhoben und damit der katholische, und das will nun sagen ultramontane, Geist klar umrissen. Nach drei Seiten hin sind die Sätze dieses Syllabus besonders bezeichnend.

Dem Staat wird bedeutet, dass der römische Stuhl nicht daran denke, auf seine weltliche Herrschaft zu verzichten. *Der Kirche* wird erklärt, dass sich dem Papsttum in seiner Lehrentwicklung und in seinen Ansprüchen kein Irrtum und keine Grenzüberschreitung nachweisen lasse. *Der Protestantismus* aber muss hören, dass er als eine Religion der Gewissensfreiheit neben der katholischen Kirche keine Daseinsberechtigung habe. Es muss verworfen werden – so schließt der Syllabus dieses Verzeichnis der Irrtümer – wer behauptet,

» *der römische Papst kann und muss sich mit dem Fortschritt, mit dem Liberalismus und der modernen Bildung versöhnen und vergleichen* «, d. h. wer das behauptet, muss verworfen werden. «

c) Das Dogma von der Unfehlbarkeit des Papstes

Diese Verfügung ist nur die letzte Stufe vor dem entscheidenden Beschluss des Vatikanums vom 18. Juli 1870. Es wird immer denkwürdig bleiben, dass dieses Dogma gegen eine nicht unerhebliche Minderheit von Bischöfen und Theologen, aber schließlich doch ohne einen größeren Riss in der Kirche von Pius IX. durchgesetzt wurde. Die altkatholische Kirche, die am Widerspruch zu diesem Dogma entstand, kann nicht als Gegenkirche von Bedeutung angesehen werden. Aber mit Negationen, Modernismen und nationalkirchlichen Gedanken ist der Ultramontanismus stets fertig geworden. Auch die anfänglich Widerstrebenden unterwarfen sich bis auf wenige dem Satz von der »Infallibilität«, der Unfehlbarkeit des Papstes, in folgendem Sinne:

» Wir erklären als ein von Gott offenbartes Dogma, dass der römische Papst, wenn er ex cathedra redet, d.h. wenn er in Ausübung seines Amtes als Hirte und Lehrer aller Christen kraft seiner höchsten apostolischen Autorität eine den Glauben oder die Sitten betreffende Lehre als von der gesamten Kirche festzuhaltende entscheidet, vermöge des göttlichen, ihm in dem heiligen Petrus verheißenen Beistandes im Besitz der Unfehlbarkeit ist, mit der nach dem Willen des Erlösers seine Kirche ausgestattet ist, wenn sie eine auf den Glauben oder die Sitte sich beziehende Lehre entscheidet.«

Damit war auch der Syllabus als unfehlbar erklärt. Es half kein Widerspruch des Dogmenhistorikers *Ignaz von Döllinger* (1799-1890), kein Hinweis auf die Tatsache, dass Papst Honorius vom 6. ökumenischen Konzil in Konstantinopel (681) wegen Irrlehre verdammt wurde.

5. *Der Kulturkampf in Preußen und das neue Verhältnis zwischen Staat und Kirche*

Geschlossener denn je, durch die Zentrumspartei im Parlament geeint, trat der Katholizismus gegen das evangelische Kaisertum an. Bismarck unternahm mit seinem liberalen Minister Falk den Versuch, die Kirche dem Willen des Staates in Schule und Presse unterzuordnen. Es wurde in diesem so genannten »Kulturkampf« sichtbar, dass die »Imponderabilien«, d.h. Unwägbarkeiten, von denen der Kanzler so oft sprach, größer waren, als er dachte. Dass ein Staat mit Kanzelparagrafen, Maigesetzen (1873; z.B. Standesamt vor kirchlicher Trauung), Inhaftierungen u.a. schließlich nur fanatisierte Massen schafft, musste Bismarck dann erkennen, wiewohl er nicht nach »Canossa« zu gehen bereit war. Als die Jesuiten aus dem Reich ausgewiesen wurden und dadurch die Erbitterung wuchs, suchte Pius zu vermitteln, indem er an Kaiser Wilhelm I. schrieb:

> »*Jeder, der die Taufe empfangen hat, gehört in irgendeiner Weise . . . dem Papst an.*«

Das entsprach der römischen Sakramentsauffassung. In königlicher Ruhe antwortete der Monarch:

> »*Der evangelische Glaube, zu dem ich mich gleich meinen Vorfahren und mit der Mehrheit meiner Untertanen bekenne, gestattet mir nicht, in dem Verhältnis zu Gott einen anderen Vermittler als unseren Herrn Jesus Christus anzuerkennen.*« (1873)

Der Kulturkampf ist abgebrochen worden. Neue politische Umstände, vor allem die soziale Frage, erwiesen seine Unmöglichkeit und zwangen dazu, die schnell wachsende Partei des Zentrums in die Mitarbeit einzubeziehen. Stärker als je ging der Katholizismus als kirchlich-politischer Ultramontanismus aus ihm hervor.

Leo XIII. (1878-1903), diplomatisch gewandter als sein Vorgänger, gelang es, nicht nur mit Preußen, sondern mit der gesamten Welt auf der Bahn eines moderner erscheinenden Kulturverständnisses zum Frieden zu kommen. Gleichzeitig erklärte er Thomas von Aquin zum Normaldogmatiker der Kirche (1879). Geist der Scholastik und soziales Verständnis, Mittelalter und Neuzeit reichen sich hier die Hand. Jeder Widerspruch aber wird als »Modernismus« verdammt. Wer sich unterwarf und den »Antimodernisteneid« (1910) schwört, hatte die todernste Frage entschieden, die einst einen von Döllinger umtrieb: Kann ich um der Kirche willen die historisch erkannte Wahrheit preisgeben? In einer Reihe von Enzykliken äußert sich Leo zu Fragen der Zeit: Sozialismus, Freimaurerei, Arbeiterfrage u.a.

6. Die römisch-katholische Kirche im 20. Jahrhundert

a) Soziale Verantwortung

In den Enzykliken *Pius' XI.* (1922-1939) und *Pius' XII.* (1939-1958) hat die Kirche zur sozialen Frage Stellung genommen. Die wirtschaftlichen Verhältnisse nach den beiden Weltkriegen machten es dringend notwendig, durch Sonderaktionen einzugreifen. Dem evangelischen »Brot für die Welt« ist nach dem Krieg (1945) ebenfalls die »Caritas« zur Seite getreten, beide weltweit ausgerichtet im Blick auf die Entwicklungsländer. Dennoch wurden die Pariser Arbeiterpriester in ihrer Tätigkeit auf Straßen und in Fabriken von Amts wegen gehindert, weil man es nicht für angemessen hielt, dass Geistliche einen Dienst leisteten, der ihrem eigentlichen Dienst die Zeit nahm.

b) Dogma von der leiblichen Himmelfahrt der Maria

Erstaunt war man, als der moderne Pius XII. im Jahre 1950 das Mariendogma veröffentlichte, in dem die leibliche Auferstehung und Aufnahme der Maria in den Himmel erklärt wurde. Dass hierfür nur die Tradition und nicht die Bibel zu Grunde lag, ist vielen Katholiken eine Anfechtung gewesen. Aber die Kirche hatte durch ihren maßgebenden Vertreter gesprochen.

c) Trennung von Staat und Kirche in Frankreich

Nach langem Kampf zwischen Staat und Kirche in Frankreich kam es zum Bruch zwischen beiden (1905). Die bittere Saat der Französischen Revolution und der Säkularismus, wie sie im Freimaurertum zu Tage trat, ging auf. Die römische Kirche erlebte im 20. Jahrhundert gerade in den romanischen Ländern das Anwachsen des Atheismus, der zur Kirchenflucht namentlich unter den Männern führte. Antiklerikale politische Strömungen halfen dabei mit. Auch die evangelische Kirche Frankreichs wurde davon betroffen. Sie hat aber missionarisch und diakonisch ihre Lebendigkeit bezeugt.

7. *Johannes XXIII. und das zweite Vatikanum (1962-1965)*

Das hervorragende Ereignis der letzten Zeit ist das Zweite Vatikanische Konzil. Es ist von dem Nachfolger Pius' XII., Papst *Johannes XXIII.*, auf Grund einer ihm zuteil gewordenen Offenbarung einberufen worden. Die große, auch menschlich Vertrauen erweckende Aufgeschlossenheit dieses Papstes hat in der ganzen Welt ein freudiges Echo gefunden. Sollte nicht doch der Kirche der Aufbruch zu einer neuen Offenheit geschenkt werden? Auf diesen reformbereiten, vorwärts gerichteten Führer der Kirche sah eine große Zahl der Bischöfe in gespannter Hoffnung.

Ihnen gegenüber stand die Kurie, die sich als Vertreter der Tradition in mehr oder weniger konservativer Haltung befand. Es ist im Ringen dieser drei Faktoren – Papst, Kurie, Bischöfe – zu schweren Auseinandersetzungen gekommen. Der geistlichen Vollmacht des noch während des Konzils verstorbenen Papstes und seinem Nachfolger Paul VI. ist es zu verdanken, dass die

Verhandlungen dennoch in einer Atmosphäre des Friedens verliefen.

Worum ging es auf diesem Konzil? Es sollte vor allem die Einheit der gesamten Kirche Christi bezeugt werden. Zwei Worte sind hierfür charakteristisch. Mit Ökumenismus ist das Streben nach der Einheit der gesamten Christenheit bezeichnet. Sie umfasst auch die »getrennten Brüder« der außerkatholischen Kirchen, denn die Taufe ist das einigende Band.

Das andere Stichwort entsprach besonders Johannes XXIII.: »Aggiornamento«. Es ist nicht einfach mit »Anpassung« zu übersetzen, meint vielmehr die Bereitschaft, auf die veränderte Welt und ihre besonderen Probleme zu hören und zu versuchen, diese zu verstehen. Kam es nun zwischen der Kurie und den Bischöfen – und den Bischöfen untereinander – zu gelegentlichen Spannungen, so hatte doch der Papst kraft der ihm im ersten Vatikanum verliehenen Vollmacht das letzte Wort.

Im Einzelnen hat es sich bei den vier Sitzungsperioden um folgende Themen gehandelt:

1. Die verstärkte Bedeutung der Heiligen Schrift muss auch bei der Messe wie in der Verkündigung und in der Verbreitung der Bibel kundwerden. Es ist aber dabei die Auslegung der Schrift gemäß dem päpstlichen Lehramt zu beachten.
2. So sehr die Vielfalt im Ökumenismus der Kirche besteht, so ist doch die unaufgebbare Bindung an das Dogma und an die hierarchische Gestalt der Kirche Voraussetzung.
3. So sehr man sich der unterschiedlichen Gaben des Geistes in den nichtrömischen Kirchen freuen kann, so hat sie ihre Grenzen in der Frage, ob und inwieweit in ihnen »Elemente der Heiligung und Wahrheit« vorhanden sind.
4. Ein neues Ja zur gegenseitigen Versöhnung darf dennoch das Ziel der Rückkehr und Unterwerfung in der einen Kirche nicht verdecken, nennt sie sich doch die katholische, die allgemeine.

5. Selbst über die Grenze der Getauften hinaus ist die Gnade wirksam, und doch – so hat es schon Bischof Cyprian im 3. Jahrhundert gesagt –: »Außerhalb der Kirche ist kein Heil.«
6. Religionsfreiheit gilt als staatliche Sicherung, aber doch nur so weit es dem allgemeinen Sittengesetz nach römischer Auslegung entspricht.
7. Anerkennung der Autonomie der Wissenschaft und Kultur gilt – aber nur insoweit sie sich vom kirchlichen Lehramt aus verantworten lassen.
8. Kirchliche und politische Verantwortung sind zu unterscheiden, aber als Herrscher des Kirchenstaates sind dem Papst auch politische Aufgaben zugewiesen.

Im Grunde ist kein Satz des ersten Vatikanums unter Pius IX. (1869-1870) zurückgenommen worden. Im Primat des Papstes ist die unveränderliche Festlegung jeder Position beschlossen. Und doch, es ist ein Verlangen vorhanden, über die Tradition hinauszukommen, den gegenwärtigen Anfragen gerechter zu werden, in der Buße den Schritt zu wagen, ohne den keine Kirche leben kann. Darum ist in den Gottesdiensten des Konzils mit Ernst gebetet worden.

Als eine Frucht des zweiten Vatikanums ist die lebhafte Annäherung der Konfessionen zu bezeichnen, wie sie in ungezählten Gemeinsamkeiten, in Gesprächen, Veranstaltungen und politischem wie sozialem Zusammenwirken sichtbar wird. Auch theologische Bemühungen sind im Gange, um Unterschiede, sogar in der Rechtfertigungslehre, aus dem Wege zu räumen. Eine Verheißung zum wirklichen Begegnen im Glauben wird wohl nur dann erfüllt werden, wenn ein geistliches, biblisch zwingendes Ereignis die trennenden Mauern durchbricht und dem hierarchischen Denken ein Ende macht.

39. Kapitel

Die evangelische Theologie seit Schleiermacher

1. Rothe, Feuerbach, Strauß und Marx

Es gibt kein kirchliches Handeln, das sich nicht an der Theologie ausweisen muss. Die soziale Frage, das Verhältnis von Staat und Kirche, die Union sind nicht nur praktische Angelegenheiten der Kirche, die man ohne theologische Besinnung erledigen kann. Die Theologie seit Schleiermacher hat sich mit diesen Problemen auseinander gesetzt. Sie tat es von sehr verschiedenen Ausgangspunkten her.

a) Richard Rothe: Die Kirche geht im Staat auf

Schleiermacher hat keine theologische Schule begründet. Es standen ihm wohl geistig diejenigen am nächsten, die wie *Richard Rothe* (1799-1867) die Verbindung mit dem Idealismus bewahrten. Rothe versucht, die Enge des persönlichen Christentums zu überwinden, indem er den gesamten Weltprozess ins Auge fasst. Er wird dadurch Geschichtsdeuter, indem er im Sinne Hegels das Wesen Gottes aus dem Ablauf der Geschichte beschreibt. Was erkennt er dabei als Hauptlinie? Eine merkwürdige Entdeckung für einen Theologen: Die Kirche macht sich in ihrer selbstständigen Gestalt allmählich überflüssig, indem sie den Staat mit ihrem Geist erfüllt, so dass er als die sittlich-humane Form des Daseins genügt. Tritt das in Vollkommenheit auch erst am Ende der Weltzeit ein, so ist der Kirche damit nach Rothe der Weg gewiesen, sich mit aller Anspannung dem modernen Leben dienend einzugliedern und nicht in sich zu erstarren.

b) Ludwig Feuerbach: Christentum ist Illusion

Es konnte diesem Denken kein härterer Schlag versetzt werden als durch Ludwig Feuerbachs (1804-1872) Philosophie. In seinem »Wesen des Christentums« (1841) erklärte er den gesamten christlichen Glauben als Schöpfung des menschlichen Geistes. Gott ist nichts anderes als »das vergötterte Wesen des Menschen« und Christus »die Allmacht der Subjektivität«. Unser religiöses Denken hat seine Wurzel lediglich im Glücksverlangen unseres Ichs.

Jenseits der Geschichte, des Gewissens und der Kirche greift Feuerbachs Stoß an das Fundament: Haben wir es in der Religion mit einer Illusion zu tun, dann – und so schließen Karl Marx und seine Anhänger – ist sie das Opium des Volkes in der Hand der besitzenden Klasse.

c) David Friedrich Strauß: Jesus ist nur mythisch zu deuten

Es blieb nicht aus, dass dieser völligen Missachtung der Geschichte des Christentums gegenüber die historische Arbeit mit neuem Eifer einsetzte, in manchem die Anfänge der Aufklärung fortsetzend. Ähnlich wie die Fragmente des Reimarus wirkte das »Leben Jesu« (1835) des jugendlichen Schwaben David Friedrich Strauss (1808-1874). Er bricht mit der Methode, die Geschichte vernünftig zu deuten. Sie ist ihm überhaupt nicht das Wesentliche, leuchtet doch hinter ihr der Mythos, das Erzeugnis der dichtenden Sage. Jesus ist von der Legende umrankt und kann nur von ihr aus verstanden werden. Damit war die Grundfrage an die geschichtliche Forschung noch einmal in schärfster Form gestellt.

d) Karl Marx: Die Änderung der Verhältnisse schaffen den neuen Geist

Während bei Feuerbach wie bei Hegel die Geschichte und die

Religion vom Menschen aus, also anthropozentrisch, gesehen wird, dreht Karl Marx (1818-1883) den Satz um! Die Verhältnisse schaffen den Geist. Die Welt, in der wir leben, prägt uns. Von daher kommt der revolutionäre Aufruf, die durch die wachsende Industrie entstandenen Strukturen zu ändern, vor allem den Kapitalismus zu bekämpfen. Erst wenn der arbeitende Mensch nicht mehr vom Betrieb versklavt wird, sondern selbst verantwortlich, ja quasi Eigentümer des Werkes ist, bricht die Freiheit einer neuen Welt an. Mit dieser Hoffnung haben Marx und nach ihm Lenin (1870-1924) Millionen mit brennender Erwartung erfüllt.

Religion könne also dabei nur hinderlich sein. Sie lähmt den Willen des schöpferischen Menschen, sie bindet an das vorhandene System.

2. Von Baur bis Troeltsch

Ferdinand Christian Baur (1792-1860) stellt die Frage nach der historischen Glaubwürdigkeit der Bibel. Das wichtigste Ergebnis seiner Forschung war die Erkenntnis der Fülle der Probleme im Gebiet der historischen Arbeit. Er wendete, von Hegel her kommend, den Entwicklungsgedanken auf die Geschichte der Kirche an und auch auf das Neue Testament. Baur gilt als Begründer der »historisch-kritischen Methode« der Bibelauslegung. Nur wenige paulinische Briefe hielt er für echt apostolisch, die Pastoralbriefe und die johanneische Literatur datierte er auf die Mitte des 2. Jahrhunderts.

Über Baur hinaus führte die Lebensarbeit seines bedeutendsten Schülers *Albrecht Ritschl* (1822-1889). Für eine Generation von Theologen ist dieser von Kant, Schleiermacher und Baur beeinflusste Historiker und Systematiker maßgebend gewesen. Er brach mit den Spekulationen der Philosophen und betonte den geschichtlichen Boden des Christentums. Dunkel blieb nur, wie er Offenbarung und Geschichte verband. Hier schob er das Urteil der Gemeinde als Wertbegriff ein, die z.B. Christus als Gottes Sohn bekennt, auch wenn sie davon kein erkenntnismäßiges, d.h. durch ein Dogma bestimmtes Verstehen hat. Der Nachklang von Kant kommt in der starken Ethisierung des Evangeliums ans Licht.

Ritschl betont das praktische Christentum, die Berufstreue des Gekreuzigten (!), den Vorsehungsglauben, die Nächstenliebe, in der alle Liebe zu Gott beschlossen liegt und endlich die Liebe Gottes, hinter der die Rede von seinem Zorn verschwinden müsse. Mit alledem schuf er eine sehr vermittelnde Theologie, die sich den Rang einer positiv kirchlichen Haltung gab und doch der Kritik am Dogma freie Bahn ließ.

Dogmenkritik bei positiv kirchlicher Einstellung zeigt auch *Adolf von Harnack* (1851-1930), der führende Kirchenhistoriker aus Ritschls Schule: Er sah in der Dogmengeschichte den großen Selbstauflösungsprozess aller formulierten Glaubenssätze, weil Religion sich nicht denkmäßig binden lasse und die griechische Fassung des Dogmas für uns nicht mehr maßgebend ist. Hier spricht der Geist des von Kant und Goethe bestimmten deutschen Idealismus.

In der Auseinandersetzung zwischen Harnack und Karl Barth kam das deutlich ans Licht, als der alt gewordene Historiker an den Vertreter der Dialektischen Theologie die Frage richtete, »warum der Pantheismus Goethes oder der Gottesbegriff Kants lediglich Gegensätze zu den wahrhaften Aussagen über Gott sind und nicht vielmehr zugleich doch Stufen der Gotteserkenntnis«.[144]

Um die Jahrhundertwende hatte Harnack in seiner Vorlesung über das »Wesen des Christentums« den Satz vertreten, Jesus gehöre nicht in das Evangelium, d.h. er verkündigt den Vater,

---

[144] Agnes von Zahn-Harnack, Biographie über Adolf von Harnack, 1951²

aber nicht sich selbst. Auch darin kam die Abwehr des Dogmas, die Neigung zu einem ganz schlichten, fast überkonfessionellen, weil rein ethisch fasslichen Christentum zum Ausdruck: »Die Verständlichkeit des Evangeliums war für ihn zugleich der höchste Beweis seiner Göttlichkeit.« Die Nähe zu Goethe zeigt sich hier noch einmal deutlich.

In engem Zusammenhang mit Harnacks dogmengeschichtlicher Forschung und der Erkenntnis, wie stark der griechische Einfluss auf die Entstehungsgeschichte der katholischen Kirche ist, erwuchs die »religionsgeschichtliche Schule«. Hier haben am Alten Testament *Hermann Gunkel* (1862-1932) und *Wilhelm Bousset* (1865-1920) am Neuen Testament wichtige Parallelen in der außerchristlichen Literatur entdeckt. Sie blieben dem mythischen Verständnis verbunden und versuchten nun, die Verbindungen zwischen den beiden Testamenten und ihrer heidnischen Umwelt nachzuweisen.

Statt einer großen Zahl weiterer Namen sei nur noch *Ernst Troeltsch* (1865-1923) genannt. Er bleibt nicht bei Einzelbeobachtungen stehen, sondern überschaut den gesamten Entwicklungsprozess, indem er überall die Bodenständigkeit, die Erdverwurzelung und soziale Bedingtheit des religiösen Lebens feststellt: »Das Christentum ist nur aus seiner Verbundenheit mit dem gesamten Geistes- und Naturleben zu begreifen.« Damit wird aber die Frage nach seiner Unbedingtheit, seiner Absolutheit aufgeworfen. Es ist nicht belanglos, dass Troeltsch als Professor in Berlin zur Philosophie überging. Der Drang zum Universalismus bestimmt die Religionsgeschichte und lässt sie auf Herders Spuren in der Weite der Menschheitsgeschichte nach dem Gemeinsamen, alles Verbindenden, suchen. Als 1910 der »Weltkongress für freies Christentum und religiösen Fortschritt« in Berlin tagte, wurde vor aller Öffentlichkeit die Preisgabe des Offenbarungscharakters der evangelischen Botschaft, d.h. ihrer Ausschließlichkeit, erkennbar.

3. Die konfessionelle, biblische und dialektische Theologie

Alle theologischen Richtungen, die noch zu nennen sind, die konfessionelle, positiv-biblische und dialektische, haben den Kampf gegen die Verdunkelung des Absolutheitsanspruchs des christlichen Glaubens aufgenommen.

Die »Erlanger« erfuhren es seit den dreißiger Jahren unseres Jahrhunderts, welche Quellen in der Wiederentdeckung lutherischen Erbgutes liegen.

Der Union gegenüber haben Männer wie *Adolf von Harleß* (1806-1879) und *Johann Christian Konrad von Hofmann* (1810-1877) eine deutliche Abwehrstellung eingenommen.

Hofmann sieht die Schrift als heilsgeschichtlichen Organismus. Er betreibt biblische Theologie. Dem orthodoxen Widerstand begegnet er mit den »Schutzschriften für eine neue Weise, alte Wahrheit zu lehren« (1856-1859); seit 1852 erscheint der »Schriftbeweis«.

Neben ihm und *Franz Reinhold Frank* (1827-1894) in Erlangen wirkten in Leipzig namhafte Vertreter des Luthertums, z.B. *Franz Delitzsch* (1813-1890) und *Ernst Luthardt* (1823-1902), weiter an der Universität Marburg die überragende und eckige Gestalt eines *August Vilmar* (1800-1868), in Mecklenburg *Theodor Kliefoth* (1810-1895), in Hannover *Gerhard Uhlhorn* (1826-1901).

Für die Lutheraner in der Union kämpfte *Ernst Wilhelm Hengstenberg* (1802-1869) in der »Evangelischen Kirchenzeitung«, wachsam und streitbar allem Liberalismus gegenüber.

Dieses Luthertum wusste sich nicht nur in Schlesien kraftvoll von der Union zu separieren, sondern auch in Hessen, wo dreiundvierzig »renitente Pfarrer« im Kampf gegen ein konfessionell gemischtes Konsistorium auf Amt und Heimat verzichteten.

Auf dem Boden der Union erstanden selbstständige Theologen, die wie *August Neander* (1789-1850), seit 1813 Professor in Berlin, *August Tholuck* (1799-1877), seit 1826 Professor in Halle/S. und *Johann Tobias Beck* (1804-1878), seit 1843 Professor in Tübingen, durch die Erweckung beeinflusst wurden. Sie versuchen alle, von der idealistischen Philosophie loszukommen und im biblischen Glauben das Fundament zu finden. Darum ist für den Kirchenhistoriker Neander das Gleichnis vom Sauerteig das Bild der Geschichte, für den einflussreichen Studentenseelsorger Tholuck das paulinische Erlebnis der Bekehrung und die Lehre von der Rechtfertigung das zentrale Anliegen, für Beck der Lebensorganismus der Schrift das Reich Gottes, das der Theologe in »pneumatischer Exegese« begrifflich darzulegen versucht.

Gewirkt haben diese Biblizisten durch ihr lebendiges Zeugnis vielleicht stärker als durch ihre Theologie. Dass man die Kirche nicht durch einen engen Konfessionalismus bauen könne, war ihnen an der überragenden Stellung der Schrift deutlich geworden.

Aber auch sie können darüber nicht hinwegtäuschen, wie im Verlangen, zum »biblischen Realismus« vorzudringen, das psychologische und philosophische Moment eine nicht unbedeutende Rolle spielen.

Von Tholuck und Beck haben *Hermann Cremer* (1834-1903), *Martin Kähler* (1835-1912) und *Adolf Schlatter* (1852-1938) starke Anregungen empfangen. In der Bibel als dem Urdokument der Kirche, in der Rechtfertigung des Sünders die innere Einheit der Bibel erkennend, haben diese drei Theologen ihrer Zeit das Christuszeugnis in eindrücklicher Weise verkündigt. »Die Idee tötet, der Geist macht lebendig.« »Der historische Jesus ist der übergeschichtliche Christus« (Kähler). »Die Geschichte des Christus, wie sie die Apostel bezeugen – vom Judentum zur Zeit Jesu her neu verstanden –, ist die Offenbarung seiner Herrlichkeit« (Schlatter).

Zuletzt ein Blick auf die »Dialektische Theologie«. Sie kann in *Sören Kierkegaard* (1813-1855) ihren Begründer sehen, wenn sie nicht eindeutiger noch auf den neu verstandenen Luther zurückgeht. In klarer Ablehnung Hegels und eines scheinbar objektiven Geschichtsbildes stößt Sören Kierkegaard gegen die Brüchigkeit dieses Wissenschaftsbegriffes vor, gegen alles, was sich als Eigenwert behauptet bis hin zum Dasein und Sosein der Staatskirche. Indem er vom Neuen Testament her die Existenzfrage stellt, erkennt er nur eine einzige Seinsweise an, die »Gleichzeitigkeit mit Christus«.

Für die theologische Arbeit hat *Karl Heim* (1874-1958) den Existenzkampf menschlichen Denkens aufgenommen, und zwar von der »einen dritten Dimension Christus« aus in immer neuen Auseinandersetzungen mit der Philosophie der Gegenwart.

In der Krisis über allem, was Mensch heißt, ist *Karl Barth* (1886-1968) mit seinen Freunden weitergegangen. Vom neuen Verständnis des Wortes Gottes aus, das es als Offenbarung in seiner Anrede an uns zu hören gilt, werden alle bisherigen theologischen Positionen in einen Angriff versetzt, der auch den letzten Rest der »natürlichen Theologie« zerstört.

Indem die bisherige Theologie von der Basis der Erfahrung, des Erlebnisses, aber ebenso des Vertrauens auf das »geschichtlich Objektive« ausgeht, werden Orthodoxie, Pietismus, Rationalismus und der Kulturprotestantismus vor die Frage gestellt, ob sie sich allein auf das Wort Gottes gründen. Damit ist noch einmal die Grundfrage der Reformation entscheidend geworden.

40. Kapitel
Die Kirche im Kampf mit dem Nationalsozialismus

1. Die deutsch-christliche Kirche im 19. Jahrhundert

Der Nationalsozialismus ist keine unvorbereitete, plötzliche Erscheinung unserer Geschichte. Romantik, Idealismus, der Befreiungskrieg 1813-15 sind die Quellflüsse aller folgenden Entwicklungen.

Der »Eine Gott, an den wir glauben, ist ein deutscher Gott«, so hieß es in den »Grundsätzen und Beschlüssen zur Wartburgfeier« der Studenten (1817). Alle konfessionellen Unterschiede sind dabei aufgehoben. Die Reformation, deren 300-jähriges Jubiläum man soeben gefeiert hatte, trat in den Hintergrund. Im Volkstum findet das Evangelium seine eigentliche Bedeutung. Paul de Lagarde (1827-1891) und nach ihm Friedrich Nietzsche (1844-1900) wollen eine deutsche Religion, die mit dem Christentum der Kirche nichts mehr zu tun hat.

Während die Arbeiterschaft zunehmend vom Marxismus und Sozialismus ergriffen wird, vertraut man in der Kirche bis 1918 auf die unauflösliche Einheit von Thron und Altar. Zu wenig wird die Rassenideologie eines Houston Stewart Chamberlain beachtet, die den nordischen Menschen verherrlicht. Doch in alledem sind Ansätze zum Nationalsozialismus gegeben. Vor der »Machtergreifung« Hitlers (1933) marschierten Tausende bei Kundgebungen in Bünden wie dem »Stahlhelm« und anderen Organisationen.

Gewiss haben Männer der Kirche gegen diese Strömungen warnend ihre Stimme erhoben. Ein Vertreter der Erweckung, Professor August Tholuck in Halle, rief schon 1848 zur Umkehr auf:

»Deutsches Volk, du hast in den letzten Jahren deine hohen Ideen zu deinen Göttern gemacht und bist vom lebendigen Gott abgefallen. Götze ist alles, worauf ein Volk neben und außer dem lebendigen Gott seine Hoffnung setzt.«

2. Der Kirchenkampf (1933-1945)

Bei der Machtergreifung durch den Nationalsozialismus stand die deutsche Kirche vor der Frage nach ihrer Existenz. Nun war es nicht wie in der Reformation der Primat des Papstes, sondern der Totalitätsanspruch eines politischen Führers, der zur Entscheidung, zum Kirchenkampf führte. Die Fronten waren nicht nur durch die politischen Gruppen der SA und SS gebildet. In der Kirche selbst waren es die *Deutschen Christen* (D. C.), die sich nach dem Führerprinzip in »unbedingte Gefolgschaft« begaben. Daneben stand die *Deutsche Glaubensbewegung* mit ihrer Tendenz, entschlossen die Juden auszurotten.

Nur allmählich entwickelte sich der Kampf, die Fronten waren verhüllt, zumal das »positive Christentum« zum Parteiprogramm der NSDAP gehörte. Manche meinten auf dem Weg über die Partei die Arbeiterschaft wieder für die Kirche zu gewinnen.

Diesem Missverständnis widerstanden die zur Sammlung der »Jungreformatischen Bewegung« Gehörenden. Sie hatten nicht umsonst Luther neu verstanden mit seinem Bekenntnis von den »zwei Reichen«.

Als der Arierparagraf die davon Betroffenen aus dem Amt in Staat und Kirche trieb, sammelte *Martin Niemöller* (1892-1984) im Pfarrernotbund die bekenntnistreuen Pfarrer. Vielen gingen die Augen auf, als im November 1933 im Sportpalast in Berlin eine Kundgebung stattfand, die den antichristlichen Geist offen erkennen ließ. Vergeblich versuchte die Opposition, Pastor *Friedrich von Bodelschwingh d. J.* (1877-1916) zum Reichsbischof zu wählen. Hitlers Rede am Vorabend der Kirchenwahl »Wer NS ist, wählt D. C.« erbrachte eine Mehrheit der D. C. in den Synoden und Kirchenleitungen.

Gegen diese Vergewaltigung der Kirche erhob sich die »Bekenntnisgemeinschaft der deutschen Evangelischen Kirche« (*Bekennende Kirche*). Auf ihrer ersten Synode in Wuppertal (Pfingsten 1934) kam es in den sechs Sätzen der »Barmer Erklärung« zum Ausdruck:

1. a) Ich bin der Weg und die Wahrheit und das Leben; niemand kommt zum Vater denn durch mich (Joh 14,6).
Wahrlich, wahrlich, ich sage euch: Wer nicht zur Tür hineingeht in den Schafstall, sondern steigt anderswo hinein, der ist ein Dieb und ein Mörder. Ich bin die Tür; so jemand durch mich eingeht, der wird selig werden (Joh 10,1.9).
b) Jesus Christus, wie er uns in der Heiligen Schrift bezeugt wird, ist das eine Wort Gottes, das wir zu hören, dem wir im Leben und im Sterben zu vertrauen und zu gehorchen haben.
c) Wir verwerfen die falsche Lehre, als könne und müsse die Kirche als Quelle ihrer Verkündigung außer und neben diesem einen Worte Gottes auch noch andere Ereignisse und Mächte, Gestalten und Wahrheiten als Gottes Offenbarung anerkennen.

2. a) Jesus Christus ist uns gemacht von Gott zur Weisheit und zur Gerechtigkeit und zur Heiligung und zur Erlösung (1Kor 1,30).
b) Wie Jesus Christus Gottes Zuspruch der Vergebung aller unserer Sünden ist, so und mit gleichem Ernst ist er auch Gottes kräftiger Anspruch auf unser ganzes Leben; durch ihn widerfährt uns frohe Befreiung aus den gottlosen Bindungen dieser Welt zu freiem, dankbarem Dienst an seinen Geschöpfen.

c) Wir verwerfen die falsche Lehre, als gebe es Bereiche unseres Lebens, in denen wir nicht Jesus Christus, sondern anderen Herren zu eigen wären, Bereiche, in denen wir nicht der Rechtfertigung und Heiligung durch ihn bedürfen.

3. a) Lasset uns aber rechtschaffen sein in der Liebe und wachsen in allen Stücken an dem, der das Haupt ist, Christus, von welchem aus der ganze Leib zusammengefügt ist (Eph 4,15.16).

b) Die christliche Kirche ist die Gemeinde von Brüdern, in der Jesus Christus in Wort und Sakrament durch den Heiligen Geist als der Herr gegenwärtig handelt. Sie hat mit ihrem Glauben wie mit ihrem Gehorsam, mit ihrer Botschaft wie mit ihrer Ordnung mitten in der Welt der Sünde als die Kirche der begnadigten Sünder zu bezeugen, dass sie allein sein Eigentum ist, allein von seinem Trost und von seiner Weisung in Erwartung seiner Erscheinung lebt und leben möchte.

c) Wir verwerfen die falsche Lehre, als dürfe die Kirche die Gestalt ihrer Botschaft und ihrer Ordnung ihrem Belieben oder dem Wechsel der jeweils herrschenden weltanschaulichen und politischen Überzeugung überlassen.

4. a) Ihr wisset, dass die weltlichen Fürsten herrschen und die Oberherren haben Gewalt. So soll es nicht sein unter euch; sondern so jemand will unter euch gewaltig sein, der sei euer Diener (Mt 20,25.26).

b) Die verschiedenen Ämter in der Kirche begründen keine Herrschaft der einen über die anderen, sondern die Ausübung des der ganzen Gemeinde anvertrauten und befohlenen Dienstes.

c) Wir verwerfen die falsche Lehre, als könne und dürfe sich die Kirche abseits von diesem Dienst besondere, mit Herrschaftsbefugnissen ausgestattete Führer geben.

5. a) Fürchtet Gott. Ehret den König! (1Petr 2,17).
b) Die Schrift sagt uns, dass der Staat nach göttlicher Anord-

nung die Aufgabe hat, in der noch nicht erlösten Welt, in der auch die Kirche steht, nach dem Maß menschlicher Einsicht und menschlichen Vermögens unter Androhung und Ausübung von Gewalt für Recht und Frieden zu sorgen. Die Kirche erkennt in Dank und Ehrfurcht gegen Gott die Wohltat dieser seiner Anordnung an. Sie erinnert an Gottes Reich, an Gottes Gebot und Gerechtigkeit und damit an die Verantwortung der Regierenden und Regierten. Sie vertraut und gehorcht der Kraft des Wortes, durch das Gott alle Dinge trägt.
c) Wir verwerfen die falsche Lehre, als solle und könne der Staat über seinen besonderen Auftrag hinaus die einzige und totale Ordnung menschlichen Lebens werden und also auch die Bestimmung der Kirche erfüllen.
d) Wir verwerfen die falsche Lehre, als solle und könne sich die Kirche über ihren besonderen Auftrag hinaus staatliche Art, staatliche Aufgaben und staatliche Würde aneignen und damit selbst zu einem Organ des Staates werden.

6. a) Siehe, ich bin bei euch alle Tage bis an der Welt Ende (Mt 28,20). Gottes Wort ist nicht gebunden (2 Tim 2,9).
b) Der Auftrag der Kirche, in welchem ihre Freiheit gründet, besteht darin, an Christi Statt und also im Dienst seines eigenen Wortes und Werkes durch Predigt und Sakrament die Botschaft von der freien Gnade Gottes auszurichten an alles Volk.
c) Wir verwerfen die falsche Lehre, als könne die Kirche in menschlicher Selbstherrlichkeit das Wort und Werk des Herrn in den Dienst irgendwelcher eigenmächtig gewählter Wünsche, Zwecke und Pläne stellen.

Durch die Bruderräte in den Landeskirchen wurde in Dahlem im gleichen Jahr die »*Vorläufige Kirchenleitung*« gebildet, deren Führer Bischof *August Marahrens* (1875-1950) in Hannover war. Die klare Linie einer vom Staat getrennten Kirche wurde verlassen. Die lutherischen Kirchen (Bayern, Württemberg, Hannover) glaubten immer noch, durch das Bischofsamt eine gewisse Freiheit behalten zu können. Sie haben sich darin geirrt und das Eindringen staatlicher Funktionäre nicht verhindert (Württemberg, Bayern, Hannover).

Walter Künneth (1901-1997) galt zur Zeit des Nationalsozialismus als mutiger Bekenner gegenüber der Hitlerdiktatur und antwortete 1935 mit der Gegenschrift »Antwort auf den Mythos« gegen Alfred Rosenbergs »Der Mythos des 20. Jahrhunderts«, in der Künneth dem ideologischen Standardwerk der Nationalsozialisten entgegentrat.

Unter Verfolgungen mancher Art bis zum KZ und zum Martyrium (*Paul Schneider* in Buchenwald; Gefangensetzung von Martin Niemöller in Sachsenhausen und Dachau für acht Jahre) hat die mutige Arbeit des »Reichsbruderrates« die noch möglichen kirchenleitenden Funktionen durchgehalten, z.B. die Prüfung und Anstellung der Vikare, die Verwaltung und Bestimmung der Kollekten. Das alles geschah im Widerstand zu dem Ziel der NS: Die Kirche muss auf organisatorischem Wege zum Verkümmern gebracht werden. Dass es nicht zu einer Kirche der »Deutschen Christen« gekommen ist, lag nicht nur am Ausgang des Krieges, der der NS-Herrschaft ein Ende machte. Unter dem Druck hatte sich eine Gemeinde am Wort und im Gebet gesammelt. Das war mehr als eine polemische Gegenaktion in einer Widerstandsbewegung. Dennoch war kein Triumph am Platze. Das »Stuttgarter Schuldbekenntnis«, wie man es genannt hat (Oktober 1945), war eine »Erklärung des Rates der evangelischen Kirche in Deutschland gegenüber den Vertretern des ökumenischen Rates der Kirchen«. Darin heißt es:

> » *Wohl haben wir lange Jahre hindurch im Namen Jesu Christi gegen den Geist gekämpft, der im nationalsozialistischen Gewaltregiment einen furchtbaren Ausdruck gefunden hat; aber wir klagen uns an, dass wir nicht mutiger gekämpft, nicht treuer gebetet, nicht fröhlicher geglaubt und nicht brennender geliebt haben.* «

3. Die Kirche nach 1945

In Eisenach vereinigten sich 1948 die Landeskirchen zum Bund der *Evangelischen Kirche in Deutschland* (EKD). Zu einer vollen Kirchengemeinschaft kam es nicht, weil man die Abendmahlsgemeinschaft nicht erreichte. Die Selbstständigkeit der *Vereinigten lutherischen Kirchen* (VELKD), des *Reformierten Bundes und der Unierten* (EKU) hinderte die Einigung, schloss aber die gemeinsame Arbeit in der EKD nicht aus.

Die konfessionellen Gegensätze waren zwar durch die Theologie Karl Barths entschärft. Aber auf theologischem Gebiet kam es durch *Rudolf Bultmann* (1884-1976) zu starken Spannungen. In Verbindung mit der Philosophie Martin Heideggers (1889-1976) glaubte er, den geschichtlichen Tatbestand der Evangelien relativieren zu können und nur noch im Wort der Verkündigung (Kerygma) das Anliegen der Kirche zu erkennen. Die Welt des Neuen Testaments ist nach ihm durch mythologische Vorstellungen geprägt. Das wird für ihn an den Wunderberichten deutlich. Sie widersprechen nach seiner Meinung dem Kausalmechanismus und dem Denken des modernen Menschen überhaupt. Die »Entmythologisierung« will dem existenzialistischen Verständnis freie Bahn machen und den Schwerpunkt auf das Verstehen legen, durch das der Mensch zum Selbstverständnis durch das Wort »hier und jetzt« kommt. Die Frage nach dem konkreten Ereignis der Offenbarung in der Geschichte wird unwesentlich gegenüber dem »Kerygma« (Verkündigung). Die Frage nach dem Sendungsbewusstsein des irdischen Jesus wird illegitim.

Walter Künneth hat in seinem Buch »Glaube an Jesus« die Frage an Bultmann gestellt: »Ist Jesus der Herr, an den wir glauben, oder bleibt uns nur der Glaube, wie er ihn hatte?«

Der bayerische Bischof Dietzfelbinger hat auf der Synode 1961 in Bayreuth formuliert, was ihn von der Theologie Bultmanns schied:

»*Einer Theologie, die mir das Verhältnis zum persönlichen, dreieinigen Gott nicht erlaubt, die mir den gekreuzigten, auferstandenen Herrn Jesus Christus verdunkelt, die das Anrufen des Namens Jesu, das Gebet, nicht oder fast nicht kennt, die mich bezüglich meiner wahren Existenz auf mich selbst verweist und nicht auf den lebendigen Gott, möchte ich mich nicht anvertrauen.*«

Diese Fragen um den Grund unseres Glaubens haben in der Bekenntnisbewegung »*Kein anderes Evangelium*« (nach Gal 1,6), gegründet 1966, in großen Versammlungen, Auseinandersetzungen, im Schrifttum und vielen Gesprächen die Kirche zum Aufhorchen gebracht. Eine Wendung kann aber nur durch eine Theologie erfolgen, der es durch den Heiligen Geist gegeben ist, mit Vollmacht die Wahrheit und Tatsächlichkeit der Bibel und ihres Christus zu bezeugen.

4. Die Leuenberger Konkordie

Die heute gültige Grundordnung der EKD wurde am 13. Juli 1948 in Eisenach verabschiedet. Sie ist ein Kirchenbund, nicht eine einheitliche Kirche. Dies ist hauptsächlich auf Vorbehalte der zum Teil in der Vereinigten Evangelisch-Lutherischen Kirche Deutschlands (VELKD, s.u.) zusammengeschlossenen lutherischen Kirchen zurückzuführen. Nach den in Eisenach gefassten Beschlüssen sind Fragen der Kirchenordnung, aber auch Fragen des Bekenntnisses, der Verkündigung und der Gottesdienstordnung Sache der Gliedkirchen.

In der Entstehungszeit der EKD gab es noch keine volle Übereinstimmung über die Zulassung zum Abendmahl zwischen den lutherischen Landeskirchen und den unierten oder reformierten Landeskirchen.

1963 gründete die Kommission für Glauben und Kirchenverfassung im Ökumenischen Rat der Kirchen (ÖRK) eine Arbeitsgemeinschaft, in der lutherisch-reformierte Lehrgespräche auf europäischer Ebene geführt werden sollten. Daraus ergab sich eine Vorversammlung zur Ausarbeitung einer Konkordie reformatorischer Kirchen in Europa, die 1971 und 1973 zusammentrat. Am 16. März 1973 wurde ein gemeinsamer Text verabschiedet, der das Ziel der Kirchengemeinschaft der unterzeichnenden Kirchen hatte. Diese trat am 1. Oktober 1974 in Kraft. Zweiundsiebzig europäische Kirchen, darunter alle Landeskirchen der BRD und der DDR sowie die *Evangelische Kirche H. B.* (Helvetischen, also reformierten Bekenntnisses) *in Österreich*, unterzeichneten die Konkordie. Damit wurde die Gewährung von Kanzel- und Abendmahlsgemeinschaft sowie die gegenseitige Anerkennung der Ordination erklärt. In einer Neufassung der EKD-Grundordnung wurde dementsprechend 1974 die Feststellung getroffen, dass die Verschiedenheit der Bekenntnisse keine kirchentrennende Bedeutung für die Gliedkirchen der EKD hat und zwischen ihnen Abendmahlsgemeinschaft besteht.

41. Kapitel
Die Gemeinschaftsbewegung im 20. Jahrhundert

1. Die Gemeinschaftsbewegung bis 1945

Bereits im 17. Jahrhundert bildeten sich, vor allem durch den Einfluss Philipp Jakob Speners, Gemeinschaften von Christen innerhalb der evangelischen Kirchen. Sie wollten Luthers Forderung nach einer speziellen Versammlung derer, »die mit Ernst

Christen sein wollen«, verwirklichen. Das gemeinsame Hören auf die Bibel und Gebet standen im Mittelpunkt der Versammlungen.

Im 19. Jahrhundert entstanden in vielen Teilen Deutschlands neue Gemeinschaften. Sie waren beeinflusst von einer in den USA begonnenen Erweckungsbewegung, in der die persönliche Heiligung als Gnadengeschenk Gottes eine wesentliche Rolle spielte. 1888 kam es in Gnadau bei Magdeburg zu einem ersten Zusammenschluss solcher Gemeinschaften, dem so genannten *Deutschen Verband für Gemeinschaftspflege und Evangelisation (Gnadauer Verband).*

In zweijährigem Abstand traf man sich nun zu gemeinsamen Konferenzen. Neben Fragen der Heiligung wurde dabei das Verhältnis zur Kirche von Anfang an diskutiert.

In der Frage der Heiligung vertaten einige eine perfektionistische Position – sie waren der Überzeugung, der Christ könne einen Zustand erreichen, in dem er nicht mehr sündigt. Diese Frage und das Entstehen der Pfingstbewegung führten Anfang des 20. Jahrhunderts zu einer Krise innerhalb des Verbandes.

Die meisten der Pfingstbewegung nahe stehenden Gruppen schlossen sich 1914 zu einem Verband zusammen, der heute den Namen *Christlicher Gemeinschaftsverband Mülheim/Ruhr* trägt. Perfektionistische Tendenzen wurden in diesem Verband von Anbeginn an verworfen.

Mit dem Ende des Kaiserreiches und damit des landesherrlichen Kirchenregiments wurde erneut die Frage der Stellung zur Kirche ein wichtiges Thema. Damit verbunden war die Frage der Berechtigung der Gemeinschaftsprediger zu taufen, das Abendmahl auszuteilen und Trauungen durchzuführen.

Eine zweite Spaltung der Gemeinschaftsbewegung drohte, als nicht wenige Gemeinschaften in den dreißiger Jahren sich den »Deutschen Christen« anschlossen. Es war der Vorsitzende des Verbandes, *Walter Michaelis* (1866-1953), der in Tuchfühlung mit der »Bekennenden Kirche« und zusammen mit dem unter Friedrich von Bodelschwingh d. J. geleiteten volksmissionarischen und diakonischen Werk die Verwirrung erkannte und überwand.

2. Die Entwicklung der Gemeinschaftsbewegung nach dem Zweiten Weltkrieg

Nach dem Zweiten Weltkrieg nahm der Verband auch ihm schon lange verbundene Ausbildungsstätten auf. In den fünfziger Jahren wurden auch ein österreichischer und ein niederländischer Verband in den Gnadauer Verband integriert.

Präses des Gnadauer Verbandes (heute: Evangelischer Gnadauer Gemeinschaftsverband e.V.) wurde 1989 als Nachfolger des Pfarrers Kurt Heimbucher Pfarrer Christoph Morgner.

Nach dem Zusammenschluss ist der Gnadauer Verband die mit etwa 300 000 Besuchern der Veranstaltungen wohl größte evangelikale Gemeinschaft in Deutschland. Dem Verband sind 38 Gemeinschaftsverbände angeschlossen. Die Jugendarbeit wird überregional durch den Jugendverband »Entschieden für Christus« (EC) durchgeführt, der etwa 60 000 Kinder und Jugendliche erreicht.

1988 erhielten Prediger der württembergischen Gemeinschaftsverbände die kirchliche Erlaubnis, das Abendmahl auszuteilen. Im so genannten Pietistenreskript '93 wurde ihnen auch das Recht erteilt, in Einzelfällen und unter Beachtung strenger Auflagen Amtshandlungen wie Taufen, Trauungen und Beerdigungen vorzunehmen. Diese Absprachen wurden inzwischen in unterschiedlicher Form auch in anderen Landeskirchen getroffen. Im Raum der Evangelischen Kirche von Berlin-Brandenburg können Gemeinschaften nach einer 1981 getroffenen und 1994 erneuerten Absprache die vollen Aufgaben einer Kirchengemeinde übernehmen.

Immer häufiger werden in verschiedenen Gemeinschaften jedoch Taufen, auch Taufen gläubig gewordener Christen, die bereits als Kinder getauft wurden, ohne kirchliche Genehmigung durchgeführt. Dies ist in einzelnen Gemeinschaftsverbänden gängige Praxis, entspricht jedoch nicht dem Anliegen der Leitung des Gnadauer Verbandes.

Einige, meist auch um die Mitte des 19. Jahrhunderts entstandene Verbände, gehören nicht dem Gnadauer Verband an. Dazu gehören im Württembergischen Raum der Pregizer-Gemeinschaftsverband (50 Gemeinschaften mit 3000 Besuchern), die Hahnschen Gemeinschaften und die Möttlinger Gemeinschaften.

Die Freiheit der Gemeinschaft von staatlichen wie von kirchlichen Eingriffen ist das Grundanliegen des Gnadauer Verbandes. So soll es Professor Theodor Christlieb (1833-1889) ausgedrückt haben:

> »In der Kirche, wenn möglich mit der Kirche, aber nicht unter der Kirche.«[145]

Die Sammlung der Gläubigen am Wort und im Gebet, die Evangelisation und Diakonie sind die Aufgaben der Bewegung, mit der sie auch der Volkskirche durch tätige Helfer auf den Synoden und in den Presbyterien einen wichtigen Dienst tut. Württemberg, Rheinland und Westfalen wissen besonders, was sie dem Pietismus von der Erweckung her auch heute zu danken haben. Die Diakonie hat durch das Vandsburger Werk des Pfarrers Theophil Krawielitzki (1866-1942) seit 1900 eine weite Verbreitung gefunden.

Im Zusammenhang mit der Gemeinschaftsbewegung und der christlichen Jugendarbeit entstanden Ausbildungsstätten für

---

[145] In Wirklichkeit dürfte dieser Satz nicht von Christlieb stammen. Joachim Drechsel zeigt, dass der Satz erstmals 1919 bei Walter Michaelis auftaucht, mit dem Ziel der Zurückdrängung freikirchlicher Tendenzen in der Gemeinschaftsbewegung (Drechsel, *Das Gemeindeverständnis in der Deutschen Gemeinschaftsbewegung*, Gießen/Basel 1984, S. 114/115).

den Dienst der Verkündigung. Genannt sei u.a. das Johanneum in Wuppertal (1886), St. Chrischona in Basel, die Bahnauer Missionsschule in Unterweissach (Württemberg), das Schulungszentrum des CVJM in Kassel, das Bibelhaus Malche (1900) und seit 1924 das Seminar der Mädchen-Bibel-Kreise (MBK) in Leipzig, später in Bad Salzuflen, sowie seit 1926 das Burckhardthaus in Berlin-Dahlem. Viele Kräfte kamen von dort für die weltweite Missionsarbeit. Für die Evangelisation werden Evangelisations- und Traktatvereine, wie die Evangelische Gesellschaft (1848), gegründet und die Zeltmission.

Das Selbstverständnis der Gemeinschaftsbewegung hat Hermann Haarbeck in folgenden Punkten zusammengefasst:

1. *Gemeinde Jesu Christi ist keine menschliche Organisation, sondern eine von Jesus selbst zusammengefügte Schar.*
2. *Glied der Gemeinde wird man durch das Wunder der Wiedergeburt zu einem neuen Leben in Abkehr von der Sünde.*
3. *Die Bekehrung ist nie ein Abschluss, sondern immer nur Anfang und darum unlöslich mit der Heiligung verbunden.*
4. *Trotz Sünde und Anfechtung ist die Gewissheit des Heils als ein Glied des Leibes Christi der immer neue Heilsstand.*
5. *Die Gemeinschaft der Gläubigen ist in Christus gegeben. Sie wird im Bekenntnis des Glaubens und Betens und im Dienst wirksam.*
6. *Das »Allgemeine Priestertum der Gläubigen« will wie in der Volkskirche neben dem geordneten Amt zur Geltung kommen.*
7. *In freudiger Hoffnung auf den Tag der Wiederkunft Christi wartet die Gemeinschaft auf die sichtbare Königsherrschaft Christi, die die völlige Wiedervereinigung mit Christus und seinem Leibe bringen wird.*

Mit diesem Bekenntnis sind auch die Freikirchen im Ganzen eins.

42. Kapitel
Die evangelischen Freikirchen in Europa und Amerika

1. Mennoniten

Die Mennoniten sind zurückzuführen auf die Täuferbewegung der Reformationszeit. Typisch für die Täuferbewegung waren eine Ablehnung der Kindertaufe, Taufe (durch Besprengung) nur von Gläubigen, Möglichkeit der Gemeindezucht, Abendmahl nur für Gläubige, Ablehnung von Kriegsdienst und Schwören.

Diese biblisch orientierte Täuferbewegung wurde durch den ehemaligen katholischen Priester Menno Simons (Friesland) gesammelt. Bis zu seinem Tod im Jahre 1561 verfasste Simons 25 Bücher und Kleinschriften. Sein wesentlichstes Werk ist »Das Fundament der christlichen Lehre«. Die Wiedergeburt des Einzelnen war für ihn die entscheidende Voraussetzung der Taufe, die sowohl als Akt des Gehorsams gegenüber Gott als auch als Zeichen des Glaubens galt.

Die nun als »Mennoniten« bezeichneten Täufer litten fast überall Verfolgung. Allein in den Niederlanden starben im 16. Jahrhundert 2000 Menschen. Zahlreiche Mennoniten flohen nach Westpreußen, wo sie zwar auch nicht überall willkommen waren, jedoch eine relative Freiheit genossen.

Während des Dreißigjährigen Krieges verschwanden die Täufer in den übrigen Gebieten bis auf die Niederlande fast vollständig, lediglich in der Schweiz blieben kleinere Gruppen bestehen.

Viele der in Westpreußen lebenden Mennoniten zogen Ende des 18. Jahrhunderts und Anfang des 19. Jahrhunderts auf Einladung der Zarin Katharina II. in die Ukraine. In den Siedlungen Chortitza und Molotschna konnten sie in Freiheit leben, mussten sich allerdings verpflichten, keine Mission unter den orthodoxen Russen zu betreiben.

Als die russische Regierung 1874 auch für die Mennoniten die allgemeine Wehrpflicht einführen wollte, verließ etwa ein Drittel (18 000 Menschen) die Ukraine, um sich in Kanada und den USA anzusiedeln. Die russische Regierung schuf daraufhin die Möglichkeit eines Ersatzdienstes.

Zwischen 1923 und 1929 verließen über 20 000 Mennoniten die Sowjetunion. 1938 hörte die Mennonitengemeinde Russlands offiziell auf zu existieren. Die Deportation deutscher Siedler aus dem europäischen Russland nach Sibirien und in die zentralasiatischen Teilrepubliken der Sowjetunion führte zu weiterer Zerstreuung der Mennoniten.

Ende des vergangenen Jahrhunderts gab es in den mennonitischen Kolonien eine Erweckungsbewegung mit Betonung einer persönlichen Glaubensbeziehung zu Christus. Die »erweckten« Kreise trennten sich von den anderen. Durch Beziehung zu den deutschen Baptisten gelangten sie zu der Erkenntnis, die Gläubigentaufe müsse durch Untertauchen, nicht durch Besprengung, praktiziert werden. Diese Gruppe gab sich den Namen »Mennoniten-Brüdergemeinden«.

Durch die geschichtliche Entwicklung und durch unterschiedliche Prägungen gibt es in Deutschland verschiedene mennonitische Gruppierungen und Verbände.

1996 bat die Vereinigte Evangelisch-lutherische Kirche Deutschlands die Mennoniten um Vergebung für die Verfolgung der Täufer im 16. Jahrhundert und darüber hinaus. Sie stellte fest, dass die Verwerfungen des Augsburgischen Bekenntnisses in Bezug auf die Täufer heute nicht mehr zutreffend seien.[146]

---

[146] vgl. Jürgen Tibusek, *Ein Glaube – viele Kirchen*, Gießen/Basel 1996

Wesentlich erhöht wurde die Zahl der Mennoniten durch den Zuzug deutscher Umsiedler aus der Sowjetunion bzw. den GUS-Staaten. Etwa 30 000 der rund 40 000 Mennoniten in Deutschland gehören Gemeinden an, die hauptsächlich aus deutschen Umsiedlern zusammengesetzt sind.

2. *Methodisten*

Für die Methodisten ist die von den Brüdern John und Charles Wesley in Bewegung gesetzte englische Erweckung im 18. Jahrhundert der Ursprung. Rückwanderer dieser weltweiten Kirche, die aus Amerika heimkamen, haben in der zweiten Hälfte des 19. Jahrhunderts zunächst in Württemberg methodistische Gemeinden gegründet. In Frankfurt entstand ein Predigerseminar. Theologisch stehen die Methodisten dem Luthertum in der Rechtfertigungslehre nahe, wiewohl sie, Wesley gemäß, auf die Heiligung besonderes Gewicht legen.

Stärker als die übrigen Freikirchen sind die methodistischen Gemeinden organisatorisch bischöflich geordnet und durch ihre »Konferenzen« synodal gegliedert. Ökumenisch wissen sie sich mit den Weltbünden eins, wiewohl nicht ohne Kritik. In der Evangelisation arbeiten sie gut mit anderen Freikirchen zusammen.

3. *Freie evangelische Gemeinden*

Gemeinden in Lyon und Genf sind für die Freien evangelischen Gemeinden in Deutschland die geistlichen Quellen geworden.

Der deutsche Kaufmann *Hermann Heinrich Grafe* (1818-1869) hat von Lyon her die innere Berufung zur Gründung einer Gemeinde in Elberfeld bekommen (1854). Es ging ihm darum, eine dem Neuen Testament ähnliche Gemeinde des allgemeinen

Priestertums der Gläubigen darzustellen. Im Rheinland und dann in Westfalen fanden in den folgenden Jahrzehnten ähnliche Gründungen statt. Während die Einheit der im Leibe Christi versammelten Gemeinde das Leitmotiv der Elberfelder wurde, namentlich durch den mit Grafe zusammen arbeitenden *Friedrich Heinrich Neviandt* (1827-1901), sahen die in Witten unter Friedrich Fries und Otto Schopf Versammelten in der Selbstständigkeit und Freiheit der einzelnen Gemeinde und ihrer Glieder das Kennzeichen. Dennoch wurde die Verbindung beider Richtungen zum Bekenntnis der in Christus geschenkten Einheit. Grafe drückte es mit dem Satz aus:

> »*In der Heilslehre bin ich reformiert, in der Gemeindeverfassung Independent und im Leben ein Pietist.*«

4. Baptisten

Die erste »Baptistengemeinde« entstand im Jahre 1612 in England. Eine kleine Gruppe so genannter »Independentisten« (Forderung nach unabhängigen, selbst verwalteten Gemeinden) gelangte, nachdem sie England, wo sie verfolgt wurden, verlassen hatten, in den Niederlanden, vermutlich unter mennonitischen Einfluss, zu der Erkenntnis, dass die neutestamentliche Taufe eine Taufe der Gläubigen ist. Im Unterschied zu den meisten Mennoniten wurde diese Taufe durch Untertauchen (entsprechend dem griechischen Wort *baptizô*, »untertauchen«) praktiziert. Als nach ihrer Rückkehr nach England die erste Gemeinde in der Nähe von London gegründet wurde, gaben Außenstehende der schnell wachsenden Bewegung den Namen *Baptists* (Täufer).

In Deutschland entstand eine erste baptistische Gemeinde als »Gemeinde getaufter Christen« durch Johann Gerhard Oncken im Jahre 1834 in Hamburg. Da es zu dieser Zeit in Deutschland noch keine Religionsfreiheit gab, mussten die frühen Baptisten Hausdurchsuchungen, Pfändungen, Inhaftierungen, Arreststrafen, zwangsweise Kindertaufen von Kindern der Gemeindeglieder und Ausweisungen hinnehmen. Trotzdem breitete sich die Bewegung schnell aus. In den folgenden Jahren entstanden, insbesondere durch Onckens Tätigkeit, zahlreiche weitere Gemeinden in Deutschland und dem übrigen europäischen Ausland. Fast alle europäischen Baptistenbünde, auch in Osteuropa, haben ihren Ursprung direkt oder indirekt in der Tätigkeit Onckens.

Nach der Revolution von 1848 konnte der Bund der Vereinigten Gemeinden getaufter Christen gegründet werden. In Deutschland hatte dieser Bund 1884, im Todesjahr Onckens, bereits 32 000 Mitglieder. 1880 entstand ein Predigerseminar in Hamburg. 1997 wurde es in die Nähe von Berlin (Elstal) verlegt.

1942 schloss sich der Bund, der inzwischen den Namen »Bund der Baptistengemeinden« trug, mit dem »Bund freikirchlicher Christen« (Brüdergemeinden) zum »Bund Evangelisch-Freikirchlicher Gemeinden« zusammen. Auch Mitglieder der pfingstkirchlichen Elim-Gemeinden schlossen sich diesem Bund während des Zweiten Weltkrieges an.

Die meisten Brüdergemeinden verließen den Bund nach dem Krieg. Bis auf wenige Elim-Gemeinden in Sachsen gehören die Elim-Gemeinden heute zum Bund Freikirchlicher Pfingstgemeinden (BFP).

Der Bund Evangelisch-Freikirchlicher Gemeinden ist mit 90 000 Mitgliedern die größte Freikirche in Deutschland.

In den USA, wo die Baptistengemeinden auf Roger Williams (1639) zurückgehen, sind die Baptisten die größte evangelische Denomination. Auch im osteuropäischen Raum stellen sie eine bedeutende Größe dar.

5. Die »Christliche Versammlung« und die Brüderbewegung

Die so genannte Brüderbewegung ist zurückzuführen auf den früheren anglikanischen Priester *John Nelson Darby* (1800-1882). Nach seiner Trennung von der anglikanischen Kirche gelangte Darby zu der Überzeugung, dass die ursprüngliche christliche Gemeinde verfallen war. An die Stelle des Heiligen Geistes trat Organisation. Etwas Verfallenes konnte Darbys Überzeugung nach nicht wiederhergestellt werden. Stattdessen werde etwas gänzlich Neues eingeführt. Unzerstörbar sei allein die Einheit der Gemeinde.

Darby sah »die Denominationen«, also die bestehenden Gemeinden und Kirchen, als Ausdruck des Verfalls an. Der Leib Christi solle sich »allein zu seinem Namen« versammeln. Damit soll die Einheit des Leibes ausgedrückt werden. Dies geschieht für Darby beim »Mahl des Herrn«. Die Gemeinde darf sich nur »im Namen des Herrn Jesus«, also nicht mit einer menschlichen Bezeichnung wie z.B. »Methodisten«, »Baptisten« oder »Lutheraner« versammeln.

Der Gedanke der Absonderung von »menschlichen Organisationen« breitete sich durch die rege Missionstätigkeit Darbys schnell in Europa und weltweit aus. Bald musste die neue Bewegung jedoch auch ihre erste Spaltung erleben. Die weiterhin an Darby orientierte Richtung wird von Außenstehenden oft als »Exklusive Brüder« oder »Alte Versammlung« bezeichnet. Im Mittelpunkt steht hier der Gedanke von der Einheit des Leibes. An jedem Ort darf es danach eigentlich nur eine christliche Versammlung geben. Alle wiedergeborenen Christen müssten sich an dem einen »Tisch des Herrn« versammeln. Voraussetzung dazu ist jedoch die Erkenntnis von der Einheit des Leibes Christi und der damit verbundene Bruch mit jeder menschlichen Benennung (Denomination). Damit diese »Reinheit« gewahrt bleibt, braucht jeder Gast, der an einer Mahlfeier teilnehmen will, ein Empfehlungsschreiben seiner Versammlung, dass wiederum nur akzeptiert wird, wenn diese Versammlung als »rein« anerkannt wird.

Ganz anders entwickelte sich die Bewegung der so genannten »Offenen Brüder«. Ihr geistlicher Vater ist Georg Müller, ein Deutscher, auf den die ersten englischen Waisenhäuser zurückzuführen sind. Auch bei den »Offenen Brüdern« steht die Anbetung Gottes in der meist sonntäglich stattfindenden Mahlfeier im Vordergrund der gemeindlichen Praxis. Wie in den darbystischen Versammlungen ist auch hier die Mahlfeier eine eigenständige Veranstaltung, in der durch Schriftlesungen, Gebete und Liedvorschläge Laien die Veranstaltung mitgestalten. Im Mittelpunkt steht dabei die Erinnerung an die Kreuzigung Jesu für unsere Sünden.

Die »Offenen Brüder« haben dabei jedoch immer eine Offenheit für Christen aus anderen Gemeindebewegungen gezeigt und sind auf vielen Ebenen, z.B. im Rahmen der evangelischen Allianz, zur Zusammenarbeit mit anderen Christen bereit. Der exklusive Gedanke des »einen Tisches des Herrn« und die damit verbundenen Handlungsweisen ist ihnen fremd.

In Deutschland entstanden seit der Mitte des letzten Jahrhunderts Gemeinden beider Richtungen der Brüderbewegung. Darby besuchte Deutschland 1854 zum ersten Mal. Gemeinsam mit dem Lehrer Carl Brockhaus und dem Juristen Julius Anton von Poseck verfasste er im Winter 1854/55 in Elberfeld eine Übersetzung des Neuen Testamentes. 1871 erschien die ganze Bibel. Durch Brockhaus erhielten auch die »geschlossenen Brüder« in Deutschland eine offenere Prägung.

Während des Zweiten Weltkrieges schlossen sich die Offenen Brüder und 90 % der »Exklusiven Brüder« zum »Bund freikirchlicher Christen« zusammen, der sich kurz darauf mit den Baptisten zum Bund Evangelisch-Freikirchlicher Gemeinden zusammenschloss. Die »Exklusiven Brüder« mussten als Folge des Zusammenschlusses erleben, dass die ihnen verwandten

Gemeinden in Deutschland und weltweit »die Gemeinschaft entzogen«.

Nach dem Zweiten Weltkrieg verließen zahlreiche Gemeinden den Bund wieder; ein Teil bildet die »Arbeitsgemeinschaft der Brüdergemeinden« innerhalb des Bundes Evangelisch-Freikirchlicher Gemeinden.

Nachdem ein Teil der »Exklusiven Versammlung« 1993 Gespräche mit »Offenen Brüdern« gesucht hatte, kam es in Deutschland zu einer weiteren Spaltung der Bewegung, weil der strengere Teil diese Öffnung bereits als Verunreinigung betrachtete. So gibt es heute zwei Richtungen der »Exklusiven Versammlungen« in Deutschland.

6. Die Pfingstbewegung

Die Pfingstbewegung hat ihre Wurzeln in der Heiligungsbewegung. Vereinzelt begannen an verschiedenen Orten im vergangenen Jahrhundert und zu Beginn dieses Jahrhunderts Christen »in anderen Zungen«[147] zu reden.[148] Der eigentliche Beginn der Pfingstbewegung liegt jedoch in einer kleinen Gemeinde, die aus der Heiligungsbewegung hervorging, in der Azusa Street in Los Angeles. Hier erlebten Menschen eine von ihnen als »Geistestaufe« bezeichnete Erfahrung, immer mit dem äußeren Kennzeichen der »Zungenrede«.

Die Gemeinde in der Azusa Street wurde von zahlreichen christlichen Leitern aus der ganzen Welt aufgesucht, die diese

---

[147] Auch »Sprachenrede«. Im Neuen Testament tritt diese Gabe erstmals an Pfingsten auf. In einigen Fällen tritt sie in der Apostelgeschichte beim Geistempfang auf. In 1. Kor. 12 und 14 behandelt Paulus diese Gabe und den Umgang damit in der christlichen Gemeinde.

[148] Zum Beispiel in der Entstehungsphase der »Gemeinde Gottes« 1896 oder in einer Bibelschule in Kansas 1901. Vgl. dazu Jürgen Tibusek, *Ein Glaube – viele Kirchen,* Gießen/Basel 1996, S. 411, 434.

Erfahrung dann auch in ihre Gemeinden und Länder einbrachten. So erfuhr auch der Leiter der Osloer Stadtmission, T. B. Barratt, auf dem Weg nach Los Angeles in New York die »Geistestaufe« und führte anschließend die Pfingstbewegung in Europa ein.[149]

Von Norwegen gelangte die Bewegung nach Kassel, wo Versammlungen mit zwei Norwegerinnen stattfanden, die in diesen Versammlungen auch in Zungen redeten. Immer wieder warnten die Norwegerinnen auch vor möglichen Einflüssen »falscher Geister«.[150] In den Kasseler Versammlungen wurden Menschen Christen, es geschahen Krankenheilungen. Gleichzeitig wurden die Versammlungen lauter und enthusiastischer, so dass sie in der Bevölkerung immer mehr Aufsehen erregten.

Von Kassel aus verbreitete sich die Bewegung in Deutschland. Hier kam es jedoch zu immer ernster werdenden Auseinandersetzungen.

So kam es im September 1909 in Berlin zu einer von fünfzig Männern aus den Reihen der Gemeinschaftsbewegung und der Freikirchen unterzeichneten Erklärung, in der die Pfingstbewegung als »von unten« bezeichnet wurde. Die Folge war das Entstehen neuer pfingstkirchlich orientierter Gemeinden sowie eine jahrzehntelange Distanz zwischen evangelikalen oder pietistischen und pfingstlich bzw. charismatisch orientierten Gruppen in Deutschland. Erst in den neunziger Jahren des 20. Jahrhunderts ließ diese Distanz, unter anderem durch theologische Gespräche zwischen der Evangelischen Allianz und dem Bund freikirchlicher Pfingstgemeinden, die mit einer gemeinsamen Erklärung endeten, nach.

Die »Pfingstler« antworteten auf die »Berliner Erklärung«

---

[149] Frank Bartleman, *Feuer fällt in Los Angeles*, Hamburg 1983, S. 19
[150] Schon in Los Angeles hatten immer wieder Menschen wie Spiritisten oder Hypnotiseure versucht, Einfluss auf die Versammlungen zu gewinnen (Bartleman, a.a.O. S. 96.).

mit der »Mülheimer Erklärung« (1910). Darin wurde die Möglichkeit von seelischen und evtl. auch dämonischen Einflüssen durchaus gesehen, eine Dämonisierung der ganzen Bewegung wurde jedoch abgelehnt.

1914 entstand mit der *Christlichen Kolportage-Gesellschaft mit beschränkter Haftung zu Mülheim-Ruhr* (heute: *Christlicher Gemeinschaftsverband Mülheim/Ruhr*) der erste deutsche Verband pfingstkirchlich orientierter Gemeinden.

Im *Forum Freikirchlicher Pfingstgemeinden* besteht heute eine Gesprächsplattform von sechs pfingstkirchlich orientierten Gruppierung in Deutschland.[151] Mit etwa 30 000 Mitgliedern ist der Bund freikirchlicher Pfingstgemeinde der größte der pfingstkirchlichen Verbände.

Der größte Teil der Freikirchen[152] ist in der *Vereinigung Evangelischer Freikirchen (VEF)* zusammengeschlossen. Ein Teil der Freikirchen gehören zur *Arbeitsgemeinschaft christlicher Kirchen in Deutschland*.

7. *Der Auftrag der Freikirchen*

Alles in allem sind die evangelischen Freikirchen ein aufgerichtetes Zeichen für die Volkskirchen geworden. Sie haben die neutestamentlichen Grundelemente der Gemeinde gezeigt und den ökumenischen Zusammenhang des Leibes Christi neu erkannt.

---

[151] Bund freikirchlicher Pfingstgemeinden, Christlicher Gemeinschaftsverband Mülheim/Ruhr, Apostolische Kirche – Urchristliche Mission, Vereinigte Missionsfreunde, Jugend- Missions- und Sozialwerk Altensteig und Gemeinde Gottes.

[152] Arbeitsgemeinschaft Mennonitischer Gemeinden, Bund Evangelisch-Freikirchlicher Gemeinden, Bund Freier evangelischer Gemeinden, Christlicher Gemeinschaftsverband Mülheim/Ruhr, Evangelisch-methodistische Kirche, Heilsarmee, Kirche des Nazareners. Mit einem Gaststatus vertreten sind die Europäisch- Festländische Brüder-Unität (»Herrnhuter Brüdergemeine«), der Bund Freikirchlicher Pfingstgemeinden und die Gemeinschaft der Siebenten-Tags-Adventisten.

Sie haben sich nicht auf ihren Kreis zurückgezogen, sondern in missionarischer und diakonischer Arbeit gewirkt. Sie sind dadurch für die Volkskirche – nach deren Lösung vom Staat 1918 – in mancher Beziehung vorbildlich geworden, indem sie namentlich das Wesen der auf Jesus Christus gegründeten Gemeinschaft, der inneren Verbundenheit der Gläubigen, etwa im Geist der Herrnhuter Brüdergemeine, auch im kirchlichen Raum zur Geltung bringen. Indem der Independentismus der Freikirchen keine Abkehr von der theologischen Arbeit und der übrigen Christenheit bedeutet, bleiben sie in der Gegenwart des Heiligen Geistes, der seiner gesamten Gemeinde durch das Wort der Schrift die immer erneuernde Weisung gibt.

8. Die Kirche in Nordamerika

Einwanderer aus Europa haben ihren Glauben in Amerika in festem Zusammenschluss wie in starker Ausbreitung bezeugt. Es ist darum eine fast unübersehbare Vielfalt von Kirchen in ihren Bekenntnissen entstanden. Charakteristisch ist es bis heute, dass es in Amerika keine Staatskirche, sondern nur Freikirchen gibt. Dadurch ist ein ganz anderer Aufbau entstanden. Hier ist nicht einfach der Nachwuchs durch die Kindertaufe in Übung, sondern der bewusste Eintritt in die Gemeinde mit dem Bekenntnis des Glaubens. Die Mitarbeit der Laien, der Missionsgeist, der Religionsunterricht, der soziale Einsatz und die Opferbereitschaft jedes Einzelnen, das alles kennzeichnet das amerikanische Christentum. Aber auch in den wichtigen Fragen des Volkes haben die Kirchen Großes geleistet, erinnert sei an die Sklavenbefreiung im Kampf der Nord- gegen die Südstaaten (1861-1865).

In theologischer Beziehung sind große Gegensätze vorhanden. Es gibt u.a. Gemeinden mit starker Ablehnung von Bibelkritik und z.B. der Evolutionslehre.

Liberale Strömungen betonen das *social gospel* (»soziales Evangelium«) oft über Gebühr.

Große öffentliche Aufmerksamkeit fand der baptistische Evangelist Billy Graham (Baptist) mit bis dahin nicht in diesem Ausmaß erlebten Massenevangelisationen in aller Welt.

9. Die charismatische Bewegung

Die charismatische Bewegung ist eine konfessionsübergreifende Bewegung, die etwa seit den sechziger Jahren in den USA begann. Im Protestantismus wird der Beginn bei einem Pfarrer der Episkopal-Kirche[153], Dennis Bennett, gesehen. Im Jahre 1960 machte er die Erfahrung der »Geistestaufe«, begleitet durch das »Zungenreden«. Die Bewegung breitete sich in verschiedenen protestantischen Denominationen aus und gelangte durch den lutherischen Pfarrer Larry Christenson auch nach Westdeutschland.

In der DDR gab es nach dem Zweiten Weltkrieg verschiedene Zentren geistlicher Erneuerung, unter anderem den Volksmissionskreis Sachsen sowie das Julius-Schniewind-Haus in Schönebeck-Salzelmen. Durch verschiedene Begegnungen und Literatur entstand auch hier eine charismatische Bewegung.

Gegen Ende der siebziger Jahre entstanden in der DDR und der BRD Arbeitskreise für geistliche Gemeindeerneuerung in den evangelischen Landeskirchen.

In der römisch-katholischen Kirche ist die charismatische Bewegung auf einen geistlichen Aufbruch unter Professoren und Studenten der Duquesne University in Pittsburgh im US-Bundesstaat Pennsylvania im Jahre 1967 zurückzuführen. Auch hier breitete sich die Bewegung schnell weltweit aus. In Rom ent-

---

[153] Anglikanische Kirche in den USA

stand das »Internationale Büro für katholische charismatische Erneuerung«.

In Deutschland entstanden ab 1970 Gruppen der »Katholischen charismatischen Gemeinde-Erneuerung« (heute: »Katholische Charismatische Erneuerung«).

Seit den achtziger Jahren ist auch in Deutschland zu beobachten, dass immer mehr unabhängige Gemeinden charismatischer Prägung entstehen.

10. Das Entstehen unabhängiger Gemeinden

Insbesondere seit Anfang der achtziger Jahre entstanden im deutschsprachigen Raum immer mehr freikirchliche Gemeinden, die sich aus unterschiedlichsten Gründen keinem bestehenden freikirchlichen Verband anschlossen. Ein Teil dieser Gemeinden hat eine deutliche Distanz zu allen ökumenischen Zusammenschlüssen, oft auch zur Evangelischen Allianz. Ebenso distanziert stehen sie der Pfingstbewegung und der charismatischen Bewegung gegenüber. Ein Teil der Gemeinden dieser Prägung trafen sich seit den achtziger Jahren in der »Konferenz für Gemeindegründung«. Einige der Gemeinden gründeten nach dem Vorbild der Independent Fundamental Churches of America im Herbst 1993 die »Arbeitsgemeinschaft für bibeltreue Gemeinden«.

Eher aus pragmatischen Gründen entstanden seit den achtziger Jahren auch viele charismatische Gemeinden als unabhängige Gemeinden. In den neunziger Jahren wurde jedoch ein deutlicher Trend sichtbar, Netzwerke zu bilden oder sich einem amerikanischen Gemeindebund als deutscher Zweig anzuschließen, z.B. der »Vineyard Christian Fellowship«, der »Calvary Chapel Bewegung« oder der »International Church of the Foursquare Gospel« (in Deutschland: »Freikirchliches Evangelisches Gemeindewerk« – fegw).

43. Kapitel

Die Ökumene

1. Die Evangelische Allianz

Im Jahre 1846 trafen sich in London 921 Christen aus verschiedenen europäischen Ländern sowie den USA und Kanada. Sie stammten aus 52 verschiedenen Kirchen und Freikirchen. In den theologischen Fragen stimmten diese Christen, die den Wunsch hatten, dass in einer Zeit der Säkularisierung und der sozialen Nöte diejenigen, die an Jesus Christus glauben, ihre geistliche Einheit stärker zum Ausdruck bringen sollten, überein. Unterschiedliche Meinungen gab es jedoch insbesondere in Bezug auf die Frage der Mitgliedschaft von Sklavenhaltern. Die Briten forderten einen Passus, nach dem eine solche Mitgliedschaft nicht möglich sei. Die Amerikaner sahen die unterschiedlichen Meinungen zu diesem Thema im eigenen Land und lehnten diesen Passus ab. So kam es 1846 nicht zu einem weltweiten Zusammenschluss, sondern nur zu der Empfehlung, nationale Allianzen zu gründen und miteinander Kontakte zu pflegen. Ausdrücklich wurde erklärt, dass keine regionale Organisation Verantwortung für das trage, was in einer anderen geschehe.

Bei der Gründung der Allianzsektion in den USA sprach man sich allerdings, ohne die Mitgliedschaft einzugrenzen, deutlich gegen die Sklaverei aus. Durch den Bürgerkrieg in den USA wurde diese Frage letztendlich zumindest rechtlich erledigt.

Erst im Januar 1853 kam es im Saal der Brüdergemeinde in der Berliner Wilhelmstraße zur Gründung eines deutschen Zweiges der Evangelischen Allianz. Treibende Kräfte waren dabei der evangelische Pfarrer Eduard Kunze und der Gründer

der Berliner Baptistengemeinde, Gottfried Wilhelm Lehmann. Die Gründung weiterer Zweige, z.B. in Elberfeld, folgte.

Unter Schirmherrschaft des preußischen Königs Friedrich Wilhelm IV. fand vom 9. bis 17. September 1857 erstmals eine große deutsche Allianzkonferenz statt. 154 Personen aus Landes- und Freikirchen nahmen daran teil. Insbesondere die Beteiligung der Baptisten an der Allianz führte dabei auch zu harscher Kritik seitens des konfessionellen Flügels innerhalb der Landeskirchen.

1886 fand die erste Allianzkonferenz im thüringischen Bad Blankenburg statt. Schon bald wuchs die Besucherzahl dieser Konferenz, so dass im Jahre 1906 eine mehrere tausend Menschen fassende Halle gebaut werden musste. Die Allianzkonferenzen finden bis heute jährlich in Bad Blankenburg statt. Während der Zeit der Teilung Deutschlands fanden auf westdeutscher Seite Konferenzen in der Siegener »Hammerhütte« statt.

1893 schlossen sich fünf Zweig-Allianzen zum »Deutschen Zweig der Evangelischen Allianz« zusammen.

1991 trat die westdeutsche Evangelische Allianz dem ostdeutschen Dachverband wieder bei.

In der Vergangenheit nahm die Deutsche Evangelische Allianz eine relativ distanzierte Haltung gegenüber der Pfingstbewegung ein. 1996 wurde nach mehrjährigen Gesprächen mit dem größten deutschen Verband von Pfingstgemeinden, dem »Bund Freikirchlicher Pfingstgemeinden (BFP)«, eine gemeinsame Erklärung veröffentlicht. Darin bekennt sich der BFP zur Glaubensbasis der Evangelischen Allianz. Auch in der Frage der Charismen konnten gemeinsame Aussagen gemacht werden. Beide Gruppen erkennen die Existenz aller in der Bibel genannten Geistesgaben auch in der heutigen Gemeinde an und fordern einen von den Aussagen der Heiligen Schrift geprägten Umgang mit den Gaben. Die gemeinsame Erklärung soll zur Zusammenarbeit zwischen bisherigen »Allianzkreisen« und Pfingstgemeinden auf Ortsebene führen können.

Der Unterschied zu der späteren ökumenischen Bewegung besteht darin, dass sich in der Allianz nicht *Kirchen*, sondern *Christen* aus Kirchen und Freikirchen zusammenfanden. Sie verstanden sich als eine Glaubens- und Gebetsgemeinschaft, die im Wort der Schrift und im Bekenntnis der Väter ihre geistliche Einheit erkannten. Es ergab sich daraus das gemeinsame Anliegen der Evangelisation, ohne dass die in den einzelnen Kirchen vorhandenen Aktionen vernachlässigt wurden. Die Allianz sollte nicht zur Superkirche werden. Am sichtbarsten kommt die Allianz in der ganzen Welt in der Allianz-Gebetswoche Anfang Januar in die Öffentlichkeit. Hier werden die Anliegen des Reiches Gottes in Kirche und Volk zum Ausdruck gebracht.

2. Ökumenische Sammlungen in Jugendbünden

1855 trafen sich der »Christliche Verein Junger Männer« (CVJM) mit starken Anregungen aus der amerikanischen Erweckung in Paris. Dort einigte man sich auf Grund der Basis:

> *»Der C. V. J. M. hat den Zweck, solche jungen Männer miteinander zu verbinden, die Jesus Christus nach der Heiligen Schrift als ihren Gott und Heiland anerkennen, in ihrem Glauben und Leben seine Jünger sein und gemeinsam danach trachten wollen, das Reich ihres Meisters unter den jungen Männern auszubreiten.«*

Am Ende unseres Jahrhunderts sind es vier Millionen, die sich zu dieser Basis bekennen. Ein weiblicher Zweig trat ihnen zur Seite.

Zwei weitere Weltbünde entstanden im »Jugendbund für entschiedenes Christentums« (1894 E. C.) und im »Christlichen Studentenweltbund« (1895 C. S. V.). Der Geist der Erweckung war in ihren Anfängen sehr lebendig.

3. Weltbünde der Kirchen

1910 fand die erste *Weltmissionskonferenz* unter Leitung des amerikanischen Evangelisten *John Mott* in *Edinburgh* statt, ein Meilenstein in der Missionsgeschichte mit der gewagten Parole: »Evangelisation der Welt in dieser Generation«.

1921 entstand der *Internationale Missionsrat*. Er führte die Missionsgesellschaften und nationalen Christenräte zum Studium und zu gemeinsamem Handeln zusammen.

1925 rief der schwedische Erzbischof *Nathan Söderblom* zur *Weltkonferenz für praktisches Christentum* nach *Stockholm*. Man beschränkte sich bewusst auf die sozialen und ethischen Fragen.

1927 fand in *Lausanne* die erste Weltkonferenz der *»Bewegung für Glauben und Kirchenverfassung« (Faith and Order)* statt. Man einte sich im Bekenntnis »Jesus unser Gott und Heiland«, später »Unser Herr und Heiland«.

1948: Der nächste Schritt war nach dem Zweiten Weltkrieg die Gründung des *Ökumenischen Rates der Kirchen* (ÖRK) auf der *Weltkirchenkonferenz in* Amsterdam 1948. Die Sammlungen von *Stockholm* und *Lausanne* fanden sich zusammen. In Genf wurde die Zentrale eröffnet. Bis jetzt gehören ihr 330 Kirchen an. »Damit die Welt glaubt, dass du mich gesandt hast« (Joh 17,21), reichen sich (die in ihrer Verfassung) sehr unterschiedlichen Kirchen die Hand, indem sie den »Herrn Jesus Christus gemäß der Heiligen Schrift als Gott und Heiland bekennen und darum gemeinsam zu erfüllen trachten, wozu sie berufen sind, zur Ehre Gottes des Vaters, des Sohnes und des Heiligen Geistes« (Basis des ÖRK seit 1961).

1961 kam es bei der dritten Vollversammlung des ÖRK in *Neu Delhi* zum *Zusammenschluss mit dem Internationalen Missionsrat*. In den folgenden Jahren wurden viele asiatische, afrikanische und lateinamerikanische Kirchen sowie Kirchen aus dem pazifischen und karibischen Raum Mitglieder des ÖRK.

Bei den Vollversammlungen in *Uppsala (1968)* und *Nairobi (1975)* kamen die evangelistischen und sozialen Fragen in ihrem Spannungsverhältnis zum Ausdruck. Sie sind bis heute nicht gelöst.

So wurde der *Internationale Kongress für Weltmission* 1974 in Lausanne eine starke Herausforderung für die ökumenische Bewegung. Er fand unter Leitung von *Billy Graham* statt. In der sog. *Lausanner Verpflichtung* ist die Überordnung der Evangelisation über die sozialen Fragen klar formuliert und doch zugleich die Verantwortung für die brennenden wirtschaftlichen und politischen Entwicklungen in Afrika, Asien und Südamerika von der Christusbotschaft aus ans Licht gestellt.

1989 fanden zwei Missionskonferenzen statt – die *Weltmissionskonferenz* in *San Antonio/Texas* und die *Lausanner Konferenz für Weltmission und Evangelisation* in *Manila/Philippinen*. In San Antonio waren erstmalig auch 20 Vertreter anderer Religionen offiziell eingeladen worden. Eines der Hauptreferate hielt Eugene Stockwell, damals noch Generalsekretär des Weltmissionsrates. Die Auffassung, dass nur durch Jesus Christus die Möglichkeit zum Heil gegeben sei, wurde von ihm in diesem Referat abgelehnt.

Die *siebte Vollkonferenz des ÖRK* fand 1991 in *Canberra/Australien* statt. Sie stand unter dem Schatten des zu dieser Zeit stattfindenden »Golfkrieges«.

Aufsehen erregte auf dieser Konferenz vor allem das Hauptreferat der koreanischen Theologin Prof. Chun Hyun Kyung. Die Ansprache begann sie mit einer Anrufung von Geistern verschiedener Märtyrer, angefangen mit Hagar bis zu den »Soldaten, Zivilisten und Lebewesen im Meer, die zur Zeit im blutigen Golfkrieg sterben« vom »Geist von Erde, Luft und Wasser« zu »unserem Bruder Jesus, der am Kreuz gefoltert und getötet wurde«. Unter anderem verglich sie dann den Heiligen Geist, von ihr immer in der weiblichen Form benannt, mit einer koreanischen Göttin. Dieses Referat wurde als praktische Religionsvermischung verstanden und insbesondere von orthodoxen und evangelikalen Teilnehmern kritisiert.

Die orthodoxen Teilnehmer hatten bereits im Vorfeld der Vollversammlung in Kenntnis der Texte eine Erklärung formuliert, in der sie beklagten, dass »in steigendem Maße von der Basis des ÖRK abgewichen wird«. Sie stellten eine zunehmende Abweichung »vom biblisch verankerten christlichen Verständnis fest, unter anderem (a) des dreieinigen Gottes, (b) des Heils, (c) der ›Guten Nachricht‹ des Evangeliums selbst, (d) der Menschen, die nach dem Bild und zum Ebenbild Gottes geschaffen sind, (e) der Kirche.«

Kritisiert wird von ihnen ebenfalls die für sie immer deutlicher werdende Religionsvermischung. Sie stellten abschließend die Frage nach einer möglichen Überprüfung der ÖRK-Mitgliedschaft durch orthodoxe Kirchen und andere Mitgliedskirchen.

Die achte Vollversammlung des ÖRK fand – 50 Jahre nach der Gründung in Amsterdam 1948 – im Dezember 1998 in Harare/Zimbabwe statt. Thema dieser Vollversammlung war »Kehrt um zu Gott – seid fröhlich in Hoffnung«.

Dem ÖRK gehören zur Zeit 330 Kirchen aus mehr als 120 Ländern an.

4. Die Lima-Dokumente

Im Jahre 1982 wurde in Lima/Peru nach jahrzehntelangen Bemühungen der 1927 gegründeten Bewegung für Glaube und Kirchenverfassung eine Erklärung zu den Themen »Taufe«, »Eucharistie« und »Amt« veröffentlicht. Die Texte, deren Ausarbeitung von Max Thurian (Taizé/Frankreich) in der Urfassung erarbeitet wurden, waren zuvor bei Konferenzen der Kommission für Glauben und Kirchenverfassung in Accra (1974), Bangalore (1978) diskutiert und überarbeitet worden. Die Texte waren auch an die Mitgliedskirchen des ÖRK weitergeleitet worden, von denen jedoch nur etwa ein Drittel reagierte. Der 1982 in Lima vorgelegte Text wurde und wird nicht als abgeschlossen betrachtet, sondern soll zu Reaktionen herausfordern. Er ist nicht in irgendeiner Form bindend für die Mitgliedskirchen. Letztlich bleibt er also ein Arbeitstext, wenn auch in fortgeschrittenem Stadium. Die Kommission für Glaube und Kirchenverfassung überschreitet in ihrer Zusammensetzung die Grenzen der ÖRK-Mitgliedskirchen. So gehören der 120köpfigen Kommission zur Zeit zwölf Theologen an, die vom Einheitssekretariat der römisch-katholischen Kirche in Rom entsandt wurden sowie einige adventistische Theologen.

Deutlich wird in dem Dokument ein sakramentalistisches Verständnis von Taufe und Abendmahl. Die Taufe gilt als Eingliederung in den Leib Christi, durch sie geschieht Reinigung von der Sünde und Rechtfertigung.

Von evangelikaler Seite wurde die Erklärung durch die *World Evangelical Fellowship*, die 1992 eine Stellungnahme zu dem Lima-Dokument veröffentlichte, kritisiert. Darin wird ebenfalls die sakramentale Betonung des Dokumentes kritisiert. Glaube, Buße und Bekehrung träten hinter der Beschreibung des sakramentalen Geschehens deutlich zurück.

44. Kapitel

Kirche unter dem Kreuz

Es hat in keinem Jahrhundert der Kirchengeschichte eine solche Zahl von Christenverfolgungen gegeben wie im zwanzigsten. Eine Reihe besonderer Anlässe sind der Grund. Sie alle aber zeigen, dass die Botschaft Jesu Christi das Ärgernis ist und bleibt.

1. Armenien

War es die Antwort des Islam auf die Kreuzzüge mit ihren blutigen Unternehmungen, dass die Kurden und dann die Türken in ihrer Gesamtheit die christlichen Armenier zu vernichten suchten? 1895 und 1916 haben über eine Million dieses christlichen Volkes den Tod erlitten, sei es durch Hinrichtung oder Ausweisung, die zumeist das Ende in Hunger und Elend bedeutete. Weil Deutschland mit der Türkei politisch verbunden war, wurden die Nachrichten über die Gräueltaten der Öffentlichkeit nicht mitgeteilt. Nur wenige Männer wie Johannes Lepsius und Ernst Lohmann wagten es, diese Verfolgungen bekannt zu geben und mit Hilfsaktionen zu beginnen.

2. Russlands Kirche unter politischem Druck

Tief verwurzelt ist in der russischen Seele die Kirche in ihrer orthodoxen Gestalt. Die Liturgie in den Kirchen, die Heiligenbilder (Ikonen) als Anbetungsstätte in den Häusern sind die charakteristischen Züge. Eng verbunden mit dem Zarenhaus war die Kirche, bis Lenin (1917) den Marxismus zur Herrschaft brachte. Der antichristliche Staat hat in den folgenden Jahrzehnten über den Zweiten Weltkrieg hinaus mit allen nur möglichen Mitteln versucht, die Kirche zum Erliegen zu bringen. Bis 1927 galt sein Kampf der orthodoxen Kirche; danach wurden auch die Baptisten und Evangeliumschristen verfolgt. Was dann unter Stalin an Verfolgung geschehen ist, kann kaum festgestellt werden.

Trat auch eine gewisse Duldung ein durch »Registrierung« erlaubter Gottesdienste und kirchlicher Gebäude, die Ausschaltung des Christentums aus dem öffentlichen Leben in Schule, Presse und Verkündigung hatte doch das Ziel der endgültigen Beseitigung des Evangeliums. Und dennoch, das Bekenntnis

»Christus ist auferstanden, er ist wahrhaftig auferstanden« wurde zu Ostern von Millionen in den überfüllten Gottesdiensten bezeugt. Unter der Jugend, besonders auch der atheistisch erzogenen, wurden Erweckungen gemeldet.

In besonderer Weise wurden die baltischen Länder vom kommunistischen Staat betroffen. Die deutschsprachige Bevölkerung hat schwer gelitten. Sie hat in Dorpat und Riga ein besonderes Zeugnis des Glaubens bis zum Martyrium abgelegt (Erschießung Professor Traugott Hahns 1919). Ihre Ausweisung aus dem Baltikum ist der schwerste Schlag, der diese lutherische Kirche treffen konnte.

3. Die Verfolgung der Freikirchen in der Sowjetunion und ihre Situation in den GUS-Staaten

Durch das Dekret »Über die Trennung der Kirche vom Staat und der Schule von der Kirche« erhielten die russischen Freikirchen im Jahre 1918 bisher ungekannte Entfaltungsmöglichkeiten.

1929 erließ die Russische Föderation der Sozialistischen Republik jedoch ein Dekret über religiöse Vereinigungen, dessen Folgen verheerend waren.

Verantwortliche verschiedener Freikirchen wurden verhaftet, Kirchen wurden geschlossen. Das baptistische Theologische Seminar in St. Petersburg wurde aufgelöst. Nach einem Augenzeugen sollen im 1908 gegründeten Bund der Evangeliumschristen 60 % der »Bethäuser« geschlossen worden sein, 40 % der Mitarbeiter wurden verhaftet.[154]

Durch die Deportation deutscher Siedler nach Sibirien und in die zentralasiatischen Teilrepubliken wurde die Zerstörung der Gemeinden fortgesetzt. Die Mennoniten-Gemeinden in Russland existierten ab 1938 offiziell nicht mehr. Der Bund der Bap-

---

[154] Heinrich Löwen, *Russische Freikirchen*, Bonn 1995, S. 58

tisten hatte sich bereits 1935 aufgelöst.[155] 1942 baten die Baptisten den Bund der Evangeliumschristen um Vormundschaft und Fürsorge für die Baptistengemeinden. Im Oktober 1944 fand ein Einigungskongress statt, der die Gründung des Bundes der Evangeliumschristen und Baptisten, später Bund der Evangeliumschristen-Baptisten, zur Folge hatte. Später schlossen sich dem Bund auch pfingstkirchliche Gruppen an.

1965 erlebte der Bund eine Spaltung im Zusammenhang mit Fragen der Stellung gegenüber dem Staat. Die Bundesleitung hatte entsprechend staatlicher Vorschriften unter anderem dazu aufgefordert, keine nicht genehmigten Versammlungen und keine Ausflüge für Jugendliche durchzuführen sowie keine Taufen an Menschen unter 18 Jahren durchzuführen. Es entstand neben dem bestehenden *Allunionsrat der Evangeliumschristen-Baptisten* ein wesentlich kleinerer Bund unabhängiger Gemeinden der Evangeliumschristen-Baptisten unter Leitung eines *Rates der Gemeinden*. Trotz eines Schuldbekenntnisses des Leiters des Allunionsrates kam es nicht wieder zu einer Vereinigung.

Es handelt sich bei dem neu entstandenen Bund nicht generell um »nichtregistrierte« Gemeinden, denn nachdem durch den sowjetischen Rat für religiöse Angelegenheiten eine Möglichkeit geschaffen worden war, sich registrieren zu lassen, ohne die Autorität des Allunionsrates anzuerkennen, ließ sich ein Teil der Gemeinden autonom registrieren.[156]

Nach der politischen Wende in der Sowjetunion ließ die Verfolgung der Gemeinden anfangs deutlich nach. Im September 1997 wurde jedoch von Präsident Boris Jelzin ein Religionsgesetz unterzeichnet, das eine Verschärfung des Klimas darstellt und dessen Auswirkungen noch nicht abzuschätzen sind.

---

[155] Löwen. a.a.O. S. 121
[156] Johannes Reimer, *Aussiedler sind anders,* Wuppertal/Kassel 1990, S. 58

4. Christenverfolgung in islamischen Ländern

Heute geschieht neben einer wieder erwachenden Verfolgung der evangelischen und katholischen Kirchen in Ländern mit orthodoxer Mehrheit vor allem eine massive Christenverfolgung in den islamischen Ländern. In Staaten mit fundamentalistischer Ausrichtung wie dem Iran sind Christen höchstens geduldet, jede Missionstätigkeit ist untersagt. Aber auch in modernen islamischen Staaten wie in Ägypten und der Türkei ist immer wieder von Übergriffen, Verfolgungen und Diskriminierungen zu hören.

45. Kapitel

Kirchliche Veränderungen nach der Wende von 1989

Die politische Wende in Deutschland von 1989 und die Wiedervereinigung der beiden deutschen Staaten führte natürlich auch zum Zusammenschluss der landes- und freikirchlichen Verbände, die vor der Teilung Deutschlands bereits zusammengehört hatten. Nachdem sich die acht ostdeutschen Landeskirchen unter politischem Druck 1969 von der EKD getrennt hatten, wurde auf einer gemeinsamen Tagung der Synoden der westdeutschen EKD und des Bundes der evangelischen Kirchen in Ostdeutschland am 24. Februar 1991 die Einheit der EKD wiederhergestellt. Die EKD umfasste 1991 etwa 28 Millionen Mitglieder, davon 3 Millionen in Ostdeutschland.

Ebenfalls 1991 kam es zur Wiedervereinigung der größten pietistischen Bewegung innerhalb der EKD. Der *Gnadauer*

Verband für Gemeinschaftspflege und Evangelisation (Westdeutschland) und das *Evangelisch-kirchliche Gnadauer Gemeinschaftswerk* schlossen sich *zum Evangelischen Gnadauer Gemeinschaftsverband e. V.* zusammen.

Auch die größte deutsche Freikirche, der Bund Evangelisch-Freikirchlicher Gemeinden, musste 1969 eine Trennung erleben. Im Mai 1991 wurde die Wiedervereinigung der beiden Bünde vollzogen. Allerdings verließen verschiedene Brüdergemeinden, die in der DDR dem Bund angehört hatten, den Bund nach der Wende. Ebenso verließen einige pfingstkirchliche Elim-Gemeinden den Bund und schlossen sich dem Bund freikirchlicher Pfingstgemeinden an. Das Theologische Seminar des Bundes in Buckow/Brandenburg wurde geschlossen; einige Dozenten gingen zu dem seit 1880 bestehenden Theologischen Seminar in Hamburg. 1997 wurde das Seminar nach Elstal bei Berlin verlegt.

Der CVJM war in der DDR verboten. Schon bald nach der Wende entstanden jedoch überall Orts- und Landesverbände als Nachfolgeorganisationen des »Jungmännerwerks«.

Insgesamt wurde das konfessionelle Spektrum in den neuen Bundesländern wesentlich bunter. Die Heilsarmee, die seit der Zeit des Dritten Reiches in diesem Gebiet verboten war, nahm ihre Arbeit in Großstädten wie Leipzig, Dresden usw. wieder auf. Kleinere freikirchliche Verbände und gemeindegründende Werke begannen mit Gemeindegründung. Unabhängige Gemeinden, meist charismatischer Prägung, entstanden in verschiedenen Landesteilen.

Die westdeutsche *Evangelische Allianz* trat im Jahre 1991 dem ostdeutschen Verband wieder bei.

Schluss

Mitten in einer sich in rasender Eile vollziehenden Geschichte steht die Kirche Christi in der Spannung zwischen dem, was sich jetzt vollzieht und doch über sie hinausweist auf das Endziel hin. Zwischen Glauben und Schauen, zwischen Knechtsgestalt und Herrlichkeit ist das Geheimnis der Kirche verborgen – bis dass Er kommt!

> *Der Jahrtausende geht*
> *seinen stillen Gang,*
> *Gemüter durchweht*
> *die Geschlechter entlang,*
> *in Gerichten wettert*
> *zerstörenden Flugs,*
> *jäh niederschmettert,*
> *was üppig wuchs,*
> *der Leben spendet,*
> *Gedeihen und Frucht,*
> *der Herzen wendet;*
> *daß man dich sucht,*
> *Verborgener, Offenbarer,*
> *so nah und so fern,*
> *du einiger, wahrer*
> *Herr aller Herrn:*
> *Hilf aus den Gedanken*
> *ins Leben hinein,*
> *ganz ohne Wanken*
> *dein eigen zu sein.*

Martin Kähler, 1906

Weiterführende Literatur zur Kirchengeschichte

Adam, A. *Handbuch der Dogmengeschichte. Die Zeit der Alten Kirche.* 4. Aufl. Gütersloh: Gütersloher Verlagshaus, 1981.

Aland, Kurt. *Geschichte der Christenheit* Bd. I.& II Gütersloh: Mohn, 1982.

Ders. *Die Frühzeit der Kirche in Lebensbildern.* 5., veränd. Aufl. Gießen, Basel: Brunnen, 1990.

Altaner, B. & Stuiber, A. *Patrologie. Leben, Schriften und Lehre der Kirchenväter.* Freiburg: Herder, 1978.

Bainton, Roland H. *Martin Luther.* Berlin: Evangelische Verlagsanstalt, 1983.

Berger, Klaus. *Historische Psychologie des Neuen Testaments.* Stuttgart: Quell Verlag, 1991.

Beyschlag, Karlmann. *Simon Magnus und die christliche Gnosis.* Wissenschaftliche Untersuchungen zum NT 16. Tübingen: J.C.B. Mohr (Paul Siebeck), 1974.

Bouman, Johan. *Augustinus: Lebensweg und Theologie.* Gießen: Brunnen, 1987.

Bräuer, Siegfried und Junghans, Helmar Hg. *Der Theologe Thomas Müntzer. Untersuchungen zu seiner Entwicklung und Lehre.* Berlin: Evangelische Verlagsanstalt, 1989.

Brecht, Martin. *Martin Luther. Ordnung und Abgrenzung der Reformation 1521-1523.* Berlin: Evangelische Verlagsanstalt, 1989.

Campenhausen, Hans Freiherr von. *Kirchliches Amt und geistliche Vollmacht in den ersten drei Jahrhunderten.* Beiträge zur historischen Theologie 14. 2. durchgesehene Aufl. Tübingen: J.C.B. Mohr (Paul Siebeck), 1979.

Chambon, Joseph. *Der französische Protestantismus.* München: Christian Kaiser, 1937.

Dassmann, Ernst. *Kirchengeschichte I. Ausbreitung, Leben und Lehre der Kirche in den ersten drei Jahrhunderten.* Studienbücher Theologie. Stuttgart: Kohlhammer, 1991.

ders. *Augustinus. Heiliger und Kirchenlehrer.* Stuttgart: Kohlhammer, 1993.

Eusebius von Cäsarea. *Kirchengeschichte.* 3. Aufl. Darmstadt: Wissenschaftliche Buchgesellschaft, 1989.

Fischer, Karl Martin. *Das Urchristentum.* Kirchengeschichte in Einzeldarstellungen I/1. Berlin: Evangelische Verlagsanstalt, 1985.

Friesen, Abraham und Goertz, Hans-Jürgen. *Thomas Müntzer*. Wege der Forschung Bd. CDXCI. Darmstadt: Wissenschaftliche Burchgesellschaft, 1976.

Gäbler, Ulrich. *Huldrych Zwingli*. München: C. H. Beck, 1983.

Gericke, Wolfgang. *Theologie und Kirche im Zeitalter der Aufklärung*. Kirchengeschichte in Einzeldarstellungen III/2. Berlin: Evangelische Verlagsanstalt, 1989.

Goertz, Hans-Jürgen. *Die Täufer. Geschichte und Deutung*. München: C. H. Beck, 1980.

Green, Michael. *Evangelisation zur Zeit der ersten Christen*. Neuhausen-Stuttgart: Hänssler, 1970.

Guderian, Hans. *Die Täufer in Augsburg*. Pfaffenhofen: W. Ludwig, 1984.

Hauschild, Wolf-Dieter. *Lehrbuch der Kirchen- und Dogmengeschichte*. Band 1. Gütersloh: Gütersloher Verlagshaus, 1995.

Haendler, Gert. *Von Tertullian bis Ambrosius*. 3. Aufl. Kirchengeschichte in Einzeldarstellungen I/3. Berlin: Evangelische Verlagsanstalt, 1986.

ders. *Die abendländische Kirche im Zeitalter der Völkerwanderung. 3. Aufl.* Kirchengeschichte in Einzeldarstellungen I/5. Berlin: Evangelische Verlagsanstalt, 1987.

ders. *Die lateinische Kirche im Zeitalter der Karolinger*. Kirchengeschichte in Einzeldarstellungen I/7. Berlin: Evangelische Verlagsanstalt, 1985.

Hengel, Martin. *Eigentum und Reichtum in der frühen Kirche. Aspekte einer frühchristlichen Sozialgeschichte*. Stuttgart: Calwer Verlag, 1973.

Heussi, Karl. *Kompendium der Kirchengeschichte*. 18. Aufl., unveränd. Nachdr. d. 12. Aufl. J.C.B. Mohr (Paul Siebeck). Tübingen, 1991.

Kelly, J.N.D. *Altchristliche Glaubensbekenntnisse. Geschichte und Theologie*. Göttingen: Vandenhoeck & Ruprecht, 1972.

Kirchner, Hubert. *Reformationsgeschichte von 1532-1555/1566. Festigung der Reformation. Calvin. Katholische Reform. Konzil von Trient*. Kirchengeschichte in Einzeldarstellungen II/7. Berlin: Evangelische Verlagsanstalt, 1987.

Ders. *Das Papsttum und der deutsche Katholizismus 1870-1958*. Kirchengeschichte in Einzeldarstellungen III/9. Berlin: Evangelische Verlagsanstalt, 1992.

Klauck, Hans-Josef. *Hausgemeinde und Hauskirche im frühen Christentum*. Stuttgarter Bibel-Studien 103. Stuttgart: Katholisches Bibelwerk, 1981.

Kraft, Heinrich. *Die Entstehung des Christentums*. Darmstadt: Wissenschaftliche Buchgesellschaft, 1990.

Lambert, Malcolm. *Ketzerei im Mittelalter. Eine Geschichte von Gewalt und Scheitern*. Freiburg, Basel, Wien: Herder, 1991.

Laub, Franz. *Die Begegnung des Christentums mit der antiken Sklaverei*. Stuttgarter Bibelstudien. Stuttgart: Katholisches Bibelwerk, 1982.

Lea, Henry Charles. *Geschichte der Inquisition im Mittelalter*. 3 Bde. Frankfurt: Vito von Eichborn, 1997.

Lenzenberger, Josef. Stockmeyer, Peter. Amon, Karl. Zinnhobler, Rudolf. *Geschichte der katholischen Kirche*. Graz, Wien, Köln: Styria, 1985.

Lichdi, Dieter Götz. *Über Zürich und Witmarsum nach Addis Abeba. Die Mennoniten in Geschichte und Gegenwart*. Maxdorf: Agape, 1983.

Lietzmann, H. *Messe und Abendmahl*. AKG. Berlin: W. de Gruyter, 1981.

Lohmeyer, Ernst. *Soziale Fragen im Urchristentum*. Darmstadt: Wissenschaftliche Buchgesellschaft, 1973.

Lohse, B. *Epochen der Dogmengeschichte*. 3. Aufl. Stuttgart: Kreuz, 1974.

Loofs, F. *Leitfaden zum Studium der Dogmengeschichte*. Tübingen: Mohr, 1968.

Moreau, Jacques. *Die Christenverfolgung im Römischen Reich. Aus der Welt der Religionen*. Forschungen und Berichte. Berlin, New York: Walter de Gruyter, 1971.

Mühlenberg, Eberhard. *Epochen der Kirchengeschichte*. Heidelberg: Quell & Meyer, 1980.

Niederwimmer, K. *Die Didache. Kommentar zu den Apostolischen Vätern*. Göttingen: Vandenhoeck & Ruprecht, 1989.

Opitz, Helmut. *Die Alte Kirche. Ein Leitfaden durch die ersten fünf Jahrhunderte*. Berlin: Evangelische Verlagsanstalt, 1983.

von Padberg, Lutz E. *Bonifatius*. Wuppertal, Zürich: R. Brockhaus, 1981.

Peterson E. *Frühkirche, Judentum und Gnosis*. Darmstadt: Wissenschaftl. Buchgesellschaft, 1982. 146-182.

Reck, Reinhold. *Kommunikation und Gemeindeaufbau. Eine Studie zu Entstehung, Leben und Wachstum paulinischer Gemeinden in den Kommunikationsstrukturen der Antike*. Stuttgarter Biblische Beiträge 22. Stuttgart: Katholisches Bibelwerk, 1991.

Reischmann, Hans-Joachim. *Willibrord. Apostel der Friesen*. Darmstadt: Wissenschaftliche Buchgesellschaft, 1989.

Riesner, Rainer. *Die Frühzeit des Apostels Paulus. Studien zu Chronologie, Missionsstrategie und Theologie*. Wissenschaftliche Untersuchungen zum Neuen Testament. Tübingen: J.C.B. Mohr (Paul Siebeck), 1994.

Rogge, Joachim. *Der junge Luther 1483-1521. Der junge Zwingli 1484-1523*. Kirchengeschichte in Einzeldarstellungen II/3 und 4. Berlin: Evangelische Verlagsanstalt, 1983.

Ruhbach, Gerhard (Hg). *Die Kirche angesichts der Konstantinischen Wende*. Darmstadt: Wissenschaftliche Buchgesellschaft, 1976.

Salzmann, Jörg Christian. *Lehren und Ermahnen. Zur Geschichte des christlichen Wortgottesdienstes in den ersten drei Jahrhunderten*. Tübingen: J.C.B. Mohr (Paul Siebeck), 1994.

Saxer, Ernst. *Huldrych Zwingli. Ausgewählte Schriften. In neuhochdeutscher Wiedergabe mit einer historisch-biographischen Einführung*. Neukirchen-Vluyn: Neukirchener, 1988.

Schatz, Klaus. *Der päpstliche Primat. Seine Geschichte von den Ursprüngen bis zur Gegenwart*. Würzburg: Echter, 1990.

Schmidt, Kurt Dietrich u. Ruhbach, Gerhard. *Tabellen zur Kirchengeschichte*. 4. Aufl. Göttingen: Vandenhoeck & Ruprecht, 1979.

Schmidt, Kurt Dietrich. *Die Bekehrung der Germanen zum Christentum*. o. J.

Schnabel, Wolfgang. *Die Alte Kirche. Grundwissen zur Theologie- und Kirchengeschichte*. Gütersloh: Gütersloher Verlagshaus Gerd Mohn, 1988.

Schweizer, Christian. *Hierarchie und Organisation der römischen Reichskirche in der Kaisergesetzgebung vom 4. bis 6. Jahrhundert*. Europäische Hochschulschriften. Bern: Lang, 1991.

Steubing, H. (Hg). *Bekenntnisse der Kirche*. Wuppertal: R. Brockhaus, 1985.

Theißen, Gerd. *Studien zur Soziologie des Urchristentums. Ihre methodologischen Probleme am Beispiel des Urchristentums*. Wissenschaftliche Untersuchungen zum Neuen Testament 19. 2. erw. Aufl. (Erstveröffentlichung in: *Kairos 17*, 1975, 284-299). Tübingen: J.C.B. Mohr (Paul Siebeck), 1983.

Thümmel, Hans Georg. *Die Kirche des Ostens im 3. und 4. Jahrhundert*. Kirchengeschichte in Einzeldarstellungen I/4. Berlin: Evangelische Verlagsanstalt, 1988.

Tibusek, Jürgen. *Ein Glaube – viele Kirchen*. 2., aktualisierte und überarbeitete Aufl. Gießen, Basel: Brunnen, 1996.

Tröger, Karl-Wolfgang. *Das Christentum im zweiten Jahrhundert.* Kirchengeschichte in Einzeldarstellungen I/2. Berlin: Evangelische Verlagsanstalt, 1988.

Walton, John H. *Chronologische Tabellen und Hintergrundinformationen zur Kirchengeschichte.* Marburg: Francke-Buchhandlung, 1987.

Wenger, J.C. *Die Täuferbewegung. Eine kurze Einführung in ihre Geschichte und Lehre.* Wuppertal, Kassel: Oncken, 1984.

Wengst, Klaus. *Didache (Apostellehre), Barnabasbrief, 2. Klemens, Schrift an Diognet.* Darmstadt: Wissenschaftliche Buchgesellschaft, 1984.

ders. *Anspruch und Wirklichkeit. Erfahrungen und Wahrnehmungen des Friedens bei Jesus und im Urchristentum.* München: Kaiser, 1986.

Winterhager, Friederich. *Bauernkriegsforschung.* Erträge der Forschung. Darmstadt: Wissenschaftliche Buchgesellschaft, 1981.

Namenverzeichnis

Abaelard 212
Abraham 31, 84, 270
Adalbert von Bremen 196, 198
Adalbert von Magdeburg 167
Adam 132
Agricola, Johann 290, 329
Agricola, Michael 328
Agricola, Rudolf 243
Alba, Fernando Álvarez de Toledo, Herzog von 322
Albertus Magnus (der Große) 222
Albrecht von Preußen 327
Alexander II. (Papst) 198
Alexander III. (Papst) 209, 210, 215, 219
Alexander V. (Papst) 240
Alexander VI. (Papst) 244
Alexander der Große 38
Alexandros von Alexandria 123, 124
Alfred der Große 187
Alkuin 174, 176, 177, 193
Ambrosius von Mailand 108, 128, 129, 131, 140
Ameaux, Pierre 305
Ammonius Sakkas 107
Andreae, Jakob 331
Anicet von Rom 91
Anselm von Canterbury 138, 198, 211-213, 215
Ansgar 185
Anton von Bourbon (König von Navarra) 324
Antoninus Pius 100
Antonius 121, 131
Apollinaris von Laodizea 141-143

Apollos 56
Aribo von Mainz 194
Aristides 83
Aristoteles 38, 91, 204, 223, 226, 251, 276, 294, 365
Arius 123-125, 133, 141
Arminius, Jakob 333, 404
Arnauld, Antoine 341
Arnauld, Jacqueline Angélique 341
Arndt, Ernst Moritz 397, 405, 408
Arndt, Johann 334, 351
Arnold, Gottfried 23, 363
Athanasius 124-127, 133, 140, 142-144
Athenagoras 83
Attila 152
August der Starke 381
Augustinus 109, 128-131, 138, 133-138, 155, 162, 174, 178, 183, 211, 217, 223, 226, 235, 238, 251, 253, 269, 341
Augustinus von Canterbury 156
Augustus (Oktavian) 34-39

Bach, Johann Sebastian 351
Barnabas 48, 49, 56
Barratt, Thomas Ball 458
Barth, Karl 361432, 436, 443
Bartleman, Frank 457, 458
Basilides von Alexandria 77, 79
Basilius von Cäsarea (der Große) 121, 126
Baur, Ferdinand Christian 24, 49, 431
Baxter, Richard 346, 347
Beck, Johann Tobias 406, 435

Becket, Thomas 210
Benedikt VII. (Papst) 194
Benedikt XIII. (Papst) 240, 241
Benedikt von Aniane 189
Benedikt von Nursia 153
Bengel, Johann Albrecht 363, 406
Bennett, Dennis 461
Berengar von Tours 198
Bernadone, Giovanni siehe Franz von Assisi
Bernhard von Clairvaux 138, 168, 207, 212-215, 219, 226, 233, 253
Berno von Baume 188
Berthold von Loccum 168
Berthold von Regensburg 237
Beza, Theodor 305, 324
Biel, Gabriel 251, 253
Bismarck, Otto von 406, 408, 416, 423, 424
Blaurock, Jörg 280
Blumhardt, Christoph Friedrich 406
Blumhardt, Johann Christoph 406
Bodelschwingh d. Ä., Friedrich von 417, 418
Bodelschwingh d. J., Friedrich von 439, 447
Bodenstein, Andreas siehe Karlstadt
Böhme, Jakob 364
Boleyn, Anne 319, 320
Bolsec, Jérôme 305
Bonifatius (Winfrid) 156, 159, 164-166, 176
Bonifatius VIII. 232, 233, 235
Bora, Katharina von 285
Borcke, Adrian Bernhard Graf von 378

Borromeo, Carlo 342
Bothwell, James Hepburn Earl of 321
Bousset, Wilhelm 433
Brenz, Johannes 293
Briçonet, Guillaume 323
Brockhaus, Carl 456
Bruno, Giordano 348
Bucer, Martin 291, 293, 301, 304, 319, 323
Bugenhagen, Johannes 293, 328
Bultmann, Rudolf 443
Bunyan, John 346, 347
Büren, Idelette von 304

Cäcilian von Karthago 121
Cajetan, Thomas 260
Calixt I. (Papst) 93, 105, 114
Calixt, Georg 332
Calov, Abraham 332
Calvin, Johannes 219, 298-307, 317, 321, 324, 333, 349
Canstein, Kurt Hildebrand Baron von 357
Caraffa, Carlo siehe Paul IV.
Celsus 82, 83
Chamberlain, Houston Stewart 437
Chateaubriand, Fraŋois René de 386/387
Chlodwig 156, 160, 161, 164, 172
Christenson, Larry 461
Christian II. (König von Dänemark) 328
Christian III. (König von Dänemark) 328
Christian IV. (König von Dänemark) 337
Christlieb, Theodor 448
Cicero 34, 130

Claudius, Matthias 405
Clemens VII. (Papst) 287, 288, 290
Clemens VIII. (Papst) 318
Clemens XI. (Papst) 341
Clemens XIV. (Papst) 381
Clemens von Alexandria 106-109, 113
Clemens von Rom 52, 53, 70, 71, 73, 83
Coccejus (= Coch), Johannes 352
Cölestin I. (Papst) 145
Coligny, Gaspard de 324, 325, 327
Collenbusch, Samuel 404
Columban der Jüngere 163
Commodus 37
Consalvi, Ercole 386, 419
Constantius Chlorus 119
Contarini, Gasparo 309, 316
Cranach d. Ä., Lucas 250
Cremer, Hermann 435
Cromwell, Oliver 343-347
Cromwell, Thomas 319, 402
Cyprian von Karthago 103, 105, 114-117, 132, 428
Cyrill von Alexandria 144, 145, 178
Cyrillus 167

Dante Alighieri 233, 248
Darby, John Nelson 455, 456
David, Christian 362
Descartes, René 348, 356, 366
Decius 98, 104, 113
Delitzsch, Franz 434
Demetrius 108
Denck, Hans 281
Dietzfelbinger, Hermann 443
Diodor 142

Diokletian 21, 106, 113, 116, 118-120
Dionysius 62
Dioskur 145, 147
Dippel, Johann Conrad 363
Dober, Leonhard 361
Döllinger, Ignaz von 423-425
Domaszewski, Alfred von 34
Dominikus 221, 222, 308
Donatus 121
Drechsel, Joachim 448
Droste-Vischering, Clemens August Freiherr von 420
Dschingis Khan 234
Duns Scotus 222, 225, 226, 317

Eck, Johann 261, 291
Eckermann, Johann Peter 392
Eckhart, Meister 226-228
Eduard VI. (König von England) 319
Einhard 177
Elisabeth I. (Königin von England) 320, 321, 342
Elisabeth von Valois 326
Emmerick, Katharina von 421
Epiktet 40, 72
Epikur 78
Erasmus von Rotterdam 244, 269, 276, 310
Ernst von Lüneburg 288
Esch, Johann 321, 286
Ethelbert von Kent 156, 158
Eutyches 145
Eugen IV. (Papst) 241
Eusebius von Cäsarea 21, 22, 65, 113, 117, 123

Faber Stapulensis (= Lefèvre d'Etaples) 299, 323
Falk, Adalbert 423

Falk, Johannes 412
Farel, Guillaume 299, 302, 303
Febronius, Justinus (= Nikolas von Hontheim) 382
Fénélon, François 341
Ferdinand I. (dt. Kaiser) 297
Ferdinand II. (dt. Kaiser) 275, 335-337
Feuerbach, Ludwig 429, 430
Fichte, Johann Gottlieb 375, 388, 397-399
Flacius Illyricus, Matthias 22, 23, 330, 331
Flavia Domitilla 70, 99
Flavian 144, 145, 146
Fliedner, Theodor 415
Fox, George 346
Francke, August Hermann 354-358, 362, 403
Frank, Franz Reinhold 434
Franz I. (König von Frankreich) 247, 266, 268, 270, 287, 290, 319, 323, 325
Franz II. (König von Frankreich) 320, 321
Franz von Assisi (Franziskus) 208, 220, 221, 239, 308, 342
Franz von Sales 342
Friedländer, Ludwig 34, 35, 36
Friedrich I. Barbarossa 207-210, 215
Friedrich II. (der Große, dt. Kaiser) 362, 377, 379, 381, 383
Friedrich II. (dt. Kaiser) 208, 215-217
Friedrich III. (dt. Kaiser) 417
Friedrich III. der Weise (Kurfürst) 250, 251, 260, 262, 271
Friedrich III. von der Pfalz (Kurfürst) 330
Friedrich IV. (König von Dänemark) 358
Friedrich IV. von der Pfalz (Kurfürst) 336
Friedrich V. von der Pfalz (Kurfürst) 337
Friedrich Wilhelm I. (»der große Kurfürst«) 357
Friedrich Wilhelm II. (König von Preußen) 378
Friedrich Wilhelm III. (König von Preußen) 409
Friedrich Wilhelm IV. (König von Preußen) 415, 464
Fries, Friedrich 453

Galerius 116, 118, 119
Galilei, Galileo 348, 365
Gallienus 116
Gallitzin, Amalia Fürstin von 385
Gallus 163
Gamaliel 48
Gebhard 335
Geiserich 152
Gellert, Christian Fürchtegott 376
Georg III. von Brandenburg-Ansbach 288, 294
Gerhard, Johann 334
Gerhardt, Paul 334
Goethe, Johann Wolfgang von 19, 34, 349, 361, 368, 379, 388, 389, 391-394, 399, 404-406, 432, 433
Görres, Joseph von 420
Goßner, Johann Evangelista 385
Gottschalk der Sachse 185, 186
Gottsched, Johann Christoph 376

Grafe, Hermann Heinrich 452, 453
Graham, Billy 467
Granvella, Nicolas Perrenot de 322
Gratian 128, 14
Grebel, Konrad 280, 281
Gregor I. (der Große; Papst) 150, 153-158, 166
Gregor II. (Papst) 25
Gregor IV. (Papst) 182
Gregor VI. (Papst) 195
Gregor VII. (Hildebrand, Papst) 183, 188, 195, 197, 199-205, 215, 232, 264
Gregor XII. (Papst) 240, 241
Gregor von Metz 199
Gregor von Nazianz 126, 142
Gregor von Nyssa 126, 142
Gregor von Tours 162, 163, 165
Grotius, Hugo 333
Gruet, Jacques 305
Gunkel, Hermann 433
Gustav I. Wasa (König von Schweden) 328
Gustav II. Adolf (König von Schweden) 337, 338
Gutenberg, Johannes 260
Guyon de la Motte, Jeanne Marie 341

Haarbeck, Hermann 449
Hadrian 65
Hahn, Traugott 471
Hamann, Johann Georg 385, 387-390
Händel, Georg Friedrich 351
Hanna (NT) 31
Harleß, Adolf von 434
Harms, Claus 397, 410
Harms, Ludwig 405
Harnack, Adolf von 78, 80, 124, 149, 242, 432, 433
Heermann, Johann 334
Hegel, Georg Friedrich Wilhelm 375, 388, 397, 399-401, 407, 408, 429-431, 435
Heidegger, Martin 443
Heim, Karl 436
Heimbucher, Kurt 447
Heinrich I. (dt. Kaiser) 190
Heinrich II. (dt. Kaiser) 192, 193
Heinrich II. (König von England) 210
Heinrich II. (König von Frankreich) 325
Heinrich III. (König von England) 323
Heinrich III. (dt. Kaiser) 194-197
Heinrich IV. (dt. Kaiser) 195, 197, 198, 200-202, 204, 205, 210
Heinrich IV. (König von Frankreich) 324, 325, 326, 343
Heinrich V. (dt. Kaiser) 202, 203
Heinrich VI. (dt. Kaiser) 215, 216
Heinrich VIII. (König von England) 319
Heinrich der Löwe 216
Helena 119, 121
Hengstenberg, Ernst Wilhelm 434
Henhöfer, Aloys 406
Henriette Maria von Frankreich 343
Herakles 270
Heraklit 84

Herder, Johann Gottfried 387-391, 393-395, 433
Hermann von Salza 168
Herodes Agrippa I. 64
Hilarius (Papst) 151, 152
Hildebrand siehe Gregor VII.
Hinkmar von Reims 184, 185
Hitler, Adolf 437, 438
Hobbes, Thomas 349, 366
Hofmann, Johann Christian Konrad von 406, 434
Honorius (Papst) 423
Hontheim, Nikolaus von siehe Febronius, Justinus
Hosius, Stanislaus 336
Hosius von Cordoba 124
Huber, Viktor Aimé 414
Humbert a Silva Candida 197
Hus, Johannes 239, 240, 244, 261
Huschke, Philipp Eduard 411
Hut, Hans 281
Hutten, Ulrich von 262, 277
Hyun Kyung, Chun 467

Ignatius (Metropolit von Nikaia) 167
Ignatius von Antiochia 73-76, 87, 91, 92, 97, 103
Ignatius von Loyola 308, 310, 311, 313
Innozenz III. (Papst) 168, 183, 215-219, 232
Irenäus von Lyon 73, 82, 86, 90-92, 94-98, 106, 107, 114, 122, 151
Isidor von Sevilla 182

Jacobi, Friedrich Heinrich 385
Jakob I. (König von England) 342, 343
Jakob II. (König von England) 346
Jakob VI. (König von England) 342
Jakobus (Apostel) 49, 56, 60-62, 64
Jakobus (Bruder Jesu) 64
Jänicke, Johannes 404
Jansen, Cornelius 341
Jelzin, Boris 472
Joachim von Brandenburg 294, 295
Joachim von Fiore 233, 277
Jochanan ben Zakkai 28, 47
Johann der Beständige 288
Johann Friedrich I. der Großmütige (Kurfürst von Sachsen) 297
Johanna d'Albret (Königin von Navarra) 324
Johannes (Apostel) 49, 56, 60, 61, 66-70, 73, 76, 92, 97
Johannes XII. (Papst) 192
Johannes XXIII. (Baldossare Cossa) 241
Johannes XXIII. (Angelo Giuseppe Roncalli) 426, 427
Johannes Chrysostomus 144
Johannes Scotus Eriugena 186
Johannes von Jandun 236
Jonas, Justus 290
Joseph II. (Kaiser von Österreich) 382-384
Josephus Flavius 34
Julian Apostata 113, 126, 127
Julius I. (Papst) 140
Julius II. (Papst) 242
Julius III. (Papst) 315
Julius Cäsar 34, 37, 38
Jung-Stilling, Johann Heinrich 404

Justin der Märtyrer 83-86, 100
Justinian I. (byzantinischer Kaiser) 153, 166, 169

Kähler, Martin 20, 31, 417, 435, 475
Kaiphas 29
Kant, Immanuel 34, 361, 366, 371, 372, 374, 375, 378, 387-391, 393, 394, 398, 399, 406, 431, 432
Karl I. (König von England) 343, 344
Karl II. (König von England) 346
Karl IV. (König von Frankreich) 236, 243
Karl V. (Kaiser) 247, 260, 265, 266, 277, 284, 287, 289, 290, 292, 293, 295, 297, 298, 309, 315, 322
Karl IX. (König von Frankreich) 325, 336
Karl Alexander von Württemberg 381
Karl der Große 25, 166-168, 172-184, 187, 188, 192, 193, 247
Karl der Kahle 183
Karl Martell 164, 165, 170, 235
Karlstadt (= Andreas Bodenstein) 272, 273
Katharina II. (Zarin) 281, 381, 451
Katharina von Aragonien 319
Kepler, Johannes 348, 365
Kerinth 68
Kierkegaard, Sören 436
Kliefoth, Theodor 434
Knapp, Albert 406

Knox, John 308, 321
Konrad II. (dt. Kaiser) 194, 196, 202, 207, 209
Konradin 231
Konstantin 21, 25, 39, 118-122, 124, 126, 128, 138, 386
Konstantius 126
Konstanze von Sizilien 216
Kopernikus, Nikolaus 348
Kottwitz, Hans Ernst Baron von 404, 413
Krawielitzki, Theophil 448
Krummacher, Gottfried Daniel 405
Künneth, Walter 442, 443
Kunze, Eduard 463

Labadie, Jean de 353, 354
Lagarde, Paul de 437
Langer, Ernst Th. 392
Laud, William 343
Lavater, Johann Kaspar 404
Lehmann, Ernst 470
Lehmann, Gottfried Wilhelm 464
Leibniz, Gottfried Wilhelm 349, 366, 371, 372, 377
Lenin, Wladimir Iljitsch 431, 470
Leo I. (Papst) 145, 146
Leo III. (Papst) 173, 192
Leo IX. (Papst) 195
Leo X. (Papst) 247, 260, 263, 266, 309
Leo XIII. (Papst) 424, 425
Leon III. (byzantinischer Kaiser) 170, 178
Leonardo da Vinci 241
Leonidas 107
Lepsius, Johannes 470
Lessing, Gotthold Ephraim 361, 371-374, 377, 388

Liguori, Alfonso de 381
Lincinius 118,119
Locke, John 349, 366
Löhe, Wilhelm 406, 415
Lothar II. (König der Franken) 184
Lothar von Supplinburg 209
Löwen, Heinrich 461
Ludolf von Sachsen 311
Ludwig VII. (König von Frankreich) 207, 213
Ludwig XIV. (König von Frankreich) 340, 341, 353, 367, 387
Ludwig der Bayer (dt. Kaiser) 236
Ludwig der Fromme 181, 182
Lukas 20, 21, 42, 45, 52
Luther, Magdalena 285
Luther, Martin 13, 22, 129, 187, 215, 245, 246, 248, 250-269, 271-274, 276-279, 282-285, 287-290, 292-294, 296, 298-301, 303, 307, 316, 317, 320, 327-332, 334, 348, 349, 353-356, 388, 389, 392, 403, 404, 406, 411, 435, 438, 445

Machiavelli, Niccolò 242
Maistre, Joseph-Marie de 387
Mallet, Ludwig 405
Mani 112, 132, 133
Mantz, Felix 280, 281
Marahrens, August 441
Marc Aurel 38, 72, 98, 100
Marcell von Ancyra 87
Marcellus II. (Papst) 315
Marcion 77-79, 80, 86, 88, 95, 101, 112, 218
Margareta de Valois 325

Margarete von Parma 322
Marguérite d' Angoulême 323
Maria (Mutter Jesu) 144, 178, 186, 225, 236, 311, 421, 425
Maria I. Tudor (die Katholische) 298, 319, 320
Maria Stuart 320, 321, 326, 342
Maria Theresia 383
Maria von Guise 321
Maria von Medici 325
Marsilius von Padua 235/236
Martin V. (Papst) 241
Marx, Karl 407, 416, 429-431
Maxentius 118, 119
Maximilian I. (dt. Kaiser) 260, 277
Maximilian I. von Bayern (Kurfürst) 336, 337
Maximilla 92
Maximinus Daza 116
Mazarin, Jules 339, 341
Melanchthon, Philipp 261, 277, 287, 289, 290, 291, 293-296, 304, 306, 319, 323, 328-332, 365
Methodius 167
Meyfarth, Johann Matthäus 334
Michael Cerularius 196
Michael III. (byzantinischer Kaiser) 183
Michaelis, Walter 446, 448
Michelangelo Buonarroti 241, 243
Milton, John 347
Mohammed 169, 209
Molière, Jean-Baptiste 340
Mollitus 157
Mommsen, Theodor 34
Monnica 131
Montanus 92, 93
Morgner, Christoph 447

Moritz von Oranien 322, 333
Moritz von Sachsen 295, 297
Morus, Thomas 319
Mott, John Raleigh 466
Müller, Georg 456
Müntzer, Thomas 279, 280, 284

Napoleon Bonaparte 385-387, 418
Naumann, Friedrich 417
Neander, August 435
Nero 50, 63, 99
Nestorius 144, 145
Neumeister, Erdmann 358
Neviandt, Friedrich Heinrich 453
Newman, John Henry 420
Nicolai, Philipp 334
Niemöller, Martin 438, 442
Nietzsche, Friedrich 437
Nikolaus I. (Papst) 167, 180, 183, 184
Nikolaus II. (Papst) 198
Nitzschmann, David 361
Norbert von Xanten 213
Novatian 105, 114

Oetinger, Friedrich Christoph 363, 406
Olevianus, Caspar 330
Oncken, Johann Gerhard 453, 454
Origenes 82, 106-111, 113, 122, 123, 141, 144, 400
Osiander, Andreas 331
Otto I. (der Große; dt. Kaiser) 167, 190-193, 384
Otto II. (dt. Kaiser) 192
Otto III. (dt. Kaiser) 168, 192
Otto IV. (dt. Kaiser) 216, 217

Pachomius 121
Paleario, Aonio 309
Pantänus 107
Pascal, Blaise 314, 341
Paschasius Radbertus 186
Paul III. (Papst) 295, 310, 315
Paul IV. (= Carlo Caraffa, Papst) 309, 310, 314, 315
Paul VI. (Papst) 426
Paulus 20, 21, 45-50, 52-54, 56-60, 62-67, 70, 71, 77, 79, 80, 93, 94, 97, 109, 115, 129, 130, 135, 138, 150, 155, 159, 228, 392, 457
Paulus Diakonus 177
Pelagius 132, 133, 392, 404
Penn, William 346
Perthes, Clemens Theodor 416
Pestalozzi, Johann Heinrich 412
Peter der Große (Zar) 367
Peter von Amiens 207
Petrarca, Francesco 243
Petrus 21, 49, 52, 56, 60-64, 67, 70, 105, 114, 115, 133, 150-152, 156, 165, 172, 200, 216, 232
Petrus Damiani 195
Philemon 60
Philipp II. (König von Spanien) 298, 315, 320, 322, 326, 327
Philipp IV. der Schöne (König von Frankreich) 232
Philipp von Hessen (Landgraf) 262, 284, 288, 295, 297
Philippus 43
Philo 29, 30, 106
Photios 167
Pilatus, Pontius 87
Pippin der Ältere 164
Pippin der Jüngere 165, 170, 171

Pirmin 163
Pius IV.(Papst) 315
Pius VI. (Papst) 383, 384
Pius VII. (Papst) 386, 419
Pius IX. (Papst) 420-422, 424, 428
Pius XI. (Papst) 425
Pius XII. (Papst) 425, 426
Plato 29, 38, 91, 110, 365, 394
Plinius 99
Plotin 110-112
Plütschau, Heinrich 358
Polykarp von Smyrna 91, 92, 100
Pombal, Sebastiaõ 381
Poseck, Julius Anton von 456
Priska 92
Pulcheria 146
Pusey, Edward 420

Quervain, Alfred de 306
Quesnel, Paschasius 341

Racine, Jean 341
Raffael 241
Raimundus Llullus 209
Ranke, Leopold von 24
Ratramnus 186
Reimarus, Samuel 376, 430
Reimer, Johannes 472
Renata (Herzogin von Ferrara) 309
Reuchlin, Johannes 244
Richelieu, Armand-Jean du Plessis 339, 340
Richter, Julius 362
Ritschl, Albrecht 431, 432
Robert Guiscard 205
Rosenberg, Alfred 442
Rothe, Richard 409, 429

Rother, Andreas 359
Rousseau, Jean-Jacques 368-370, 387, 390
Rudolf I. (dt. Kaiser) 234
Rudolf II. (dt. Kaiser) 336
Rudolf von Rheinfelden 201

Sadoleto, Jacopo 302, 304
Sailer, Johann Michael 385
Satornil 77
Sattler, Michael 280
Savonarola, Girolamo 244
Schalling, Martin 334
Scheibel, Johann Gottfried 411
Schein, Johann Hermann 351
Schelling, Friedrich Wilhelm Joseph 375, 388, 397, 399-401
Schiller, Friedrich 379, 388, 391
Schlatter, Adolf 27, 435
Schleiermacher, Friedrich Ernst Daniel 388, 394-399, 401, 406, 408-410, 413, 429, 431
Schneider, Paul 442
Schopenhauer, Arthur 375
Schopf, Otto 453
Schütz, Heinrich 351
Schweitzer, Albert 31
Schwenckfeld von Ossig, Caspar 281
Semler, Johann Salomo 377, 378
Seneca 34, 299
Servet, Michael 219, 305, 306
Seuse, Heinrich 226
Shakespeare, William 394
Sickingen, Franz von 262, 277
Sieveking, Amalie 412
Sigismund (dt. Kaiser) 240
Sigismund III. Wasa (König von Schweden und Polen) 336
Silvester II. (Papst) 192, 205

Simeon (NT) 31
Simon der Zelot 29
Simon Magus 67
Simon von Kyrene 79
Simons, Menno 280, 281, 450
Siricius 151
Söderblom, Nathan 466
Sohm, Rudolf 54
Sokrates 37, 84, 270, 369
Spalatin, Georg 262, 290
Spangenberg, August Gottlieb 362
Spendlein, Georg 256
Spener, Philipp Jakob 352-355, 358, 408, 445
Spinoza, Baruch de 348, 366, 390, 393, 394
Stalin, Josef 470
Staupitz, Johannes von 253, 254
Stephan I. (Papst) 114
Stephan II. (Papst) 171
Stephanus 43, 44, 46, 64
Stockwell, Eugene 467
Stoecker, Adolf 415-417
Stolberg, Graf Friedrich Leopold von 385, 394
Strauß, David Friedrich 429, 430
Svatopluk von Mähren 167

Tacitus 32, 38, 63
Tatian 83
Tauler, Johann 226
Teresa von Avila 309
Tertullian 62, 82, 84, 86, 90, 91, 93, 94, 96-98, 100, 101, 103, 105-107, 122, 132, 138
Tetzel, Johannes 187, 257
Thadden-Trieglaff, Adolf von 405, 408
Theoderich der Große 161
Theodor von Mopsuestia 142
Theodosius I. (der Große; röm. Kaiser) 139
Theodosius II. (röm. Kaiser) 145, 146
Theophilus von Alexandria 144
Tholuck, August 406, 435, 437
Thomas a Kempis 311
Thomas von Aquin 222-227, 235, 238, 253, 317, 424
Thomasius, Gottfried 406
Thurian, Max 468
Tiberius 37, 39
Tibusek, Jürgen 452, 457
Tiele-Winckler, Eva von 415
Tilly, Johann Tserclaes Graf von 337, 338
Titus 65
Toland, John 349
Trajan 37, 73, 99, 101
Troeltsch, Ernst 26, 431, 433
Tyndale, William 319

Uhlhorn, Gerhard 434
Urban II. (Papst) 205
Urlsperger, Johann August 404
Ursinus, Zacharias 330

Valdes, Juan de 309
Valdes, Petrus 219, 220
Valentin 77
Valentinian I. (röm. Kaiser) 139
Valentinian II. (röm. Kaiser) 140
Valla, Laurentius 242
Viktor I. (Papst) 92, 102, 114, 151
Viktor II. (Papst) 195
Vilmar, August 434
Vinzenz von Lerinum 138

Vinzenz von Paul 342
Volkening, Johann Heinrich 405
Volmer, Melchior 299
Voltaire, François Marie Arouet 368, 370, 379
vom Stein, Karl Freiherr 407, 408
Vos, Heinrich 286, 321

Wallenstein, Albrecht von 337
Walther von der Vogelweide 208
Wesley, Charles 403, 452
Wesley, John 403, 404, 452
Whitefield, George 403
Wichern, Johann Hinrich 412-416
Wido 198
Widukind 174
Wilhelm I. (dt. Kaiser) 424
Wilhelm III. von Oranien (König von England) 346, 347
Wilhelm von Nassau-Oranien 322
Wilhelm von Ockham 251, 257
Williams, Roger 454
Wimpfeling, Jakob 243
Wolfgang von Anhalt-Köthen 288
Wöllner, Johann Christoph 378
Wyclif, John 237-240, 244

Xavier, Francis 380

Zacharias (Papst) 170
Zahn-Harnack, Agnes von 432
Zeno (röm. Kaiser) 147
Zenon von Kition 72
Ziegenbalg, Bartholomäus 358
Zieten, Hans Joachim von 362
Zinzendorf, Nikolaus Ludwig Graf von 358-360, 362, 364, 403
Zinzendorf, Renatus von 360
Zwilling, Gabriel 272, 273
Zwingli, Ulrich 268-275, 277, 280-285, 291, 292, 299, 307, 406

Biblisches Wörterbuch

Herausgegeben von
Fritz Grünzweig, Jürgen Blunck, Martin Holland,
Ulrich Laepple, Rolf Scheffbuch

416 Seiten, Taschenbuch, Format 12 × 19 cm, Bestell-Nr. 220 724

Die wichtigsten – annähernd 200 – biblischen Begriffe – von »Ältester« bis »Zweifel« werden in diesem Wörterbuch gründlich und dabei allgemeinverständlich erklärt. Die Artikel sind jeweils in drei Teile gegliedert:

I. **Wortbedeutung**
   Bedeutung und Herkunft des Wortes oder Wortfeldes im Deutschen
   Bedeutung der entsprechenden hebräischen und griechischen Begriffe
II. **Der Begriff in der Bibel**
   Wo tauchen die Begriffe in der Bibel auf?
   Was bedeuten sie in den jeweiligen Zusammenhängen
   und im Gesamtzeugnis der Bibel?
III. **Der Begriff heute**
   Was bedeutet der in dem Begriff umschriebene Sachverhalt in der heutigen Welt?

Die Gegenüberstellung von biblisch-theologischer Erklärung der Begriffe und ihrer heutigen Bedeutsamkeit bildet dabei das besondere Kennzeichen dieses Hilfsmittels zum besseren Verständnis der Bibel – nicht nur für Fachleute, sondern für alle Bibelleser. Eine Fundgrube besonders für Mitarbeiter, zur Vorbereitung von Gruppenstunden, Andachten, Bibelarbeiten, Predigten, voller Impulse für das christliche Leben.

R. BROCKHAUS VERLAG WUPPERTAL

Fachwörterbuch Theologie

Herausgegeben von Johannes Hanselmann und Uwe Swarat

224 Seiten, Taschenbuch, Format 12 × 19 cm, Bestell-Nr. 220 720

Häufig begegnet der interessierte Leser theologischer und kirchlicher Veröffentlichungen einer Reihe Fremdwörter und Fachbegriffe, die sich dem theologischen Laien nicht ohne weiteres erschließen.

Das Fachwörterbuch Theologie schafft hier Abhilfe. Über 3.500 Stichworte erklären in leicht verständlicher Sprache, was sich hinter dem theologischen »Fachchinesisch« verbirgt. Es umfaßt die Bereiche der exegetischen, historischen, systematischen und praktischen Theologie sowie Konfessionskunde, Philosophie und Religionswissenschaft. Daneben berücksichtigt es auch den katholischen Sprachgebrauch. Die Fremdwörter werden nach ihrer Herkunft bezeichnet, verdeutscht und knapp und präzise erklärt.

Stimmen zur ersten Ausgabe:
»Sein einladend-dialogischer Charakter macht diesen Band womöglich zum Prototypen des religiösen Buchs der Zukunft.«
Neue Ruhr Zeitung

»Es gehört nicht in den Bücherschrank, sondern griffbereit auf den Schreibtisch.« Christ und Buch

D. Dr. Johannes Hanselmann D.D. ist Bischof i.R. der Evangelisch-Lutherischen Kirche in Bayern und ehemaliger Präsident des Lutherischen Weltbundes. – Dr. Uwe Swarat ist Dozent für Systematische Theologie am Theologischen Seminar der Baptisten- und Brüdergemeinden in Hamburg.

R. BROCKHAUS VERLAG WUPPERTAL